본향을 떠나
약속의 땅으로

본향을 떠나 약속의 땅으로

주방란 · 하달리 · 황인복 교수
정년퇴임기념논문집

한일장신대학교 정년퇴임기념논문집 발간위원회 편

한국학술정보(주)

⁙ 권두언

하달리 · 주방란 교수 부부를 보내며

한 인생이 고향을 떠나 하나의 목적을 수행하면서 한평생을 산다는 것은 매우 어려운 일이다. 그것도 자신의 언어권이나 문화권이 아닌 이국의 타 민족 속에서 26여 년의 세월을 산다는 것은 매우 드문 일이다. 그것도 자신의 명예나 부를 추구하기 위한 삶이 아니라 순수하게 하나님 나라의 역군으로서 모든 불편을 감수하고 살다가 어느덧 나이 들어 은퇴를 맞이하는 것은 참으로 아름다운 기록임에 틀림이 없다.

1983년 우리 학교가 작은 규모의 한일여자신학교로 있을 때 하달리 · 주방란 교수는 우리 학교에 짐을 풀고 부부 교수로서 봉직하기 시작하였다. 풍습도 언어도 통하지 않는 답답한 삶의 고통을 이들은 주님을 위한 선교사로서 감내하면서 지난 26년 동안 우리 곁에서 호흡을 함께하였다. 남처럼 자식을 키우고 교육시킬 모든 정열을 오직 주님의 명령을 수행하는 데 무자녀 부부는 다 바쳤다. 언제나 이 부부는 미소를 잃지 않고 불평이나 불만보다는 하루하루의 삶에 하나님께 감사하는 모습을 우리에게 보여 주었다.

특별히 12년 전부터 우리 학교의 아시아태평양국제신학대학원(APGS)에 입학하여 유학하는 동남아시아 지역 및 아프리카, 인도 등지의 외국인 학생들을 위하여 바친 이들의 정성은 참으로 감동적이었다. 이 부부는 자신들이 갖지 못한 자녀 대신 외롭게 와서 공부하는 이들 학생들에게 어버이의 정과 보살핌을 주는 것을 행복한 일로 여기면서 오늘에 이르렀다.

거기에 더하여 하달리 교수는 학자로서의 명저들을 남기어 우리 학교의 명예를 높이는 데 일익을 담당하였다. 그가 남긴 연구서들은 아시아 문화권과 선교 이해에 필휴서가 되기도 하였다.

이러한 훌륭한 기록을 남긴 두 교수가 은퇴를 맞아 우리의 곁을 떠나게 된다. 그 석별의 정이 참으로 아쉽다. 이토록 고결한 신앙과 인격과 선교의 심장을 품고 27년의 세월을 우리와 함께한 이들에게 하나님의 상이 클 것이라는 확신을 갖는다. 또한 우리를 떠나게 되는 두 교수 역시 이곳을 자신들의 고향으로 생각하고 헤어짐의 아쉬움을 간직하리라 믿는다. 이들을 보내면서 괴로운 것은 이 두 분에게 우리 공동체가 보다 더 따뜻한 정과 사랑을 드리지 못하였음이다.

이번에 그동안 한 식구로 살아온 신학부 교수들이 두 분의 정년 퇴임을 맞아 정성을 다하여 귀한 옥고를 집필하여 「정년퇴임기념 논문집」을 헌정하게 됨은 참으로 고마운 일이다. 이 한 권 속에 담긴 신학부 교수들의 소중한 연구와 따뜻한 우정은 영원한 기록으로 남게 되리라 확신한다. 비록 두 분이 우리의 곁을 떠나더라도 우리의 사랑이 언제나 그들과 함께하며 종종 만남의 기쁨으로 이어지기를 바라는 바이다.

하나님께서 두 분을 우리 학교에 보내 주셔서 건강하게 지난날을 살게 해 주심에 감사한다. 우리 모두는 하나님의 크신 은혜의 품에서 두 분이 전보다 훨씬 짙은 기쁨과 감사를 누리시기를 기원한다.

주후 2009년 11월
한일장신대학교 총장 정 장 복

황인복 교수를 보내며

　우리가 머물고 있는 사회는 한 인생이 이 땅에 태어나 교육의
장에서 평생을 보낸다는 것을 대단한 기록으로 인정하고 있다. 그
가운데서도 자신의 모교를 찾아와 후배들을 양성하면서 평생을 보
내고 그 자리에서 은퇴를 한다는 것은 참으로 아름다운 사연이다.
여기에는 모교를 사랑하는 깊은 애정이 있어야 하고 소중한 후배
를 키우겠다는 집념이 있어야 한다. 섬기는 모교가 거대한 몸체로
모두가 우러러보는 교육의 장이 아니라 열악한 환경이라면 거기에
는 희생과 인내의 고뇌가 있어야 하기에 쉬운 일이 결코 아니다. 오
직 고결한 교육자의 신앙과 철학이 없이는 감내하기 힘든 일이다.

　이번에 뜨거운 환송의 박수를 받으면서 은퇴를 하게 되는 황인
복 교수는 우리 학교 역사의 산증인으로 평생을 보낸 분이다. 한일
여자신학교 시절에 우리 학교에 입학하여 졸업한 후부터 황 교수
는 새로운 삶의 지평선을 걷기 시작하였다. 대학과정부터 다시 시
작한 그의 학문의 길은 땀과 눈물로 이어지는 여정이었다. 여성의
활동무대가 지극히 한정되어 있던 시절 황 교수의 도전 행보는 남
달랐다. 하나님이 한 여종의 눈물과 땀으로 얼룩진 기도와 노력을
외면하시지 않고 그 종이 뜻을 성취하도록 허락하신 매우 특별한
경우이다.

　20년이 넘도록 하나님의 말씀을 가르친 신약학 교수로서 황 교
수의 족적은 모든 사람들의 칭송을 받기에 조금도 부족함이 없다.
특별히 학생들을 사랑하는 그 열정과 땀은 누구도 따르기 힘든 부
분이었다. 황 교수는 학생들을 남달리 사랑하기에 엄격하였고 그들
을 자식처럼 아끼기에 내 몸처럼 물심양면으로 돌보는 정성을 다

하였다. 뒤따라오는 후배 교수들이 본받아야 할 스승의 상을 실로 많이 남긴 교수였다. 황 교수는 은퇴 후에도 선교지를 찾아가 한글을 가르치기 위하여 만반의 준비를 하고, 한글을 배우고 싶어 하는 몽골의 많은 젊은이들을 위하여 출국준비를 하고 있음을 보면서 한 인생의 노후가 어떻게 장식되어야 함을 많이 생각하게 한다.

지난 세월을 황 교수와 함께하였던 신학부 교수들이 아름다운 기록을 남기고 물러나는 황 교수에게 모두가 아낌없는 환송의 손을 흔들면서 자신들의 우정을 이 한 권의 논문집에 모아 주심에 감사의 마음이 가득할 뿐이다. 동고동락의 진미를 어느 곳보다 진하게 경험하고 있는 우리 교수 공동체이기에 사랑과 존경을 표현하는 데 모두가 하나 됨을 보면서 고마움의 머리를 숙인다. 우리 황 교수는 학교를 떠나 있으면서도 본 논문집을 펼칠 때마다 동료 교수들과 평생을 바친 학교를 생각하면서 감회에 젖은 기도가 쉬지 않으리라 확신한다.

이제 우리 모두는 평생 동안 지켜 온 우리 학교를 물러나심과 동시에 새로운 선교의 사명을 다하기 위하여 떠나는 황 교수에게 하나님의 칭찬이 가득하기를 바란다. 그리고 하나님이 그 건강을 오래오래 지켜 주시기를 위하여 기도한다.

주후 2009년 11월
한일장신대학교 총장 정 장 복

주방란 · 하달리 · 황인복 교수의 정년퇴임기념논문집, 『본향을 떠나 약속의 땅으로』를 발간하면서

　회자정리라 했던가? 자연의 이치를 어느 누군들 거부할 수 있을까? 인생들이 가는 길에 만남이 있으면 헤어짐도 있는 법. 오래 정들었던 하달리 · 주방란 교수 부부와 황인복 교수가 은퇴하고 정든 교정을 떠나신다고 하니 실로 아쉬움이 가슴을 가득 채운다. 그러나 우리들 중 누가 자연이 정한 이치를 거부할 수 있단 말인가? 아무리 더 붙잡고 싶어도 이들이 표표히 떠나는 걸음을 막을 수 없으리라.

　하달리 · 주방란 교수 부부는 자신들이 태어나고 살았던 익숙한 땅을 떠나 언어가 다르고 풍습이 다른 이 땅에 와서 하나님에 대한 진리를 천착하며 이 땅의 제자들을 길러 내는 데 헌신하였다. 선교사로서 이곳에서 지낸 그들의 삶의 여로는 본토를 떠나 객지를 주유했던 믿음의 조상 아브라함의 가정을 돌아보게 하기에 충분하다. 하달리 · 주방란 교수 부부는 새로운 것을 배우기를 좋아했으며 도전과 개척 정신으로 자신들의 삶을 치열하게 살았다. 이곳에서 그들의 가르침을 받은 많은 교회의 여성 지도자들과 한국인 제자들 그리고 우리 학교를 찾은 많은 아시아 · 아프리카 학생들은 그에게 많은 가르침을 받았다.

　하달리 · 주방란 교수 부부는 매우 높은 기준으로 학생들을 지도했고 그들에게 학문적 수월성을 요구했다. 그의 수업을 듣던 학생들은 대개 늦게 도서관 문을 나서는 학생들이었다. 외국 학생들은 그들이 제시한 과제를 하느라 속이 쓰리다고 하소연하는 것을 종종 보았다. 매우 섬세하면서도 엄격하게 논문 작성을 지도하던 것을 옆에서 지켜볼 수 있었다. 우리 학교를 거쳐 간 많은 아프리카·아시아 학생들이 자신들의 일자리에게 높게 평가받는 것은 당연한 것이 아닐 수 없다. 그들이 떠나게 된다면 그들을 그리워할 사람들이 많이 있으리라.

그들은 말이 통하지 않으면서도 교수회의에는 열성적으로 참여하곤 했다. 그리고 그들은 한국에 오래 거주한 자신들의 경험으로 이제 막 우리나라를 찾은 많은 외국인들에게 우리나라 구석구석을 다니며 소개하는 것을 보았다. 한번은 그들이 우리 학교를 찾은 많은 외국 대학의 손님들을 대상으로 전주의 전통한옥마을을 다니며 설명하는 것을 볼 수 있었는데 이들의 한국 문화에 대한 높은 식견에 놀란 적이 있었다. 이들은 진정 우리나라를 사랑한 선교사 부부라고 하지 않을 수 없다. 우리는 우리나라를 마음속 깊이 사랑하는 이들 부부를 떠나보내는 것이다.

황인복 교수는 여성 신학자로서 자신의 교육경력에 마침표를 찍게 되었다. 교수님을 보면 원칙주의자로서의 차가움과 신앙인으로서의 따스함이 묘하게 조화를 이루는 모습을 보게 된다. 황 교수는 면접 시간에 수험생들에게 종종 이렇게 물었다. "한가한 시간 빨간 신호등에 불이 켜졌는데도 그냥 지나가 본 적 있어요?" 교회 지도자가 될 사람은 이런 사소한 일에서부터 원칙을 지켜야 한다는 신념을 갖고 계셨다. 그래서 언제나 학생들에게도 가혹하리만큼 엄격하셨다. 차가운 바람이 쌩쌩 불 정도로 학생들의 과제나 시험에 엄격하셨다. 그러나 그 이면에 있는 어려운 학생들을 배려하는 따스함은 얼음을 녹이는 힘을 갖고 있었다.

자신은 좁은 아파트에다, 낡은 가전제품에다 불편하게 살면서도 생활비를 아끼고 쪼개어 많은 학생들에게 장학금을 주신 것으로 알고 있다. 좋은 평면 텔레비전을 사고 싶으면서도 꼭 참고 생활비를 아끼는 것을 보았다. 자신의 능력 밖이어서 사고 싶어도 참고 있다고 했다. 이제 좀 좋은 것 사서도 되는 것 아니냐고 했더니 그냥 웃으시기만 했다. 또 낡은 차를 타고 다니셔서 좋은 차로 바꾸라고 해도 막무가내로 낡은 차를 고집하셨다. 이렇게 절약하고 아낀 돈을 학생들을 위해 내놓으시고 계시다는 것을 알고 있으면서도 그렇게 말하는 나 자신이 부끄럽기도 했다.

황 교수는 분명 우리 보통 사람들과는 다른 삶을 사셨다. 익숙하고 편안한 삶을 거부하고 본토와 아비 집을 떠난 순례자의 삶을 살아가고 계신 것이다. 은퇴하면 또 한 번 나그네 길에 도전하신다고 한다. 몽골에 가서 그곳에서 제2의 교육자의 삶을 개척하게 되리라는 말을 전해 듣고 능히 그러실 수 있는 분이라는 생각을 하게 된다. 그곳에서 또 얼마나 많은 사람들이 교수님의 사랑을 받게 될지 하나님만 아실 것이다.

우리 사회는 얼마나 삭막한가? 무자비한 경쟁을 강요하고, 경쟁에서 승리한 소수는 모든 것을 차지하고 다수의 패배자는 모멸과 저빌을 받는 사회가 아닌가? 얼마 전 미녀들의 수다란 프로에 출연한 여대생이 키 작은 남자는 모두 패배자인 루저(loser)라고 판정을 내렸다고 하는데 이것이 철없는 그 여대생만의 생각일까? 이런 사회 풍조에서 자신의 것을 아낌없이 내어놓으며 이 사회의 풍조를 거스르는 모습을 보이는 이들은 얼마나 아름다운가?

우리 사회가 가부장적인 사회임은 부정하기 어렵다. 가부장적인 사회란 바로 아버지의 권위가 지배하는 사회다. 이런 가부장적 사회에서 아비 집을 떠나 순례의 삶을 산다는 것은 기존의 질서를 거부하는 것이요 새로운 시대를 앞당기려는 몸부림이 아닐 수 없다. 예수 그리스도가 바로 익숙한 삶을 버리고 새로운 낯선 인간 사회로 오신 분이 아니겠는가? 여성으로, 신학자로, 교육자로, 이 시대의 풍조를 거부하고 어렵고 절망적인 루저들에게 관심을 갖고 그들에게 용기를 주는 삶을 살고 있는 황 교수는 진정 이 사회의 귀감이 되고도 남으리라.

이제 우리는 본토와 아비 집을 떠나 순례자의 삶을 살다가 우리 곁을 떠나는 하달리·주방란 부부 교수와 황인복 교수를 다시 떠나보내는 아쉬움을 달래야 한다. 님은 갔지만 나는 님을 보내지 아니했다고 노래한 시인도 있듯이 우리는 진정 그들을 보내고 싶지 않다. 그러나 그들이 어쩔 수 없이 떠나야 한다 해도 어느 곳에서 무슨 새로운 삶을 개척하든지 그들은 아름다운 자취를 계속 남길 것이다. 그들이 걸어가고자 하는 길에 하나님이 동행하시기를 간절히 기도해 본다.

이렇게 세 분 교수님들의 정년퇴임을 아쉬워하며 논문집 『본향을 떠나 약속의 땅으로』를 발간하게 되었다. 이것은 권두언을 써주신 정장복 총장님과 신학부 교수들과 몇몇 교수님들(이남섭, 조현애, 차옥숭 교수)의 정성스런 논문들이 모아졌기에 가능한 일이었다. 특히 이 논문집의 발간을 위해 재정적으로 후원해주신 한일종합연구원과 한일장신대학교 신대원 동문인 박노일 목사님과 장기주 사모님(이사랑 치과 의원)께 깊이 감사드린다. 또한 이 논문집을 편집해 준 이안나 학우와 한국학술정보(주)와 직원 분들께 감사를 전하고자 한다.

한일장신대학교 신학부 교수 구춘서

⁞ 주방란 교수의 약력과 저작 목록

학 력

· 1966~1968 Elmhurst College 기독교교육학과 학사
· 1968~1971 Dubuque 신학대학원 신학전공 신학 석사
· 1979~1980 Presbyterian School of Christian Education 교육석사
· 1984~1989 South East Asia Graduate School of Thelolgy
　　　　　　기독교교육학전공 신학박사
· 1996　　　Elmhurst College honorary doctorate(LHD)

경 력

· 1974~1979 대만신학대학교수
· 1974~1979 동남아 신학대학원 협동교수
· 1976~1979 대만신학대학 기독교교육학과 학과장
· 1983~2009 한일장신대학교 신학부 교수

주요 논문

"Spirituality in Adult Christian Education Today", 『Theology and Society』,
No.12(1998), 161～175.

"Yong‒Bock Kim: A Man of Many Dreams", in *And God Gave the
Increase: Stories of How Education of Christian Leaders Around the
World*, ed. June Ramage Rogers. Lousville, KY: Office of Global
Education and International Leadership Development, Worldwide
Ministries Division, Presbyterian Church(U.S.A.), 1999, 46～49.

"Sprituality and Christian Education in Church History and in its
Contemporary Forms", 1999. 『Theology and Society』(13), 103～124.

"Rediscovering the Spiritual Life through Christian Education", 2000.
『Theology and Society』(14), 43～58.

"Christian Education and Ecumenical and Interfaith Spirituality", 2001.
『Theology and Society』(15), 213～230.

"Christian Education and the Socio‒Political Dimensions of Sprituality",
2002. 『Theology and Society』(16).

주요 저서

Teacher's Manual for Early Childhood Curriculum, Taiwan Pressbyterian
Church Press, 1979.

Manual for the Christian Education of Adults, 장로교출판사, 1983.

Theology of Christian Education, 장로교출판사(Daniel J. Adams 공저), 1984.

"Erik Erikson's Theory of Human Development as a Model for
Education in Confucian Society", 박사학위논문, 1989.

❖ 하달리 교수의 약력과 저작 목록

학 력

· 1961 ~ 1965 시애틀 퍼시픽대학 사회학과
· 1965 ~ 1969 Dubuque 신학대학원 신학전공 신학석사
· 1975 ~ 1979 Soochow University, Chinese Studies 문학석사
· 1969 ~ 1973 아퀴나스 신학대학원 신학전공 철학박사

경 력

· 1971 ~ 2009 미국장로교회 목사, 전주영어교회목사(1980 ~ 2009)
· 1973 ~ 1974 콜락대학 조교수
· 1974 ~ 1979 대만신학교 교수
· 1977 ~ 1979 대만신학교 부교장
· 1983 ~ 2009 한일장신대학교 신학부 교수
· 2003 ~ 2009 아시아태평양국제신학대학원 부장

주요 논문

"The Holy Land and Questiones Disputatae", 2004. 『Theological Fasum』 Vol.36.

"Original Sin as a Theological Problem in Asia", 2000. 『Theology and Society』(14).

"Jesus and Marilyn: Understanding the Spirits of Our Time", 2001. 『Theology and Society』(15).

"Christianity and Islam: Paul Tillich's Theology of Culture Revisited", 2001. 『Meta- noia』 [11](3~4).

"From Modernity to Postmodernity: The Doctrine of Total Depravity Reconsidered", 2002. 『Theology and Society』(16).

주요 저서

Biblical Hermeneutics: An Introduction, Taiwan Theological College/March Publications(Taipei), 1976.

Christian Ethics in Chinese Context, Taiwan Theological College/Zion Press(Taipei), 1979.

Thomas Merton's Shared Contemplation: A Protestant Perspective, 1979.

Toward a Philosophy of Christian Education, 1985.

Understanding Christian Beliet, 1985.

Cross－Cultural Theology: Western Reflections in Asia, (Atlanta), 1987.

Lectures on Reformed Theology, 형상사, 1990.

Biblical Hermeneutics: Practical Application, Seoul: Publishing House, Presbyterian Church of Korea, 1991.

From East to West: Essays in Honor of Donald G. Bloesch, Lanham, MD, University Press of America, 1997.

"From Certainty to Uncertainty: Doing Theology in the Postmodern Era", in From East to West: *Essays in Honor of Donald G. Bloesch*, ed. Daniel J. Adams. Lanham, MD: University Press of America,

131～149, 1997.

Theologi Lintas Budaya: Reflekse Barat di Asia, trans. K. G. Hamakonda. Jakarta: PT BPK Gunung Mulia, 1992. Revised edition and Indonesian translation of Cross‑Cultural Theology: Western Reflections in Asia.

Christ and Culture in Asia, Explosation from Korea, Quezon City: New Day, 2002.

The Word in the World, ed, Chou Fong‑Lan, Jeonju; ShinA, 2003.

❖ 황인복 교수의 약력과 저작 목록

학 력

· 1969 ~ 1973 전북대학교 문리과대학 국어국문학과
· 1976 ~ 1979 장로회 신학대학원 신학석사
· 1988 ~ 1990 퍼킨스 신학대학원 신학석사
· 1994 ~ 2001 샌프란시스코 신학대학원 목회학 박사(D.Min.)

경 력

· 1973 ~ 1974 충남 대천 대명중학교 교사
· 1979 ~ 1982 한일신학교 교수
· 1982 ~ 1986 미국 댈러스 장로교회 목회
· 1986 ~ 1991 미국 덴턴(Denton) 장로교회 목회
· 1991 ~ 2009 한일장신대학교 신학부 교수

주요 논문

"The Locus of Meaning", 1999. 『신학과 사회』(13).

"Interpreting The Fourth Gospel", 2000. 『신학과 사회』(14).

"A New Pedagogy for Bible Study in Korean Church: A Proposal for an Optimum Bible Teaching Method for Holistic Christian Life in the Condition in the Post − Modern Era", 2001. Dissertation for the Degree Doctor of Ministry; San Francisco Theological Seminary.

주요 저서

『요한계시록은 무엇을 말하는가』, 장로교출판사, 2007.

차 례

도박중독의 원인에서 심리적 요인의 연구

― 상담학적 관점에서 ―

김충렬

(한일장신대학교, 기독교상담학)

Ⅰ. 들어가는 말

　도박중독의 원인을 두고 유전과 환경의 논쟁은 지금까지 계속되어 오고 있다. 도박중독이 유전 때문인가, 아니면 환경 때문인가의 논쟁은 아직도 끊임없이 일어나고 있다. 어떤 연구에서는 도박중독의 유전성이 높지만 전적으로 유전의 원인만이 아니라는 증거도 함께 발견되고 있다.[1] 환경 때문이라 해도 전적으로 이들 주변의 여건적인 측면만도 아닌데, 도박중독자의 심리적인 태도가 그 증상을 악화시킨다고 볼 수 있기 때문이다. 이는 유전과 환경이 상호작용을 통해서 복합적인 영향을 끼친다고 볼 수 있는 이유이다. 그러니까 도박중독이란 유전이나 환경, 그리고 그 심리적인 소인(predisposing factor)과 관련되고, 그것이 다시 특정한 수준 이상의 환경요인이 가해질 때 중독자의 행동이 발생되는 것을 상정한다. 이런 현상은 중독자의 심리적인 측면이 중요하게 작용하는 것을 시사하는 것이다.

　이런 점에서 본 연구는 환경적 요인 중에서 특히, 도박중독자의 심리적인 요인에 주목하려 한다.[2] 중독의 증상을 악화시키는 원인

---

1) A. G. Hersovitch, *Alcholism and Pathological Gambling: Similarities and Differences*(Holms Beach, Florida: Learning Publication Inc., 1999), 123~128.
2) 도박중독의 원인에서 심리적 요인을 밝히는 데만 초점을 두는 제한성을 갖는다.

에서, 특히 심리적인 측면에 초점을 두어 밝히려는 것이다. 유전적인 요인을 조작하기는 어렵지만 도박자의 심리적인 요인은 얼마든지 개선할 수 있기 때문이다. 이런 문제는 도박중독증을 치료하는 임상의 장면에서도 매우 그 관련성이 높은 것으로 경험된다는 점에서 이에 대한 연구의 가능성을 높게 만들고 있다.

도박중독자의 원인에서 심리적인 요인을 밝히기 위하여 다음의 구조를 따라 다루게 될 것이다. 먼저 그 기초연구로서 중독의 기초 이해를 기술한다. 이는 도박중독도 중독의 한 분야라는 점에서 중독의 특성을 전반적으로 이해하자는 차원이다. 그리고 도박중독의 특성을 다루게 될 것이다. 도박중독은 다른 중독과는 어떤 차이점이 있는지를 고찰하려는 것이다. 그런 다음에는 학파적 관점에서 특징적으로 드러나는 심리적인 요인을 고찰하여 정리하고자 한다.[3] 이런 심리적 요인은 물론 상담학적인 관점을 중심으로 정리하는 것일 뿐 상담학적인 대안은 아니다. 이는 도박중독을 치료하는 기초적 자료에 해당할 뿐 본격적인 치료적 대안은 아닌 것이다. 치료는 보다 전문적인 연구를 필요로 하므로 이는 본 연구의 범위를 넘어서는 것이기 때문이다.

---

3) 도박중독의 원인에서 심리적 요인을 상담학적인 관점에서 고찰하려는 것이다. 상담학적 대안을 제시하는 것은 일종의 치료적 차원이기에 이를 위해 다루는 것은 연구의 범위를 넘어서는 것임을 밝혀 둔다. 이는 도박중독자의 유발원인이 대개 생물학적이고 환경적인 관점이라면 상담학적인 관점에서 심리적인 요인이 고려되어야 하고 그것이 중요시되어 치료되어야 함을 의도하는 것이다. 이를 두고 단순히 심리학적인 차원이라고 오해되지 않기를 바라는 것이다.

Ⅱ. 중독증의 기초이해

중독증은 현대 사회의 특정한 질병이다. 일정한 정도를 넘는 증상의 상태가 질병으로 되어 개인의 인격을 파괴하는 무서운 질병이다. 이런 중독증은 사람에게 공허와 상처 입은 인격만 남게 만드는 특징이 있다. 사람은 중독증으로 인하여 사물을 처음부터 객관적으로 볼 수 없거나 모든 삶에 대해 진정으로 공감하지 못하여 정상적인 적응이나 대응이 되지 못하도록 만드는 것이다. 이런 중독증은 어떤 형태이든 간에 인격 속으로 가장 깊숙이 파고들어 가는 병리적인 특성이기에 개인의 삶을 괴로움으로 빠져들게 만들고 있다. 다음의 몇 가지는 중독증에 대한 기초적 이해에 해당한다.

1. 중독증의 정의

중독(Addiction)이란 쉽게 그만둘 수 없는 행동이다.[4] 중독증은 대개 강박적인 특성으로 나타나는데, 심지어 일정한 습관을 형성하여 자기 삶에 대한 개인의 통제력에 부정적인 영향을 주고 있다. 이런 점에서 중독증은 그 행동을 그만두기 어려운 일종의 병리적 현상이라고 할 수 있다. 실제로 중독자는 그만두고 싶지만 도저히 그만둘 수 없는 행동을 유발시키므로 중독적 증상에 오히려 조절당하고 만다. 그러기에 중독의 상태에서 사회생활을 정상적으로 수행할 수 없는 증상에 사로잡힌 사람이 바로 '중독증 환자'이다.[5]

---

4) J. H. Jaffe, "Addictions: What does Biology Have to Tell?", *Int Rev Psychiatry*, 1(1989), 51.

중독증은 오래도록 신경전달물질이라는 화학성과 관련해서만 이해되어 왔다. 그러던 것이 이제는 신경전달물질이라는 화학성과는 상관없이 순전히 정신적 작용에 의한 것에도 관심을 갖기에 이르렀다. 다시 말하면 중독증은 임상에서 화학성을 넘어 심리적인 중독성을 문제 삼기에 이른 것이다. 예를 들어 도박중독, 게임중독, 섹스중독, 인터넷 중독, 포르노 중독 등의 특정한 행동은 습관성을 일으키고 그 습관을 절제하지 못하고 빠지는 현상에 주목하기 시작한 것이다. 이는 중독성이 대개 갈망이나 탐닉이 주된 것으로 조절하기 어려운 습관성을 기초로 일어나는 병리적인 현상인 이유이다.

이런 연구에도 불구하고 아직은 중독증을 명확하게 밝히지 못하는 상태에 있다. 중독증의 원인을 연구할 때 대개 물질적인 특성에 기대어 이해하려는 경향을 보이는 추세이다.[6] 이는 중독증이 일단 의학의 문제에서 이해되고 있는 이유일 것이다.[7] 중독증을 일으키는 물질들에는 진정수면제, 항불안제, 알코올, 카페인, 니코틴 등의 합법적인 약물과 아편류, 정신자극제, 환각제, 방향성(본드) 물질 등의 비합법적인 물질들이 있다. 이는 중독증을 의학적 문제이면서 동시에 심각한 사회문제를 일으키는 요인으로 보는 관점이다. 중독자들은 정신적 및 신체적 건강을 해칠 뿐 아니라 실직, 빈곤, 폭력,

---

5) 이런 현상은 중독이 전적으로 알코올이나 다양한 종류의 약물에 의한 화학적 의존과 연관되어 있다고 보는 이유이다. 그것이 어느 정도 화학성분의 작용인지 확실히 규명되지 않았다 해도 중독성은 이미 화학적인 작용에 의한 인체의 행동 패턴이나 습관 그리고 강박적인 특성이 자리하는 것으로 알려지게 되었다. 즉 중독은 뇌를 변화시키는 물질(brain-altering substance)이 뇌에 영향을 주어 의식이나 마음 상태의 변화를 일으킨다는 것으로 이해되기에 이른 것이다. Vernon E. Johnson, *Everything You Need to Know about Chemical Depence, Vernos Johnsons's Complete Guide for Families*(New York: Jason Aronson, 1990), 34~35.

6) Ibid., 34.

7) D. H. Stein, E. Hollander, M. R. Libowitz, "Nerobiology of Impulsivity and Impulse Control Disorders", *J Neuropsychiatry*, 5(1993), 9~15.

범죄 등 사회적 문제를 초래하기 때문이다.[8]

그러나 중독증이 모두 물질적인 것으로만 설명되기는 어려운 점이 있다. 비록 그것의 작용이 뇌에서 일어나는 현상을 화학적으로 설명할 수 있다 해도, 이런 현상은 중독자의 심리적인 측면을 중요하게 고려하지 않는 경향이기 때문이다.[9] 실제로 중독증은 이제 그 종류를 다양화하면서 그 영역을 점차로 확대해 가는 실정에 있다. 중독은 약물, 음식, 일, 흡연, 쇼핑, 운동, 도박 중독도 가능하고, 심지어 사랑이나 관계 자체에 중독되는 경우도 인정되고 있기 때문이다. 실로 중독증은 사회의 어두운 분야를 넘어 점차 건전하고도 밝은 분야에까지 폭넓게 관련되고 있는 것이다. 이런 점은 중독증의 원인을 연구하는 필요성을 높이고 있는 것이기도 하다.

2. 도박중독증

도박중독증(Gambling Intoxication)은 도박을 끊지 못하는 무서운

---

8) 이런 이유로 중독은 어떤 정신적, 내적 행동의 변화를 유발하는 기전의 연구를 임상정신의학적 증상에 대한 연구뿐 아니라 뇌의 생리, 생화학에 대한 하나의 연구 방법이 되고 있다. 이병환·서광윤, 『현대정신의학』(서울: 일조각, 1994), 201~202.

9) [익명의 섹스 중독자들]의 모임에서 이루어진 진술에 의하면 이런 것이 있다. "나는 교회 전도단에서 굶주린 사람들을 위해 샌드위치를 만들면서 한 여인의 드레스 속을 훔쳐보았습니다. ……나는 성병진료소에서 다른 환자를 사귀려고 했습니다. ……나는 내 남자 친구가 마을을 떠나 있을 때 그의 가장 절친한 친구와 동침했습니다. ……." 이런 진술들은 가톨릭의 고해성사에서 이루어진 것들이 아니라 익명의 섹스 중독자들이라는 모임에서 공개적으로 이루어진 진술들이다. 이들은 자신이 스스로의 힘으로 통제할 수 없는 강박행동에 사로잡혀 있다는 사실에 동의한다. 그들은 일단 알코올이나 섹스에 대하여 무력하다는 것을 인정함으로써 삶이 관리불가능하게 되었음을 인정하게 된다. 알코올중독이 자연히 점차 성적 욕구에 종속되어 있는 상태로 나아가는 현상이다. 이는 알코올과 섹스중독의 상관관계를 의미하는 것이기도 하다. Sharon Thompson, "Search for Tomorrow: or Feminism and the Reconstruction of Teen Romance", in Carole S. Vance, *Pleasure and Danger: Exploring Female Sexuality*(London: Pandora, 1989), 34~38.

병리적 증상이다.[10] 도박중독자는 도박하고자 하는 행동을 억제하지 못하여 반복적, 만성적 그리고 점진적으로 도박하려는 충동을 억제하는 데 실패한다.[11] 이런 도박중독증은 다음의 특징으로 구분하여 고찰할 때 그 이해를 더 쉽게 할 것이다.

1) 증상에 시달림

도박중독증은 다른 중독과 마찬가지로 중독적 증상에 시달린다. 도박중독에 빠지면 개인은 중독이라는 그 특징적인 증상에 의해 지배당하기 때문이다. 그중에서도 바로 '내성'이 특이하게 나타나는데, 이는 동일한 흥분을 얻기 위해서는 도박하는 시간이 점점 증가해야 하고 거는 돈의 액수가 점점 더 많아지는 증상의 포로가 되는 현상이다. 여기에는 도박에 소비하는 시간이 증가하는 것도 문제이지만 돈의 액수가 점차적으로 커지는 것이 더 큰 문제이다. 도박중독자는 자칫하면 도박으로 인해 가정의 경제가 붕괴될 수 있는 위험성을 내포하기 때문이다.

그리고 또 하나의 무서운 증상은 역시 금단증상이다.[12] 도박을 끊으려 해도 쉽게 끊을 수 없는 금단증상에 시달린다는 것이다. 대부분의 도박꾼들이 어느 순간 자신에게 문제가 일어나고 있음을 느끼는

---

10) 중독은 최근에 사회의 문제로 대두되고 있다. 한번 중독되면 개인의 사회생활은 물론이고 가정에까지도 파괴적 성향을 유발시킨다. 이런 중독의 문제는 쉽게 고치기 어렵다는 점에서 현대의 골칫거리로 등장하고 있는데, 약물이나 게임, 그리고 컴퓨터의 중독, 도박이나 성적인 중독이든 간에 중독은 경제적 낭비를 기초로 하고 있다. 이제 중독은 일이나 운동 등의 건전한 분야로까지 그 영역을 점차 확대되어 가는 실정에 있다. 이는 중독의 문제를 고찰하고 다루어 가는 일이 시대적 요청이 되는 이유이다. R. M. Buchta, "Gambling Among Adolescents", *Clinical Pediatrics*, 34(1995), 346~348.

11) 민성길 외, 『최신정신의학』제4개정판(서울: 일조각, 1999), 381.

12) M. Goldstein, "Brain Research and Violent Behavior", *Arch Neurol* 30(1974), 10~14.

상태에 이르면 그들은 이미 가정과 직장에 심각한 문제가 생기는 것을 경험하게 된다. 이때 그들은 일시적으로는 스스로 절제하려고 결심하기도 하지만 불행히도 이런 노력은 금단증상으로 인해 번번이 실패하기도 한다. 이제 그들은 도박하지 않으면 초조하고 불안해 안절부절못하고 집중력도 완전히 사라지는 것을 경험하게 된다. 이 증상을 견딜 수 없어 다시 도박장을 찾게 되는데, 이 정도에 이르면 자신의 의지로 도박을 끊기는 어렵게 되는 상태로 보아야 한다.

2) 도박중독의 생리적 측면

도박중독에서는 일단 생리적인 측면이 중요시되고 있다. 중독의 생리적 측면은 중독의 원인이 뇌의 생리적인 데 있음에 주목하는 것이다. 이런 생리적 연구에 의하면 뇌의 특정 부분과의 관련성을 중요시한다.[13] 이들은 모두 인간의 쾌락, 충동과 연관이 있는 질병인데 뇌에 있는 충동을 담당하는 회로가 선천적으로 부실하거나 어릴 때부터 잘못 형성된 경우 쉽게 중독에 빠진다는 것이다. 이는 도박중독이 더 이상 마음의 병이 아닌 뇌의 병, 즉 일종의 뇌기능 장애로 보는 관점이다. 실제로 최근의 여러 연구들은 생리적 문제점을 중요시하는 경향이 있다. 중독은 단순한 습관의 문제가 아니라 뇌의 질병임을 밝혀 주는 점에서이다. 이런 관점은 점차 발전되어 도박중독뿐 아니라 알코올, 약물, 마약중독과 일종의 현대병이라고 할 수 있는 쇼핑중독, 사이버중독 등이 모두 같은 원인에서 출발하는 것으로 밝히는 추세이다.[14]

---

13) J. Frosch, "The Relationship between Acting out and Disorders of Impulse Control", *Psychiatry*, 40(1977), 295~296.

14) L. H. Block, W. Tenschert, R. Locher, et al., "Receptor Dysfunctions in Human

그러나 이런 도박중독에서 생리적인 측면은 도박자의 심리적인 요인을 간과한다는 점이 지적되어야 한다. 그런 이유로 생리적 측면은 도박중독에서 다분히 심리적이거나 성격적인 요인이 상당히 작용한다고 인정되는 점에서는 생리적 이론만 가지고 중독의 이유를 모두 설명해 내지 못하는 한계에 직면한다. 일확천금을 원하는 사람이 도박하는 태도는 생리적인 요인을 넘어 매우 심리적인 요인이 관여되고 있기 때문이다. 실제로 임상의 현장에서는 중독에 잘 빠지는 성격이 있음도 알려지고 있다.[15] 그런 성격은 일단 늘 새로운 자극, 좀 더 강렬한 자극을 추구하는 탐닉형 성격을 가진 사람들이다. 그뿐 아니라 현실도피적인 사람들도 도박중독에 빠지기 쉬운 경향이 있다.[16] 이들은 대개 내성적이고 조용한 성격으로 세상의 즐거움을 모르고 친구도 별로 없고 사회활동도 취미도 거의 없는 사람들이기 때문이다. 이런 사람에게 도박은 일시적으로 우울함을 잊게 만드는 약이나 도피처의 역할을 하기 때문인데, 이는 도박중독증이 다른 요인보다도 심리적인 측면을 고려하여 체계적으로 연구되어야 하는 이유이다.

3) 도박의 보편적 심리

도박의 심리를 갖지 않는 사람은 드물 것이다. 사람은 최소의 비용으로 최대의 효과를 올리려는 심리를 본능적으로 갖고 있기 때

Diesease", *Klinische Wochenschrift*, 59(1981), 355〜363.

15) L. Iversen, "Which do you have?", *Nature*, 358(1992), 109〜110.

16) 저자의 임상 경험에 의하면 모든 중독은 '결핍'이 그 바탕이 되는 경우가 많다. 여기서의 결핍이란 정신의 긍정에너지를 의미하는 것으로 이를 사랑, 애정, 그리고 이해나 인정으로 말해도 좋을 것이다. 아무튼 중독자들은 이런 긍정적인 에너지가 결핍되면 그것을 채우려 무엇엔가 빠져들고자 한다. 그것이 중독증을 유발하는 원인으로 작용하는 것이다. 그러기에 중독은 깊이 빠져들어 부족한 에너지를 채우고자 하는 현상이자 증상인 것이다.

문이다. 이것이 과장되면 그 극대화의 방법으로 복권 당첨을 꿈꾸게 된다. 복권 당첨은 사회적으로 인정되는 일면 정당한 방법이지만 성격에서는 당연히 도박적인 특성이라고 볼 수 있다.[17] 최근 우리 사회에서도 언론이 몇십 억짜리 복권에 당첨된 사람을 잇달아 보도하면서 전국적으로 복권 열풍이 휘몰아치는 때가 있었다. 이런 분위기에 힘입어 인터넷 복권도 엄청난 판매 수익을 올리고 있다. 지난번에 국내를 떠들썩하게 했던 '바다이야기'의 게임산업도 같은 맥락에서 이해할 수 있다.[18] 그러자니 그동안 비교적 중독과는 거리가 있었던 여성들과 청소년들이 쉽게 도박에 빠지고 있다는 것이 우리의 사회의 큰 문제로 부각되는 현실에 있다.

일반적으로 도박중독자의 비율은 전 인구의 1~2%로 알려지고 있지만 이 수치는 나라와 지역에 따라 큰 편차를 보인다. 도박이 합법적인 나라에서는 월등히 높은 6~7%나 된다는 보고도 있다.[19] 우리나라에서도 성인의 4% 이상이 도박중독 증상이 있는 것으로 알려져 있는 실정이다.[20] 이는 도박이 갖는 매력 때문일 것이다.

도박은 실로 이상한 매력을 가지고 있다. 도박은 처음에는 재미로 하다가 그 횟수를 반복하다 보면 중독의 상태로 빠져드는 특성으로 나타난다. 이런 현상은 임상에서 발견하게 되는데, 도박중독증 환자는 대개 처음부터 도박을 원하지 않았다는 것이 공통적으

---

17) A. G. Hersovitch, *Alcholism and Pathological Gambling: Similarities and Differences*(Holms Beach, Florida: Learning Publication Inc., 1999), 123~125.

18) 몇 년 전에 개장한 내국인 카지노에는 수많은 사람이 몰린다는 소식도 전해진다. 합법적 도박이야 그렇다 치더라도 시내 곳곳에 불법 도박장이 우후죽순처럼 생겨나고 있다. 한 해 동안 검거된 도박사범만도 무려 3만 4,000명이나 된다. 외국의 카지노에선 특별대우를 받는 한국인이 수도 없이 많고 최근에는 접근이 쉬운 온라인 도박을 통해 엄청난 돈이 외국으로 빠져나가고 있음은 주지의 사실이다.

19) A. G. Hersovitch, *Alcholism and Pathological Gambling: Similarities and Differences*, 124.

20) 민성길 외, 『최신정신의학』, 381~382.

로 드러난다. 처음에는 시간이 무료해서 재미 삼아 시작하게 되지만, 그 횟수를 반복하면서 그것이 취미가 되고 자신의 중요한 삶의 수단이 되다가 이제는 스스로는 도저히 헤어 나올 수 없는 중독의 상태에 빠지게 된다. 이런 점을 두고 혹자는 도박중독증을 단순화시키려는 의도라고 비판할지 모른다. 중독에 빠지는 사람들을 보면 여러 가지 복합적인 이유가 작용한 결과로 보인다. 실제로 거기에는 심리적인 요인, 환경적인 요인, 성격 등이 복잡하게 얽혀 있는 측면도 간과되어서는 안 되는 점이 있음도 사실이다.21) 그러나 그런 점을 차치해 두고라도 도박의 중독성은 다른 중독과는 달리 계속해서 도박하고자 하는 마음을 부추기는 매우 심리적인 측면이 중요시되어야 할 것이다.

현대에 이르러 중독증은 약물에 따른 증상을 넘어 심리적인 요인이 중요하게 작용되는 점과 함께 그 연구의 필요성이 높아지고 있다.22) 이는 임상에서 중독자들에게는 그들의 심리를 이해하는 것이 일차적인 것이 되는 이유이다. 실제로 그들은 임상에서 중독의 상태를 벗어나기 전에 그들을 이해해 달라고 호소한다. 이런 점에서는 중독자의 행동을 모두 그들의 심리적인 측면을 무시하거나 배제시킨 채 이해하려 한다면 주변 사람들의 도움을 더 필요로 하는 그들의 마음에 근접하기 어려워 치료를 요원하게 만들지 모른다. 이는 중독에서 심리적인 요인이 밝혀져야 하는 이유일 것이다.23)

---

21) I. Kusyszyn, Existence, Effectance, Esteem: From Gambling to a New Theory of Human Motivation, *International Journal of the Addiction*, 25(1990), 159~177.

22) Ibid., 160~161.

23) 술에 만취하게 되면 인간의 본능이 자극되는데 이때 성적 욕구가 가장 강하게 작용한다. 술에 만취하게 되면 무의식적으로 성적인 본능이 일차적으로 작용하기 때문이다. 물론 이때 자극되는 성적인 본능은 알코올에 의해 그 기능이 감소되더라도 환상적 자극만은 최상의 상태에 이른다. 또 다른 측면에서 보면 섹스중독이란 단지 하나의 괴벽에 불과해 보일지도 모른다. 그래서 미국에서 섹스중독이란 정신의학적 범주로 인정받는다는 것 자체가 이해당사자들

Ⅲ. 도박중독의 원인에 대한 심리적 특징

우리는 앞에서 도박중독에 대한 일반적인 관점을 살펴보았다. 도박중독은 여러 요인과 관련되고 있기에 이를 쉽게 설명하기 곤란한 점이 있다는 측면도 알게 되었다. 일반적으로 사회적, 문화적 차원에서 도박중독의 원인은 도박을 시작하게 된 경위 등을 설명할 수 있고, 도박이 돈과 관계된다고 해서 단순히 경제적 관점이라는 점에서 병적 도박행동을 설명할 수도 있다. 그러나 그런 모든 것에서 도박중독자들의 심리적인 요인이 제외된다면 행동이 유발되는 측면에서 보이지 않게 작용하는 욕구나 본능 등의 요인이 배제되는 것이다. 그런 이유로 여기서는 도박중독이 유발되는 원인에 대하여 대표적인 학파의 견해에 의존하여 그 심리적 특징을 다음과 같이 밝히고자 한다.

1. 매력적인 보상물

도박중독증은 현상적으로 보이지 않는 심리적 세력의 산물이다. 그 심리적 힘은 도박자들을 계속해서 행동하게 만드는 심리적인 요인이기 때문이다. 이런 시각에서는 학습이론이 그 선두에 선다. 학습이론은 도박중독자들의 행동적 측면에 초점을 맞춘다. 물론 학

에게 의료기금을 모을 자격을 주고 연구지원을 끌어들이며 스스로를 새로운 종류의 전문가로 자처할 수 있게 해 준다. 이런 이유로 중독의 영역에는 보다 넓은 수준의 활동이나 특별히 성적인 활동 영역에 해당하는 무엇이 있다. 이런 점에서 '중독'으로 인정되는 항목들은 지난 몇 년 사이에 폭발적으로 증가했다. 이홍식 · 전지용. "세새대 항정신병 약물의 최근 현황", 『대한정신약물학회지』, 6(1995), 29~35.

습이론은 행동과 심리를 엄격하게 구분하기 어려운 측면이 있는 것은 사실이지만 심리는 행동으로 드러나고 행동은 그 심리를 반영하고 있다는 점에서 객관적인 연구를 가능하게 만들고 있다고 볼 수 있다. 행동주의와 인지이론에 따르면 병적 도박자들이 도박을 지속하는 이유는 도박행동이 학습되고 도박에 대해 잘못된 사고를 발전시키기 때문이다.[24] 이는 학습이론이 도박이 유발되는 행동에 대하여 초점을 두어 설명하는 것으로 다음의 몇 가지 관점은 특징적인 것으로 나타난다.

1) 학습효과로서의 행동

도박행동은 행동주의에 의하면 쾌감이 증폭되고 스트레스가 감소되면서 점차로 더 강화되는 학습된 행동이다.[25] 그들의 학습된 행동은 도박의 반복을 통해서 일어난다는 것이다. 사람들이 술을 마시는 이유는 술을 마시면 술의 약리학적 효과로 인해 사교성이나 즐거운 기분이 일시적으로라도 증가하여 이를 반복하게 되는 원리이다. 마찬가지로 이런 원리는 도박에서도 사회적 강화가 중요한 영향을 미친다는 것을 의미한다. 많은 사람들이 실제로 사교적인 목적에서 도박하거나 술을 마시는데, 이 중 특별한 사람들은 스트레스를 줄이거나 쾌감을 증폭시키기 위한 방편으로 도박에 탐닉한다. 이는 환경이 도박을 고취시키고 도박하면서 쾌감을 얻는다면, 그리고 이 두 가지가 스트레스를 감소시키는 데 효과적이라면,

---

24) R. Ladouceur & M. Walker, *A Cognitive Perspective on Gambling*, Chapter Six, In P.M. Salkovskis(Ed.), *Trends in Cognitive and behavioral Therapies*(New York: John Wiley & Sons Ltd., 1996), 127~129.

25) R. Ladouceur and C. Mireault, "Gambling Behaviors among High School Students in the Quebec Area", *Journal of Gambling Behavior*, 4(1988), 3~12.

그 사람은 도박중독으로 발전할 위험성이 높다는 것을 시사하는 것이다. 학습이론에 따르면 도박을 지속하게 만드는 학습요인은 조작적 조건화(operational conditioning)로서 지속성을 유발하여 이것이 계속되면 중독으로 유도되기 때문이다.[26]

실제로 도박의 초기에 큰돈을 맞춘 사람들일수록 도박에 빠질 가능성이 높다는 사실이 인정되고 있다.[27] 큰돈을 맞추었던 경험이 도박의 지속적인 유인가 역할을 하며 다시 그 경험이 재현될 수 있으리라는 기대를 불러일으킬 수 있기 때문이다. 이런 강화의 심리를 교묘하게 이용해 사기 도박판에서는 초반에 돈을 따도록 일부러 져 주는 것으로 알려져 있다. 그런 가운데 도박자는 점점 학습된 행동으로 빠져드는 것이다. 도박중독에서 학습의 원리는 보편적인 측면에서 인정되는 특성이라고 볼 수 있다. 행동이 강화되면 학습으로 인해 지속적인 특성을 반복하게 만든다는 점에서이다. 이는 일상생활에서도 경험되는 측면이 있어 그다지 부정할 이유가 없을 정도이다.

2) 욕구만족의 강화물

도박판에서 강화물은 돈으로 제공된다. 돈은 가치가 높은 강화물이지만 돈만이 절대적인 강화물이 아닌 것이다. 이런 강화물에는 실제로는 몇 가지 유형이 있다.[28] 먼저는 일차적인 강화물이 중요

---

26) 조작적 조건화란 자극이 주어지고, 그때 그 자극에 대해 어떤 자발적인 반응을 해서 강화가 뒤따르면, 즉 긍정적인 결과를 얻으면 앞으로 그 반응이 일어날 가능성이 높아지는 것이다. 강화는 반응의 발생가능성을 높이는 특성이 있다. 도박을 예로 들면 처음부터 도박에 빠져들어 많은 돈을 거는 도박꾼들은 드물다. 대개는 사교적이거나 유희적인 목적에서 적은 액수를 거는 경우도 많다. 그러나 도박에서 우연치 않게 베팅을 해서 큰돈을 맞추면 혹은 커다란 쾌감을 경험하면, 이후 다시 도박할 가능성이 높아진다. C. Cummings, J. Gordon & G. Marlatt, "Relapse: Strategies of Prevention and Prediction", W. R, Miller(Ed.), *The Addictive Behaviors*(Oxford: Pergammon, 1980), 156~160.

27) Ibid., 157.

한데, 이는 배고픔, 목마름, 성적인 욕구, 쾌락 욕구 등과 같이 생리적이거나 기본적인 욕구를 만족시키는 기능을 하기 때문이다. 그 다음으로는 이차적인 강화물이라 할 수 있는데, 이차적 강화물에서는 돈이 그 대표적이다. 돈에는 언제든지 일차적 강화물을 획득할 수 있거나 그에 상응하는 대가를 받을 수 있다는 가치가 있다. 즉 돈은 일차적 강화물과 유사하거나 동일한 가치를 지닌다. 중독자들이 그토록 도박판에서 돈을 잃고 따는 데 집착하는 이유는 돈이 있으면 욕망하는 일차적, 이차적 강화물을 손쉽게 손에 넣을 수 있기 때문이다. 이런 점에서 도박판에서 돈을 자꾸 잃는다는 것은 욕구를 충족시킬 수 있는 가치 있는 강화물을 모두 잃는다는 것이 된다.[29] 그러나 또 다른 면에서는 일상생활에서 뒤따르는 불편감과 경제적, 심리적 고통, 자기 부적절감을 피하기 위한 방편으로, 즉 부적 강화에 대한 기대에서 도박하기도 한다. 이는 그대로 정적, 부적 강화를 맛볼수록 도박에 집착할 가능성이 높아지는 이유이다.

3) 강화효과의 보상물

강화효과의 보상물은 심리를 자극하여 움직이는 중요한 요인이다. 그러나 강화효과의 보상물은 다양하게 조작되는 특성을 갖고 있다. 강화효과에는 강화시기(timing), 지연(delay), 강화의 양(amount) 등 세 가지 요인이 중요하게 작용하기 때문이다.[30] 강화의 지연은

---

28) Ibid., 158.

29) 일차적, 이차적 강화물은 다시 정적, 부적 강화물로 세분할 수 있다. 정적 강화물은 행동에 의한 결과가 즐겁거나 소망하는 것이다. 반면에 부적 강화물은 반응의 결과로 인해서 바라지 않던 어떤 것이 줄어들거나 감소하는 것이다. 정적 강화물이나 부적 강화물은 모두 행동을 강화하는 기능을 한다는 점에서 공통점을 가진다. 예를 들어 도박꾼은 쾌감을 맛보고 돈을 따기를 기대하는, 즉 긍정적 강화에 대한 기대에서 도박하기 때문이다.

30) R. Ladouceur & M. Walker, "A Cognitive Perspective on Gambling", Chapter Six,

반응한 후에 강화가 주어지는데, 시간이 얼마나 지체되는가의 문제이다. 지연기간이 길수록 강화의 효과가 떨어지는 반면에, 지연기간이 짧을수록, 즉 반응한 이후 빠른 시간 내에 강화가 주어질수록 강화의 효과도 크다.

노동의 세계에서 일한 후에 대가를 받으려면 많은 시간을 기다려야 한다. 일급을 받는 노동자는 8시간 이상을 일해야 하고, 월급 노동자들은 한 달이 지난 후에야 비로소 대가를 받을 수 있다. 그 반면에 도박에서는 그 즉시로 대가가 주어진다. 노동은 지연기간이 긴 반면에, 도박은 지연기간이 짧은 것이다. 간혹 복권과 같이 결과를 아는 데 몇 날을 기다려야 하는 예외가 있기는 하다. 그래서 지연기간이 긴 복권보다는 지연기간이 짧은 슬롯머신, 경마, 경륜, 카드 게임과 같은 도박의 효과가 훨씬 더 강력하다. 최근에 이러한 단점을 보완하여 그 자리에서 즉시 결과를 알 수 있는 즉석식 복권이 등장한 것은 지연의 심리를 활용한 측면으로 보아야 한다.

강화의 양은 반응한 후에 주어지는 강화의 크기이다.[31] 개인의 행동에 대한 값어치가 적다면 그 행동하려는 의도가 줄어들 것이다. 예를 들어 월급이 너무 적으면 그 일을 하려고 하지 않는 것과 같은 원리이다. 도박에서는 간헐적으로 주어지는 돈과 쾌감이 노동이나 다른 놀이의 값어치보다 훨씬 큰 것이 특징이다. 많은 도박꾼들이 도박판에서 주어지는 강화의 크기, 즉 대박에 맛을 들이면 직장에서 하루 종일 일하고 난 후에 받는 강화의 양, 즉 월급은 사소

In P.M. Salkovskis(Ed.), *Trends in Cognitive and behavioral Therapies*, 128.

31) 강화의 양에 이어 강화의 발생시기도 연결되어 있다. 발생시기란 결과가 어떤 시기에 주어지는가를 의미하는 것으로 강화 스케줄(schedule of reinforcement)이다. 강화의 스케줄은 다양한 방식으로 사람들의 행동에 영향을 미친다. 특히 도박판에서는 도박을 끊지 못하고 지속하도록 하는 데 강력한 위력을 발휘한다. 사람들은 인식하지 못하는 사이에 강화 스케줄의 영향을 받는다.

하고 값어치가 없어 보인다. 한 달 내내 지치도록 일하고 받는 월급은 도박판에서 즐기면서 한 번 크게 돈을 따는 것에 비하면 별것이 아닌 것이다. 이는 직장생활이 가치 없고 무의미해 보이므로 직장을 포기하고 도박에만 매달리게 되기도 하며, 노동의 의미와 돈의 가치를 상실하게 만드는 이유일 것이다.[32]

매력적인 보상물은 도박중독의 원인에서 중요한 심리적 요인의 하나이다. 도박에서 얻어지는 보상물이 도박적 행동을 강화시키고 보이지 않게 이를 지속적으로 유지되게 만드는 특성이 있기 때문이다. 이는 도박의 보상물이 때로는 학습효과의 결과물로, 때로는 욕구의 만족으로 작용하여 강화적 효과를 일으켜 도박적 행동을 유발하는 원인으로 작용하는 이유이다.

2. 보상의 마력과 탐닉

도박중독에서 보상의 마력은 대단히 크다. 무슨 일이든지 보상이라는 것은 따르게 마련이지만 도박에서는 그 보상의 의미가 일종의 마력이다. 크게 수고하지 않고도 일시에 큰 대가를 획득할 수 있기 때문이다. 그뿐 아니라 그 대가로서의 보상물은 도박중독자로 하여금 일회적이 아니고 계속해서 행동을 유발시키는 탐닉의 특성을 자아낸다. 이는 도박에 손을 대기 시작하면 쉽게 빠져나오지 못하는 이유일 것이다. 이런 보상의 마력과 탐닉은 다음의 몇 가지로 구분할 수 있다.

---

32) 오늘날 많은 사업장에서 생산성 향상을 위해 강화 스케줄을 은연중에 이용하고 있다. 예를 들어 성과급제가 그 대표적인 예로, 하루 8시간이라는 고정된 노동시간에 대해 임금을 균등하게 지불하지 않고 정해진 노동시간 안에 얼마나 많은 제품을 생산했느냐에 따라 월급을 차등 지불하는 경우를 들 수 있다. 이렇게 되면 노동자들은 한정된 노동시간 안에 더 많이 일을 하거나 노동시간 이상으로 잔업을 하려고 들 것이다. 이러한 예는 생산성을 올리기 위해, 즉 행동의 양과 질을 증가시키기 위해 강화 스케줄을 이용한 대표적인 사례들이다.

1) 간헐적인 보상의 마력

간헐적인 보상은 물론 대박이다.[33) 도박행동은 간헐적으로 돈(이차적 강화)을 땀으로써 강화된다. 대부분의 사람들이 도박을 지속하는 주된 이유를 "간혹 돈을 따기 때문"이라고 대답한다. 이들은 감당할 수 없는 위기상황에서도 간헐적으로 큰돈을 따기 때문에(간헐적 강화), 그리고 돈을 딸 것으로 기대를 갖고 있기에 도박판을 떠나지 못한다. 대부분의 병적 도박꾼들은 커다란 대박, 간헐적 강화를 꿈꾼다. 손실이 누적되면서 후회하고, 때로는 도박으로 돈을 딸 수 없다는 것을 인식하지만 마음속에서는 간헐적 강화에 대한 기대를 버리지 못한다. 간헐적 강화는 도박으로 인해 심각한 손실을 입은 상태에서도 도박을 끊지 못하고 오히려 도박행동을 악화시키는 강력한 요인으로 작용하기 때문이다. 게다가 도박판의 강화 스케줄은 그들의 마음을 더욱 부추긴다. 여기에 도박판의 강화 스케줄은 변화 비율강화, 즉 보상을 얻는 데 필요한 반응(행동)의 횟수를 변화하게 만드는 것이 유혹적이 된다. 더욱이 그들에게는 언젠가는 보상이 주어지지만 언젠가 주어질지를 예측하는 것은 불가능하다. 보상은 지금 주어질 수도 있지만 한참 시간이 흐른 후에 주어질 수도 있기 때문이다. 이렇게 되면 도박꾼은 빠른 시간 내에 보상이 주어지기를 희망하고, 마치 지금 당장 주어질 것 같은 조급함에 시달리게 된다.[34)

---

33) E. J. Langer, "The Illusion of Control", *Journal of Personality and Social Psychology*, 32(1977), 311~328.

34) 병적 도박꾼들은 커다란 승리가 눈앞에 있는 것처럼 행동한다. 손해가 클수록 이런 착각은 더욱 심해진다. 지금까지는 돈을 잃었지만 언제 큰 승리할지 모르며 다음 판에서 당장 큰 대박이 쏟아질 수도 있다고 생각하는 것이다. 그리고 언제 주어질지 모르는 이 보상이 크기는 대개 크며 지연기간도 없다. 강화 스케줄 중에서도 변화 비율 스케줄은 가장 소거에 저항적이며 변화하기가 어려운데, 이는 예측불가능성, 보상의 크기, 보상의 즉시성은 도박을 끊지

2) 부차적 보상들

도박에서는 돈을 따는 것만이 이차적 강화는 아니다.[35] 도박판에서 맛보는 쾌감이나 일차적 강화인 스릴도 빠르고 강력하고 지연 기간도 없다. 도박판에서 쾌감을 맛보고자 하는 사람은 도박하기만 하면 언제든지 쾌감을 맛볼 수 있다. 그래서 노름판에서 재미를 못 느끼는 사람은 도박에 심취할 가능성이 적지만 스릴감과 흥분을 느끼는 사람은 병적 도박으로 발전할 가능성이 높은 것이다. 그리고 병적 도박자와 사교성 도박자는 도박할 때 느끼는 흥분의 수준이 다르다.[36] 도박판에서 이길 때 병적 도박자는 큰 충만감과 도취감을 느끼는 반면에, 사교성 도박자는 이런 흥분상태를 경험하지 못하기 때문이다.

어떤 사람들은 우울과 권태로움, 걱정을 회피하기 위한 방편으로 부적 강화의 도박에 몰입하기도 한다. 도박판에서는 괴로움을 잊기 위해서 도박판에 다시 발을 들여놓게 되는 것이다. 도박판에서는 괴로움과 고통을 잊을 수 있는 부적 강화물을 제공한다. 쾌감과 스릴, 고통의 망각은 도박판의 중요한 일차적 정적, 부적 강화, 그리고 도박할 때는 언제든지 맛볼 수 있는 연속적 강화이기도 하다. 이런 점과는 달리 병적 도박자는 쾌감과 도취감을 맛보기 위해 도박한다는 점에서 그 특이성이 있다고 볼 수 있다.

못하게 하는 강력한 영향력을 발휘한다.

35) T. Toneatto, "Cognitive Psychopathology of Problem Gambling", *Substance Use and Misuse* 32(1934), 1593~1604.

36) 도박판의 자극적이고 강렬한 쾌감은 권태로움과 지루함을 잊을 수 있는 방편이다. 그래서 도박에 빠져들기 이전부터 직장이나 가족, 인간관계에서 만족을 찾지 못하거나 자신에 대한 불만족감이 많았던 사람들은 도박판에서 도피처를 찾게 된다. 더욱이 도박꾼들의 삶은 대개 경제적인 어려움과 혼란으로 가득 차 있다. 손실이 누적되고 후회와 자책이 클수록 자극적인 쾌감을 맛보기 위한 목적보다는 후회와 자책감을 피하고 괴로움을 잊기 위해서 도박판에 다시 발을 들여놓게 된다.

3) 연속적 강화로서의 탐닉

연속적 강화는 탐닉으로 유도하는 특성이 있다. 연속적으로 강화되는 사람은 중독으로 빠져들 수 있다는 것이다. 그러면 강화의 결과는 어떤 시기에 어떠한 방식으로 주어질 수 있을까? 우선 강화는 사람들이 행동을 할 때마다 주어진다고 보아야 한다. 이는 현상적인 측면에서 연속적 강화(continuous reinforcement)로 볼 수 있는데, 도박판에서 도박할 때마다 돈을 딴다면 연속적으로 강화가 주어지는 것이 되기 때문이다.[37] 이렇게 되면 손쉽게 돈을 벌 수 있기 때문에 누구나 도박하려 할 것이고, 도박판을 떠나지 못할 것이다. 그러나 도박할 때마다 돈을 따는 경우는 드물다. 실제로는 어쩌다 한 번씩, 가끔 간헐적으로 돈을 따게 된다. 이렇게 간헐적으로 강화가 주어지는 것이 바로 간헐적 강화(intermittent reinforcement)이다.

도박판에서 도박꾼들은 매번 돈을 따는 것이 아니며, 오히려 매번 잃는 편이다. 그들이 돈을 잃는다는 것은 처벌이지만 간헐적으로 큰 게임이 맞으면서 커다란 강화물이 주어지는 것이다.[38] 때로 이 강화의 값어치가 처벌, 즉 손실을 모두 만회할 수 있을 만큼 크

---

37) C. Cummings, J. Gordon & G. Marlatt, "Relapse: Strategies of Prevention and Prediction", W. R. Miller(Ed.), *The Addictive Behaviors*, 157.

38) 간헐적 강화는 두 가지로 구분된다. 다시 보상이 언제 주어질지 예측할 수 있는 고정 강화와 예측할 수 없는 변화 강화이다. 고정 강화는 다시 고정 비율 강화와 고정 간격 강화로, 변화 강화는 변화 비율 강화와 변화 간격 강화로 구분할 수 있다. 고정 비율 강화나 고정 간격 강화는 일정한 시간이 지난 후나 일정한 횟수의 행동이 있은 이후에 보상이 주어지는 것이다. 예컨대 운동선수에게 10번 운동장을 뛴 이후에 휴식을 취할 수 있도록 하는 경우나 일정한 시간을 일한 후에 월급을 받는 월급제가 고정 강화에 속한다. 그 반면에 변화 비율 강화나 변화 간격 강화에서는 보상을 받을 수 있는 비율이나 간격이 일정하지 않다. 운동을 예를 들면 3회를 뛰고도 쉴 수 있지만 20회를 뛴 후에 쉴 수도 있다. 여기에 전체적으로 합산한 평균횟수는 10회를 유지한다. 이는 평균적으로는 항상 10회를 유지하지만 행동주의 입장에서는 얼마를 행위하고 난 후에 강화가 돌아올지를 예측할 수 없는 이유이다. R. Ladouceur & M. Walker, "A Cognitive Perspective on Gambling", Chapter Six, in P.M. Salkovskis(Ed.), *Trends in Cognitive and behavioral Therapies*, 227~228.

다고 기대하거나 실제로 크다면, 이들의 마음은 달라질 것이다. 그러나 도박중독자들 중 대부분의 사람들이 도박을 시작한 초기에 강력한 대박, 간헐적 강화를 맛본 적이 있다.[39] 이와 마찬가지로 변화간격의 강화 역시 시간에 따라 보상이 다양하게 주어지는 편이다. 즉 어떤 경우에는 빨리 주어지기도 하고 어떤 경우에는 시간이 한참 지난 후에 주어지기도 한다. 이는 도박하는 사람의 입장에서는 언제 보상이 주어지는지를 예측할 수 없는 이유이다.

매력적인 보상물, 보상의 마력과 탐닉 등은 학습이론에서 발견되는 도박중독증에 대한 특징적 개념이다. 학습이론은 도박중독의 자극과 반응, 그리고 그 조건적 반응에 초점이 맞추어져 있기 때문이다. 이는 학습이론이 중독적 행동에서 자극과 반응의 결과를 중요시한 관점이기도 하다. 그러한 자극이 일정한 조건이 주어지는 가운데 다시 그에 따른 행동이 일어난다는 원리에서 설명되고 있는 것이다. 인간은 일정한 조건이 주어지는 환경에서 자연히 그에 따른 반응을 나타내고 행동을 한다는 것이 중요시되기 때문이다.

학습이론의 관점은 중독에서 행동의 특성을 잘 설명하고 있음에도 불구하고 도박중독자의 심리적인 측면을 강조하는 데 한계점을 가지고 있다. 이는 인간의 행동은 자극과 반응, 조건이나 습관을 중요시하는 단순히 학습만을 바탕에 두고 있기 때문이다. 그리고 행동을 강화시키는 원리도 일정한 자극에 조건 지어지는 습관성으

---

39) 강화 스케줄은 행동에 강력한 영향을 미친다. 강화가 어떻게 주어지느냐에 따라 얼마나 빨리, 자주, 오랫동안, 열심히 그 행동을 하는가 하는 행동패턴이 달라진다. 간격 강화에서는 시간에 따라 보상이 결정되기 때문에 반응률이 떨어지는 반면에 비율 강화에서는 나의 행동 횟수에 따라 결과가 달라지므로 행동을 더 많이 하게 될 것이다. 더욱이 변화 강화에서는 언제 보상이 주어질지를 예측할 수 없기 때문에 휴식이 없다. 보상이 주어질 때까지 행동을 지속해야 하며 보상이 주어진 이후에만 잠시 휴식을 취할 수 있을 뿐이다. R. Ladouceur & M. Walker, A Cognitive Perspective on Gambling, Chapter Six, In P.M. Salkovskis(Ed.), *Trends in Cognitive and behavioral Therapies*, 1111~1119.

로 보는 시각이 우세하여 중독자에게서 일어나는 미묘한 심리적 측면이 배제되고 있는 점도 지적되어야 한다. 그러니까 학습론 또는 행동주의는 도박자들이 도박하는 현상적인 측면을 넘어 도박하고자 하는 욕구, 즉 도박을 실행하도록 만들고 있다는 심리적인 요인을 간과하고 있는 것이다. 이는 그대로 중독성을 설명하는 데 있어 학습이론이 가지는 장점이면서 동시에 한계점이라고 할 수 있다.

3. 욕구와 쾌락

욕구와 쾌락은 도박행동을 설명하는 또 하나의 원리이다. 외면적으로 드러나는 행동은 내면의 욕구와 쾌락에 의해 유발된다고 보는 것이다. 이런 관점은 행동의 동기를 주로 밝히려는 동기심리학의 차원에서 이해된다. 개인의 욕구나 동기에서 비롯되는 행동의 증가에 초점을 두려는 시각에서 동기심리학은 습관적인 도박행위나 병적 도박행동은 합리적인 경제학에 의하여 설명될 수 없으며, 도박에 개입된 개인의 심리에 의해 설명될 수밖에 없다고 주장한다.[40] 이런 관점에서 욕구와 쾌락은 그 특징적인 점이 설명되어야 한다.

1) 악순환의 틀

병적 도박자들은 현상적으로 헤어나지 못하는 일정한 틀에 묶이어 있는 측면이 있다. 대부분의 병적 도박자들은 점진적인 악화과정을 밟으면서 과도한 탐닉, 추락, 갈망의 악순환에 갇혀 버리기

---

40) T. Toneatto, "Cognitive Psychopathology of Problem Gambling", *Substance Use and Misuse* 32(1934), 1595~1598.

때문이다.[41] 실제로 그들은 모든 기력이 소진할 때까지, 동원할 수 있는 돈을 모두 잃을 때까지 도박에 탐닉한다. 도박의 악순환에 발목을 잡힌 병적 도박자들은 최종적으로 돈이 모두 고갈되고 도박할 기력을 완전히 상실했을 때만 겨우 도박을 멈출 수 있다.[42] 악순환에서 발을 뺄 수 있는 길은 이전부터 회피해 오던 불편한 감정들, 도박으로 인해 쌓인 문제들에 직면하는 길밖에 없다. 이런 문제를 직시하기 위해서는 도박자의 엄청난 결단과 의지가 요구된다. 실로 그들은 이전부터 피해 온 문제들이 너무나도 거대하고 엄청나 보이기 때문에 조금이라도 직면하는 순간 심한 우울증에 사로잡히기도 한다.

게다가 그들은 이미 회피에 익숙해진 상태이기에 도박을 끊는다는 것은 전혀 불가능한 일로 보인다.[43] 그뿐 아니라 이들에게는 보상을 받을 수 있기 위해서는 그 대가로 노동을 제공해야 하며, 선택할 수 있는 방법이나 경로도 제한되어 있다는 점도 걸림돌이다. 거기에 비하면 도박은 결과가 즉시적으로 제공되며 대박과 쾌감이라는 강화의 크기도 매우 크고 강력하다. 그들은 한순간에 많은 돈을 벌어 손해를 만회해야 한다는 생각에서 벗어나지 못하기에 도박자들에게는 도박이 가장 손쉽고 빠른 최선의 합리적인 해결책으로 지각되는 것이다.

---

41) Ibid., 1596~1597.

42) Ibid., 1597~1598.

43) 학습이론적인 측면에서 본다면 어리석고 불합리해 보이는 도박꾼의 행동도 이해가 어려운 것은 아니다. 도박자는 손실을 만회하기 위해서는 또다시 위험한 도박을 할 수밖에 없다고 느낀다. 현실에서 손실을 만회하기에는 보상규모가 너무 적으며 보상을 받을 수 있는 시기도 뒤늦게 제공된다.

2) 쾌감과 스릴의 유혹

병적 도박자들은 도박을 중단하지 못하는 마력에 빠져 있다. 그
것은 그들을 계속적으로 도박을 하게 만드는 요인일 것이다. 실제
로 병적 도박자들은 도박 빚을 갚아 주고 다시 도박하는 일이 몇
번씩 반복된다.[44] 도박을 끊고 몇 년이 지난 후에도 다시 도박판에
빠지는 경우가 있다. 이런 현상은 조작적 조건화 이외에 고전적 조
건화(classical conditioning)가 작용하고, 도박하면서 학습된 쾌감과
스릴을 잊지 못하기 때문이라고 볼 수 있다.[45] 쾌감과 스릴의 유혹
이 그들을 도박하도록 사로잡고 있는 것이다. 이런 이유로 그들은
도박을 끊더라도 도박과 연관된 환경단서(조건 자극)에 노출이 되
면, 도박하고자 하는 갈망(조건 반응)이 증폭되고야 만다.[46] 그러나
이들의 재발은 도박과 연관된 모든 환경 단서들이 반드시 부정적
효과를 불러일으키는 것만은 아니라는 점이 작용한다.[47] 그들은 큰
돈을 잃었다는 것, 패배했을 때의 자괴심과 실망감, 불안, 우울, 공

---

44) L. R. Reid, "The Psychology of the Near Miss", *Journal of Gambling Behavior*
    2(1986), 32~39.

45) 고전적 조건화란 무조건적 반응(unconditioned response)을 유발하는 무조건적 자극
    (unconditioned stimulus)에 중립적인 조건자극(conditioned stimulus)이 짝 지어지는 것이
    다. 일단 무조건적 자극에 조건자극이 짝지어지면 이 조건자극은 무조건적 반응과 유사한,
    조건 반응(conditioned response)을 유발하는 힘을 갖게 된다. 예를 들어 병적 도박자들에
    게는 도박판이 무조건적 자극이며 이 자극은 흥분이나 스릴감의 증폭, 우울감의 증가 등의
    무조건적 반응을 일으킨다.

46) 이러한 환경단서, 즉 조건 자극에는 우연히 길을 가다 도박장을 지나치게 되는 것이나 같이
    도박하던 친구를 만나는 것, 동료들이 도박하는 것을 보거나 누가 큰돈을 땄다는 이야기를
    듣는 것, 도박에 관한 책자나 심지어 도박에 관한 기사, TV 뉴스 등까지도 포함된다. 도박과
    연관된 환경단서들은 흥분, 돈을 따는 것, 도취감, 불편한 감정의 해소, 도피욕구 등 수많은
    긍정적 효과를 불러일으킨다. 더욱이 도박할 때는 흥분감으로 인해 환경단서에 대한 민감성
    이 일시적으로 증가하기 때문에 강력한 조건적 조건화가 일어나기 쉽다. 도박과 연관된 환경
    단서는 재발에 영향을 미치는 강력한 변인들이기 때문이다.

47) T. Toneatto, "Cognitive Psychopathology of Problem Gambling", *Substance Use
    and Misuse* 32(1934), 1595~1596.

황상태의 초조감 등을 경험함에도 불구하고 도박을 포기하지 못하는 것이다. 그들은 때로 부정적 효과가 증폭되면 일시적으로 도박을 끊고자 하는 마음을 가질 수 있지만 곧바로 도박판을 찾는다. 이는 많은 도박자들이 도박판에서 큰돈을 잃은 후에 자괴심에 빠져 도박을 끊으려고 결심하지만 다시 도박판을 찾는 이유이다.

도박에서는 긍정적 효과와 부정적 효과가 병존하며 이 두 가지는 상호 경쟁하는 측면도 있다.[48] 병적 도박자들은 부정적 효과에 직면하지 않고 회피하고자 하는 욕구가 더 크기 때문에, 이 상태에서도 오히려 긍정적 효과를 더욱 높이기 위해 도박액수를 높이고 더 자주 도박을 하는 경우이다. 그 반면에 부정적 효과가 긍정적 효과에 비해 크게 지각되고 부정적 결과에 직면할 용기가 있다면 도박을 끊으려는 마음을 갖고 실행에 옮기거나 주변의 도움을 요청하게 될 것이다. 이는 병적 도박자들이 일시적으로라도 도박을 끊거나 치료적인 도움을 요청하는 때가 대개 이 시기라고 볼 수 있는 이유이다.

3) 충동성의 유혹

도박중독자들은 도박에서 벗어나기 어려운 점이 또 하나 있다. 여기서 어려운 점이란 여러 가지 있을 수 있지만, 그중에서도 그들이 쉽게 중단하거나 지배할 수 있는 심리적 세력이 약한 것을 문제로 들어야 한다. 그것이 도박을 부추기는 충동성의 유혹이다. 이는 그들이 도박을 단절하고 난 후에도 도박의 충동성을 극복하지 못하는 이유가 존재한다고 볼 수 있다. 그러기에 도박을 끊으려는 의

---

48) Ibid.

지를 갖고 회복단계에 있는 병적 도박자들은 최소한 단기간이라도, 도박을 끊으려 노력하는 비교적 초기에 해당하는 시기로 보는 것이다. 이때 도박과 연관된 환경들을 적극적으로 피하고 거절해야 하는데도 불구하고, 계속 도박과 연관된 환경에 노출되면 도박에 대한 갈망에 시달릴 가능성이 높아진다. 장기간 도박하지 않으면 도박과 연관된 환경자극들은 갈망을 증폭시키던 위력이 점차 약해지지만 도박충동이 완전히 사라지는 것은 아니기 때문이다. 이는 조건화의 위력은 강력해서 장기간 절제에 성공한 후에도 완전히 없어지지 않는다는 점에서 이해된다.[49] 심지어 그들은 도박의 부정적 결과를 적극적으로 논박하고 긍정적 효과를 즐기려고 노력하는 측면도 있다. 이런 점은 궁극적으로는 순간적인 쾌감이 도박보다는 못하지만 건강하고 생산적인 다른 활동을 통해 지속적인 즐거움과 의미를 얻으려고 노력하기보다는 충동성에 휘둘리는 것으로 이해되는 대목이다.

욕구와 쾌락은 도박의 보이지 않는 심리적 욕구를 중요시하는 동기심리학의 입장이다. 도박하고자 하는 욕구적 갈망이 그들을 도박이라는 행동으로 유도한다는 것이지만 이런 심리적 욕구는 상당히 학습된 습관직인 측면을 강조하는 것으로 학습이론을 바탕으로 하는 인상을 준다. 이런 관점은 도박자의 수동적인·습관적인 측면을 문제 삼고 있을 뿐, 보다 심리적인 측면에 초점을 맞추지 못하

---

49) 몇 년간 절제력을 유지하다가도 어느 날 우연히 '이제는 이전처럼 빠지지 않겠지. 조금만 해보자.' 하고 방심하면서 단 한 번 노름판에 끼어들기만 해도 그동안 잊고 있던 쾌감과 갈망이 한꺼번에 증폭될 수 있다. 절제하다가 갑자기 도박충동을 느끼며 재발하는 경우도 많으며 단 한 번 손을 댄 것이 걷잡을 수 없이 큰 도박으로 발전하기도 한다. 이는 자발적 회복(spontaneous recovery)이 도박환경을 피하는 데 수동적인 대처방법에 지나지 않는 이유이다. 그리고 많은 도박자들이 이런 수동적 대처에만 의존하다가 실패한다. 수동적인 한계를 극복하는 방법 중의 하나는 도박하지 않음으로써 얻는 긍정적 효과를 즐기는 것이다.

는 한계를 갖기 때문이다. 다르게 말하면 동기심리학의 입장은 도박자들이 습관적으로 욕구에 끌리고 있는 그들의 동기성을 문제삼고 있기는 한데, 더 구체적으로 그 욕구와 쾌락이 왜 일어나는지에 대한 설명이 부족한 것이다. 이런 특성은 그 한계로 인하여 정신역동적인 관점을 필요로 하기에 이른다. 정신역동은 인간의 무의식까지를 포괄하여 설명하는 이론이라는 점에서 더욱 깊은 심층적이해를 가져다줄 수 있을 것으로 생각되는 것이다.

4. 병리적 메커니즘

도박중독자의 원인에서 병리적 메커니즘을 중요시하는 관점이있다. 이는 이들의 어쩔 수 없는 도박자중독의 심리적인 측면에 초점을 두는 시각이다. 여기에 정신역동론은 그 선두에 선다. 정신역동론은 인간의 무의식 특성을 중요시하려는 입장으로서 이 학파에서는 도박자의 비합리적인 도박행동에 초점을 두려고 한다. 이는도박중독을 무의식적인 메커니즘에 기초하여 보려는 입장이다.[50] 정신역동의 입장에서 보면 도박자의 행동은 의식 및 무의식적 결과라는 것이다. 도박자는 본인이 자각하지 못하거나 이성적인 행위로 받아들일 수도 있지만, 전의식적 혹은 의식적으로 수행되는 의사결정 혹은 여러 심리적 메커니즘이 작용하는 집합체로 보는 것이다. 이런 관점에서 다음 몇 가지를 그 중요한 특징으로 정리할수 있다.

---

50) R. J. Rosenthal, "Pathological Gambling", *Psychiatric Annals* 222(1992), 72~78.

1) 자기패배로서의 병적 도박

도박중독의 원인에서 자기패배는 또 하나의 원인이다. 프로이트는 도박을 자기패배의 욕구와 관련시켜 설명한다.[51] 프로이트는 도박을 자기패배로 설명하는 최초의 인물로 알려져 있는데, 이런 자기패배는 도박자들이 돈을 잃으면서도 도박을 계속하게 만든다는 것이다.[52] 그들이 자꾸 패배하면서도 도박을 쉽게 끊지 못하는 것은 자신의 마음으로도 어찌할 수 없는 병적인 도박행동 때문이라는 것이다. 이는 그가 병적인 도박을 자기패배라는 병리적인 시각에서 이해하는 이유이다. 실제로 정신역동론은 병적 도박자의 행동을 비합리적이라는 점에 주목하고 있다. 병적 도박자의 도박행동은 상식에서 벗어난 불합리하고 어리석은 행동이며, 특히 도박자의 행동이 '패배할 줄 알면서도 스스로 패배를 자초하는' 것처럼 보인다는 것이다. 이런 시각은 도박이 돈을 따기 위해서 한다는 것과는 매우 대조적인 측면이다. 도박자들은 마치 '잃기 위해서 도박하는 것'처럼 보인다는 점에서 도박자의 도박행동을 일종의 자기패배, 자기모멸이며 피학적인 행동으로 설명하고 있기 때문이다. 이런 병적 도박은 도박행동을 피학적 행동으로 본다는 점에서는 그 대답이 의식적인 목표추구행동으로 이해할 수 없으며, 무의식에 그 열쇠가 있다고 보려는 입장으로 이해할 수 있을 것이다. 이는 정신역동 또는 정신분석이 도박행동의 근원을 충동과 죄책감을 동반하는 피학적 쾌락으로 설명하는 이유일 것이다.[53]

---

51) S. Freud, Dostoevsky and Parricide, in *The Standard Edition of the Complete Psychological Works of Sigmund Freud*, J. Strachey(Ed.), 1961, Vol.21(London: Hogarth Press, 1928), 34~38.

52) A. G. Herscovitch, *Alcholism and Pathological Gambling: Similaries and Differences*, 72~73.

2) 죄의식의 해소

죄의식의 해소는 전술한 자기패배에 기초한다. 프로이트는 당대의 유명한 도박꾼이었던 도스토예프스키를 분석하면서 "도스토예프스키와 아버지살해(Dostoyevsky and Parricide)"라는 논문을 발표했다.[54] 이 논문에서 그는 도박꾼의 도박이란 돈을 따기 위해서나 빚을 갚기 위해서가 아니라, 그들의 도박은 단지 합리화에 불과하며 실제로는 도박 자체를 위하여, 즉 행위(action)에 내기를 걸고 있다는 입장을 견지한다. 그러니까 도박행위는 사실상 돈을 잃기 위해서 도박하고 있는 역설로 이해되는 것이다. 이런 관점은 그들은 자신도 모르는 죄의식에서 벗어나기 위하여 다시 도박을 하고, 또한 많은 돈을 잃어야만 죄의식을 벗을 수 있다는 무의식적인 사고에 연관되어 이해하는 것으로 볼 수 있는 측면이기도 하다.

도박이 죄의식의 해소라는 차원은 그 이해를 위하여 더 상세한 근거가 요구된다. 여기에는 저 유명한 정신분석의 근간이 되는 콤플렉스 이론에 근거한다고 볼 수 있는 대목이다. 그러니까 죄의식의 근원은 바로 무의식에 있는 아버지를 향한 살인충동(증오심)과 존경(애정)의 양가감정에 바탕을 두어 설명된다. 이는 정신분석의 오이디푸스콤플렉스 관점에서 이해되는 것으로 아버지를 좋아하고 존경하지만 그와 동시에 아버지를 밀어내고 어머니를 차지하고 싶어 하기에 어머니가 사랑하는 대상인 바로 그 아버지를 동일시하

---

53) 피학적인 도박행동은 아동기의 해결되지 않은, 무의식적인 심리적 갈등에서 비롯되며 도박은 아동기의 갈등으로부터 솟아나는 불안을 해결하거나 다루는 자기처벌적인 방법으로 출현한다는 것이다. 도박이란 기저에 위치하고, 도박자 자신은 인식하지 못하는 무의식적인 갈등의 상징적 표현물인 셈이다.

54) S. Freud, Dostoevsky and Parricide, in *The Standard Edition of the Complete Psychological Works of Sigmund Freud*, J. Strachey(Ed.), 1961, Vol.21, 36~38.

고 경쟁하려는 현상으로 이해하는 것이다.[55] 이런 관점은 정신분석의 입장에서 이해되는 것으로 일반적인 측면에서 오해의 소지가 전혀 없는 것은 아니다. 도박이 무의식적인 죄라는 점은 부정성의 측면에서 어렵지 않게 이해될 수 있지만, 그것이 아버지와의 콤플렉스에서 이루어지는 병리적인 측면은 또 다른 차원의 설명을 필요로 하기 때문이다. 그러나 이런 문제를 학파의 입장이라는 점을 감안하면 일단 무의식의 부정성에서 죄의식은 얼마든지 유발된다는 점에서 이해하고 넘어가야 할 것이다.

3) 자기처벌의 행위

도박중독의 원인은 정신역동에서 자기처벌의 행위로 이해된다.[56] 이는 전술한 죄책감을 해소하기 위한 구체적인 행동으로 보는 시각이기도 하다. 이런 시각은 정신역동의 학파에서도 프로이트의 뒤를 이어 병적 도박자를 심리적 피학증(psychic masochism)을 정립한 베르글러(E. Bergler)를 그 대표적으로 들 수 있다.

베르글러는 도박꾼이 잃기 위해서 도박한다는 생각을 널리 전파

---

55) 그러나 이들의 경쟁심은 거세불안에 의해 처벌받고 포기될 수밖에 없다. 그러기에 소망은 무의식 속에 죄의식과 연관된 채 남아 있게 되고 이제 아버지와 아들의 관계는 초자아와 자아의 관계로 변형된다. 이때 초자아는 물론 아버지임과 동시에 가학자, 핍박자이므로 자아는 핍박받는 자이며 처벌받을 위치에 있게 된다. 자아는 아버지를 사랑하면서도 증오했던 살해의 충동 때문에 자아 속에서 처벌받고자 하는 숭고한 욕망이 자라난다. 따라서 거세당한다는 것, 도박에서 돈을 잃는다는 것, 패배자가 된다는 것은 잘못을 속죄하고 아버지에게 다시 사랑받는다는 것을 의미한다. 이런 상황은 자연히 죄책감의 해소로 이어진다. 이는 죄책감을 줄이기 위해 무의식적으로 패배를 추구하므로 병적 도박자는 창백한 범죄자, 신경증적 범죄자가 될 수밖에 없는 이유이다. 그렇다면 흥미로운 사실이 발견되는데, 도박꾼은 잃기 위해서 도박하고, 죄책감에서 벗어나기 위하여 다시 도박해야 하고 많은 돈을 잃어야만 죄책감을 벗을 수 있다는 것이다.

56) A. G. Herscovitch, *Alcholism and Pathological Gambling: Similaries and Difference*, 74~75.

하였으며, 그의 이론은 프로이트 이후로 가장 흥미로운 이론으로 인정받는 것으로 알려져 있다. 도박자는 베르글러에 의하면 죄의식에 의해, 그리고 양심을 속죄받고자 하는 자기처벌의 메커니즘에 의해 움직인다는 것이다.[57] 다만 이때 죄의식의 근원은 부모의 규제에 대항하여 금지된 쾌락을 추구했던 아동기에 있다고 보는 점이 특이하다. 이에 따른 반항은 부모에 대한 무의식적 적개심과 다르지 않으며, 바로 이 공격성으로 인해 죄책감과 자기처벌을 피할 수 없게 된다는 점이다. 도박자는 (부모의) 처벌을 무효화하기 위하여 스스로 거절당하고 치욕당하는 길을 선택한다는 것이다. 이런 현상은 도박판에서 그가 상대하는 적들이 무의식으로 자신을 거부하는 부모와 동일시된다는 원리와도 같은 것이다. 이는 도박자의 공격성이 허위 공격성(pseudo – aggression), 패배와 거부를 열망하는 공격성이라고 보는 이유이다. 이를 다르게 설명하면 도박자의 의무는 '나는 사랑받기 위하여 패배한다.'는 것을 공식화하고 실현하는 행동으로 이해되는 것이다. 정신역동이 '도박이란 무의식적인 수준에서는 금지된 행동이며 죄책감에 의해 움직여지는 행동'이라고 강조하는 이유가 여기에 있다.

4) 전능감을 위한 투쟁

정신역동은 도박자의 행동을 보이지 않는 무의식적인 측면에서 설명하기도 한다. 그것은 도박이 전능감을 발휘하기 위함이라는 것이다. 이는 도박의 행위가 자기처벌 외에도 내면의 전능감(omnipotence)

---

57) E. Bergler, *The Psychology of Gambling*(New York: International Universities Press, 1970), 127~128.

에 의하여 움직인다는 특성에 주목하려는 시각이다. 도박자들은 매 순간 게임을 통해 자신이 전능하다는 것을 확인하고 싶어 하는 심리가 작용한다는 점이다. 이런 입장에는 그린슨(Greenson)이 그 선두에 선다고 볼 수 있다. 신경증적인 도박자는 그린슨(Greenson)에 의하면 전능감에 대한 강한 동경심을 자신이 전능하다는 느낌과 혼동하고 있다는 점을 중요시한다.[58) 도박자들은 게임에 운명을 걸며, 게임의 결과를 통해 자신이 전능하다는 확신을 얻으려 하기에, 자신이 전능하다는 것은 유아기에 자신을 양육해 주었던 부모(nursing mother)와 재결합하는 현상과 맥을 같이한다는 것이다.

그린슨의 분석에서는 우연(chance)과 행운(luck), 운명(fate) 등이 모두 같은 의미를 지니고 있다. 그리고 이 세 가지는 모두 의존하고 기대고 있다는 심리적 특성 때문에 아버지를 상징한다.[59) 도박자는 도박을 통해 계속 자신이 우월하다는 것, 전능하다는 것을 확인하고 싶어 한다는 관점에서다. 그들은 게임에서 지면 한순간에 전능감이 폐기되지만 게임에서 승리하면 전능감을 확인한다고 생각하는 것이다. 이는 도박자가 전능감을 확인하고 싶어 하는 악순환에서 벗어나지 못하는 이유이기도 하다. 그러기에 그들은 마지막 한 판에서도 전능감을 확인할 수 있으나 한 판은 영원히 계속되고 "도박자는 전능감에 대한 환상 속에서 영원히 벗어나지 못한다. 도박판에서 승리해 막대한 금액을 받게 되면 모든 사람들이 그를

---

58) R. Greenson, "On Gambling, American Imago", 4, 61~77, Cited by T. Galski (1987), *The Handbook of Pathological Gambling*(Springfield, Illinois: Charles C. Thomas Publisher, 1947), 145~149.

59) 도박행동이란 운명을 시험하는 것이자, 아버지의 지배권력과 우월성을 향한 투쟁이며, 복종하는 행위이고, 또한 아버지를 유혹하려는 시도라는 점이다. 게임에서 이기는 것은 현실에 대한 승리이자 아동기 초기에 자신을 양육해 주었던 이미니와의 재결합을 통히여 성취되는 전능감과 같은 가치를 지닌다. 마찬가지로 게임에서 지는 것은 자신을 양육한 부모로부터 버림받는 것과 같다.

관대하고 부유한 부모로 여기고 그에게 의지할 것이다. 반면에 자신은 완전히 독립적인 존재로, 그 모든 것들 위에 위치하게 될 것이다."

정신역동에서 도박중독의 원인을 설명하는 근거는 상당히 무의식적인 특성으로 요약된다. 자신도 알지 못하고 행동하는 것들은 무의식에 그 원천을 둔다는 관점이다. 이런 정신역동은 도박중독이 다양한 방어적 기능을 수행한다고 보는 관점도 가능하다. 아동기의 우울과 상실, 불확실성과 무력감, 자아의 분열, 죽음이라는 필멸성, 통제할 수 없는 것에 의해 압도당하는 것을 방어하기 위해 통제력과 권능에 대한 착각이 일어난다는 것이다.

정신역동의 관점은 도박이 불확실한 정체감을 유지하기 위한 투쟁 속에서 자신을 치유하기 위한 하나의 방법일 수도 있다는 점에 착안한 것이라고 볼 수 있다. 확실히 정신역동론적 시각은 행동을 유발시키는 심리적 욕구를 간파하고 있다는 점에서 매우 설득력을 갖고 있다고 볼 수 있을 것이다. 그러나 이런 이론이 의존적 대상인 아버지 개념으로 상징화한다는 시각은 상당히 "제 논에 물대기"라는 아전인수(我田引水) 격인 측면이 없지 않다는 점은 지적되어야 한다. 도박중독의 특성을 그들의 이론에 너무 맞추어 설명하려는 자연스럽지 못한 점을 노출하고 있다는 점 때문이다.

Ⅳ. 나가는 말

지금까지 우리는 도박중독증의 원인에 대하여 고찰하였다. 도박중독증은 스스로 빠져들고 싶다는 욕구를 가지고 있을 뿐 아니라 도저히 포기하고 싶지 않다는 매력을 갖는다. 이런 점은 도박중독증이 다른 중독증과는 달리 쉽게 헤어나기 어려운 특성을 가지는 것으로 이해되었다. 이런 특이성은 유전적이고 환경적인 측면의 우세성을 밝히는 것보다도 그 내면에서 작용되는 심리적인 요인을 간과하지 말아야 하는 점이 중요시되기도 했다.

그리고 이런 점을 연구하기 위하여 일반적인 중독증의 특성을 설명하고, 이와 더불어 도박중독증의 특이성이 비교적으로 고찰되어야 했다. 이런 중독증의 배경을 기초로 도박중독증의 심리적 요인이 학파적 견해에 기대어 고찰되었다. 이런 과정을 통하여 도박중독증은 그들이 도박하고자 하는 내면에서 작용하는 심리적인 세력일 뿐 아니라, 그들이 스스로 도박을 중단하거나 이런 증상에서 도저히 헤어나기 어려운 심리적인 요인이 작용한다는 점이 밝혀졌다. 이런 원인들은 다음의 결론으로 도출되었다.

첫째로 도박중독은 매력적인 보상물이라는 점이다. 도박중독자들이 도박에 빠져들 수 있게 만드는 심리적 요인에서 매력적인 보상물은 일차적이었다. 이는 그들을 계속해서 행동하게 만들고 있다는 점 때문이다. 여기에는 행동의 반복에 의한 학습, 욕구만족의 강화물, 강화효과의 보상물 등이 중요하게 작용하고 있음이 밝혀진 것이다. 도박으로 인해 쾌감이 증폭되고 스트레스가 감소되면서 점차로 강화되는 학습, 돈으로 제공되는 욕구만족의 강화물, 그리고 도박행동을 부추기는 보상물이 강화효과로서 나타나는 것 등이 중요시된 것이다.

둘째로 도박중독증은 마력과 탐닉이 작용한다는 점이다. 이때 도박하게 만드는 이상한 마력과 도박에 빠져들게 하는 탐닉은 그 심리적 요인에서 이차적인 심리적 원인이었다. 그들이 도박을 중단하기 어려운 것은 돈을 잃다가도 간혹 따는 간헐적인 보상의 마력이 있기 때문이다. 도박의 마력이 그들로 하여금 돈을 딸 수 있다는 희망을 갖게 만들고 있으며, 더욱 도박에 빠져들게 만드는 요인으로 작용한다는 것이다. 게다가 도박판에서 맛보는 쾌감이나 스릴도 부차적인 보상물로서 작용하여 연속적 강화를 유발하여 도박에 탐닉하게 만드는 요인이라는 것이다.

셋째로 욕구와 쾌락의 작용이라는 점이다. 욕구와 쾌락은 인간 본능의 차원이다. 인간은 도박중독자만이 아니라 본능적으로 욕구와 쾌락을 추구한다고 보는 것이다. 이런 본능은 그들을 도박하게 만드는 동기가 된다는 점에서 그들은 어떤 형태로든 충족하고자 하는 이 욕구와 쾌락을 도박판에서 경험하고 있다고 볼 수 있다. 이는 그들이 악화과정에서 과도한 탐닉, 추락, 갈망의 악순환에 빠지면서도 도박적 행동을 중단하지 못하는 이유이다. 그러면서도 중독자들은 쾌감과 스릴의 유혹을 떨쳐버리지 못한다. 여기에는 자신이 제어하기 어려운 도박에의 충동성이 작용하는 점이 부각되기도 했다.

넷째로 병리적 메커니즘이라는 점이다. 병리적 메커니즘은 인간의 무의식을 기초로 중독을 파악한 것으로 정신역동론의 견해였다. 이 견해에서 도박은 자기패배로서의 병리적인 측면, 죄의식의 해소, 자기처벌의 행위, 그리고 전능감을 위한 투쟁이 두드러진다. 자꾸 패배하면서도 도박을 끊지 못하는 것은 어찌할 수 없는 병리적인 특성이라는 점이다. 여기에는 무의식적으로 죄의식을 해소하려는 점이 작용한다고 보는 것이었다. 그러니까 그들은 자신도 모르는 죄의식에서 벗어나기 위해서 중단하지 못하고 지속하고 있으며, 이로써 자신을 처벌하고 있다는 것이다. 그럼에도 불구하고 도박을 중단하지 못하는 것은 다시 매 순간 게임을 통해 자신이 전능하다는 점을 확인하고 싶어 하는 심리가 연속적인 행동을 유발시킨다는 것이다.

그리고 이런 점들에서 한 가지 사실이 분명해졌다. 그것은 나타난 행동보다는 보이지 않게 내면에서 작용하는 심리적인 원인을 밝히는 문제가 도박중독을 더 깊이 이해할 수 있는 요건이라고 볼 수 있는 점이다. 이는 행동하기 전에 심리적인 작용이 선행하고, 행동을 유발시키는 것이 내면의 심리적 요인이라는 점에서는 도박중독을 중단하게 만드는 기초적 자료임에 틀림없다. 그러나 이런 심리적 요인들은 도박중독의 원인을 완벽하게 설명한다고 볼 수는 없을 것이다. 이런 심리적 요인은 거의 도박적 행동을 유발하게 만드는 중독의 현상에 치우친 점이 없지 않기 때문이다.

그러기에 더 본질적인 심리적인 요인에 대해서도 연구를 계속하면서 더욱 발전된 결과도 나와야 할 것이다. 그래도 이 작은 연구가 시발점이 되어 중독의 원인을 밝히는 연구가 활발하게 되고 도박중독의 심리 및 정신치료에 기초적 자료로 활용될 수 있기를 기대해 본다.

【참고문헌】

민성길 외. 『최신정신의학』. 제4개정판. 서울: 일조각, 1999.

이병환. 서광윤. 『현대정신의학』. 서울: 일조각, 1994.

이홍식. 전지용. "새 세대 항정신병 약물의 최근 현황", 「대한정신약물학회 지」. 6(1995), 29~35.

Bergler, E. *The Psychology of Gambling*. New York: International Universities Press, 1970.

Block, L. H. W. Tenschert, R. Locher, et al., "Receptor Dysfunctions in Human Diesease", 59(1981), 355~363.

Buchta, R. M. *Gambling Among Adolescents: Clinical Pediatrics*, 34(1995), 346~348.

Cummings, C. J. Gordon & G. Marlatt, "Relapse: Strategies of Prevention and Prediction". W. R. Miller(Ed.). *The Addictive Behaviors*. Oxford: Pergammon, 1980.

Freud, S. "Dostoevsky and Parricide", in *The Standard Edition of the Complete Psychological Works of Sigmund Freud*. J. Strachey(Ed.), 1961. Vol.21. London: Hogarth Press, 1928.

Frosch, J. "The Relationship between Acting out and Disorders of Impulse Control", *Psychiatry,* 40(1977), 295~296.

Goldstein, M. "Brain Research and Violent Behavior", *Arch Neurol.* 30(1974), 10~14.

Greenson, R. "On Gambling. American Imago". 4, 61~77, Cited by T. Galski(1987), *The Handbook of Pathological Gambling*. Springfield. Illinois: Charles C. Thomas Publisher, 1947.

Hersovitch, A. G. *Alcholism and Pathological Gambling: Similarities and Differences*. Holms Beach, Florida: Learning Publication Inc., 1999.

Iversen, L. "Which do you have?", *Nature,* 358(1992), 109~110.

Jaffe, J. H. "Addictions: What does Biology Have to Tell?", *Int Rev Psychiatry,* 1(1989), 51.

Johnson, Vernon E. *Everything You Need to Know about Chemical Depence, Vernos Johnsons's Complete Guide for Families.* New York: Jason Aronson, 1990.

Kusyszyn, Ⅰ. "Existence, Effectance, Esteem: From Gambling to a New Theory of Human Motivation", *International Journal of the Addiction.* 25(1990), 159〜177.

Ladouceur R. & M. Walker. "A Cognitive Perspective on Gambling, Chapter Six", In P.M. Salkovskis(Ed.), *Trends in Cognitive and Behavioral Therapies.* New York: John Wiley & Sons Ltd., 1996.

Ladouceur R. and C. Mireault, "Gambling Behaviors among High School Students in the Quebec Area", *Journal of Gambling Behavior.* 4(1988), 3〜12.

Langer, E. J. "The Illusion of Control", *Journal of Personality and Social Psychology,* 32(1977), 311〜328.

Reid, L. R. "The Psychology of the Near Miss", *Journal of Gambling Behavior,* 2(1986), 32〜39.

Rosenthal, R. J. "Pathological Gambling", *Psychiatric Annals,* 222(1992), 72〜78.

Stein, D. H. E. Hollander, M. R. Libowitz, "Nerobiology of Impulsivity and Impulse Control Disorders", *J. Neuropsychiatry,* 5(1993), 9〜15.

Thompson, Sharon. "Search for Tomorrow: or Feminism and the Reconstruction of Teen Romance" in Carole S. Vance, *Pleasure and Danger. Exploring Female Sexuality.* London: Pandora, 1989.

Toneatto, T. "Cognitive Psychopathology of Problem Gambling", *Substance Use and Misuse,* 32(1934), 1593〜1604.

시편 45편에 관한 주석적 연구

김태훈

(한일장신대학교, 구약학)

Ⅰ. 들어가는 말

시편 45편은 구약성경의 시편 중에서 유일하게 왕의 결혼식에 관한 노래이다. 표제와 내용을 고려할 때, 이 시편은 왕의 결혼을 축하하기 위해 만들어지고 왕의 결혼식에서 낭송된 시편으로 생각된다. 표제에 <쉬르 여디도트>(사랑의 노래)라 설명되어 있고 시편의 내용에는 왕비(신부), 왕궁으로의 입장, 왕과 사이에서의 후손들에 대한 언급이 나온다.

이 시편은 작가(노래 부르는 자)가 '시편 안'에 자기 자신을 일인칭으로 놓고 왕을 찬양한다는 점에서도 특이하다. 장르가 무엇인지에 대해서 다양한 견해가 있다. 특정한 왕의 결혼식 노래, (이날만은 왕과 왕비가 되는) 일반인들의 결혼식 노래, 왕이신 하나님과 신부인 이스라엘 백성의 사랑에 대한 은유적 노래, 그리고 신랑이신 하나님과 신부인 교회와의 관계에 대한 예언시 등이 그것들이다.

본고의 목적은 이 45편의 장르, 삶의 자리와 역사적 배경, 그리고 구조를 살피고, 본문의 구절들을 세세히 주석하며, 이 시편이 역사를 따라 어떻게 해석되어 왔는지를 살펴보는 것이다.

Ⅱ. 서론적 고찰

1. 장르와 삶의 자리

시편 45편은 이른바 '엘로히스트 시편(Elohist Psalms)'이라 분류
되는 마흔두 시편(41~83편) 중 하나이다. 엘로히스트 시편에서 시
인들은 야훼보다는 주로 엘로힘(하나님)을 부르고 찬양한다. 이 시
편에는 49, 51, 52, 53, 57, 60, 61, 62, 63, 65, 66, 67, 82편처럼
'야훼'가 전혀 나오지 않는다.

이 시편은 제왕시편으로 분류된다. 내용이 왕에 대한 것이고 왕
이 중심적인 역할을 한다. 하나님(야훼)이 왕이신 하나님 제왕시편
과 인간 왕이 나오는 제왕시편 중에서는 후자에 속한다. 왕의 결혼
식 혹은 축하연을 배경으로 하기 때문이다.

이 시편은 '사랑의 노래'<쉬르 여디도트>로 아가서 3:6-11이
이 시편과 비교될 수 있다. 하나님과 시인의 관계를 담고 있는 시
편들과는 달리, 이 시편은 한 남자와 한 여자의 결혼과 후손 생산
을 내용으로 하고 있다. 그러므로 '결혼식 노래'(wedding song)라
분류될 수 있다. 신랑, 신부, 들러리가 나오고, 신부 아버지 집과
자녀생산 등이 언급된다. 또한 시인의 글은 결혼예식의 흐름을 따
르는 것으로 보인다.[1]

이 시편은 결혼식 때만이라도 왕과 왕비 혹은 왕자님과 공주님
으로 대접받는 일반인들의 결혼식을 위해 지어진 노래라고 주장되

---

[1] 신랑이 신부의 집으로 행진하거나(4절의 병거에 오름이 신부 집으로 가기 위한 것이라고 보는
경우에) 혹은 왕이 왕궁에서 신부를 기다린다. 신부가 들러리들과 함께 나타나고(14절) 기쁨으
로 왕궁으로 들어가 왕을 만난다(15절).

기도 한다. 고대 근동에서 결혼하는 쌍들이 왕이나 공주처럼 대접 받는 것도 사실이다.[2] 마치 한국의 전통혼례에서 신랑이 사모관대를 갖추고 신부가 가마를 타고 나타나는 것에서 보듯, 동서고금을 통해 일반적으로 경험되는 현상이다. 이 경우라면 왕이 찬 칼(3절)이나 규(6절)는 결혼식에서 왕처럼 차려입은 신랑의 장식으로 보아야 할 것이다.[3] 그러나 일반적 견해는 특정한 왕조의 결혼을 위해 만들어진 시라는 것이다. 왕과 공주, 그리고 화려한 의상과 선물, 두로와 오빌 같은 특정한 지역 등에 대한 언급은 과장된 평민의 결혼식에 대한 것이라기보다는 왕실 간의 결혼을 배경으로 하는 것으로 보인다.

2. 역사적 배경

만일 이 시편이 특정한 왕의 결혼식을 위해 만들어지고 사용되었다면, 그 왕이 누구인지 추측해 볼 수 있다. 가능한 쌍들로는, 다윗과 마아가(삼하 3:3), 솔로몬과 바로의 딸(왕상 3:1 - 3), 솔로몬과 두로(시돈) 공주(왕상 11:1, 5, 33왕하 23:13), 아합과 이세벨(왕상 16:31), 남왕국의 요람과 아달야(왕하 8:16), 여로보암(Ⅱ)과 어떤 공주, 알렉산더 발라스와 클레오파트라, 아리스토불루스(Ⅰ)와 살로메 등이 있다.[4]

두로의 '딸'(12절)에 대한 언급은 질문에 답하기 위한 하나의 실마리가 될 수 있다.[5] 두로와 교역을 하거나 두로와 결혼 동맹을 통

---

2) Theodor H. Gaster, "Psalm 45", *JBL* 74/4(December 1955), 239.

3) Ibid., 239~251.

4) Ibid., 239; Artur Weiser, *The Psalms*, OTL(London: SCM Press, 1962), 362.

해 맺은 왕들로는 어떤 사람들이 있는가? '상아궁'도 실마리가 된
다. 성경의 몇 구절들과 고고학은 예루살렘과 사마리아에 상아가
많이 사용되었음을 보여 준다(참고. 왕상 10:18, 22; 왕상 22:39; 암
3:15). 또한 "왕은 정의를 사랑하고"(7절)는 히브리어 <아합타 체
덱>(당신은 정의를 사랑한다)의 번역인데, 여기에 아합이라는 동사
가 나오는 것은 아합왕에 대한 간접적 언급이라고 주장되기도 한
다.[6] 그러나 표제의 <여디도트>는 솔로몬의 별명 <여디디야>(삼
하 12:25)를 생각나게 한다.

어떤 학자들은 이 시편을 이른바 '나단신탁(삼하 7장)'과 연관시
킨다.[7] 나단 신탁은 다윗의 선택(8절), 전쟁에서의 승리(9절), 다윗
가문과 나라의 견고성과 영속성에 대한 약속(13, 16절)을 포함한다.
시편 45편에도 왕의 전쟁에서의 승리(3, 5절), 영원한 통치(6절), 하
나님의 기름부음(7절), 왕가의 영속적인 통치 약속(16, 17절)이 나온
다. 시편 45편의 신학은 나단신탁의 약속과 흡사하므로, 시 45편은
예루살렘에서 기원했을 것이라는 것이다.

열왕기상 3장의 몇 구절들은 이 시편이 솔로몬과의 관련성을 시
사하는 것처럼 보인다. "솔로몬이 애굽의 왕 바로와 더불어 혼인
관계를 맺어 그의 딸을 맞이하고"(왕상 3:1절)는 45편 8절 이하의
결혼식과, "내 아버지 다윗이 성실과 공의와 정직한 마음으로 주와
함께 주 앞에서 행하므로 주께서 그에게 큰 은혜를 베푸셨고"(왕상

---

5) 본문은 두로의 딸이 예물을 가지고 시집오는 것으로도, 결혼한 왕비에게 두로의 딸이 예물을
드리는 것으로도 읽힐 수 있다. 만일 본문에 나오는 '딸'(열왕의 딸[9절], 딸이여[10절], 두로
의 딸[12절], 왕의 딸[13절])이 모두 동일 인물이라면 신부는 두로 출신이 될 것이다.

6) 북쪽 기원설을 주장하는 학자들의 견해들과 그 근거들을 위해서는 H. J. Kraus, *Psalms 1~
59: A Commentary*, trans. Hilton C. Oswald(Minneapolis: Augsburg Pub. House,
1988), 453을 보라.

7) Ibid., 489.

3:6)는 "왕은 진리와 온유와 공의를 위하여 왕의 위엄을 세우시고"(시 45:4) 그리고 "왕은 정의를 사랑하고 악을 미워하시니"(시 45:7)와, "주께서 또 그를 위하여 이 큰 은혜를 항상 주사 오늘과 같이 그의 자리에 앉을 아들을 그에게 주셨나이다"(왕상 3:6)는 "왕의 아들들은 왕의 조상들을 계승할 것이라"(시 45:16)와, "부귀와 영광도 네게 주노니 네 평생에 왕들 중에 너와 같은 자가 없을 것이라"(왕상 3:13)는 "하나님이 즐거움의 기름을 왕에게 부어 왕의 동료보다 뛰어나게 하셨나이다"(시 45:7)와 대비된다. 솔로몬과 아합이 유력한 후보이긴 하지만 이 왕들의 결혼식을 위해 지어진 노래인지는 분명치 않다.

3. 본문의 구조와 결혼의 의미

본문 구절들을 해석하기 위해서는 먼저 전체 구조를 파악하는 것이 도움이 될 것이다.[8]

1) 구조

이 시편은 서두를 가지고 있으며 시편에 일반적으로 나타나는 시의 분류, 음악적 정보를 담고 있다(표제[히 1절]). 다음에는 시를 지은 사람이 시의 목적과 함께 자신을 소개한다(1절). 2절의 "하나님이 왕에게 영원히 복을 주시도다"와 17절의 "만민이 왕을 영원히 찬송하리이다"는 시편 본론부의 구절들을 싸는 역할을 한다. 동

---

8) 구조분석에 관한 학자들의 의견들을 위해서는 김정우, 『시편주석 Ⅱ』(서울: 총신대학교출판부, 2005), 66을 보라.

시에 2절은 원인, 17절은 결과로 볼 수 있다. 하나님이 복을 주시므로 왕은 사라들에게 영원히 칭송될 것이다.

본론은 두 부분으로 나누어 읽을 수 있다. 전반부(3～7절)는 왕의 두 걸출한 특징을 묘사한다. 그는 국가를 보위하고 적을 물리치는 용맹스런 전사이다. 그는 칼을 차고 병거에 오르며 화살을 쏜다(3, 4, 5절). 그가 전쟁하고 다스리는 것은 진리와 온유과 공의를 위한 것이다(4절). 그는 공평하게 다스리며(6절) 정의를 사랑하고 악을 미워하는(7절) 공정한 행정가이며 훌륭한 통치자이다. 전반절의 마지막 절은 2절에서처럼, 왕을 뛰어나게 하신 분은 하나님이라고 말한다(7절). 전반부나 후반부나 왕을 찬양하고 있지만 왕을 그렇게 만든 것은 하나님임을 지속적으로 상기시킨다.

8～9절은 전반부에 속한다고 볼 수도, 후반부에 속한다고 볼 수도 있다. 결혼식 묘사는 10절부터 나오는 것으로 본다면, 8～9절은 전반부와 연결된 것으로서 '외치와 내정에서 훌륭한 업적을 이루고 보좌에 앉아 있는 모습'을 그린다. 왕의 향기 나는 옷, 최상의 궁전과 그 속에 울려 퍼지는 음악, 왕궁에 사는 많은 이방 공주들, 왕의 옆에 서 있는 화려한 치장의 왕후(결혼하는), 이 모든 것은 왕의 성공과 하나님의 인정과 궁정에 대한 백성의 부러움과 존경을 나타내는 것으로 볼 수 있다.

8～9절은 후반부에 속하는 것으로서, 여기서부터 '결혼식에 대한 본격적 묘사'가 시작되는 것으로 볼 수 있다. 왕은 결혼식 예복을 입고 준비하고 있으며 결혼식장인 왕궁은 화려하고 음악이 연주되고 있다. 왕후(혹은 태후)는 왕의 오른쪽에 서 있다. 이 연구는 8절부터 결혼식 묘사라고 본다. 10절부터 관심이 왕에게서 신부에게로 이동한다. '딸이여'(10절), '네 아름다움'(11절), '네 얼굴'(12절), '왕

의 딸'(13절), '수놓은 옷을 입은 그'(14절)는 모두, 신부에 대한 것이다. 위의 분석은 다음과 같이 요약될 수 있다.

도입부: [1절] 노래 부르는 자의 알림: 왕을 위한 노래

A. [2~6절] 왕의 아름다움과 승전에 대한 하나님의 약속
    [2전] 왕의 아름다움(외모)
      그의 입의 은혜(지혜와 권위)
    [2후] 결과: 하나님의 영원한 복
    [3~5절] 위엄과 승전
        [3절] 왕의 위엄과 영화
        [4절] 진리와 공의를 위한 전쟁 참여
        [5절] 승전과 존경
        [6절] 신적인 왕의 영원한 보좌와 의로운 통치
        [7전] 왕의 정의로운 통치(의로운 사랑과 악에 대한 미움)
        [7후] 결과: 하나님이 동료보다 뛰어나게 하심

B. [8~15절] 왕의 결혼식
    [8~9절] 결혼예식
        [8전] 왕의 의복에 향을 바름
        [8후] 음악이 연주됨
        [9절] 신부(혹은 태후)가 왕의 오른편에 섬
        [10~11절] 신부에게 주는 권고(태후 혹은 노래 부르는
                  자가)
        [12~15절] 왕을 존경하는 왕비의 미래[9]

---

9) Schroeder는 고대 이스라엘의 전통적인 결혼식 순서에 근거하여 이 부분이 궁으로 신부가 행진하는 장면이라 본다. 신부는 닫집에서 화려하게 옷을 차려입고(13절), 수놓은 옷을 입은 신부가 왕에게로 이동하며(14절전), 신부 뒤에 친구 처녀들이 따르고(14절 후), 그리고 마지막으로 그들이 왕궁에 들어간다는 것이다. Christoph Schroeder, "'A Lover Song': Psalm 45 in the Light of Ancient Near Eastern Marriage Texts", *CBQ* 58/3(July 1996), 420. 만일 그렇다면, 신부는 어디서 아버지 집을 잊으라는 권면을 듣는지 불명확하게 된다. 그리고 신부가 왕궁에 들어가기까지만 묘사되어 있으므로 지금 왕궁 안에서 기다리는 왕과 만나서 어떻게 결혼식을 했는지 설명이 없게 된다. 그러므로 8~15절은 이미 '왕궁 안'에서 진행되고 있는 식을 묘사한 것으로 보는 것이 나을 것이다.

[12절] 두로의 딸로부터 예물을 받고 선망의 대상이 됨
[13절] 영화를 누림
[14절] 왕께로 인도됨
[15절] 기쁨과 즐거움으로 왕에게로 들어감
[16절] 자식들의 왕위 계승과 온 땅의 통치

2) 구조로부터 보는 결혼식 부분의 의미

왕의 위엄과 승전을 칭송하는 A 부분과 결혼식을 묘사하는 B 부분은 어떤 관계를 갖는가? A 부분은 8절 이하의 결혼식을 위한 예비적 묘사인가? A 부분은 신랑인 왕 중심으로, B 부분은 신부 중심으로 묘사한 것인가? 아니면 B 부분은 왕의 통치의 한 부분으로서 A의 확장인가? A와 B는 모두 왕의 통치의 필수적인 부분들인가?

우리는 A와 B의 관계에 대하여 다음과 같은 몇 가지 가능성을 제시할 수 있을 것이다. 첫째, 이 시편을 '결혼예식을 위한 시편'으로 보고 A를 '신랑'인 왕에 대한 묘사로 보는 것이다. 이 경우 B는 주로 신부에 대한 묘사가 된다. 신랑(2~8절)과 신부(9~15절)가 만나서 자식들을 생산하여(16절) 항구적인 왕가(17절)를 이룬다는 내용이 된다.

둘째, 이 시편을 결혼식 시편이 아니라 일반적인 제왕시편으로 보고 A와 B가 왕의 통치의 양면을 묘사하고 있는 것으로 해석하는 것이다.[10] 양쪽 다 왕의 활동을 묘사하는 것으로서, A는 전쟁을 통한 왕의 영토(공간적) 확대를, B 부분은 결혼을 하고 자식을 낳아 왕위를 계승케 하는 미래로의 시간적 확대를 나타낸다. 이 두 요소는 왕의 필수적인 사명으로, 왕은 적들을 물리침으로 국가에 번영

---

10) Ibid., 418.

과 안전을 가져오고 결혼하고 자식을 낳음으로 왕가의 안녕 나아가 국가의 안녕과 영원한 번영을 이루게 된다.

셋째, 슈뢰더(Christoph Schroeder)가 제시하는 것처럼, 전쟁(A)과 전쟁의 결과로서의 결혼(B)이 붙어 있다고 보는 것이다. 이렇게 되면 B 부분은 A 부분의 연속이 된다. 슈뢰더는 사사시대에 있었던 전후 여인을 잡아 와서 아내로 삼던 관습을 예로 든다. 드보라의 노래(사 5장)에는 전쟁터에 나간 시스라의 모친과 그녀의 '현명한 여자들'과의 대화가 나온다. 돌아올 시간이 되어도 시스라가 오지 않자, 시스라의 어머니는 근심한다. 그의 아들은 이미 야엘에 의해 살해되었지만 현명한 여자들은 그가 탈취물을 나누느라 바빠서 아직 오지 않고 있다고 그의 어머니를 위로한다.

> 28 시스라의 어머니가 창문을 통하여 바라보며 창살을 통하여 부르짖기를 그의 병거가 어찌하여 더디 오는가 그의 병거들의 걸음이 어찌하여 늦어지는가 하매
> 29 그의 지혜로운 시녀들이 대답하였겠고 그도 스스로 대답하기를
> 30 그들이 어찌 노략물을 얻지 못하였으랴 그것을 나누지 못하였으랴 사람마다 한두 처녀를 얻었으리로다 시스라는 채색옷을 노략하였으리니 그것은 수놓은 채색옷이리로다 곧 양쪽에 수놓은 채색옷이리니 노략한 자의 목에 꾸미리로다 하였으리라(삿 5:28-30)

여기에는 전사들이 잡은 처녀를 나누는 것이 나오는데, 슈뢰더는 시편 45편의 신부와 사사기 5장의 잡힌 여인들이 평행될 수 있다고 본다.[11] 그가 드는 증거는 양 본문에 나오는 여인들의 '수놓은 겉옷<리크마>רקמה이다.

---

11) Ibid., 421.

수놓은 옷〈르카모트〉을 입은 저가 왕께로 인도함을 받으며(시 45:14)
그것은 수놓은 채색옷〈리크마〉이로다 곧 양쪽에 수놓은 채색옷〈리크마타임〉이리니(삿 5:30)

양 본문에 나오는 처녀들이 모두 여러 색깔의 천을 기워 만든 옷을 입은 것은 사실이다. 그러나 이런 옷을 입었다는 것이 전쟁에서 잡혀 온 여자를 뜻하는 것은 아니다. 단지 결혼식에 적합한 옷으로서, 화려하고 아름답고 손이 많이 간 값비싼 옷을 입었다는 것으로 보는 것이 더 합리적이다. 예를 들면, 에스겔서에 버려진 아이와 같은 이스라엘을 하나님이 구하시고 택하셔서 아름다운 신부처럼 만들어 주셨다고 말씀할 때도 같은 종류의 옷감이 나온다.

9 내가 물로 네 피를 씻어 없애고 네게 기름을 바르고
10 수놓은 옷〈리크마〉을 입히고 물돼지 가죽신을 신기고 가는 베로 두르고 모시로 덧입히고
11 패물을 채우고 팔고리를 손목에 끼우고 목걸이를 목에 걸고
12 코고리를 코에 달고 귀고리를 귀에 달고 화려한 왕관을 머리에 씌웠나니
13 이와 같이 네가 금, 은으로 장식하고 가는 베와 모시와 수놓은 것〈리크마〉을 입으며 또 고운 밀가루와 꿀과 기름을 먹음으로 극히 곱고 형통하여 왕후의 지위에 올랐느니라(겔 16:10 - 13)

위의 에스겔 본문에서 보듯 '수놓은 옷'〈리크마〉은 결혼식에 적합한 화려하고 귀한 옷이라는 것 이상은 말해 주지 않는다. 또한 시편 45편의 결혼식의 내용과 분위기는 왕실 간의 장엄한 결혼식이므로 사사기 5장에 나오는 전리품으로서의 여자 취득과는 거리가 있다. 그러므로 결혼식 부분 B가 전쟁 승리 A의 결과라고 보는 것은 지나친 연결이다.

넷째, A와 B를 내치와 외치의 성공으로 보는 것이다. A 부분은 힘과 진리에 바탕을 둔 국내정세의 안정, B 부분은 외교를 통한 국력 확대와 자손들의 안정된 통치이다. 이 두 요소는 하나님이 왕에게 주신 기쁨인 동시에 왕을 통해 백성에게 주신 선물이다. 그러므로 A 부분과 B 부분은 서로 병치된다. 본 시편에서 신부는 이방인으로 보이므로("네 백성과 아비 집을 잊어버릴지어다" 10절), B는 전쟁을 대신하는 결혼동맹이나 혹은 전후 적대국 왕실의 딸과의 결혼을 통한 평화 획득을 말하고 있는 것이 된다. "왕이 가까이하는 여인들 중에는 왕들의 딸이 있다"(9절)는 평화를 위한 결혼동맹들이 이미 맺어졌음을 보여 준다. 실제 고대에 있어서 왕의 결혼식은 개인의 사정을 넘어가는 중대사이다. 그것은 종교적인 사건이며 동시에 정치적 사건이다. 중요 종교지도자들이 결혼식에 참석하고 축복함으로써 통치의 합법성과 정당성을 지지하는 행사이며 동시에 동맹국이나 봉신국의 지도자들이 참석하는 외교적 행사이기도 하다.12) 동맹의 수단으로서의 결혼은 솔로몬과 이집트와 두로 공주들과의 결혼, 르호보암과 암몬 여인, 아합과 이세벨, 여호사밧의 아들 요람과 이세벨의 딸 아달랴의 결혼에서 볼 수 있다.

요약하면, 구조로부터 해석할 수 있는 가능성은 다음과 같다. (1) 이 시편은 결혼식을 위한 시편으로서 A와 B는 각각 신랑과 신부를 묘사하는 것이다. (2) 결혼식이지만 왕의 결혼식이므로, 전제로서 왕을 칭송하는 A 부분이 필요하다. (3) 결혼식보다는 왕의 통치를 칭송하는 시편으로서 A는 내치와 승전, B는 결혼을 통한 안정된 왕위계승을 언급하는 것이다. (4) 왕의 통치를 칭송하는 시편으로서 A는 내치와 승전, B는 결혼동맹을 통한 평화 확보를 말하고 있다.

---

12) J. L. Mays, *Psalms*, Interpretation(Louisville: John Know Press, 1994), 180.

3) 시편집 〈트힐림〉 속에서 본 시편 45편

우리는 지금까지 이 시편을 왕의 결혼식이라는 관점에서 살펴보았다. 따라오는 한 질문은 세속적인 왕의 결혼식 노래가 제2성전 예배에서의 <트힐림>(찬송가, 현재의 시편집)에 속할 수 있었는가 하는 것이다. 답은 대체로 세 가지로 제시될 수 있다. 먼저, 사랑은 아름다운 것이고 사랑의 한 정점인 결혼식 역시 하나님이 복 주신 아름다운 것이다. 아가서를 문자적으로 받아들이는 학자들이 젊은 남녀의 사랑은 창조주 하나님이 주신 복으로서 성경에 들어올 충분한 가치가 있다고 보는 것과 마찬가지이다. 룻기가 다윗의 조상 이야기인 것은 사실이지만, 이야기 자체는 세속적인 것으로서 시어머니와 며느리의 존중과 사랑, 그리고 보리밭에서 싹튼 부유하고 관대한 남자와 여인의 사랑이야기이기도 하다. 둘째, 다양한 절기나 행사를 가진 이스라엘 예배 공동체에서 결혼식은 자주 있는 일이며, 그러므로 결혼예식을 위한 노래가 필요했다. 우리는 시편에서 예루살렘 순례시편 등 특별한 절기를 위한 시편을 볼 수 있다. 이는 오늘 교회 찬송가 안에 결혼식 노래나 장례식 노래가 있는 것과 같은 이치이다. 그러므로 <트힐림> 속에 특별절기 노래나 결혼식 노래가 들어 있는 것은 신앙공동체의 필요에서 나온 것이다. 셋째, 이스라엘의 신앙공동체가 이 시편을 이상적인 왕 메시아를 고대하는 시편으로 읽었기 때문에 <트힐림> 속에 들어왔을 가능성이 있다.

4) 메시아 기대시편인가, 메시아 예언시편인가?

메시아 시편인 경우 두 가지로 생각할 수 있다. 역사의 사정에 따라 제왕시편이 메시아 기대시편으로 해석된 경우와 처음 저작될 때부터 메시아 예언시편인 경우다. 6절은 이 논의에 중요한 부분을 차지한다. 이 절에서 <엘로힘>(God/god)이 왕을 말하는 것인지 하나님을 말하는 것인지 분명치 않다. <키스아카 엘로힘 올람 와에드>는 직역하면, "당신의 보좌<키스아카>, <엘로힘>, 영원합니다<올람 와에드>"가 된다. 여기서는 앞에서 왕을 칭송하던 것을 멈추고 하나님을 찬양하는 것으로 보면, 왕과 하나님은 다른 존재가 된다. 그러나 만일 앞에서처럼 여기서도 왕을 찬양하면서 왕을 <엘로힘>이라 부르고 있는 것이라면, 이 왕은 사람 왕이 아니라 신(과 같은 존재)으로서의 왕으로 읽힐 수 있다.

역사 경험을 통해 제왕시편이 메시아 시편으로 이해되는 과정은 다음과 같을 것이다. 이 시편의 원래 삶의 자리는 특정한 왕의 결혼예식이었다. 이 시편은 후대의 왕들 결혼식에서 반복적으로 재사용되었다. 주변 강대국들의 침공으로 말미암아 이스라엘 혹은 유다에 더 이상 왕들이 존재하지 않았을 때도, 여전히 존재하는 신앙공동체에서 '메시아 시편'으로 지속적으로 읽혔다.[13] 처음에 신앙공동체는 이 시편을 읽으면서 이스라엘을 회복시킬 이상적인 왕, 즉 하나님이 기름부은 인간 메시아를 고대했다.[14] 그러나 약소국가/민족으로 온 고초를 겪으면서 신앙공동체 중 어떤 공동체는 이스라엘의 왕은 더 이상 연약한 인간 왕이 아니라 절대 권능의 왕이신 하나님이심을 깨닫게 되었다. 포로기 후 시대에 번역된 탈굼은 이것을 반영한다. "오 왕, 메시아시여, 주의 아름다움은 사람의 아들들의 것보다 크도소이다(Thy beauty, O King, Messiah is greater

---

13) Kraus, 457.
14) Mays, 181.

than that of the children of men)."15) 여기서의 왕 혹은 메시아는
사람의 아들들보다 위대한 분이다.

시편 45편이 이렇게 '하나님, 왕의 시편'으로 읽히기를 시작했을
때, 하나님이 누구이심과 자신들이 누구인지 재정립하게 되었다.
구약성경의 다른 부분에서 하나님과 신앙인 혹은 하나님과 신앙공
동체의 관계가 남편과 신부의 관계로 설명되고 있는 것처럼(호 1∼
3장 렘 2장; 겔 16:23), 이 시편의 신랑과 신부에 대한 묘사를 하나
님과 자신들의 관계에 대한 설명으로 이해하게 되었을 것이다. 그
러므로 이 시편은 두 번째 의미를 가지는 시편이다. 먼저는 왕의
결혼을 축하하는 노래였고, 보다 많은 신앙인들에 의해 하나님과
신앙공동체 혹은 하나님과 신앙인의 사랑과 헌신을 노래하는 찬송
가였다.

기독교인들은 자주 이 시편을 메시아 '예언시편'으로 읽으며 그
리스도의 통치를 예언한 시로 이해한다.16) 진리와 온유와 공의로
다스리고(4, 7절) 영화와 위엄을 갖추며(3, 4절) 영원한 보좌(6절)
위에 앉은 왕은 자연스럽게 기독론적 해석으로 이어져 예수 그리
스도에 대한 예언으로 받아들여졌다. 이 왕은 하나님이 기름부은
메시아<마쉬아흐>이며 그리스도<크리스토스>(헬. 동사 <크리
오>로부터)이다(7절). 히브리서 1:8−9는 시 45:7−8을 인용하여
예수 그리스도를 찬송한다.

---

15) Ibid., 182.
16) Ibid.

시편 45:6 – 7	히브리서 1:8 – 9
(6) 하나님이여 주[당신]의 보좌는 영원하며 주[당신]의 나라의 규는 공평한 규이니이다 주[당신]의 보좌는 하나님의 보좌라 영영하며	(8) 아들에 관하여는 하나님이여 주의 보좌는 영영하며 주의 나라의 규는 공평한 규이니이다
(7) 왕[당신]은 정의를 사랑하고 악을 미워하시니 그러므로 하나님 곧 왕[당신]의 하나님이 즐거움의 기름을 왕[당신]에게 부어 왕[당신]의 동료보다 뛰어나게 하셨나이다	9) 주[당신]께서 의를 사랑하시고 불법을 미워하셨으니 그러므로 하나님 곧 주[당신]의 하나님이 즐거움의 기름을 주께 부어 주[당신]를 동류들보다 뛰어나게 하셨도다 하였고

위에서 보는 것과 같이 시편에서 왕인 '주[히. 당신]'는 히브리서에서는 왕이 아니라 '아들'인 예수 그리스도를 지칭한다. 특히 6절의 <엘로힘>은 이 시편을 메시아 예언시편으로 이해하는 데 중요한 역할을 한다.

8절부터의 왕과 공주의 결혼은 그리스도 공동체에서 신랑 그리스도와 그리스도의 신부인 교회의 관계로 해석되어 왔다. 그러므로 전체적으로 그리스도는 성도와 교회를 다스리는 왕이며 동시에 교회와 성도를 사랑하고 보살피는 신랑이다. 그가 주인이시니 그를 경배해야 하며(11절), 신부인 사람들은 신랑에게 나아가는 것을 넘어 이전의 '백성과 아버지의 집'을 잊어야 한다(10절). 그러므로 그리스도인들은 그리스도의 영적 신부로서 영적 순결을 지키고 세속과 구별되어 살아가야 하는 신앙적이며 윤리적인 삶을 살아야 한다고 요구받는다(마 9:15; 요 3:29; 엡 5:22 – 23; 계 19:7 – 9).[17]

---

17) 이 시편의 구절들은 기독교인들의 독신주의와 금욕주의를 장려하는 데 사용되기도 했다. David G. Hunter, "The Virgin, the Bride, and the Church: Reading Psalm 45" in Ambrose, Jerome, and Augustine, *Church History* 69.2(June 2000), 285 이하를 보라.

Ⅲ. 본문 해설

[표제] 시 45편은 저자, 문학유형, 내용, 음악적 요소를 지시하는 표제를 가지고 있다.[18]

시편은 많은 시인과 음악인들의 작품들 집합체인데 시 45편은 <리브네 코라흐>, 즉 '고라 자손에게 속한' 혹은 '고라 자손이 지은' 시나 노래이다. 고라는 레위의 아들 그핫의 자손이며(대상 6:22)며, 그핫과 고라 자손들은 성전에서 종사했다(대하 20:19).

이 시편은 <마스킬>משכיל이라는 유형에 속한다. <마스킬>은 다윗(시 32; 52; 53; 54; 55; 142), 고라(시 42, 44; 88), 아삽(시 74; 78), 그리고 에단과 관련되어(시 89) 나온다. <마스킬>이 정확하게 무엇을 뜻하는지는 아직 알려져 있지 않다. 시편 표제 외에 본문에서는 <마스킬>이 동사 <사칼>שכל을 기본으로 하여, 성공과 번영(삼상 18:14, 15), 가르침(시 32:8), 교훈(시 47:7; 78:1), 지혜로운 사람(시 14:2 53:2; 잠 10:5; 10:19; 14:35; 17:2 욥 22:2), 사려 깊음 혹은 관심(시 41:1; 잠 16:20, 21:12) 등의 의미로 사용된다. 그러나 <마스킬>이란 제목이 붙은 시들 중에는 내용이 교훈이나 지혜와 거리가 먼 시들도 있다. 예를 들어, 시 42편과 44편은 탄식의 시편이며 45편은 사랑의 노래이다. 또한 넓게 볼 때 시편의 시들은 모두 교훈적 의미를 갖고 있는 것도 사실이다. 그러므로 <마스킬>은 <미즈모르>(현악 반주에 맞춘 노래 혹은 시)나 <쉬르>(노래)처럼 문학 혹은 음악의 유형을 지시하는 용어로 짐작된다.[19]

---

18) 시편의 표제에 대한 자세한 논의를 위해서는 김태훈, 이종록, 채은하, 『만물아, 주를 찬양하라: 히브리시편입문』(파주: 한국학술정보[주], 2009), 68~77을 보라.

19) 자세한 논의를 위해서는 Craigie, 264를 보라.

이 시는 <므나체아흐>(음악 인도자)의 인도에 따라 <쇼샨님>(백합)이란 곡조에 따라 불린 것으로 생각된다. 내용 혹은 목적은 <쉬르 여디도트>(사랑의 노래)이다.[20]

[1절]

이 구절은 일종의 서언으로 시인의 작품 성격이 어떤 것임을 알려 준다.[21] 이 시편은 <마아사이 르멜렉>이다. <마아사이>는 '내 작품'이며, <르멜렉>은 '왕을 위하여' '왕에게' 혹은 '왕에 대하여'라는 뜻이다. 왕을 위해/에게 만들어진 작품이라는 것이다.

시인은 누구인가? 이 시를 만든 작가는 어떤 직책을 가진 사람인가? 왕궁 서기관인가, 왕궁의 제의적 예언자인가, 아니면 왕궁의 음악인인가? 크라우스(H. J. Kraus)는 이 시인 혹은 노래 부르는 자를 제의적 예언자로 본다. 크라우스는 시인이 왕을 위하여 <다바르 톱>(좋은 말)으로 시를 지었다고 하는데, <다바르 톱>은 문구가 아름답고 탁월하다는 뜻 외에, 예언자가 선포하는 좋은 메시지, 즉 구원의 메시지를 전한다는 뜻도 가능하다(참고. 사 52:7).[22] 메이즈(J. L. Mays)는 이 시인을 숙련된 서기관이라 본다. 서기관은 왕궁이나 성전에 근무하면서 문학이나 전승들을 수집 전단하고 중요 행사를 진행하는 역할을 맡았으므로, 왕의 결혼식을 위해 시를 쓰고 행사를 진행했을 것이다. 그러나 본문에서는 자신의 '혀'를 언급하므로 글이 아니라 구두로 지었을 것으로 본다.[23] 그러나 본문은 그가 서기관이 아닌 것처럼 말한다. 자신의 혀가 글솜씨 뛰어난

---

20) 솔로몬은 야훼께로부터 사랑을 입었으므로 여디디야라는 별명을 갖는다(삼하 12:25).

21) Harris는 헌정적 서언(dedicatory preface)이라 부른다. Harris, 67.

22) Kraus, 454, 489.

23) Mays, 181.

서기관의 붓끝과 같다고 말하기 때문이다. 시인은 처음에는 구두로 나중에 글로 만들었을 수도 있다. 현대 시 저작과는 달리 고대에는 구두로 먼저 낭송하고, 나중에 글로 남기는 것이 일반적인 경향이었다.[24] 고대의 시인들은 구두로 전승들을 보존하고 예술적 창조활동을 하기도 했다.[25]

[2절]

<마아사이 르멜렉>이 무엇인지 구체적으로 묘사된다. 그것은 신랑인 왕에 대한 찬사이다. 시인은 왕의 아름다움을 선포함으로 자신의 작품을 시작한다. 왕의 아름다움은 겉으로 보이는 신체적 아름다움도 결혼식을 위한 차림새의 아름다움도 아니다. 그것은 왕의 기능이나 역할과 관계있는 것이다.[26]

첫 번째 아름다움은 왕의 입술이다. 입술 자체가 아니라 그 입에서 나오는 것이 아름답다. 신하와 백성에게 주는 부드러운 말, 백성의 삶을 판단하는 판결, 나라의 정책을 결정하는 명령, 이런 것들이 왕의 입에서 나오는 아름다움이다. 왕의 입술의 열매가 아름다운 것은 왕 자신에게서 나온 것이 아니라 하나님의 은혜로운 선물이기 때문이다. '은혜'는 <하난>חן의 번역인데, 이 단어는 무엇인가를 가지고 있는 쪽이 궁핍/곤고에 처한 쪽에게 값없이 주는 반응을 뜻한다. 하나님에게 이 단어가 적용될 때, 자비를 받을 만한 어떤 권리도 없는 곤궁에 빠져 있는 사람에게 값없이 주는 무조건적인 하나님의 사랑을 말한다. 이 단어는 옳고 그름에 따른 <미쉬

---

24) Craigie, 339.

25) Robert C. Cully, *Oral Formulaic Language in the Biblical Psalms*(Toronto: University of Toronto Press), 9.

26) Craigie, 339.

파트>(정의 혹은 재판) 하나님의 심판 행위와도, '약속에 충실한 사랑'<헤세드>와도 구별된다.[27) <미쉬파트>와 <헤세드>는 모두 상호적인 것이지만, <하난>은 일방적인 베풂이다. 왕의 입술은 하나님의 일방적인 은혜의 기름부음을 입었으므로 부드럽고 지혜로우며 권세 있는 말을 할 수 있게 된 것이다.[28) 이런 은혜의 말은 하나님의 복인 동시에 하나님의 복을 불러들인다.

흥미로운 것은 여기의 동사, 은혜가 '부어졌다'<후차크>와 '당신을 복 주셨다'<브라케카>가 모두 완료형이라는 것이다.[29) 이는 예언적 완료로서 왕의 아름다움과 복 받음은 현재의 상태일 뿐 아니라 영원토록 계속되는 것이며, 그것은 이미 결정된 것이다.

[3절]

왕의 기능 중 하나는 그의 군사적 역할이다. 그는 <깁보르>용사로서 칼을 찬다. 그러나 싸움꾼의 모습이 아니라 정당한 대의를 가지고 백성을 위해 싸우는 엄위와 영광을 입고 있다.

[4～5절]

그가 왕의 권위와 영광을 가지고 해야 하는 것은 진실과 자비와 정의를 베풀고 확립하는 일이다. '자비'는 <아나와>의 번역이다. <아나와>는 주로 겸손(잠 15:33; 18:12; 22:4; 습 2:3) 혹은 돌봄

---

27) 심판을 포함하는 개념으로서의 공의〈미쉬파트〉와 무조건적인 베풂으로서의 〈하난〉에 대한 개념 연구를 위해서는 Richard Hess, "공의와 자비: 예수님의 가르침에 대한 구약성경 배경", 『명성교회 창립 30주년 학술세미나집』(서울: 명성교회, 2009), 139～154를 보라.

28) 성경에는 특정한 부위에 기름을 붓는 행위가 여러 번 나온다. 직무 개시를 위하여 제사장의 머리(출 29:7; 레21:10)와 왕의 머리(왕하 9:3, 6; 삼상 10:1)에 부어졌다. 흘러넘치는 축복의 상징으로 아론의 머리에서 제사장 의복의 목깃까지(시 133:2) 부어졌으며, 하나님은 이스라엘의 후손들에게 하나님의 영을 부어 주실 것을 약속하셨다(욜 2:28).

29) Gesenius ‒ Kautzsch ‒ Cowley, § 106n.

이나 도움(시편 18:35)을 뜻한다. <체데크>(정의)는 먼저 진실과 공정성에 바탕을 둔 재판 기능과 관련 있으며(레 19:15), 상업적 정직성을 의미하기도 하고(레 19:36), 함께 살아가고 관련 맺는 사람들을 대하는 적합한 행위나, 강자가 가난한 사람, 고아, 장애인, 기타 사회약자에게 자비를 베푸는 것과 같은 윤리적 적합성을 뜻한다(예. 신 24:13; 욥 29:12 - 15, 31:31 - 32). 왕에게 필요한 것은 옳고 그름을 법적으로 판단하고 보응하는 <미쉬파트>(정의, 심판)만 필요한 것이 아니다. 진실함, 겸손, 그리고 백성들에 대한 법을 넘어서는 관심과 사랑이 필요하다. 자신만 그렇게 살 뿐 아니라 사회에 이러한 덕목들이 존경받도록 애써야 한다. 왕은 이러한 덕목을 위하여 치리하고 전쟁을 불사하고 적들을 물리쳐야 하는 것이다.

[6~7절]

앞의 칼(3절)과 이곳의 화살, 그리고 규는 왕의 두 책임을 말한다. 전쟁의 승리와 통치이다. 하나님 혹은 그의 대리인인 왕은 정의를 사랑하고 악을 미워하는 정직하고 공정한 통치자이다. 그러므로 하나님이 왕에게 즐거움의 기름을 부으신다. '기름부음'은 왕의 즉위식 혹은 도유식(시 2)에서 행해지므로(참고. 삼상 15:17; 삼하 12:7; 시 89:20),[30] 크라우스는 6~14절이 왕의 즉위 축제를 배경으로 한다고 본다.[31] 그러나 즉위식 아닌 경우에도 기름부음이 있었다(시 23:5; 시 133:1 - 2; 전 9:8 - 9; 아 1:3; 5:15). 본문의 기름부음도 즉위식보다는 결혼식을 위한 것으로 보아야 할 것이다(참

---

30) 구약성경에는 제사장들(출 28:41, 30:30), 왕들(삼상 15:1; 왕상 19:15), 그리고 예언자들(왕상 19:16)이 기름부음을 받았다.
31) Kraus, 492.

고. 사 61:10; 렘 7:34; 16:9, 25:10, 33:11). 결혼식 때 기름을 붓는/바르는 관습은 중기 아시리아 법에도 나온다.[32] 이 법에서 신랑이 신부에게 기름을 붓는 것과 달리, 우리 본문에서는 하나님이 신랑에게 기름 붓는다. 복과 기쁨의 근원은 하나님이시기 때문이다. 하나님은 넘치는 기쁨을 주시며 왕을 모든 사람들 위에 우뚝 세워 주신다.

6절 하반절의 <키스아카 엘로힘>은 논란이 되는 구절이다. 직역하면 '당신의 보좌는, 하나님, 영원하리라'이다. 이 부문만은 왕이 아니라 하나님을 찬양하고 있으며 '당신의 보좌'는 하나님의 보좌를 말하는 것인가? 아니면 여기서의 '하나님(혹은 신적 존재), 당신의 보좌'는 왕의 보좌를 말하는 것이며 왕을 하나님<엘로힘>이라 부른 것인가? 전자는 문맥에서 벗어나고 문법적으로 설명하기 어려우며, 후자는 왕을 신이라 부름으로 말미암아 성경의 하나님 이해와 합치하는지 설명이 필요하다.

먼저 하나님을 주어 혹은 보어로 읽으면, '당신[왕]의 보좌는 하나님' 혹은 '하나님은 당신의 보좌'가 된다. 왕의 통치의 근원이며 능력의 대명사인 보좌가 하나님에게서 나온다는 뜻이다. 이 번역과 해석의 문제는, '하나님은 반석'이나 '하나님은 바위'(참고. 시 18)에서의 '반석'과 '바위'와는 달리, '보좌'는 왕이 앉는 자리라는 데 있다. 하나님이 왕이 앉는 자리가 된다는 것은 이상하다. 위와 같은 문제점 때문에 본문 수정이 제안된다. 본문의 <엘로힘>이 원래는 יהוה<야훼>였는데 <엘로힘>을 선호하는 편집자가 <야훼>를 <엘로힘>으로 고쳐 놓았고, יהוה<야훼>도 יהיה<이흐예>('그

---

32) The Middle Assyrian Laws A. § § 42~43; G. R. Driver and John C. Miles, eds. *The Assyrian Laws*(Oxford: Clarendon Press, 1935), 181; *ANET*, 183~184.

것을 - 일 것이다')에 대한 오독에서 생겼다는 것이다. 이렇게 보면 원래 의미는 '당신의 보좌는 영원할<올람> 것입니다'이다. 그러나 이 방안은 증거 없는 추측에 의존한다. 세 번째 방안은 본문이 왕을 찬양하는 것이 아니라 하나님을 찬양하고 있다고 보는 것이다. 문맥이 무엇이든지 시인이 하나님을 찬양하는 것은 자연스러운 일이다. 그러나 전체 문맥이 왕에 대한 찬사이므로, 달리 생각할 여지는 여전히 남는다. 네 번째 방안은 시인이 왕을 <엘로힘>이라 불렀고 여기의 <엘로힘>은 하나님(God)이 아니라 신적인 존재(a god)라는 의미에서 그렇다는 것이다.[33] 왕은 신에 의해 선택되고 하나님으로부터 특별한 은사를 받은 사람이다. 왕 외에 재판장이나 제사장도 <엘로힘>으로 불리는 경우가 있다(참고. 창 31:11 - 13; 삼상 28:13; 삼하 14:7, 20; 삼하 19:26 - 27; 시 82:6; 슥 12:8).[34] 다섯 번째 방안은 왕을 '하나님(God)'이라고 보는 것이다. 문제점은 하리스(Murray J. Harris)가 지적한 것처럼, 엄격한 유일신관을 가진 이스라엘의 시인이 인간인 왕을 <엘로힘>이라 불렀을까 하는 것이다.[35] 여섯 번째 방안은 <엘로힘>을 '왕'과 관련시키지 않고 '보좌'(왕좌)와 관련시키는 것이다.[36] 공동번역이 그 예이다. "하느님의 영원한 옥좌에 앉으신 임금님[당신]." <키세>(보좌)와 <엘로힘> 사이에 대명사 접미어 <카>(당신)가 붙어 있어 문법적으로는 <키세>와 <엘로힘>이 연계 관계를 갖지 않는 것으로 볼 수 있지만, 이러한 문법적 구조를 가진 예가 없지는 않다.

---

33) Weiser, 360, 363.

34) Mays, 181.

35) Harris, 83.

36) M. Dahood, *Psalms Ⅰ*(New York: Doubleday, 1966), 273; Peter C. Craigie, *Psalms 1~50*, WBC(Waco: Word Books, 1983), 336~337.

레위기 26:42의 <브리티 야아콥>(나의 언약, 야곱)은 '야곱과 맺은 내 언약'을 뜻한다. 우리 본문에 적용하면 <키스아카 엘로힘>(당신의 보좌, 하나님)은 '하나님으로부터 나온 당신의 보좌'가 될 것이다(참고. 시 71:7). 또 다른 가능성은 '당신의 보좌는 하나님[의 보좌]'로 읽는 것이다. 아가서 1:15의 <에네크 요님>을 직역하면 "너의 눈들은 비둘기들"이지만, 문맥상 "너의 눈들은 비둘기[의 눈들과 같다]"를 뜻한다. 우리 본문에 적용하면 '당신의 보좌는 하나님[의 보좌와 같다]'가 된다.

[8절]

왕은 기름부음을 받은 후 옷을 차려입는다. 그리고 향을 바르고 상아궁에서 신부를 맞을 준비를 한다.[37] 시인은 왕의 아름다움과 옷차림, 몸에서 나는 향내, 그리고 궁전에 은은히 울리는 배경음악을 묘사함으로써 독자가 시각과 후각과 청각을 동원하며 읽도록 한다.

[9절]

9절부터는 신부에 대한 것이다. 이 구절에서 논란이 되는 곳은 왕의 오른 쪽에 서 있는 사람 <쉐갈>은 신부(왕비)인가, 태후인가, 아니면 왕의 사랑을 받는 후궁 중 한 사람인가 하는 것이다(참고. 느 2:6; 단 5:2).[38] 왕비(왕후)에 해당하는 다른 히브리 단어로는

---

37) 상아궁은 상아로 만든 궁이 아니라, 상아로 치장되고 상아를 입힌 가구들이 즐비한 궁이다. 솔로몬은 많은 상아를 수입하고 자신의 궁전을 꾸몄고(왕상 10:18), 아합은 상아궁을 만들었으며(왕상 22:39), 여로보암(Ⅱ) 때에 북왕국의 상류층 사람들은 상아를 입힌 침상에서 쾌락을 누렸다(암 3:15; 6:14). Philip J. King, *Amos, Hosea, Micah – An Archeological Commentary*(Philadelphia: Westminster Press, 1988), 139.

38) Ernst Klein, *A Comprehensive Etymological Dictionary of the Hebrew Language*(New

<말카>가 있다.[39] 시 45편의 상황이 왕의 결혼식이라는 것을 고려할 때, 왕의 후궁은 후보에서 제외된다. 태후가 신부에게 권면하기 위해 왕의 옆에 있을 수도 있겠으나, 왕비의 행진이 다음 절에 나오는 것으로 보아(아직 왕이나 태후 가까이 오지 않음) 결혼식을 올리는 왕후로 보는 것이 적합하다고 판단된다. 대부분의 번역들과 학자들은 여기서의 <쉐갈>이 <말카>와 같은 뜻으로 왕의 부인(신부)이라 생각한다.[40]

시인은 다시 시각적으로 결혼식장을 묘사한다. 9절의 첫 문장은 번역에 따라 다양하게 이해된다. 히브리 문장을 직역하면 "왕들의 딸들<브노트 믈라킴>이 당신의 귀인들 가운데<브이크로테카> 있다"이다. '왕들'도 복수이고 '딸들'도 복수이다. '귀인들'은 <이크로트>의 번역인데 어근은 '무거운', '진귀한', '존귀한' 등을 뜻한다. 어떤 번역들은 여기 '왕들의 딸들'이 신부라고 생각하면서 복수 '딸들'을 단수 '딸'로 수정한다. 그러나 여러 '왕들'의 딸이 한 명일 수는 없기 때문에 본문 수정은 설득력이 떨어진다. 그러므로 왕들의 딸들은 왕의 아내들이 아니라 결혼식에 참여한 귀부인들로 보는 것이 좋을 것이다. 다음은 중요 현대 성경들의 번역이다.

한글개역개정판의 번역 "왕의 귀비 중에는 열왕의 딸이 있으며"

York: Macmillan, 1987), 640; Mervin Breneman, *Ezra, Nehemiah, Esther*(Nashville: Broadman & Holman Publishers, 1993), 176.

39) 몇몇 주석가들은 <쉐갈>이 신부로서 왕의 딸이라고 보면서 <브노트 믈라킴>(왕의 딸들)을 <바트 믈라킴>(왕들의 딸)로 수정한다. 그러나 이렇게 고치면 더 이상하다. '왕들'이 딸 한 명을 가지게 되기 때문이다. 그러므로 <브노트 믈라킴>은 신부를 말하는 것이 아니라 왕의 여러 왕후들에 대한 언급으로 보는 것이 옳을 것이다.

40) 예를 들면, Hermann Gunkel(*Die Psalmen*, HKAT 2/2. 5th ed. [Göttingen: Vandenhoeck & Ruprecht, 1988], 191~192)과 Kraus(456) 왕후(신부)로 본다. 번역본들도 왕후로 본다. NIV는 royal bride(왕의 신부)로, KJV, NAS, NRS는 queen(왕비)으로, 한글개역과, 표준새번역, 공동번역, 그리고 가톨릭 성경은 왕후 혹은 왕비로 번역한다. 그러나 어떤 학자들은 태후로 본다(예. Schroeder, 428).

는 <브노트 믈라킴>(왕들의 딸들)을 <바트 믈라킴>(왕들의 딸)으로 수정하고,41) <이크로트>를 '귀비'로 이해한 결과이다. 그러나 본문 수정이 필요한지 의문이다. <이크로트>를 '귀비들'로 해석하여 왕의 결혼식 자리에서 시인이 왕이 이미 결혼했다는 것을 결혼 축하의 시에서 말하는 것이 되어 이상하다. 가톨릭성경(2005)은 "제왕의 딸들이 당신의 사랑을 받는 여인들 사이에 있으며"라고 번역하는데, <이크로트>를 '사랑을 받는 여인들'로 번역하면 결혼식 장에 왕의 애인들이 서 있는 것이 되어 이것도 이상하다. NAS, NIV, NRS는 히브리 본문대로 '왕들의 딸들'로 번역하고 <이크로트>를 각기 순서대로 'noble ladies', 'honored women', 'ladies of honor'로 번역한다. 결혼식에 참석한 '귀부인들 가운데 왕의 딸들도 있고,' 오빌의 금으로 치장한 '신부는 왕의 우편에 서 있는 것'으로 보는 것이 좋을 것이다.42)

오빌은 금의 주 생산지일 뿐 아니라 가장 순도 높은 금이 생산되는 곳으로 알려져 있다(왕상 9:28; 10:11, 22:48; 대상 29:4; 대하 8:18; 9:10). 오빌은 부귀와 화려함의 대명사이기도 하다(욥 22:24, 28:16; 사 13:12).

[10절]

이 부분은 신부에 대한 권고로서 네 개의 명령형들로 이루어진다. 권고의 말씀을 듣고, 생각하고,43) 귀를 기울이고, 자신의 백성

---

41) 시리아역은 '왕의 딸'(바트 멜렉)으로 읽는다. 시 45:10[히]에 대한 BHS의 비평장치를 보라.

42) 만일 〈쉐갈〉이 태후이고 왕의 오른편에 서서 신부에게 새로운 삶에 대해 권고하고 있다면, 왕의 옆에 서 있는 태후가 이후에 수종자들과 함께 왕궁에 들어올 신부에게 어떻게 권고할 수 있는가 하는 의문이 생기게 된다.

43) 히브리 단어 〈라아〉의 기본적인 뜻은 '보다'이지만, 확장의미로서 간주하다, 깨닫다, 이해하다, 생각하다, 느끼다 등의 뜻을 가지기도 한다. 가톨릭성경(2005)는 '보다'로 NIV와 NRS

과 아버지 집을 잊어버리라고 한다. 이국에서의 외로움과 향수병을 이겨내야 할 뿐 아니라 이제 그녀는 자기 자신이 누구인지 다시 정립해야 한다. 아버지의 한 딸이 아니라 한 남편의 아내이며, 아버지 나라의 백성에서 남편 나라의 어머니가 되었기 때문이다.

[11절]

'사모할지라'는 <아와>의 히트파엘 형으로서 '탐하다,' '갈망하다'는 뜻을 가진다. 왕이 신부가 '아름답기'를 갈망한다는 뜻보다는, 왕이 신부의 '아름다움'을 갈망한다는 것, 즉 왕이 신부의 아름다움에 매혹될 것이라는 뜻이다. 시인은 10절에서 신부의 나라와 백성에 관계에 대해서 말했는데, 여기서는 신부와 왕의 관계에 대해서 말한다. 왕은 신부를 탐할 것이나, 신부는 왕을 주인처럼 섬겨야 한다. 남편을 주라고 부르는 것은 고대근동세계에서 일반적인 것이다(참고. 창 18:12; 벧전 3:5, 6). 시인은 왕 앞에 엎드리며,[44] 그런 자세로 살라고 권고한다. 왕은 새 신부를 누구보다도 사랑(탐)하고 신부는 왕을 극진히 존경해야 한다.

[12절]

왕에게 사랑받고 왕을 존경하는 왕비는 행복과 존경받는 삶을 살게 될 것이다. 두로는 부요함과 화려함의 대명사이다(참고. 겔 26~27장). 두로의 딸이 예물을 드린다는 말은 왕국과 왕비의 위상을 말해 주는 것이다. 히브리 문장 <우바트-초르 브민하 파나이크

는 'consider'로 번역한다.

44) <히쉬타흐웨>는 <하와> 동사의 <히쉬타펠> 형으로 알려지는바, 기본적인 뜻은 '엎드리다'이다. 최고의 존경을 표하는 행위로서 하나님께 사용될 때는 '예배하다'를 뜻할 수 있다.

이할루 아쉐레 암>은 다양하게 이해될 소지가 있다.

먼저 <바트 - 초르>(두로 딸)를 주어로 보고 <아쉐레 암>과 평행되는 것으로 보는 해석이다. '두로의 딸(혹은 두로 사람들)이 선물을 가지고, 당신 앞에, 백성의 부자들이 탄원할 것이라'(NIV)로 번역할 수 있다.'[45] 이 경우 <파나이크>(당신 앞에)는 앞 문장과 뒤 문장 모두를 수식하는 이중기능수식사의 역할을 한다. 문제는 앞 문장에는 동사가 없게 된다(NIV는 come을 넣는다). <바트 - 초르>를 주어로 보고 동사가 하나만 있다고 생각하면, '두로의 딸, 즉 두로 사람들이 선물을 가지고 당신 앞에서 탄원할 것이라'(참고. NRS)로 번역될 수 있다. 도시와 '딸'이 붙은 형태(예. 시온의 딸, 바벨론의 딸)는 도시 혹은 도시민에 대한 의인화이기도 하다(참고. 시 9:14; 137:8). 그러므로 '두로의 딸'은 부요한 사람의 대명사로 사용되었을 수 있다.[46] <바트 - 초르>를 호격으로 보면, '두로의 딸이여[왕비], 선물을 가지고 당신 앞에 백성의 부자들이 탄원할 것이라'가 된다(참고 TNK). 이렇게 읽으면 '두로의 딸'은 다음 절의 '왕의 딸'과 평행을 이루게 된다.[47] 어느 경우든 왕비는 존경받는 나라에서 존경받는 사람이 될 것이라는 뜻이다.

[13~15절]

이 절들은 아름답고 화려한 옷을 입고 왕궁으로 들어가는 왕비를 묘사한다. 13절에는 동사가 없을 뿐 아니라 달리 해석될 수 있는 단어들이 있다. <크부다>는 '영화'뿐 아니라 귀한 물건으로 번

---

45) 이중기능수식사에 대해서는 김태훈, 이종록, 채은하, 91~92를 보라.
46) 김정우, 77.
47) Craigie, 336.

역될 수 있다. <프니마>(안으로)는 왕비가 왕궁 '안으로' 간다는
뜻인지,[48] 왕비가 옷'안에' 싸인다는 뜻인지 분명치 않다. 현대 성
경번역들은 이러한 난점을 반영하고 있다.

> 개역개정: 왕의 딸이 궁중에서 모든 영화를 누리니
> 가톨릭성경: 한껏 화사하게 꾸민 임금의 딸이 …… 안으로 드는구나
> KJV: The king's daughter is all glorious within
> NAS: The King's daughter is all glorious within
> NIV: All glorious is the princess within her chamber
> NRS with all kinds of wealth. The princess is decked in her
> chamber

어느 경우든지 본문은 신부의 아름다움에 대해 말한다. 그러나
아가서에서의 묘사와는 달리 육체적 미에 대해서는 말하지 않고
대신 호화롭고 아름다운 옷에 대해 말한다. 왕비에 대한 묘사이므
로 단순한 젊음보다는 고상함과 화려함을 강조하는 것이다. 화려한
옷으로 단장한 신부는 왕에게로 나아가며 동무 처녀들이 그 뒤를
따른다.[49] 그들의 마음에는 기쁨과 즐거움이 가득하다.

[16~17절]

아들들을 언급한 것은, 결혼은 두 사람 간의 사랑의 약속일 뿐
아니라 자식들을 낳음으로 새로운 미래를 이루어 가는 왕의 가장
중요한 직무 가운데 하나이기 때문이다. 왕의 통치는 내치와 외치

---

48) 히브리 본문에는 '궁중'이 없다.

49) '처녀'는 <브툴라>의 번역이다. <브툴라>는 처녀 상태의 여자(레 21:13; 신 22:19; 겔
  44:22)라는 뜻 외에 결혼적령기의 젊은 여자라는 일반적 의미도 가진다. G. J. Wenham,
  Betulah, "A Girl of Marriageable Age", VT 22/3(1972): 326~348; TDOT II, 338~
  343.

그리고 안정성 있는 왕가를 확립하는 것이다. 왕은 큰 복을 받아한 나라의 왕을 넘어 세계를 다스리는 왕이므로 왕자들은 온 세계의 왕들이 될 것이다. 17절의 '내'가 하나님을 지칭한다면, 이 왕실 커플에 대한 하나님이 복을 약속하고 선포하는 것이며, 만일 '내'가 시인이라면 그의 저작을 통해 왕의 이름이 세대마다 기억되도록 할 것이라는 것이 된다. 그러나 시인이 기억하게 할 수 있지만 자신의 글 혹은 시 때문에 만민이 왕을 영영히 찬송하게 되기는 어려울 것이다. 그러므로 마지막 절은 하나님이 주어이며 왕과 그 후손에 대한 예언적 선포로 보는 것이 나을 것이다.

Ⅳ. 나가는 말

시편 45편은 표면 읽기에서 왕을 칭송하는 제왕시편이며, 왕의 결혼식을 위해서 지어진 결혼식 시편이다. 그러나 이스라엘의 역사 경험을 따라 메시아 시편으로 읽혔으며 신앙공동체의 찬양집 속에 포함되었고 정경에 들어와서 하나님의 말씀으로 받아들여졌다. 또한 때가 이르러 하나님이 기름부으신 자인 예수 그리스도(히 메시아)를 만났을 때, 이 시편의 의미는 새롭게 발견되었고 그리스도 공동체는 이 시편이 예수 그리스도를 예언하는 시편으로 받아들이게 되었다.

처음 8절은 기름부음 받은 왕에 대한 칭송으로서 자연스럽게 기독론적 해석으로 이어졌다. 2절의 입술에 주어진 은혜는 말씀의 권위와 관계있는 것으로서, 예수님의 권위 있는 말씀(마 7:29) 속에서 발견되고, 4절의 왕이 가진 진실과 자비는 은혜와 진리가 충만한 예수님의 모습(요 1:14, 17)에서 나타난다. 6~7절은 히브리서 1:8

-9에서 인용된다. 6절의 하나님은 예수시며, 동류보다 나은 것은 천사보다 나은 것으로 읽혔다.

나머지 절들은 신부에 관한 것인데 그리스도 신부로서의 교회에 대한 묘사로 받아들여지고 해석되었다. 하나님과 신앙인 혹은 하나님과 신앙공동체의 관계를 남편과 신부의 관계로 묘사한 것은 이미 구약성경에서도 발견된다(호 1~3장 렘 2장; 겔 16:23). 신부를 따르는 처녀들은 영적 순결성을 가지고 세속과 분리하여 살아가는 그리스도인들로 해석되었다(마 9:15; 요 3:29; 엡 5:22-23; 계 19:7-9). 10절의 딸에게 주는 아버지의 집을 잊으라는 권고는 예수를 영접하기 전 자신이 속했던 모든 영역과 삶의 방식을 잊으라는 것으로 해석되었다. 그리스도 안에서 연합되며, 아브라함이 고향을 떠나 새 삶을 산 것처럼 새로운 생활을 해야 한다.[50] 11절의 왕 신랑을 주인으로 인정하고 엎드리라는 말씀은 주님 예수에 대한 복종과 자기 자신이 아니라 왕을 기쁘게 하는 삶을 살라는 명령으로 받아들여졌다. '처녀'에 대한 언급(14절)은 그리스도인 공동체에서 문자적으로 받아들여져 독신주의와 금욕주의를 장려하는 데 사용되기도 했다.[51]

---

50) Hunter, 291.
51) Ibid., 285.

【참고문헌】

김정우. 『시편주석 Ⅱ』. 서울: 총신대학교출판부, 2005.

김태훈. 이종록, 채은하. 『만물아, 주를 찬양하라: 히브리시편입문』. 파주: 한국학술정보[주], 2009.

The Assyrian Dictionary(=CAD), Vol. 4. E. Chicago: The Oriental Institute, 1958.

Breneman, Mervin. Ezra, Nehemiah, Esther. Nashville: Broadman & Holman Publishers, 1993.

Craigie, Peter C. Psalms 1 - 50. WBC. Waco: Word Books, 1983.

Cully, Robert C. Oral Formulaic Language in the Biblical Psalms. Toronto: University of Toronto Press, 1967.

Dahood, M. Psalms Ⅰ. New York: Doubleday, 1966.

Driver, G. R., and Kohn C. Miles, eds. The Assyrian Laws. Oxford: Clarendon Press, 1935.

Hess, Richard. "공의와 자비: 예수님의 가르침에 대한 구약성경 배경". 『명성교회 창립 30주년 학술세미나집』. 서울: 명성교회, 2009, 139~154.

Gaster, Theodor H. Psalm 45, JBL 74/4(December 1955), 239~251.

Gesenius - Kautzsch - Cowley. Hebrew Grammar. Oxford: Clarendon Press, 1980.

Gunkel, Hermann. Die Psalmen, HKAT 2/2. 5th ed. Götingen: Vandenhoeck & Ruprecht, 1988.

Harris, Murray J. "The Translation of Elohim in Psalm 45:7 - 8", Tyndale Bulletin 35(1984), 65~89.

Hunter, David G. "The Virgin, the Bride, and the Church: Reading Psalm 45" in Ambrose, Jerome, and Augustine, Church History 69.2(June 2000), 281~303.

King, Philip J. Amos, Hosea, Micah - An Archeological Commentary. Philadelphia Westminster Press, 1988.

Klein, Ernst. A Comprehensive Etymological Dictionary of the Hebrew Language.

New York: Macmillan, 1987.

Kraus, H. J. *Psalms 1 – 59: A Commentary*. Translated by Hilton C. Oswald. Minneapolis: Augsburg Pub. House, 1988.

Mays, J. L. *Psalms*. Interpretation. Louisville: John Know Press, 1994.

Pritchard, James., ed. *Ancient Near Eastern Tests Relating to the Old Testament*. Princeton: Princeton University Press, 1969.

Schroeder, Christoph. "'A Lover Song': Psalm 45 in the Light of Ancient Near Eastern Marriage Texts", *CBQ* 58/3(July 1996): 417~432.

Theological Dictionary of the Old Testament. Vol. Ⅱ. Grand Rapids: WmB. Eerdmans, 1975.

Weiser, Artur. *The Psalms*. OTL. London: SCM Press, 1962.

Wenham, G. J. Betulah. A Girl of Marriageable Age, *VT* 22/3(1972): 326~348.

한 주변공동체가 가진 세계공동체의 비전

박종기

(한일장신대학교, 신약학)

Ⅰ. 서언

마태공동체는 사회의 주변부에 속했던 하나의 신앙공동체로서 외부로부터 박해를 받고 있었다. 그러한 정황에 처했던 섹트(sect)들은 흔히 자신의 공동체를 의인의 집단으로, 외부의 세계를 하나님의 정죄 아래 있는 죄인의 집단으로 간주하고 외부 세계와 단절하며 살기도 한다. 그러나 마태공동체는 세상의 모든 민족이 하나님 나라의 백성이 되어야 한다는 비전을 가지고 있었다. 이 글은 바로 이 비전에 대한 마태공동체의 의식을 분석하는 데 있다.

이러한 분석을 위하여 사용할 자료는 마태복음서 자체이다. 우리는 마태복음서 외에 마태공동체의 역사적 정황에 대한 정보를 제공해 주는 유용한 자료를 가지고 있지 않다. 오늘날 대부분의 학자들은 마태복음서에 담긴 예수 이야기는 마태복음서가 기록된 당시의 상황, 특히 마태복음서 기자가 속한 공동체의 상황을 직·간접적으로 반영하고 있다는 데 대하여 동의하고 있다. 이 글에 나오는 마태복음서의 분석도 이러한 견해를 바탕으로 이루어질 것이다.

Ⅱ. 세계를 향한 마태공동체의 비전

한 이야기의 결말은 전체 이야기를 이해하는 데 있어서 큰 영향을 미친다. 아리스토텔레스는 좋은 글은 허술한 결말을 가져서는 안 된다고 주장하였다.[1] 독자들은 오직 이야기의 결말에 이르러서야 지금까지 전개된 이야기에서 주어진 모든 정보를 종합하여 이야기의 최종적인 의미를 발견하게 된다.[2] 물론 독자들은 이야기의 의미를 파악하기 위하여 결말에 이르기까지 기다리는 것은 아니다. 그들은 이야기를 읽어 가면서 쉬지 않고 이야기의 의미에 대한 가설들을 만들어 낸다. 그러나 그러한 가설들은 이야기의 결말에 이르기까지 계속해서 수정되거나 폐기될 수 있는 가능성을 가진 것들이다. 볼(David Ball)이 말한 대로 앞에서 뒤로 읽어 갈 때는 가능성들을 가지고 읽어 가지만, 결말에서 얻은 의미를 가지고 앞에 있었던 각 부분들의 내용을 회상해 갈 때에는 각 부분들이 어떻게 이해했어야 했는지를 드러내 준다.[3]

마태복음은 '모든 민족'을 제자로 삼으라는 부활한 예수의 명령으로 끝난다. 하늘과 땅의 '모든' 권세를 가진 이가 '모든' 민족으로 제자를 삼으라고 하는 명령은 독자들에게 장엄함을 느끼도록 한다.[4]

---

1) *Poetics*, Ⅶ, 1450b.
2) 참조, S. Rimmon-Kenan, *Narrative Fiction: Contemporary Poetics*, New Accent(London: New York: Methuen, 1983), 121.
3) *Backwrads and Forwards: A Technical Maunual for Reading Plays*(Carbondale: Southern Illinois University Press, 1983), 15.
4) 원문에는 '모든'(πᾶς)이란 단어가 4회 나타난다. '모든 권세', '모든 민족', '모든 것', '모든 날'(개역개정에는 '항상'으로 번역되어 있음).

예수께서 나아와 말씀하여 이르시되 하늘과 땅의 모든 권세를 내게 주셨으니 그러므로 너희는 가서 모든 민족을 제자로 삼아 아버지와 아들과 성령의 이름으로 세례를 베풀고 내가 너희에게 분부한 모든 것을 가르쳐 지키게 하라 볼지어다 내가 세상 끝 날까지 너희와 항상 함께 있으리라 하시니라(28:18-20)

많은 학자들은 여기서 '모든 민족'이란 유대인을 포함한 세계의 전(all) 민족들을 가리키는 것으로 이해한다.[5] 이와는 달리 '민족'으로 번역된 희랍어(ἔθνος)는 '민족(족속)'을 의미할 수도 있지만 '이방인'을 의미할 수도 있기 때문에 유대인들을 제외한 이방인으로 이해해야 한다고 주장하는 학자들도 있다. 그러나 이 희랍어를 '이방인'을 가리키는 것으로 이해한다고 하더라도 유대인들을 선교의 대상에서 제외하는 것으로 볼 필요는 없다. 이 단어를 이방인으로 이해하는 대부분의 학자들도 본문의 이방인 선교를 유대선교(10:5)에 대한 확장으로 본다.[6]

예수는 제자들에게 모든 민족을 제자로 삼으라고 명령한다. 이 명령에서 '제자를 삼다'(μαθητεύω)라는 동사가 사용된 것은 매우 특이하다. 사실 선교의 명령에 '제자를 삼다'라는 동사가 사용된 경우는 신약성경에서 이곳이 유일하다. 이 선교 명령의 초점은 복음을 듣지 못한 사람들에게 복음을 전달하는 데에 있다기보다는 세상 사람들을 참제자도를 실천하는 사람들로 만들어야 한다는 데 있다.

"제자를 삼으라"라는 명령의 구체적 의미는 '제자를 삼다'라는 주동사에 종속되어 있는 분사, '세례 주다'와 '가르치다'로 시작하

---

5) Davies and Allison, J. D. Kingsbury, J. P. Meier 등이 대표적 학자들이다.
6) 그러한 학자들로서 R. H. Gundry, D. R. A. Hare, D. J. Harrington 등을 들 수 있다.

는 절에서 잘 드러난다.[7] 제자를 삼기 위해 필요한 요소로 먼저 세례가 언급된다. 마태는 세례를 하나님의 뜻에 순종하는 새로운 삶과 관련시키고 있는바, 이것은 3장에 나오는 세례요한의 이야기에서도 잘 나타난다. 사실 마태복음 3장은 마태복음에서 세례의 의미를 설명해 주는 유일한 곳이다. 그곳에서 세례요한은 세례를 받기 위해 나온 사람들에게 '회개에 합당한 열매' 곧 삶의 변화를 요구한다. 물론 세례요한은 예수의 세례를 '성령과 불'로 주는 세례로 요한 자신의 세례와 구별하고 있는 것이 사실이다(3:11). 그러나 그러한 구별은 하나님께 순종하는 새로운 삶의 시작으로서 예수의 세례가 가지는 의미를 부인하거나 약화시키기는 것은 아니며 오히려 강화시켜 주고 있다.

세례와 함께 제자를 삼기 위해 필요한 요소로 가르침이 언급된다. 가르침의 내용은 예수의 교훈(하나님의 뜻)이며 가르침의 목표는 그것을 실천하도록 하는 것이다. 따라서 제자를 삼는 것은 사람들로 하여금 자신의 욕망에 이끌리는 삶을 버리고 예수의 가르침, 즉 하나님의 뜻을 실천하는 새로운 삶을 살도록 하는 것이다. 사실 마태는 복음서 전체를 통하여 이 주제를 강조하여 왔다. 마태복음에서 강조되고 있는 '의', '열매', '순종', '제자 됨' 등의 주제는 하나님의 뜻을 실천하는 새로운 삶을 강조한다.

자신의 복음서를 통해 하나님의 뜻에 순종하는 삶을 강조해 온 마태는 이제 복음서의 결말에서 모든 민족이 이러한 삶을 살도록 해야 할 제자공동체의 사명을 강조하고 있다. 이 사명의 수행을 통해 이루어져야 할 공동체, 즉 모든 민족이 하나님의 백성이 되어 하나님의 뜻에 철저히 순종하는 공동체, 이것이 마태공동체가 가진

---

7) '가다'라는 동사도 '세례 주다'와 '가르치다'처럼 분사로 사용되었다.

세계공동체의 비전이다.

그러면 마태복음의 결말에서 분명하게 드러나는 마태공동체의 비전은 마태복음 전체의 이야기에서 어떻게 나타나고 있는가? 한 이야기의 결말에서 앞으로 회상하며 읽어 나갈 때 각 부분들의 의미가 명확해진다는 볼의 주장을 염두에 두고 마태복음의 예수 이야기를 되돌아볼 필요가 있다.

마태는 그의 글 첫머리(1:1)에서 예수 그리스도를 '아브라함의 자손'으로 지칭한다(1:1).[8] 마태복음 1장 1절은 예수의 계보(1:2 - 17)나 탄생 이야기(1:2 - 25 또는 1:2 - 2:23)에 대한 표제나[9] 마태복음의 첫 부분(1:1 - 4:16)에 대한 표제일 수도 있지만[10] 마태복음 전체의 표제로 기록되었을 가능성이 높다는 점에서[11] 아브라함의 자손으로서의 예수가 가지는 의미는 마태복음의 이해에 결정적으로 중요할 수 있다. 그러나 마태는 '아브라함의 자손'이라는 칭호가 정확히 무엇을 의미하는지를 설명하지 않는다. 아브라함의 자손이란 단순히 육신적으로 유대인이라는 것을 의미하는 것인가? 아니면 참된 이스라엘 사람에 대한 은유인가? 아니면 아브라함이 이스라엘 민족의 조상인 것처럼 예수는 새로운 하나님의 백성을 일으킬 것임을 암시해 주는 표현인가?

마태복음을 세심히 관찰해 보면, 예수를 아브라함의 자손으로 일

---

8) 문법적으로 '아브라함의 자손'은 다윗을 가리키는 것으로 볼 수도 있다. 그러나 전체적 맥락에서 볼 때 이 칭호는 예수를 가리키고 있는 것임이 분명하다.

9) 학자에 따라서 1:1절을 1:2 - 17(R. E. Brown, R. H. Gundry, D. E. Garland), 1:2 - 25(U. Luz), 1:2 - 2:23(W. C. Allen)의 표제로 보기도 한다.

10) 마태복음을 1:1 - 4:16, 4:17 - 16:20, 16:21 - 28:20 세 부분으로 나누는 J. D. Kingsbury나 D. Bauer는 1:1을 1:2 - 4:16의 표제로 본다.

11) W. Grundmann, H. Frankmölle, H. C. Waetjen, D. Senor 등 많은 학자들은 1:1을 1:2 - 28:20에 대한 표제로 이해한다.

컫는 것은 일차적으로 예수를 통해 이루어지게 될 새로운 하나님의 백성에는 모든 민족이 포함될 것이라는 메시지를 주려는 데 그 목적이 있다는 것을 알 수 있다. 아브라함은 '여러 민족의 아버지'(창 17:4 - 5)로 세움을 받았다. 사실 아브라함을 선택한 근본적인 목적은 "땅의 모든 족속이 복을 얻도록" 하기 위함이었다(창 12:1 - 3). 아브라함의 자손에 대한 이러한 이해는 뒤이어 나오는 내용과도 조화를 이룬다. 예수의 계보(1:2 - 17)에는 예수의 어머니인 마리아 외에 네 여인(다말, 라합, 룻, 우리야의 아내)이 등장한다. 계보에 여인의 이름이 나오는 것은, 선례가 없는 것은 아니라 할지라도(예: 창 36:1 - 14, 대상 2:3 - 4, 18 - 20, 46 - 48), 예외적인 것이다. 그러므로 마태가 이 네 여인의 이름을 언급한 것은 의도적인 것이 확실하다. 그런데 이 네 여인들은 모두 이방인이거나 이방인과 관련이 있는 인물임에 주목할 필요가 있다. 다말은 유대 문헌에서 이방인으로 언급된다. 라합은 가나안 사람이었으며(수 2:1, 6:25), 룻은 모압 사람이었다(룻 1:4, 22). 우리는 밧세바가 어떤 민족에 속했는지에 대하여는 정확히 알 수 없다. 그러나 그녀는 '헷 사람'(삼하 11:3, 6, 23:39)이었던 우리야의 아내로 언급되고 있다. 이러한 네 여인의 공통점은 예수를 통해 이루어지는 하나님의 백성에는 이방인들도 포함된다는 메시지를 던져 주고 있는 것으로 생각된다.

예수의 탄생 이야기에서 예수는 이방인들인 동방에서 온 박사들(μάγοι)[12]에 의하여 경배를 받는다(2:1 - 12). 헤롯왕과 유대 종교지

---

12) 우리말 '박사'로 번역된 헬라어가 어떤 사람을 가리키는지에 관하여는 학자들의 견해가 일치하지 않는다. 여기에 관해서 Mark A. Powell, "The Magi as Kings: An Adventure in Reader - Response Criticism", *Catholic Biblical Quarterly* 62(2000), 459~480; "The Magi as Wise Men: Re - examining a Basic Supposition", *New Testament*

도자들의 태도와는 대조적으로 박사들은 예수를 왕으로 삼는 백성으로서의 바른 자세를 보여 준다. 그들은 아기에게 경배하고 합당한 예물을 드린다. 누가복음의 탄생기사에서 일부 유대인들이 아기 예수에게 대하여 긍정적인 반응을 보인 것과는 달리 마태복음의 탄생기사에서는 오직 이방인들인 박사들만이 아기 예수에게 경배한다. 이러한 마태의 묘사는 독자들에게 새 왕의 백성에는 이방인이 포함될 것임을 강하게 시사해 주는 수사학적 효과를 거두게 한다.

마태는 탄생 이야기 이후에도 계속하여 이방인이 하나님의 백성에 포함될 것임을 강하게 시사한다. 특히 3장에 나오는 세례요한의 메시지는 '아브라함의 자손'의 개념에 큰 빛을 던져 준다. 하나님의 나라가 가까이 왔음을 선언하며 유대인들의 회개를 촉구하는 세례요한의 메시지(3:2)는 유대인들이라도 회개하지 않으면 하나님 나라의 백성이 될 수 없다는 것을 암시해 준다. 요한은 혈육에 근거하여 아브라함의 자손이라 생각하고 있는 유대 종교지도자들의 생각을 단호하게 거부한다(3:9). "하나님이 능히 이 돌들로도 아브라함의 자손이 되게 하시리라."(3:9b)라는 말은 종교지도자들의 그러한 생각을 요한이 얼마나 철저히 거부하고 있는가를 잘 보여 준다. '아브라함의 자손'이라고 믿고 있는 그들에게 요한은 '독사의 자식들'이라고 선언한다(3:7). 아브라함의 자손이 아닌 독사의 자손! 요한의 말에 나오는 강한 역설과 아이러니는 참된 아브라함의 자손, 참된 하나님의 백성의 정체에 대하여 그만큼 강한 메시지를 던져 주고 있다. 하나님의 참된 백성이 되는 길은 혈통에 있지 아니하고 하나님의 뜻에 대한 순종에 있다!

마태는 예수의 사역 본거지인 갈릴리를 '이방의 갈릴리'로 지칭

Studies 46(2000), 1~20 참조.

한다(4:15). 그리고 그는 예수가 자신의 사역을 위하여 이방인 지역에까지 넘나들고 있음을 말한다(8:28 – 34, 15:21 – 28). 이러한 묘사들은 이방지역도 예수의 관심 대상이었음을 말해 준다. 특히 로마 백부장의 종과 가나안 여인의 딸에 대한 예수의 치유는 의미심장하다(8:5 – 13, 15:21 – 28). 마태복음에서 큰 믿음으로 예수의 칭찬을 듣고 있는 이 두 사람은 모두 이방인들이다. 백부장의 놀랄 만한 믿음에 대한 반응에서 예수는 이방인들이 하나님의 백성이 될 것임을 분명히 선언한다. "또 너희에게 이르노니 동서로부터 많은 사람이 이르러 아브라함과 이삭과 야곱과 함께 천국에 앉으려니와 그 나라의 본 자손들은 바깥 어두운 데 쫓겨나 거기서 울며 이를 갈게 되리라"(8:11 – 12). 이러한 선언은 21장에 나오는 악한 농부의 비유에서 결론으로 주어지는 예수의 말에서도 분명히 나타난다. "그러므로 내가 너희에게 이르노니 하나님의 나라를 너희는 빼앗기고 그 나라의 열매 맺는 백성이 받으리라"(21:43). 유대인이라 할지라도 열매가 없으면 하나님 나라의 백성이 될 수 없고 이방인이라도 열매가 있으면 하나님 나라의 백성이 될 수 있다.

예수는 제자들이 세상의 빛과 소금이 되어야 한다고 말한다(5:13 – 16). 그리하여 세상으로 하여금 "하늘에 계신 너희 아버지께 영광을 돌리게 하라."고 말한다. 세상 사람들은 하나님이 버린 이들이 아니라 하나님의 백성으로 하나님께 영광을 돌려야 하는 이들이다. 특히 마태는 그의 예수 이야기의 절정이라고 할 수 있는 예수의 수난 이야기에서 십자가 아래에 있던 이방인 백부장과 그의 부하들이 예수를 '하나님의 아들'로 고백했다는 것을 강조한다(27:54). 예수가 죽어야 하는 이유를 깨닫지 못하고 십자가에서 내려와야만 하나님의 아들로 인정하겠다고 말하며 예수를 조롱하던 유대인들과는 달리 이방인들이 십자가에 달린 예수를 하나님의 아들로 고백한다.

이상에서 살펴본 마태의 묘사는 마태공동체가 온 세상이 하나님의 백성이 되어야 하며, 또 그렇게 되도록 하기 위한 사명을 자신들이 가지고 있다는 것을 의식하고 있음을 보여 준다. 그들이 '하나님의 아들'로 믿는 예수는 '아브라함의 자손'이다. 아브라함이라는 이름('여러 민족의 아버지')이 상기시켜 주는 대로, 그리고 아브라함 선택의 궁극적 목적(땅의 모든 족속이 복을 얻음)과 같이, 아브라함의 자손 예수를 통하여 세상의 모든 민족이 복을 누려야 한다. 그 복은 하나님의 백성이 되는 것이며, 하나님의 백성으로서 하나님의 뜻에 순종하며 살아가는 것이다. 이 세상은 하나님의 뜻이 실현되는 장소가 되어야 한다.

Ⅲ. 마태공동체: 주변부에 속한 박해받는 공동체

하나님의 백성인 세계공동체의 비전을 가지고 있는 마태공동체는 어떠한 상황에 있었는가? 마태복음은 80년대에 시리아 지방에서 한 유대인에 의하여 쓰였다는 데 대하여 학자들은 일반적으로 동의한다.[13] 대부분의 학자들은 이 복음서 기자가 속한 공동체는 복음서가 기록되던 80년대에 이르러 이방인을 포함하는 공동체로 발전되었지만 원래 유대인으로 구성된 공동체였다고 생각한다. 이

---

13) 마태공동체의 역사적 상황에 대한 학자들의 다양한 견해에 대해서는 D. Senior, *What Are They Saying about Matthew?*, Revised ed.(New York ; Mahwah, N. J. : Paulist Press, 1996), 7~20 참조.

유대 그리스도교 공동체는 유대인들의 회당예배에 참여하였다. 그러나 원래 그들이 속했던 회당공동체에서 이단으로 정죄되어 감에 따라 그들은 점차 유대사회에서 주변집단으로 전락하게 되었다. 마태복음에서 사용되는 '저희 회당'(4:23, 9:35, 10:17, 12:9, 13:54), '저희 서기관'(7:29)이란 표현은 마태공동체와 회당공동체 간의 거리를 보여 주고 있다. 마태복음이 기록되던 당시 마태공동체가 회당과 어느 정도의 관계를 유지하고 있었는지 아니면 회당에서 완전히 분리되어 나온 상태에 있었는지에 대해서는 학자들 사이에 이론이 있지만,[14] 어떤 경우든 마태공동체는 유대인의 적대감에 직면해 있었던 것은 분명한 것으로 보인다. 마태복음의 몇몇 구절들은 마태공동체가 유대인으로부터 핍박을 받고 있었다는 것을 암시해 준다. 5장 10~12절은 그들이 여러 종류의 욕과 악한 말을 들으며 살고 있었다는 것을 시사해 준다. 10장 16~23절에 나오는 공회[15]와 회당에 의한 예수의 제자들에 대한 박해(특히 17절)와 23장 34~36절에 나오는 유대의 종교지도자들에 의한 그리스도교 선지자들과 지혜 있는 자들과 서기관들에 대한 박해는 마태공동체의 경험을 반영하고 있는 것으로 보인다.

마태공동체가 유대 종교지도자들에 대해 가지고 있던 시각도 극히 부정적이다. 비록 그들은 바리새인, 서기관, 사두개인, 고위 제사장, 장로 등 여러 집단들로 구성되어 있지만 마태복음에서 그들은 마치 단일집단처럼 묘사된다. 그들은 단일집단처럼 묘사될 뿐만

---

14) R. Hummel, G. Stanton, A. Saldarini 등의 학자들은 마태의 공동체가 아직 회당공동체에서 완전히 분리되지 않았다고 보는 반면에, D. Hare, G. Strecker, U. Luz 등의 학자들은 마태공동체가 이미 유대인의 회당공동체로부터 분리되었다고 본다.

15) 여기서 공회(συνέδρια, '공회들')는 예루살렘에 있는 최고의 권위를 가진 산헤드린(마 26:59)을 가리키는 것이 아니라 지방에 있는 재판정들을 가리킨다(예루살렘에 있는 공회를 제외한 것은 아닐지라도).

아니라 포스터(E. M. Foster)가 말한 소위 '평면형 등장인물'(flat characters)로 나온다.16) 그들은 하나같이 예수에게 대적하고 항상 하나님의 뜻을 거스르며 살고 있다. 그들은 근본적으로 악한 자들이다(9:4, 12:34 - 35, 15:19; 참조, 12:39, 16:4). 그들은 악한 내면을 숨기고 의로운 사람처럼 보이도록 하기 위해 애쓴다. 따라서 마태복음에서 '외식하는 자들'은 그들에 대한 별칭으로 사용된다(6:2, 5, 16, 15:7, 22:18, 23:13, 15, 23, 25, 27, 29). 그들은 성경에 접근할 수 있는 특권을 가지고 있지만 백성들을 바르게 인도하지 못하는 영적 소경들이다(23:2 - 3, 16 - 22). 그들은 자신들이 기다리던 메시아를 알지 못하고 모든 악한 수단을 동원하여 그를 죽인다. 이러한 언급들은 마태공동체와 회당이 긴장상태에 있었음을 강하게 시사해 준다.

그러면 마태공동체와 이방인들의 관계는 어떤 상태에 있었을까? 마태공동체는 이방인들에 의하여도 박해를 받고 있었던 것으로 보인다. 예수는 그의 제자들이 유대인들에게 박해를 받는 것과 마찬가지로 이방인들에 의하여도 박해를 받을 것이라고 말한다. 예수의 제자들은 총독들과 임금들 앞에 끌려갈 것이며(10:18), 예수의 이름으로 인하여 모든 사람들에게 미움을 빌 것이다(10:22). 예수는 또한 종말에 그리스도인들이 모든 민족에 의하여 미움과 박해를 받을 것이라고 말한다(24:9). 이러한 구절들은 마태공동체가 이방인들의 적대행위에 직면해 있었다는 것을 시사해 준다.

마태공동체의 이방인에 대한 시각도 긍정적이지 않다. 비록 마태가 아기 예수를 찾아 경배한 박사들, 믿음으로 인하여 예수로부터

---

16) *Aspects of the Novel*(New York: Harcourt, Brace & World, 1954), 103~118. 포스터는 등장인물을 다양한 특성들을 소유하여 예측이 어려운 원형 등장인물(round characters)과 일관성 있는 특성을 보여 예측이 가능한 평면형 등장인물(flat characters)로 구분한다.

큰 칭찬을 들은 백부장과 가나안 여인, 그리고 십자가에 못 박힌 예수를 '하나님의 아들'로 고백한 백부장 등 일부 이방인들을 긍정적으로 묘사하고 있을지라도, 마태의 일반 이방인들에 대한 묘사는 결코 긍정적이지 않다. 그들은 형제에게만 문안을 하며(5:47), 기도할 때에 중언부언하며(6:7), 하나님의 나라와 의보다는 먹을 것, 마실 것, 입을 것에 관심을 가지고 있다(6:32). 그들은 개에 비유되고 있으며(15:26), 세리와 동류로 간주된다(18:17). 이방인들의 집권자와 대인들은 사람들을 임의로 주관하고 권세를 부린다(20:25).

이러한 마태공동체의 상황과 의식은 그 공동체가 주변부에 속한 공동체였음을 보여 준다. 일부 학자들은 마태의 공동체를 하나의 섹트(sect)로 간주한다. 스탠턴(G. N. Stanton)은 코저(L. Coser)의 사회갈등이론을 마태공동체와 쿰란공동체에 적용하여 두 공동체를 외부의 세계와 투쟁하며, 외부의 세계에 대하여 확고한 경계선을 가진 섹트로 규정한다.[17] 그는 외부세계에 대하여 개방된 모습을 보여 주는 마태복음의 구절들(예, 28:18 - 20)을 단지 공동체의 구성원 충원을 위하여 피할 수 없는 생존 수단으로 이해한다.[18]

그러나 마태공동체가 하나의 주변공동체로서 외부세계와 갈등관계에 있었을지라도, 그 공동체를 쿰란공동체와 같은 외부세계에 대하여 굳게 닫힌 공동체로 이해하는 것은 적절하지 않다. 외부세계에 대하여 마태공동체와 쿰란공동체 사이에는 근본적으로 다른 관점이 발견된다. 쿰란공동체에서 외부인들은 증오의 대상이다(1QS 1:9 - 10, CD 8:18, 19:31). 이와는 달리 마태공동체는 이웃을 사랑

---

17) G. N. Stanton, *A Gospel for a New People: Studies in Matthew*(Edinburgh: T&T Clark, 1992), 100.

18) Ibid., 102.

하고 원수를 미워하는 것이 아니라 원수까지도 사랑해야 할 의무가 있음을 의식하고 있다(마 5:43 - 48). 쿰란공동체에서는 그들의 거룩함을 보존하기 위한 최상의 방법은 세상에서 분리되는 것이다. 그래서 그들의 공동체는 불신세계의 공격으로부터 방어하는 요새화된 도시로 묘사된다(참조, 1QH 6:26ff). 그러나 마태공동체는 세상에 대한 공동체의 봉사를 강조한다. 그들은 세상의 소금이며 세상의 빛으로서 세상에서 분리되어 살 것이 아니라 세상 속에서 세상에 대한 사명을 완수해야 한다(5:13 - 16, 참조, 28:16 - 20).[19] 그 사명은 세상 사람들도 하나님께 영광을 돌리도록 하는 데에 있다(5:16).

마태공동체가 따라야 할 모범이 되는 예수는 '세리와 죄인의 친구'(11:19)이다. 그는 당시 유대인의 정과 부정의 경계선을 파괴한다. 예수는 부정한 세계로부터 자신을 분리하려 하기보다는 오히려 부정한 세계와 적극적으로 접촉한다. 그는 부정한 나환자에게 손을 내밀어 접촉하기도 하고(8:3), 죽은 소녀의 손을 잡음으로써 시체에 접촉하기도 한다(9:25). 그리고 부정한 이방인의 집에 들어가는 것을 꺼리지 않으며(8:7), 세리의 집에 들어가 음식을 먹는 것도 개의치 않는다(9:10). 그런데 예수는 그들과의 접촉을 통해 부정해진 것이 아니라 부정한 자들을 성결하게 만든다! 예수를 따르는 마태공동체의 구성원들은 부정한 세계로 나가 그들을 정결하게 하고 하나님의 백성으로 만들어야 할 사명이 있다고 믿는다. 어쩌면 마태공동체는 세상이 부정하기 때문에 세상을 정결하게 해야 할 사명을 더욱 강하게 느끼고 있는지도 모른다.

---

19) 팔복선언(5:3 - 12)에서 '하늘'이 강조되었다면 5:13 - 15에서는 '땅(세상)'이 강조된다. 그리고 팔복선언에서 하늘나라의 백성이 가지는 종말론적 약속이 강조되었다면 5:13 16에서는 세상을 향한 그들의 직분과 사명이 강조된다. 참조, 박종기, 『산상설교: 그때와 지금』 (서울: 한국장로교출판사, 2007), 45~46.

이상에서 살펴본 마태복음에 나타난 예수 이야기의 흐름은 모든 족속에 대한 선교명령(28:16 – 20)이 스탠턴이 주장하는 것처럼 공동체의 생존을 위한 구성원 확보의 차원이 아님을 분명히 보여 준다. 비록 마태공동체가 유대인들과 이방인들 모두로부터 박해를 받고 있었을지라도 그 공동체의 구성원들은 박해자들까지도 사랑해야 하며 그들을 위해 기도해야 한다는 의식을 가지고 있는 자들이었다(5:43 – 48). 그들은 비록 유대인들이 가졌던 잘못된 선민사상을 비판하면서 자신들을 하나님의 참백성으로 간주하기는 하였을지라도, 그들은 결코 외부세계를 적으로 규정하거나 하나님으로부터 영원히 버림을 당한 것으로는 생각하지 않았다.

Ⅳ. 마태공동체의 비전과 현실

마태공동체가 하나님의 뜻에 순종하는 세계공동체에 대한 비전을 가지고 있지만 그들은 그 비전이 쉽게 이루어질 수 있다고는 생각하지 않는다. 이 세상은 하나님이 창조한 세계이지만 사탄이 지배권을 주장하고 있는 곳이다(4:8 – 10). 파웰(M. A. Powell)은 하나님과 사탄 간의 투쟁이 마태가 묘사하는 예수 이야기의 근본적인 갈등구조라고 주장한다.[20] 예수는 자기 백성을 죄에서 구원하고 (1:21) 자기 목숨을 많은 사람의 대속물로 주기 위하여 왔지만 (20:28) 세상은 예수에 대하여 우호적이지 않았다. 세상은 십자가에

---

20) "The Plot and Subplots of Matthew's Gospel", *New Testament Studies*, 38(1992): 187∼204.

못 박힌 예수를 이해하지 못했다. 예수는 참메시아이며 하나님의 참아들이기 때문에 십자가에서 뛰어내리지 못했지만 세상은 거짓 메시아이며 거짓 하나님의 아들이기 때문에 십자가에서 뛰어내릴 수 없다고 믿는다(27:39 - 43). 이러한 세상의 반응은 마태공동체의 비전이 실현되기에는 얼마나 큰 어려움이 있을 것인가를 역설적으로 보여 준다.

예수의 선교강화(10장)는 보다 직접적으로 그러한 비전의 성취를 위한 노력에 수반될 많은 어려움을 말하고 있다. 제자들의 파송은 마치 "양을 이리 가운데 보냄"과 같다(10:16). 사람들은 제자들을 박해할 것이며(10:17 - 18), 제자들은 모든 사람들에게 미움을 받을 것이다(10:22). 계속적으로 반복되는 "두려워하지 말라"라는 말과 (10:26, 28, 31) 제자들에 대한 위로와 격려의 말들은(10:19 - 20, 22, 28, 29 - 31, 32 - 33, 39, 40 - 42) 제자들의 선교에 많은 어려움이 따를 것임을 역설적으로 말해 준다. 마태복음의 마지막에 나오는 모든 족속으로 제자를 삼으라는 예수의 명령(28:19 - 20a) 뒤에도 "내가 세상 끝 날까지 너희와 항상 함께 있으리라."라는 예수의 약속(28:20b)이 나온다. 이 약속은 온 세상을 제자로 삼는 사명의 수행에 따르는 어려움을 극복하도록 격려하기 위한 것인지도 모른다.

마태공동체는 복음에 대한 이러한 세상의 반응이 자신들이 가진 세상을 향한 비전의 성취를 어렵게 만드는 요소임을 잘 인식하고 있다. 그러나 마태공동체는 모든 민족이 하나님의 백성이 되는 비전의 성취를 더욱 어렵게 만드는 요소가 있음을 인식하고 있다. 그것은 온 세상을 하나님의 뜻이 이루어지는 곳으로 만들어야 할 사명을 가지고 있는 그리스도교 공동체마저도 현실적으로 하나님의 뜻이 온전히 성취되는 곳이 되지 못하고 있다는 것이다. 마태에 의하면, 현실적인 교회는 곡식과 가라지가 함께 있으며(13:24 - 30, 36 - 43),[21] 좋은 고기와 못된 고기가 함께 있다(13:47 - 50). 교회 내에 용서할 줄 모르는 종이 있으며(18:21 - 35), 마땅히 입어야 할 예복을 입지 않은 사람도 있다(22:11 - 14). 또한 교회에는 청지기로서의 사명을 소홀히 하는 악한 종이 있으며(24:45 - 51), 기름을 준비하지 아니한 미련한 처녀들도 있고(25:1 - 13), 주인에게 충성하지 아니하는 악하고 게으른 종도 있다(25:14 - 30).

거짓 선지자에 대한 경고를 담고 있는 7장 15~23절은 마태가 인식하고 있는 교회공동체 내의 문제를 매우 분명하게 보여 준다. 이리와 같은 노략질하는 거짓 선지자들이 양의 옷을 입고 교회공동체 내에서 활동하고 있다. 입으로 "주여! 주여!" 하지만 하나님의 뜻에 따라 살아가는 삶이 없는 교회공동체의 구성원들이 많이 있다. 주의 이름으로 선지자 노릇 하며 주의 이름으로 귀신을 쫓아내며 주의 이름으로 많은 권능을 행함으로 외형적으로는 그리스도의 모습을 닮은 것처럼 보일지라도, 사실은 불법을 행하고 있는 그리스도인들이 교회공동체 내에 많이 있다.

하나님의 뜻이 일차적으로 이루어져야 할 그리스도교 공동체마저 하나님의 뜻이 이루어지는 곳이 되지 못한다면 세계가 하나님의 뜻에 순종하는 것은 불가능하다. 마태는 유대 종교지도자들의 실패를 교회가 하나의 거울로 삼기를 원한다. 마태의 관점에 의하

---

21) 가라지의 비유에서 '밭'은 '세상'으로 풀이되고 있기 때문에(13:38), 이 비유를 교회 내의 상황을 말하고 있는 것으로 보기 어렵다는 주장도 있지만 많은 학자들(B. Charette, R. H. Gundry, D. A. Hagner, C. W. F. Smith, R. H. Smith 등)은 이 비유를 교회 내의 상황에 대한 비유로 이해한다. 이 비유를 교회공동체 내부의 상황에 대한 것으로 이해함이 타당한 근거에 대해서 Jong - Ki Park, *Obedience and Prophecy in Matthew*(Wanju: Hanil University Press, 2005), 293~295 참조.

면 모든 민족을 하나님의 뜻에 순종하는 하나님의 백성이 되게 할
사명을 가졌던 하나님의 백성 이스라엘은 이러한 사명의 수행에
실패하였다. 마태는 그들의 불순종과 메시아에 대한 배척은 그들이
하나님의 나라를 빼앗기는 불행을 초래하였다고 말한다(21:33 - 46,
특히 43절). 마태는 이러한 종교지도자들의 실패와 그들의 비극적
인 종말에 대하여 그리스도교 공동체가 두려움을 가지기를 원한다.
만일 하나님의 백성이었던 이스라엘이 그들의 불순종으로 인해 하
나님 나라 백성으로서의 자격을 상실했다면 새로운 하나님의 백성
들인 그리스도교 공동체도 순종하지 않음으로 인해 그 자격을 상
실할 수 있는 위험이 있다! 마태는 계속적으로 유대 종교지도자들
에 대하여 경고하면서 예수의 제자들은 그들과 같이 되지 않아야
한다고 강조한다. 유대 종교지도자들에 대한 비판의 정점이 되는
23장에서조차도 종교지도자들에 대한 비판을 제자들에 대한 경고
로 시작하고 있음은 의미심장하다. 분명히 마태복음에 담긴 유대
종교지도자들에 대한 경고는 교회에 대하여 경고하는 수사학적 효
과를 가진다. 유대 종교지도자들과 예수를 따르는 자들에 대한 비
판(심판)의 병행은[22] 그러한 수사학적 효과를 더욱 강화해 준다.

Ⅴ. 종말과 최후의 심판

이와 같은 마태공동체의 현실 인식은 종말과 심판의 묘사에서도

---

22) 불법(23:28/7:23), 외식(23:33/24:51) 등을 그 예로 들 수 있다. 특히 동일한 표현을 사
용한 심판에 대한 묘사들(3:10/7:19; 8:12/25:30)은 이러한 수사학적 효과를 크게 높여
준다.

잘 나타난다. 종말과 심판에 대한 묘사는 마태공동체가 가진 세계 선교의 비전 성취에 대한 의식을 어느 정도 드러내 준다. 마태복음은 예수의 선교명령으로 끝맺고 있지만 이 선교명령이 마태복음에서 묘사되는 구원사의 마지막 시점에 위치하고 있는 것은 아니다. 마태복음은 예언의 형태를 통하여 부활한 예수의 선교명령 이후 세상의 종말과 심판에 이르기까지 일어날 여러 일들에 대하여 말하고 있다. 사실 마태복음의 이해에 있어서 종말론의 중요성은 보른캄(G. Bornkamm) 이후 널리 인식되어 왔다.[23) 마태는 예수의 삶과 죽음을 통하여 새로운 종말론적 시대가 시작되었음을 말하면서, 동시에 예수의 재림을 통하여 미래에 있을 종말을 강조한다.

마태복음 24~25장에는 소위 '종말 강화'가 나온다. 이 강화의 전반부에서 예수는 세상의 종말에 있을 여러 징조들에 대하여 말한다. 종말의 징조 중 거짓 선지자와 거짓 그리스도의 출현이 반복적으로 강조된다(24:4 - 5, 11, 23 - 26). 이것은 마태공동체가 겪고 있는 거짓 선지자의 위협이(참조, 7:15 - 20) 종말까지 계속될 것임을 시사하고 있다. 종말에 이르기까지 거짓 선지가가 존속한다는 것은 분명 마태공동체가 가진 하나님의 백성으로서의 세계공동체라는 비전의 성취에 부정적인 요소임에 틀림없다. 다른 종말의 징조들인 난리와 난리 소문(24:6), 민족과 민족 사이, 국가와 국가 사이의 갈등(24:7)도 마태공동체가 가지고 있는 비전의 성취, 즉 모든 민족이 예수의 제자공동체가 되어 하나님의 뜻에 순종하는 시대의 도래가 종말에 이르기까지 완전히 열리지 않을 것임을 말해 준다. 특히 불법이 성하여 많은 사람의 사랑이 식어지게 될 것이라는 징

---

23) G. Bornkamm, "End - Expectation and Church in Matthew" in *Tradition and Interpretation in Matthew*, trans. Percy Scott(Philadelphia: Westminster Press, 1963), 15~51.

조(24:12)는 세계의 제자공동체화라는 비전에 매우 어두운 그림자를 드리운다. '불법'과 '사랑의 식어짐'은 '사랑'으로 요약될 수 있는 하나님의 말씀에 순종함을 특성으로 하는 제자공동체의 모습에 정면으로 반하는 요소들이기 때문이다. 이뿐만이 아니다. 종말의 징조 중 하나는 예수를 따르는 자들이 '모든 민족'에게 미움을 받고 큰 핍박을 받아 죽음에 넘겨지기도 한다는 것이다. '모든 민족'을 제자로 삼는 마태공동체의 비전 완성은 종말에까지도 성취되지 못할 것임을 암시해 준다.

마태는 자신의 복음서에 최후의 심판에 대한 생생한 묘사들을 담고 있다. 마태복음에 나오는 148개의 단화 가운데 60개의 단화에서 심판의 주제가 나타난다(마가복음에는 92개 중 10개, 누가복음에는 146개 중 28개).[24] 이 심판에 대한 묘사에서 마태는 의인에 대한 상과 사악한 자들에 대한 징벌을 계속하여 강조하고 있다. 이러한 심판의 묘사 중 마태복음 25장 31~46절에 나오는 비유의 내용은 마태공동체의 비전과 관련하여 특히 중요하다.[25] 이 비유는 종말강화의 마지막에 위치해 있다. 이 비유에서 인자는 모든 천사와 함께 와 자기 영광의 보좌에 앉아 '모든 민족'을 그 앞에 모으고 목사가 양과 염소를 구분하는 깃같이 모든 사람들을 오른편과 왼편의 무리로 구분한다. 이 비유에서 오른편과 왼편에 있는 무리의 수에 대한 언급은 없을지라도 왼편에 있는 자들, 곧 영벌에 들어간 이들은 결코 적은 무리가 아니라고 하는 인상을 주고 있다.

---

24) Daniel Marguerat, *Le Jugement dans l'Evangile de Matthieu*, Le Monde de la Bible(Geneve : Editions Labor et Fides, 1981), 13.

25) 이 비유의 해석에 대한 역사에 대해서는 David C. Sim, *Apocalyptic Eschatology in the Gospel of Matthew*, Society for New Testament Studies Monograph Series 88(New York : Cambridge University Press, 1996) 참조.

마태복음에 나오는 심판에 대한 묘사에 나타나는 하나의 중요한 요소는 교회 밖의 사람들에 대한 심판보다는 교회 내부의 구성원들에 대한 심판에 초점을 두고 있다는 사실이다. 사실 마태는 심판을 그리스도인들과 비그리스도인들이 각각 영생과 영벌을 향해 분리되는 시점으로 묘사하기보다는 오히려 그리스도인들이 영생과 영벌을 향해 분리되는 시점으로 묘사하는 데 더 큰 비중을 두고 있다. 종말강화의 마지막에 나오는 양과 염소의 비유 앞에 세 개의 비유가 나오는바, 이 세 개의 비유는 모두 교회공동체 내부의 구성원들 간의 분리라는 주제가 공통적으로 나온다.[26] 청지기로서의 사명을 충실하게 수행하는 종과 소홀히 하는 종이 분리되고(24:45-51), 등과 함께 기름을 준비한 지혜로운 처녀들과 기름을 준비하지 아니한 미련한 처녀들이 분리되며(25:1-13), 주인으로부터 받은 달란트를 잘 관리하는 착하고 충성된 종과 그렇지 아니한 악하고 게으른 종이 분리된다(25:14-30). 이미 앞에서 의인과 악인이 함께 공존하는 현실적인 교회의 모습을 다루면서 언급했던 비유들, 곡식과 가라지의 비유(13:24-30, 36-43), 그물의 비유(13:47-50), 용서할 줄 모르는 종의 비유(18:21-35), 혼인잔치에서 예복을 입지 않은 사람의 비유(22:11-14) 등도 모두 교회공동체 내부의 구성원들 간의 분리가 최후의 심판을 통해서 일어난다는 데 초점이 있다. 산상설교의 결론부에 나오는 세 개의 비유들, 즉 두 길의 비유(7:13-14), 두 나무의 비유(7:15-23), 두 집의 비유(7:24-27)도 모두 그리스도인을 향한 경고의 성격이 강하다. 특히 7장 22～23절에 나오는 최후의 심판 묘사에서 그날에 '많은' 그리스도인들

---

26) 종말강화의 마지막 비유인 양과 염소의 비유가 공동체 내부 구성원 사이의 분리를 말하고 있는지의 여부에 대하여 학자들 간의 견해가 일치하지 않고 있다.

이 심판을 받아 영원한 벌을 받을 것이라는 진술은 교회 내부의 구성원들에게 매우 강한 경고가 된다.

이상에서 살펴본 마태의 종말과 심판에 대한 묘사는 마태공동체가 세계를 위한 자신의 비전, 즉 모든 민족이 하나님의 뜻에 순종하는 하나님의 백성이 되는 비전이 종말에 이르기까지 결코 완성되지 않을 것임을 의식하고 있었음을 암시해 준다. 많은 사람들이 심판을 받아 영원한 형벌에 처해질 것이며 심지어 교회공동체에 속한 많은 사람들마저도 하나님의 준엄한 심판을 받을 것이다. 유대인들의 선교는 인자가 오기까지도 완성되지 않을 것이며,[27] 세계의 모든 민족들에 의한 그리스도교에 대한 박해는 종말까지 계속될 것이다.

그럼에도 불구하고 마태복음의 마지막에 위치한 세계 선교에 대한 명령과 마태복음 곳곳에 나오는 이방인의 제자공동체 참여에 대한 암시들은 마태공동체가 세계공동체 비전의 성취를 위해 끝까지 노력할 의지를 가지고 있음을 말해 주고 있다. 그들은 진정한 하나님의 뜻을 행하는 자들에게 오는 어려움을 알고 있지만 결코 위축되지 않는다. 그들은 선교명령을 수행하는 데 따르는 위험을 알고 있지만 결코 두려워하지 않는다. 마태복음에서 강조되는 예수의 고난, 선교 명령에 뒤따르는 격려, 그리고 의인이 받을 하늘의 상은 그들이 끝까지 인내하며 그들의 비전을 위해 최선을 다하게 하는 힘과 용기의 근원이 된다.

---

27) 참조. 10:23. 이 구절의 다양한 해석에 대하여는 D. A. Hagner, *Matthew 1 ~ 13*(Dallas: Word Books, 1993), 278~280 참조.

Ⅵ. 결어

마태공동체는 유대인이나 이방인 모두에게 박해를 받고 있는 공동체이다. 그럼에도 그들은 자신들을 박해하는 세계를 향하여 하나님의 백성이 되는 복을 누려야 한다는 확신을 가지고 있다. 마태는 전 세계가 하나님의 뜻이 이루어지는 곳이 되도록 하기 위하여 최선을 다할 사명이 교회공동체에 있다고 강조한다. 그러나 그는 그리스도인의 노력에 의하여 이 세상이 새로운 세상이 되리라는 약속을 하지 않는다. 오히려 그러한 노력에 따르는 많은 어려움을 말하고 있으며 세상은 여전히 세상으로 남아 있게 될 것임을 암시하고 있다. 그는 그리스도교 공동체마저도 하나님의 뜻이 온전히 이루어지는 장소로 묘사하고 있지 않다. 이상적인 교회상과 현실의 교회상 사이에는 커다란 괴리가 있음을 마태는 솔직히 인정한다. 그럼에도 불구하고 그는 모든 민족이 그리스도의 제자공동체, 즉 하나님의 백성이 되는 세계공동체의 이상을 결코 포기할 수 없는 것으로 강조한다.

마태공동체는 이 땅을 하나님의 통치가 실현되고 있는 하늘과 같은 곳으로 만들어야 한다는 강한 비전을 가지고 있다. 하나님의 뜻이 하늘에서와 같이 땅에서도 이루어지게 해 달라는 마태공동체의 기도는 이러한 비전을 잘 드러내 주고 있다. 물론 이 기도는 일차적으로 종말론적 성취에 초점을 두고 있는 것이기는 하지만 '지금' '여기서' 이 땅의 모든 민족들이 하나님의 뜻에 순종하도록 하는 사명에 대한 헌신과 결단도 포함되어 있다.[28]

---

28) 이 기원을 하나님의 뜻에 대한 세상에 사는 그리스도인들의 순종에 초점을 둔 것으로 이해하

모든 민족이 예수의 가르침을 실천하는 예수의 제자공동체, 즉 하나님 나라의 백성이 되어야 한다는 마태공동체의 비전은 오늘을 살고 있는 그리스도인들에게도 하나의 비전으로 다가와야 한다. 그리고 하나님의 뜻이 하늘에서와 같이 땅에서도 이루어지게 해 달라는 기도는 오늘을 살고 있는 모든 그리스도인의 기도가 되어야 한다. 특히 마태는 예수의 제자공동체의 근본적인 특성으로 하나님의 뜻에 순종하는 행위를 강조한다. 하나님 나라의 확립, 즉 하나님의 왕적 통치의 확립은 그 나라 백성의 순종 없이는 실현이 불가능한 것이기 때문이다.

마태공동체의 비전은 한국 교회에 큰 경고를 준다. 한국 교회, 특히 한국의 개신교는 너무나 쉽게 믿음과 행위를 이분법적으로 분리하고, 행위는 구원과 아무런 관계가 없는 것으로 생각한다. 그 결과 그리스도인의 윤리적 삶의 중요성에 대한 인식이 약화되고 있다. 그러나 마태는 하나님의 뜻에 순종하는 행위는 하나님 나라의 백성이 지녀야 할 기본적인 특성으로 간주한다. 한국 교회는, 너무나 쉽게 교회 안에 있는 모든 구성원들은 구원받은 하나님의 백성으로 확신한다. 그러나 마태는 현실적인 교회 안에는 마지막 심판 때에 징죄를 받아 영원한 벌을 받아야 할 회원들도 있음을 인식하고 있다. 지금이야말로 한국 교회가 이러한 마태의 메시지를 다시 한 번 깊이 생각해 보아야 할 때가 아닐까?

는 학자들도 있으나(예, U. Luz, *Matthew 1 ~ 7*, 380) 대부분의 학자들은 하나님에 의한 종말론적 성취에 초점을 두고 있는 것으로 이해한다. 참조, 박종기, 『산상설교』, 127.

【참고문헌】

박수암. 『마태복음』. 서울: 대한기독교서회, 2004.

박종기. 『산상설교: 그때와 지금』. 서울: 한국장로교출판사, 2007.

전경연. 『마태의 신학』. 서울: 한국성서학연구소, 2003.

조경철. 『마태복음 Ⅰ』. 대한기독교서회 창립 100주년 기념 주석. 서울: 대한기독교서회, 1999.

Allen, Willoughby C. *A Critical and Exegetical Commentary on the Gospel according to S. Matthew*. The International Critical Commentary. New York, Charles Scribner's Sons, 1907.

Aristotle. *Poetics*. Edited and Translated by Stephen Halliwell. Loeb Classical Library 199. Cambridge: Harvard University Press, 1995.

Balch, David L, ed. *Social History of the Matthean Community: Cross — Disciplinary Approaches*. Minneapolis: Fortress Press, 1991.

Ball, David. *Backwards and Forwards: A Technical Manual for Reading Plays*. Carbondale: Southern Illinois University Press, 1983.

Bauer, David R. "The Kingship of Jesus in the Matthean Infancy Narrative: A Literary Analysis", *Catholic Biblical Quarterly* 57(1995), 306~323.

Bornkamm, G. "End-Expectation and Church in Matthew" In *Tradition and Interpretation in Matthew*. Trans. Percy Scott. Philadelphia: Westminster Press, 1963.

Brown, Raymond E. *The Birth of the Messiah: A Commentary on the Infancy Narratives in the Gospels of Matthew and Luke*. New updated ed. Anchor Bible Reference Library. New York: Doubleday, 1993.

Charette, Blaine. "The Theme of Recompense in Matthew's Gospel", *Journal for the Study of the New Testament Supplement Series* 79. Sheffield: JSOT Press, 1992.

Davies, William D. *The Setting of the Sermon on the Mount*. Cambridge, England: Cambridge University Press, 1964.

Davies, W. D, and Dale C. Allison. *A Critical and Exegetical Commentary on the Gospel according to Saint Matthew*. 3vols. The International Critical Commentary. Edinburgh: T. & T. Clark, 1988, 1991, 1997.

Foster, E. M. *Aspects of the Novel*. New York: Harcourt, Brace & World, 1954.

Garland, David E. *Reading Matthew: A Literary and Theological Commentary on the First Gospel*. Reading the New Testament Series. New York: Crossroad, 1993.

Gundry, Robert Horton. *Matthew: A Commentary on His Handbook for a Mixed Church under Persecution*. 2nd ed. Grand Rapids: W. B. Eerdmans, 1994.

Hagner, Donald A. *Matthew*. 2vols. Word Biblical Commentary. Dallas: Word Books, 1993, 1995.

Hare, Douglas R. A. and Daniel J. Harrington. "'Make Disciples of All the Gentiles'(Mt 28:19)", *Catholic Biblical Quarterly* 37(1975), 359～369.

Harrington, Daniel J. *The Gospel of Matthew*. Sacra Pagina Series 1. Collegeville, Minn: Liturgical Press, 1991.

Luz, Ulrich. *Matthew 1 - 7: A Commentary*. Translated by W. C. Linss. Minneapolis: Augsburg, 1989.

Marguerat, Daniel. "Le Jugement dans l'Evangile de Matthieu", *Le Monde de la Bible*. Geneve: Editions Labor et Fides, 1981.

Meier, John P. "Nations or Gentiles in Matthew 28:19?", *Catholic Biblical Quarterly* 39(1977): 94～102.

Overman, J. Andrew. *Matthew's Gospel and Formative Judaism: The Social World of the Matthean Community*. Minneapolis: Fortress Press, 1990.

Park, Jong - Ki. *Obedience and Prophecy in Matthew: Rhetorical Function of*

Mt 7:15 −23 in Matthew's Narrative. Wanju: Hanil University Press, 2005.

Powell, Mark A. "The Magi as Kings: An Adventure in Reader − Response Criticism", *Catholic Biblical Quarterly* 62(2000): 459～480.

_____. "The Magi as Wise Men: Re − examining a Basic Supposition", *New Testament Studies* 46(2000): 1～20.

_____. "The Plot and Subplots of Matthew's Gospel", *New Testament Studies* 38(1992): 187～204.

Rimmon − Kenan, Shlomith. *Narrative Fiction: Contemporary Poetics*. New Accents. London; New York: Methuen, 1983.

Senior, Donald. *What Are They Saying about Matthew?* Revised ed. New York; Mahwah, N.J.: Paulist Press, 1996.

Sim, David C. *Apocalyptic Eschatology in the Gospel of Matthew*. Society for New Testament Studies Monograph Series 88. New York: Cambridge University Press, 1996.

Smith, Robert H. "Matthew 28.16 − 20: Anticlimax or Key to the Gospel?" In *Society of Biblical Literature 1993 Seminar Papers*, ed. E. H. Lovering, 589～603. Atlanta: Scholars Press, 1993.

Stanton, G. N. *A Gospel for a New People: Studies in Matthew*. Edinburgh: T&T Clark, 1992.

'기다림의 신학' 열기(開示)

배경식 교수

(한일장신대학교)

「기다림의 신학」을 제안하면서

  -「기다림의 신학」은 필자가 몰트만의 「희망의 신학」을 차별화시키면서 구성한 새로운 신학함(doing theology)이다. 한국적인 역사적 경험에 기초한 신학으로서 성경적 근거를 갖는 신학의 한 시도이다.

시작하는 말

  지난 2009년 1학기말 강의가 끝나면서 처음으로 필자는 '방학이 없이 수업이 계속되었으면..“ 하는 생각을 갖게 되었다. 마지막 수업을 하던 그 날 필자는 돌아가 텅 빈 빈 강의실에 멍하니 혼자 앉아 지난 학기 강의에 관한 이런 저런 생각을 해 본 적이 있다. 그리고 남은 문제는 어떻게 공정하게 학점을 줄 수 있을까라는 염려도 해보았다. 사실 교수들의 가장 큰 고민거리는 수업보다 공정하게 점수를 배분하는 것이리라.

  왜 갑자기 내가 그런 생각을 했는지 그때는 자신도 몰랐다. 다만 지금 돌이켜 볼 때 필자의 나이가 환갑에 접어들면서 그만큼 성숙했다고 해 볼까? 십 여 년 전만 같았어도 동네 방네 사람들을 다

불러 모아 놓고 환갑잔치인 수연(壽宴)을 벌렸으련만 지금은 한국인들의 평균수명이 길어져 그것이 오히려 이상스러운 상황으로 탈바꿈되어 조용히 있기로 다짐을 하였다. 감사한 것은 경건신학을 수강하는 학생들이 어떻게 알았던지 간단한 케이크와 음료수를 준비 해가지고 와서 칠판에 "배경식교수 회갑축하"라고 써놓고 박수를 받았으니깐 그것이 회갑잔치의 전부였다.

필자는 금년에 회갑을 맞으면서 1980년 대 초반에 독일 유학과 함께 내 앞에 전개된 '기다림'에 관한 사고를 다시한번 하게 되었다. 어쩌면 하나님께서 나의 모든 실존을 뒤흔들면서까지 기다림이라는 기독교의 중요한 단어를 선물하셨는지도 모른다. 그로부터 30년이라는 세월이 흘렀다. 필자가 생각하던 기다림이라는 것은 기다림으로 내 마음에 남아있을 뿐 내 자신의 기다림에 대한 응답이나 해결책은 아직도 부분적이나마 미지의 과제로 남아있다. 그럼에도 불구하고 기다림이라는 사고는 오늘의 나를 만들어 주었고 미래의 나를 형성해 나가고 있기 때문에 나에게는 하나의 소중한 삶의 원동력이 되고 있다는 것에 감사하며 살고 있다.

그래서 필자는 기다림에 관한 구체적인 해답을 성경에서 찾고있다. 거기에서 발견한 것은 너무나 나의 주관적인 생각이지만 성경 전체가 하나님의 약속과 성취에 대한 기다림의 연속임을 확인하게 된 것이다. 그리고 그 기다림은 하나님의 은혜와 축복으로 가게 하는 기다림임을 알게 되었다. 그때부터 나는 성경을 기다림의 책으로 보게 된 것이다. 이러한 결과물로 나온 책이 「기다림의 신학」[1]이다.

성경은 분명 기다림에 관한 책이다. 단순한 기다림이 아니라 하

---

1) 배경식, 『기다림의 신학』(서울: 한국장로교출판사, 2004).

나님의 계시와 약속에 의해 주어 진 기다림이다. 하나님이 언약의 성취에 있어서 신실하신 분이라면, 기다림은 분명 그분의 은혜와 축복에 의해 주어지는 값진 선물을 담보 할 것이다.

연약한 인간에게는 하나님을 신뢰하고 그분의 말씀을 의지하는 믿음에 의해 기다림이 열려지며 성령의 능력에 의해 기다림의 삶은 가능해진다. 믿음이 희망의 단계로 들어가고 희망이 사랑을 이루어 내는 전제 조건이 된다면, 희망은 기다림을 가능하게 하는 동인이 되는 것이다. 이런 면에서 희망과 기다림은 동전의 양면과 같이 공존한다.

본교에서 신학여정의 동반자이던 황인복 교수의 은퇴 논문집에 평소에 아끼던 내 신학의 내용을 다시 한 번 꺼내보면서 이 논문이 그분의 앞길을 축복하며 가시는 여정을 밝혀 주는 작은 횃불이 되기를 기대한다.

1. 한국인의 심성과 기다림

한국인의 심성을 잘 표현하는 대표적인 말은 '은근과 끈기'이다. 이 말을 다른 말로 표현하면 향후에 되어 질 일에 대한 기다림을 말한다. 이러한 사상을 배경으로 시도된 한국의 신학은 '민중의 인간다운 권리와 삶'을 다룬 「민중신학」과 국내적으로 토착화를 가능케 한 유동식의 「풍류신학」, 그리고 자신의 목회 여정에서 죽음을 십자가에 연결시킨 이중표의 「별세신학」 등 이 한국을 대표로 하는 독창적인 신학이라고 보여 진다. 그 외에 「여성신학」에서는 한국인의 영성을 무속과 연결시켜 독창성을 지닌 한국적 여성신학

의 정립을 시도해 왔다.[2]

민중신학은 지금까지 한국인의 반만년 역사에서 보여 진 외세와 지배층으로부터 겪은 결과 고착된 한국인의 피지배적인 심성을 종교적인 표현으로 한(恨)이라 규정한 후 이를 신학의 기본으로 삼았다. 민중신학이 중요시 여기는 개념은 오클로스(ὄχλος, 마 4:25;5:1;7:28; 요 7:49; 눅 5:29; 6:17; 22:6; 행 1:15; 24:18)이다. 오클로스는 권외적인 대중으로서 한 집단 안에서 받을 권리를 향유할 수 없는 무리들이다. 민중신학이 강조하는 개념으로는 민족, 민중, 교회이다. 민족교회로서 민중의, 민중에 의한, 민중을 위한 교회가 바로 한국교회가 되어야 한다는 것이 민중신학의 기저이다.[3]

70년대 한국인의 한(恨)을 대표로 하는 작품이 김지하의 「오적」[4] 이다. 한국 언어에 형용사가 많고 욕설이 많은 것은, 피지배자의 눌린 감정을 풍부하게 표현하려는 결과로 볼 수 있다. 이런 면에서 민중신학에서의 한은 피지배의 울분과 역경을 경험한 사람만이 알

---

2) 한국에서 '여성신학'(A Feminist Theology)이라는 말이 처음 등장한 것은 1960년대이다. 그 후 제3세계와 함께 1970년대 여성신학이 한국에 들어와 한국적 여성신학을 발전시키는 단계에까지 이르렀다. 여성신학이 오늘에 이른 것은 여성학의 영향과 '하나님의 선교'(Missio Dei) 개념의 영향이 크다. 여성신학이라고 할 때는 여성, 해방, 신학이라는 세 요소가 들어있다. 여성의 입장에서 성서해석을 하며, 창조는 '무로부터'(creatio ex nihilo)가 아니라 '사랑으로부터'(creatio ex amore)라는 표현을 쓴다. 한국 여성신학에서는 무속의 굿과 여성의 한풀이를 연구하기 위하여 전통문화와의 대화를 추구하면서 한국 교회의 탈가부장화를 위한 노력이 보인다. 여성의 온전한 인간됨을 추구한다는 면에서는 긍정이 간다.
   참조: 한국염, 『여성신학』, 최근의 신학사조, 조성노 편(서울: 카리스마, 1999), 180쪽 이하

3) 안병무, "민족·민중·교회", NCC 신학연구위원회 편, 『민중과 한국신학』(서울: 한국신학연구소, 1982), 19쪽 이하: 안병무는 한국 역사 속에 민족은 있었으나 민중은 없었다고 주장한다. 민족을 위해 수탈당하도록 방치해 놓여 진 민중을 위한 교회를 이루어야 한다는 것이 민중신학의 강조점이다. 안병무가 한국의 역사에서 민중의 힘이 결집된 구체적인 예들을 동학운동, 3·1절 그리고 4·19를 든다. 70년대 민중을 위해 군사정부에 항거한 민주인사들은 민중신학의 실천자들이다. 여기에서 '인권'이나 '정의'라는 말이 등장한다.

4) 김지하, 『김지하 전집』(동경: 한양사, 1980), 127쪽 이하: 김지하가 말하는 오적은 재벌과 국회의원, 고급공무원, 장성, 장 차관을 일컫는다. 김지하는 이들을 한국이 군부 독재하에 놓여있을 때 노동자 농민을 착취하는 계급들로 규정하면서 동물로 비유하여 풍자시로 엮었다.

수 있는 심리적인 용어이다. 이것이 민중신학의 한계이다. 민중신학자들이 피지배층인 민중으로부터 동료의식을 느끼지 못하고 거부를 당하는 것은 이에 연유한다.

유동식의 풍류신학은 민중신학에 비해 한국의 역사성을 갖는 불교와 유교 그리고 기독교를 종합하여 수학의 도식까지 사용하면서 '한 멋진 삶'을 이 세 종교와 연결시키며 토속적인 기독교를 만들려 노력하였다.[5] 풍류신학에서는 헤겔의 낙관론적인 발전사관을 보게 된다. 동시에 '한 멋진 삶'이 추구하는 궁극적인 목표가 한국의 종교를 대표로 하는 불교와 유교 그리고 기독교가 혼합하여 어우러져 무엇을 추구하는 지가 확실하지 않다. 일종의 혼합주의로까지 해석이 된다.

이중표의 별세신학은 십자가의 죽음을 주제로 한 십자가의 신학이다. 신학교 시절부터 갈 2:20에 근거하여 신앙·신학·목회에 철저히 자기 부정을 적용함으로써 아가페의 사랑을 나타낼 수 있다는 것이 그의 목회와 실천신학이다. "예수님의 십자가상에서의 죽음과 부활의 신비를 자신의 죽음과 부활로 실제 받아들이는 것"이 별세신학의 강조점이다.[6]

---

5) 유동식, 『풍류신학으로서의 여로』(서울: 전망사, 1988); 참조: 이경, 『초기 한국기독교와 전통사상』(전주: 한일신학대학교 출판부, 1996), 319쪽 이하: 이경교수는 유동식의 이론을 빌려 '한국풍류신학의 가능성 연구'라는 글을 썼다. 성령의 역사와 기독교인의 상 그리고 신자의 교제를 그는 "신바람 나는 멋진 맛"으로 표현하고 있다. 한국의 풍류를 대표하는 화랑의 예를 들어 가락으로 기뻐하고 '노래와 춤'으로 삶의 풍요를 누렸다고 하였다. 그들이 노래와 춤의 축제를 통해 공동체 의식을 이루어 냈다고는 보여 지지만 과연 이것이 기독교의 '십자가와 부활'이라는 복음의 틀에서 볼 때 그것을 기독교의 근본 속성과 비교하여 적용할 수 있을까라는 물음을 제기하지 않을 수 없다.

6) 이중표, 『나는 매일 죽는다』(서울: 규장, 2000), 57쪽 이하: 이 책은 이중표 목사(1918–1994)의 자서전적인 책으로 자신의 어린 시절부터 신학 시절 그리고 목회현장에서 경험한 내용들을 서술해 놓았다. 그는 새로운 사명과 비전을 가지고 한국민족을 신자화하기 위해 서울 서초 잠원동 아파트 지역에서 한신교회를 개척하여 기독교 장로교회 내에서 대형 교회로 성장하였다. 그의 목회는 어머니 같은 목회이며 '목사가 죽어야 교회가 산다'는 목회철학을 가지고

한국적인 '기다림'의 동인(motive)을 한국인의 심성과 결부하여 고기잡이 나간 남편을 애타게 기다리는 '망부가'(望夫歌)와 한국민족의 기원이라고 하는 '단군신화'에서 찾는 경우가 있다. 남편을 기다리다가 비석이 되었다는 망부가의 이야기는 한국 여성이 갖는 "지아비를 위해서는 죽음까지도 불사하지 않는다"는 정조개념을 기다림으로 나타내어 주며, 단군신화에서는 100일 동안 동굴에서의 기다림(인내)이 곰을 웅녀로 변화시켰고, 이는 마침내 신국(神國)의 시조인 단군왕검이 탄생되었음을 말해주고 있다.[7] 전자는 실생활에서 보여 진 한국여성을 대표로 하는 여성의 기다림이요, 후자는 신화적인 바탕을 가진 한국인의 은근과 끈기의 심성을 나타내 주는 설화이다. 특히 후자에 대해서는 논란이 많다. 일본인의 식민사관에 의해 한국인이 곰의 자손이라고 하는 의도적인 역사 해석이라는 주장이 있다.

이와 같이 '기다림의 신학'은 한국적인 심성 안에, 여성의 삶 안에, 나아가서는 주님의 재림을 기다리고 있는 기독교인들의 삶속에 자리 잡고 있는 지고한 '기다림'을 동인으로 하고 있다. 또한 '기다림의 신학'에는 하나님의 인간을 향한 오랜 기다림이 반향 되며 그분의 독생자 예수 그리스도의 십자가 사건에서 구체화 된 사랑의 방식을 기다림과 기다려줌을 살펴봄으로써 우리의 기다림이 좀 더

있다. 그리고 87년부터 한신목회개발원을 설립하여 세미나를 개최하고 기도와 눈물로 준비한다는 말은 매우 감동적이다. 사람들은 그를 '민중의 지도자'라고 칭한다. 그의 지도상은 1. 가난한 삶 2. 빚 진자 3. 민중의 밥 4. 순교자 등이다. 참고: 이중표, 『별세의 지도자』(서울: 쿰란출판사, 1994)

7) 윤성범, 『기독교와 한국사상』(서울: 대한기독교서회, 1990), 64쪽 이하: 윤성범은 "웅녀가 웅녀됨은 아들을 낳은 점에 있는 것이 아니라 웅녀가 신의 명함대로 순종한 신앙심에 중요한 요점이 있다"라고 말한다. 마리아가 "주의 계집종이오니 말씀대로 이루어 지이다"(눅 1:38)라고 말한 순종과 비슷하다. 웅녀나 마리아는 다 같이 지음을 받은 단순한 피조물에 불과하다. 이들에게서 신의 명령을 받은 수용성 곧 신앙이 중요하다는 것이다. 윤성범은 "단군신화는 제4세기로부터 8세기 사이에 동방교회의 영향을 받은 설화(Sage)"로 추정하고 있다.

성숙한 모습으로 다가 올 것이다.

기다림은 만남이 전제된다. 그래서 '기다림'은 결코 일방적이지 않고 쌍방적이다. 기다림은 쌍방 간의 약속을 전제로 한 구체적인 행동이다. 성경에서의 기다림은 언약을 주신 하나님이 그 성취를 인내하시면서 기다리고 계시며 언약을 받은 하나님의 백성 역시 그 성취를 고대하며 기다리고 있다.

예수의 부활 역시 이를 고대하던 제자들의 기다림과 무덤 속에서 부활의 새벽을 기다려야했던 예수의 기다림 모두를 포함한다. 성서는 언약의 성취를 고대하는 소박한 백성들의 기다림의 삶을 기록한 책이라고 하겠다. 동시에 인간의 기다림을 가능하게 하시는 하나님의 보살핌과 배려의 기다림을 희망으로 승화시킨 그분의 사랑의 사역을 기록한 것이다. 여기에서 하나님과 인간의 기다림의 방식이 사뭇 다르다는 것을 발견할 수 있으며, 이러한 차이가 오늘의 우리에게 도전을 줄 수 있으리라고 기대한다. 인간의 기다림은 고난과 절망으로부터 희망으로 나아가지만 하나님의 기다림은 약속의 신실성에 근거한 확신과 응답으로 주어지는 것이다.

인간이 살고 있는 이 지구상에서의 '기다림의 신학'이 주는 종결부는 '세계의 평화를 기다림'이다. 세계의 평화는 하나님의 형상으로 지음 받은 인간이 국가와 종교, 인종과 빈부 그리고 남녀와 세대의 차이를 극복하면서 더불어 사는 것을 의미한다. 그 구체적이며 실질적인 내용은 정치적인 전쟁에 초점이 맞추어져 있다. 주지하듯이 과거로부터 현재에 이르기까지 전쟁의 근저에는 경제적인 부를 전제로 한 종교문제가 자리하고 있다. 더욱이 종교적으로 다원화된 이 세상에 사는 것이 우리의 현실이며 미래일진대, 종교의 문제를 간과하고서는 진정한 의미로서의 세계 평화는 일구어낼 수 없다. 그러므로 '세계의 평화를 기다림'의 내용이 다원화된 종교적 현실 속에서 단순히 전쟁이 없는 상태에 머무는 것이 아니라, 보다 적극으로 역동적인 샬롬을 어떻게 평화로 이루어 낼 것인가에 대한 실천신학적인 대답을 구하는 장이 되어야 한다.

한국인은 평화를 사랑하는 민족이다. 그럼에도 불구하고 반만년 한반도 역사를 볼 때 지금까지 끊임없이 외세의 침략을 받으며 지내온 민족이다. 중국과 일본 사이에서 한국은 다리의 역할을 해야 했으며, 열강들의 식민정책은 한국을 피지배의 민족으로 만들어 버렸다. 그 결과 한국은 지금도 유일한 분단국가로 남아있으며, 한국 민족의 약 25%에 해당하는 1,500만의 이산가족들이 지금도 통일을 기다리고 있는 실정이다. 김대중 정부가 들어서고 햇볕정책을 남북 적십자회담을 통해 이산가족의 상봉을 이끌어 낸 것은 다행스러운 일이었다. 미국과 영국, 프랑스를 중심으로 하는 연합군과 소련을 통해 분단된 남북의 한 가족들이 반세기만에 만나 서로 생사를 확인하며 얼싸안고 재회의 기쁨을 나눌 수 있었던 데에는 기다림이라는 내적인 힘이 그것을 가능케 한 원동력임을 우리는 알 수 있다.

좋은 예로 사랑의 원자탄을 가능케 한 손양원목사는 자신의 아들을 두 명이나 죽인 원수를 양자로 삼아 아가페의 사랑을 실천하였고[8] 언더우드 선교사는 자신을 돌로 친 깡패 이기풍을 회개시켜 하나님의 종으로 변화시킨 한 구체적인 사례들이 있다. 이 모두는 주님의 사역자들을 통한 성령의 구체적인 사역이라는 결론을 얻는다.

---

8) 참조: 이광일, 『사랑의 순교자 손양원목사의 생애와 사상』(여수: 삼일문화사, 1999); 손동희, 『나의 아버지 손양원 목사』(서울: 아가페, 2002). 전자의 책은 애양원교회 담임이신 이광일 목사가 목회학 박사 논문을 쓴 내용이며 후자의 책은 손목사의 따님이신 손동희씨가 쓴 책이다. 손양원목사의 최초의 전기는 안용준의 『사랑의 원자탄』으로서 매우 감동 깊은 책이다. 이 책은 5개 국어로 번역이 되었다. 그 이외에 손목사의 설교 집으로 『성경대로 살자』, 『오늘이 내 날이다』, 『주안에서 죽은 자들이 복이 있도다』, 『체형조서』, 『옥중서신』 등이 있다.

2. 희망과 기다림

몰트만 교수는 희망이라는 주제를 성경에서 찾아내어 희망의 신학을 1960년대에 전개하였다. 그가 말하는 종말적 신앙은 그리스도 안에서 주어지는 십자가의 죽음과 부활에 대한 희망에 근거한 것이다. 오늘날 지구상에 거하는 모든 사람들은 희망을 가지고 살아가고 있다. 유대인 포로수용소로 유명한 아우스쉬비츠(Ausschwitz)의 대학살(Holocaust)에서 불가항력적인 생사의 고난과 죽음을 생존으로 이겨낸 것도 소박한 희망에 의해 가능했다. 한끼의 식사를 희망하며 내일을 기다리는 자기 자신과의 약속이 이를 가능하게 했다는 것이다. 인간은 희망에 근거하여 사는 존재이다.

필자가 2003년 6월 아우스쉬비츠를 방문했을 때 철제빔으로 만든 정문 입구위에 현수막처럼 걸려있던 "노동은 자유를 만든다"(Arbeit macht frei)는 대형 철제 안내판과 우중충한 건물 그리고 살인공장(Factory for homicide)으로 쓰이던 음산한 분위기를 갖던 건물들의 잔해는, 과거 히틀러를 중심으로 한 독일국가사회주의(NaZi Party)가 얼마나 잔인하게 유대인들과 반대파 정치범들을 잡아 죽었는지를 보여주는 생생한 현장과 기록 그 자체 이있다. 기록에 의하면: "드디어 우리는 도착했다. 우리는 내렸다. 우리는 '노동은 자유를 만든다'라는 구호가 보이는 정문 앞에 섰다. 그 뒤에서는 오케스트라가 연주되고 있었고 그들은 우리를 기다리고 있었다. 우리는 아우스쉬비츠에 왔다."[9] 는 표현들이 기록들로 남아있다.

---

9) Teresa und Henryk swiebocki(hrsg.), 『Ausschwitz Stimmen aus der Tiefe』(Oswiecim: Buch Verlag Polen, 2001), 13쪽 이하. 이 책은 아우스쉬비츠의 참상을 적나라하게 화보로 엮은 감동적인 책이다. 히틀러가 국가 사회주의당을 만들어 집권하던 당시 전 유럽에는 유대인들과 반체제인사 정치범들을 수용하던 수용소가 큰 것만 35군데가 있었다. 1965년에 설

당시 독일 군인들은 전 유럽에서 유대인들을 잡아 올 때 더 좋은 삶의 터전을 제공하겠다고 속임수를 쓴 뒤, 아우스쉬비츠의 포로수용소에 들어 설 때는 악사들을 동원하여 정문 앞에서 환영음악회를 열었다고 한다. 그 후 제공된 식사나 잠자리 등은 그야말로 오늘날의 시골 돼지 우릿간 수준이었다는데 이러한 동물적인 대우를 받으면서, 영하 20도-30도의 겨울의 기온을 어떻게 그곳에서 평균 3개월 이상 견딜 수 있었는지 의문을 제기 하지 않을 수 없었다.

특히 그곳에서 남을 위해 대신 단식의 죽음을 먼저 선택했다는 폴란드의 프란시스코 사제 콜베(Maksymilian Rajmund Kolbe)신부의 지하 방은 지금도 애도의 행렬이 끊이지 않고 있으며 많은 참배객들이 남겨 놓은 화환은 부활의 소망을 믿고 기다리던 신앙인의 정신을 높이 기리는 거룩한 장소의 흔적이 되고 있었다.[10]

희망은 기다림을 가능케 하는 영양분이다. 그곳에서 기다림이 구체적으로 꽃을 피우며 열매를 가져오게 한다. 이런 면에서 기다림은 희망을 실현케 하는 믿음의 결실 단계이다.

이스라엘 백성들이 모세의 인도 하에 40년간의 광야 생활을 할 수 있었던 것은 하나님께서 약속하신 젖과 꿀이 흐르는 땅을 차지하려는 기다림에 근거하였다고 볼 수 있다. 하나님께서 모세의 후계자 여호수아에게 "요단을 건너 발바닥으로 밟는 곳을 주겠다"(수 1:3)고 약속을 한 후 여호수아가 백성들에게 "양식을 예비하라. 삼일 안에 너희가 이 요단을 건너 너희 하나님 여호와께서 너희에게 주사 얻게 하시는 땅을 얻기 위하여 들어갈 것임이니라"(수 1:11)

립된 다카오 수용소 박물관의 화보도 있다. 참조: Comite International de Dachau(hrsg.), 『Konzentrationslager Dachau 1933-1945』(Brüssel: Lipp KG München, 1980).

10) Auschwitz Stimmen aus der Tiefe, op.cit., S.92f.

라고 선포하였다. 여기에서 '예비하라… 들어갈 것임이니라'는 말은 꿈에도 그리던 하나님께서 약속하신 젖과 꿀이 흐르는 그 땅에 들어갈 준비를 하고 기다리라는 말로 대치할 수 있다.

이스라엘 백성들은 기다림 속에서 산 민족이다. 기다림은 하나님과의 언약에 근거하며 하나님께서 약속하신 그 성취를 기다리던 메시아의 대망에서 그 극치를 이룬다. 메시아가 오면 그곳에 평화(שׁלוֹם)가 이루어진다는 것이다. 이처럼 평화는 기다리는 자에게 주어지는 하나님의 값진 선물이다.

기다림은 기다림을 가능케 하는 준비의 과정도 전제되어 있으나, 이를 이루기 위해 차가운 현실에 직면해야 하는 다른 하나의 과정이 요청된다. 인간의 삶이 좁은 안목을 가지고 산다면 매우 현실타협적인 것은 사실이다.

행 17:16-23을 보면 바울이 아테네에서 현실에 집착하는 삶을 추구하는 에피큐러스 학파와 스토아학파와 이야기를 나누는 것을 보게 된다. 그리스 사상을 소유한 그룹들인 이들은 모두 평정심을 통한 참 행복을 추구했다. 이들이 추구하는 것은 잠깐의 행복이나 평안이 아니라, 진정으로 영원한 평화와 기쁨이었다. 방법이 조금 다른 에피큐러스 학파는 욕망의 적절한 분출을 통해 쾌락을 찾았다.[11] 그러나 그것은 난잡한 욕망의 분출은 아니다. 스토아 학파는 금욕을 통해 참 평화와 구원 찾으려 한 것이다. 평정심을 '아파테이아'라고 한다. '파테이아'는 '파토스'에서 온 말로써, '파토스'는

---

11) 참조: S. P. 램프레히트, 『서양철학사』(서울: 을유문화사, 1963), 127쪽 이하: 지혜라는 것은 이 세상과 될 수 있는 대로 오랫동안 절연해 있기 위해 자기의 정원둘레에 튼튼한 장벽을 쌓는 것이다. 이러한 평온 속에서만 유한한 즐거움이나마 찾을 수 있다고 하였다. 인간의 선한 생활이란 외적인 변동이나 내적인 감정에 의해 흔들리지 않는 생활이라고 생각했다. 에피큐러스의 윤리학의 도식은 행복=성취/야망이다. 일반적인 야망을 늘임으로 행복의 증진이 아니라 성취를 늘임으로 행복을 증진시킨다는 것이다.

삶의 격정이다. '로고스'가 냉철하고 차분한 이성을 의미한다면, '파토스'는 뜨거운 불같은 열정을 말한다. '아파테이아'는 '파테이아'의 반대말로써 이 모든 마음의 격정을 넘어서, 그 어떤 것으로도 침해할 수 없는 평안을 구했다.

기다림이라는 단어를 접하면 물망초, 망부석, 나를 잊지 말라(forget-me-not)는 말 등이 연상되고, 비지스의 '나를 기억하는 것을 잊지 말라'(Don't forget to remember me)라는 팝송도 생각난다. 기다림은 인내를 전제로 하는 인간의 행위이다. 오지 않는 님을 기다리다가 돌이 되어 망부석(望夫石)이 된 여인의 이야기와 단군의 설화 가운데 100일 동안 인내하며 사람이 되기를 마늘을 먹으면서 기다리다 웅녀가 되었다는 단군 설화는 한국인의 기다림에 대한 심성을 이야기해주는 내용이다.[12]

기다림을 특징 지워주는 말은 사도 바울에 의하면 "참음으로 기다린다"(δί ὑπομονῆς ἀπεκδεχόμεθα, 롬 8:25)이다. 여기에서 '참음으로'라고 번역된 '디 히포모네스'는 '인내를 가지고 견딤으로써'라는 뜻을 가진다. 이 단어는 자기 입장을 끝까지 고수하는 지조, 확고부동, 버팀 등으로 사용하였는데 플라톤이나 아리스토텔레스의 윤리에서 중요한 말이었다. 헬라의 자유인이라면 확실한 보상이나 도덕적 보상을 고려함 없이 자신의 명예를 위해서는 어떠한 위험이나 위험까지도 참아냈다. 여기에서 사용된 '아펙데코메타'는

---

12) 참조: 유동식, 『한국종교와 기독교』(서울: 대한기독교서회, 1995), 19쪽 이하: 유동식교수는 한국의 건국신화인 단군신화를 샤머니즘의 창작으로 이해한다. 13세기말 고려의 충렬왕 때 보각국사 일연이 편찬한 삼국유사에 나오는 신화의 이야기라고 하지만 이것은 고대 조선부터 내려오던 이야기의 기록이라고 한다. 제정일치 시대의 부족사회형성신화라는 점에서 유교수는 단군신화를 당시의 신앙인 샤머니즘과 직결된다고 본다. 삼국유사, 로동신문출판인쇄소, 1960, 58쪽 이하; 환웅신은 영험있는 쑥 한 타래와 마늘 스무개를 주면서 말하기를 "너희들이 이것을 먹고 백날동안 해 빛을 보지 않으면 쉽사리 사람의 형체가 될 수 있으리라"고 하였다.

직설법 현재로 '기다리지 않고서는 다른 방법이 없는 선언'을 의미한다. 명령보다 권고의 의미가 그 말 안에 들어있다.[13]

인간이 사랑하며 존경하는 사람을 기다린다는 것은 그 자체가 행복한 일이다. 기다리는 그 시간이 바로 행복이 넘쳐흐르는 순간일 것이다. 본능으로 살고 있는 동물에게서도 어느 날 갑자기 사라져 버린 새끼나 배우자를 찾기 위해 있어야 할 곳을 배회하는 애처로움이 관찰자에 의해 포착되기도 한다. 이 역시 하나의 생명체가 갖는 소박한 사랑과 기다림에 대한 표현이 아닐까? 기다림이란 있어야 할 자리에 있지 않은 그 소중한 대상을 찾아 헤매는 적극적인 것이기도 하다.

인간에게 있어서 사랑을 약속한 님이 돌아오지 않는다면 그 사랑은 변하여 다른 하나의 사랑인 증오(憎惡)로 바뀌기도 한다. 처음에는 기다리는 열정에 자신을 불태우다가 기다림의 시간이 길게 되면 지쳐서 자포자기를 하게 되며, 결국 자포자기는 사랑을 미움으로 바꾸어 놓는다. 이렇게 볼 때 한 대상에 대한 미움과 사랑은 또 하나의 다른 강렬한 사랑이라는 것을 알게 된다. 외형적인 사랑이 속삭임에 의지하여 살아가고 있는 것이 우리 인간 삶의 현실이다. 그러나 그 미움 속에 한 가닥의 기다림이 남아있는 한 그 미움은 사랑이라는 가치를 지니게 된다. 그럼에도 불구하고 미움은 기다림을 삼켜버리는 외형적인 표현이기 때문에 이것이 인간이 갖는 기다림에 대한 한계성이다.

우리 기독교인의 기다림은 하나님의 언약에 근거한 기다림이다. 창조주 하나님께서 이스라엘백성을 통해 약속하시고 이루어 주신 것에 근거한 기다림이다. 예수께서 공생애를 통해 보여주시고 말씀

---

13) 『옥스퍼드 원어성경대전 116』(서울: 제자원 바이블네트, 2001), 637쪽 이하.

하신 십자가와 부활 그리고 재림에 대한 언급들은 그를 믿고 따르던 제자들에게 주신 기다림의 표현들이었다. 기다림의 태도를 갖는다는 것은 오늘날에도 그리스도의 제자가 되게 하는 동력이 된다. 이러한 기다림은 구체적으로 성경에 나오는 사건들을 통해 전제되어지고 보여졌다. 그 대표적인 것이 창조의 회복과 구원의 섭리 가운데 있는 메시야 사상이다.

3. 하나님의 언약과 신실성

하나님께서 "너는 나 외에는 다른 신들을 네게 있게 말지니라"(출 20:3)라고 말씀하신 것은 하나님이 이 계명을 받는 모세를 대표로 하는 이스라엘 백성에 대해 자신이 "애굽 땅, 종 되었던 집에서 인도하여 낸 하나님 여호와"(출 20:2) 이기 때문이라고 선언하신다.

하나님은 언약의 하나님이시다. 하나님께서 아브람의 나이 99세에 언약을 세우셔서 아브라함을 열국의 아비가 되게 하셨으며 그와 그 후손들에게 가나안을 영원한 기업으로 약속해 주셨다. 아브라함과 그 집안에 사는 모든 남자들은 하나님의 언약을 지키겠다는 그 약속의 징표로 할례를 받게 되었으며 그 아내 사래를 사라라고 개명함으로써 열국의 어미가 되게 하셨다(창 17:1-27). 하나님의 축복 가운데에서 주어진 개명과 할례는 하나님과 인간 사이의 굳건한 약속의 징표가 된 것이다.

하나님의 언약이 아브라함에게 바로 성취되었는가? 아브라함에게 당면한 첫 번째 어려움은 자신이 100세가 되어 생물학적으로 더 이상 자녀를 나을 수 없다는 것이었다. 사라 역시 90세가 되어서 생산의 능력이 끊어진 상황에 이르렀기 때문에 그 사실에 대해 믿을 수 없다고 웃은 것이다(창 18:13). 이는 인간의 내면에 존재하는 하나님의 약속을 동정할 수 없다는 불신앙의 표현이다.14) 하나님의 언약의 성취를 기다리지 않고 이미 생산의 능력이 없음을 스스로 인정했다는 말이 된다. 그러나 하나님의 언약은 신실하였다. "여호와께서 말씀하신 대로 사라를 돌보셨고 여호와께서 말씀하신 대로 사라에게 행하셨으므로 사라가 임신하고 하나님이 말씀하신 시기가 되어 노년의 아브라함에게 아들을 낳으니 아브라함이 그에게 태어난 아들 곧 사라가 자기에게 낳은 아들을 이름 하여 이삭이라 하였고"(창 21:1-3)라는 약속의 성취가 이루어 졌다.

하나님의 언약에 대한 인간의 신실성은 약속의 성취를 희망하며 기다리는 것이다. 기다림에는 두 가지 종류가 있다. 하나는 기다림에 대한 확신이 있는 경우이고, 다른 하나는 불확신 속에서의 기다림이다. 확신이 있는 기다림은 즐겁고, 그 기다리는 시간을 단축시킨다. 마치 사랑하는 사람이 기차를 타고 몇 시에 도착하리라는 것을 알고 기다릴 때, 이러한 기대와 확신의 기다림은 그 기다리는 시간만큼 행복을 느낄 것이다. 설령 그것이 확신할 수 없는 것이라 할지라도 기다림은 설레임을 주며 인간이 갖는 현실적인 고난을 극복 할 수 있는 동인이 되기도 한다. 그러나 언제 올지도 모를 대상을 기다리면서 초연하기란 그리 쉬운 일이 아니다. 이러한 기다림 속에서도 인간이 행복을 느낀다면 기다림만큼 성실하게 살게 하는 가치가 있는 것은 사실이다. 이것을 '기다림의 역설'이라고 표현하는 것이 좋다.

---

14) 김응조, 구약성서대강해 상권(서울: 대한성결교회성청사, 1959), 69쪽 이하. "하나님은 신실하사 약속대로 성취하신다. 사라의 잉태함은 생리상으로 불가능한 일이다. 그러나 때는 이르렀으니 약속의 이삭은 탄생하였다. 고목생화(枯木生花)격이다. 초자연적 하나님의 능력이다."

아브라함의 기다림은 확신의 기다림만은 아니었다. 자신이 갖는 상황을 인간적인 가치와 규정으로 판단해 볼 때 불가능을 전제한 기다림이었다. 그래서 그는 언약을 이루시는 하나님의 뜻대로 할례를 행한 것이다. 할례를 행함으로서 하나님의 언약에 대한 보증을 먼저 얻어내려 했을 것이다.

기다림은 언약을 이루기 위한 준비가 필요함을 보여준다. 언약은 기다림의 실체와 내용이요, 기다림은 언약을 이루기 위한 형식과 틀이다. 기다림을 통해 인간은 하나님의 완전한 언약에 들어가게 된다. 기다림은 "무엇인가를 얻기 위해 열렬한 기대와 바램을 가지고 있는 것"15)을 말한다.

여기에서 우리가 알 수 있는 것은 기다림에 내포된 하나님과 인간의 극진한 사랑의 관계이다. 하나님께서 아브라함에게 언약을 세우신 것은 사랑의 관계를 이루시고 복 주시기 위함이었다. 그러나 그 사랑은 일방적인 사랑이 아니라 서로가 서로를 공유하는 사랑이다. 하나님은 언약을 주시는 분 그리고 인간은 그 언약을 지키며 하나님께서 언약을 통해 약속하신 영원한 기업을 기다리는 존재이다.

한국의 문학 가운데에는 '망부가'(望夫歌)가 있다. 고기잡이를 하러 나간 남편을 기다리다가 남편이 돌아오지 않아서 돌이 되었다는 내용이다. 이것은 한국 여인의 남편에 대한 극진한 사랑과 절개를 대표적으로 보여주는 전설적인 작품이다. 이러한 기다림을 가지고 사는 한국인들이기 때문에, 하나님의 언약과 성취라는 그 기다림이 한국사회에서 자리메김을 잘 할 수 있었다고 볼 수 있다.

최근 한국사회를 뜨겁게 달구었던 수많은 죽음가운데 민족의 화

---

15) Edward J. Young, 『The Book of Isaiah』(Michigan: Eerdmans Publishing Company, 1975): "to wait with an earnest expectation and longing, with a desire for something(353)."

해와 평화 그리고 이 땅에 민주주의를 정착시키기 위해 군사독재 정권과 대항하여 온 몸을 불사른 김대중 대통령의 숭고한 죽음은 온 국민의 가슴속에 길이 남아 그를 통해 보여준 민주주의의 건립과 열망을 향한 기다림이 어떠한 것 이었는지를 전 세계에 보여준 구체적인 사례이기도 하다. 그의 삶 자체를 인동초(忍冬草)라고 표현한 것은 기다림의 성취가 주는 시련과 역경을 드러낸 것이다. 글자 그대로 해석하면 '겨울의 혹한을 견디어 지내는 풀'을 의미한다.

칸트의 세 가지 명제 "우리는 무엇을 아는가? 무엇을 희망하는가? 그리고 무엇을 해야 하는가?"는 인간의 인간다운 삶을 규정하는 근본적인 물음들이다. 여기에서 기다림은 아는 것을 희망하고 자신의 것으로 얻기 위한 준비과정에서 필요한 하나의 필수 과정이다. 칸트의 실천이성인 무엇을 한다는 것은 이론을 실천하려는 마지막 단계를 말하는 데 단순히 이론을 적용하는 것이 아니라 그에 적합한 목적을 가진 실천이기 때문에 우리는 여기에서 목적을 이루려는 기다림이 전제되어야 한다는 것이다.[16]

인간은 동물과 달리 지·정·의(知·情·意)의 욕구가 있어서 그것을 채우기 위해 부단한 노력을 하는 존재이다. 인간이 동물과 선혀 나른 짐은 보다 니은 삶을 추구하기 위해 지적인 그리고 영적인 활동을 하는 것이라고 보여 진다. 인간은 주어진 시간의 한계

---

16) 칸트는 경험이전에 참된 선험적인 것(á priori)이 있다고 전제한다. 선험적 주관을 중심으로 이것에 의해 인식의 대상이 구성된다고 보았다. 그에 있어서 '이해라는 것은 대상을 넘어서는 것'(Verstehen ei β t hüber ihn hinausgehen)으로 본다. 코페르니쿠스가 천체의 외면상의 운동을 지구상 관찰자의 운동에 의해 설명했듯이 칸트 역시 외면상의 성질을 인식하는 자의 정신 즉 심성 에의해 설명한 점에서 칸트의 입장을 코페르니쿠스적 전향이라고 부른다. 감각과 사고는 우리가 부르기를 기다리고 있다고 본다. 감각이란 무질서한 자극, 지각이란 조직된 감각, 개념이란 조직된 지각이라 규정한다. 과학은 조직된 인식이며 지혜는 조직된 생활이다. 참조: 윌 듀란트, 『영원한 사상의 발자취』(서울: 휘문출판사, 1970), 252쪽 이하; 최재희, 칸트의 순수이성비판 연구(서울: 박영사 1978), 17쪽 이하.

내에서 미지의 세계를 가고 있는 한 존재이다.

인간을 하나님의 피조물로 전제한 후 역사로서의 인간과 영과 육으로서의 인간 그리고 죄인으로서의 인간을 말한다. 하나님의 형상으로서의 인간을 서술하기 위해 성서적이며 신학적인 논쟁을 전개하고 있다.[17] 성경은 인간에 대하여 무엇이라고 말하는가? 인간의 원래상태에 대하여 "하나님의 형상으로 창조된 인간"(창 1: 26-28)이라 한다. 종교개혁자들은 인간의 구원을 하나님의 형상의 회복과 연결시켰다.

본회퍼는 다른 사람들이 그들 자신에 대해서 평가하는 용감성과 비교했을 때, 자신은 두려움과 공포 속에 떨고 있는 비겁한 자임을 그의 책 「옥중서간」에서 고백하고 있다. 본회퍼는 자신이 생각하는 것처럼 비겁한 자인가? 자신 스스로는 그렇게 생각했을지 몰라도 오늘의 역사에서 사람들은 본회퍼를 행동하는 신학자로 평가하고 있으며 많은 젊은이들이 한번쯤 인간다운 삶을 추구하기 위한 저항이라는 면에 있어서는 본회퍼를 대표적인 한 사람으로 설정하고 있다. 이러한 일을 가능케 한 것은 무엇인가? 보다 나은 세상에 대한 신앙적 확신과 기다림 때문이다.

4. 성경에서의 기다림

성경은 하나님과 이스라엘과의 언약과 약속에 근거한 기다림의 책이다. 인간 편에서 보면 이스라엘은 메시아를 기다렸고 지금도 기다리고 있다. 기독교인들은 다시 오실 주님을 메시아로 기다리고

---

17) 김균진, 『기독교조직신학』, 연세대출판부, 1986, 23쪽 이하.

있다. 하나님 역시 이스라엘에게 주신 언약과 약속의 성취를 인내하시며 기다리신다. 피조물 역시 하나님의 구원을 기다리고 있다 (롬 8:19). 이 모두는 하나님의 크신 구원의 경륜을 이루시기 위한 다양한 기다림 들이다.

기다림은 새 힘을 주며(사 40:31) 부끄럽지 않게 하며(시 69:6), 땅을 기업으로 주며(시 37:9) 은혜와 긍휼과 복과(사 30:18) 희망을 준다(시 39:7, 62:6). 모범적인 기다림은 야곱과(창 49:18), 다윗(시 39:8) 욥(욥 30:26), 이사야(사 8,17), 아리마대 요셉(막 15:43) 그리고 시므온(눅 2:25)에게서 보여 진다. 그 주제들은 구원(창 49:18), 복과 광명(욥 30:26), 하나님의 나라(막 15:43), 성령(행 1:4), 주의 재림(살전 1:10), 이스라엘의 위로(눅 2:25) 등이다. 신앙적 기다림 속에 살던 이들은 하나님의 말씀에 순종하던 의롭고 경건한 사람들이었다.

구약 이사야 30:18에서는 기다림의 양면성을 보게 된다. 여호와께서 은혜를 베푸시기 위해 기다리시며 기다리는 자에게는 복을 주신다는 것이다. 하나님께서 구원을 이루시기 위한 방편으로 인간에게 적합한 은혜를 베푸시기 위해 길이 참고 기다리신다는 것은 놀라운 사랑의 행위가 아닐 수 없다.

아담의 범죄로 얼룩진 에덴동산의 계약파괴로부터 시작하여 가인의 첫 살인, 노아의 홍수를 통한 심판과 방주의 구원, 바벨탑 사건, 소돔과 고모라 성의 멸망과 롯의 가족의 구원 등은 인간이 갖게 되는 대표적인 하나님의 언약과 계명에 대한 인간의 배반 역사에 관한 기록들이다. 40년간의 광야생활을 통해서 홍해를 육지처럼 가르고 만나와 메추라기를 제공하시며 광야의 바위에서 물을 내시는 기적을 행하셨음에도 불구하고 이스라엘의 역사는 하나님의 말씀을 거스르는 반목의 역사임을 알게 된다. 주님 역시 제자들 가운데 가룻유다의 배반, 수제자 베드로 세 번의 부인, 세베대의 아들들의 정치적 지위 요구, 십자가상에서 제자들의 흩어짐 등은 하나님의 사랑의 행위인 구원을 이루기 위한 전제 조건들이자 은혜를 인간들에게 베푸시기 위해 기다리시는 하나님의 실천적 사랑의 행위들이다. 이것을 기다림의 역설이라고 표현해 봄 직하다.

성경에 나오는 중요한 인물들은 기다림의 사람들이었다. 모범적으로 기다리는 자들은 모세로부터 시작하여 아브라함, 야곱(창 49:18), 요셉, 다윗(시 39:7), 솔로몬, 욥(욥 30:26), 이사야(사8:17), 엘리야와 엘리사, 미가(7:7) 그리고 제자들, 바울, 초대 교회의 경건한 사람들 등 이다. 초대 교회의 경건한 자들의 신앙은 마라나타의 신앙(계2:20)을 가지고 있었다.

초대교회 교인들이 기다리는 것은 약속하신 예수 그리스도의 재림을 기다리는 성령(행 1:45)이었으며 주의 재림을 기다리는 것이었다(살 1:10). 계시록 2:20절 "내가 진실로 속히 오리라 하시거늘 아멘 주 예수여 오시옵소서"라고 되어 있는데 이 말은 기다림의 측면에서 보면 "주의 오심을 기다리는 모든 자들에게 주의 은혜가 있을 지어다"라고 해석할 수 있다.

맺음말

기독교 신앙에서 "우리는 무엇을 기다릴 것인가?"라는 질문에 대한 답은 다양할 것이다. 문화사적 차원에서 보면 한국인으로서 기독교 신앙적 답은 한국인의 심성에 근거하여 주어지게 된다는 것을 간과해서는 안된다.

한국은 반만년 역사를 지녀오면서 숱한 외세의 침략을 받아오면서도 평화를 사랑하는 은근과 끈기의 민족이기에 기다림이라는 소박한 마음을 가지고 사는 하나님의 선택함을 받은 특이한 민족이다.

몰트만은 1960년대 중반에 세계 제 1, 2차 대전을 치름으로 인해 폐허가 되어 버린 유럽의 기독교 사회에 「희망의 신학」을 내어 놓았다. 하나님의 약속과 계시에 근거한 희망을 십자가와 부활의 사건으로 재해석함으로써 희망의 종말론을 기독교 신학의 근거로 제시한 바 있다. 인간에게 희망이 있는 한 자신을 더욱 성숙하게 이끌 수 있다는 미래지향적인 태도를 기독교 신앙에 적용시킨 것이다.

21세기를 맞는 이 시점에서 우리는 넓은 의미를 갖는 이 희망이 기다림이라는 보다 구체적인 말로 변화되어야 할 필요성을 갖는다. 우리가 기다리는 것은 '보다 나은 삶'이다. 어제보다 오늘이, 오늘보다 내일이 나아질 것이라는 기대감과 확신을 갖고 우리는 살아가고 있다. 오늘 우리가 추구하고 있는 모든 세속 학문도 예외가 아니라고 보어진다.

그러나 현실을 직시해보면 과연 어제보다는 오늘이 더 나아졌으며, 오늘보다는 내일이 보다 더 나아질 것이라고 확언할 수 있는가? "그렇다"라고 답변하기 어려운 것이 오늘이 갖는 한계성의 상황이다. 그럼에도 불구하고 기다림은 오늘을 의미있게 해주는 내일의 자양분이다.

기다림의 신학 역시 희망의 신학에서처럼 하나님의 계시와 언약의 말씀에 근거를 두어야 한다는 전제를 갖는다. 희망의 신학이 십자가와 부활의 종말론이라면 이는 기다림의 신학과 그 맥을 같이 한다. 다만 희망이 갖는 큰 의미와 기다림이 갖는 보다 구체적인 의미는 구분되어야 한다는 것이 필자의 주장이다.

희망과 기다림은 같은가라는 질문에 대하여 지금까지의 많은 신학자들은 희망과 기다림을 구분하지 않고 사용한 것이 사실이다. 구태여 두 가지 개념을 구분하려 하지 않았다. 그러나 필자의 연구결과와 판단으로는 다른 부분이 있다는 것을 발견하게 되었다. 기독교적 희망이 십자가와 부활의 신앙에서 나왔다면 기다림은 이 희망에 근거하여 발전된 것으로서 그리스도의 오심과 성령의 능력을 준비하며 경험하는 기독교의 신비스러움에 강조점을 둔다.

기다림의 신학은 희망의 신학에 근거를 가지고 있다. 희망의 신학이 과거 60년대 신앙의 틀에서 희망의 새로운 틀을 가지게 되었다면, 기다림의 신학은 기다림이라는 심성을 가진 한국인들의 희망을 보다 구체화시켜 기다림으로 표현하는 신학이다. 그 기다림은 단순한 맹목적인 기다림이 아니라 이스라엘의 메시아사상, 십자가와 부활에서 계시되고 약속된 오시는 분으로서의 주님을 기다림 그리고 약속하신 성령의 기다림, 나아가서는 하나님 나라의 역군으로서 삶 자체가 기다림을 가능케 하는 요인들이 될 것이다. 기다림을 인간의 삶과 연관시켜 표현해 보면 '내가 숨 쉬는 한 예수 그리스도의 오심을 기다린다' (Dum spiro, maneo, ut adventum Jesu Christi)이다.

The Opening to the Theology of Waiting

Kyung-Sik Pae

During my studying in Germany in 1980's, my theological subject was focused on the topic of Waiting. There were two reasons for this: one was an inward existential question, of 'doing theology' in the face of my financial support problems for foreign study and the other was an outward focus on the recent defeat by the new military regime of the democracy movement in Korea following the 5 · 18 Kwangju civil revolution 1980.

According to daily reports, thousands of innocent citizens were wounded and killed by the specialized armed soldiers. It had a great impact on me because my country Korea was about to build a democracy after 20 years of military rule, but the new military regime established once again the oppressive policies of the former dictatorship.

By observing these affairs I found some theological themes, which resonated with my own people including myself. These were 1. the character of Koreans, rooted in waiting 2. the relation between hope and waiting 3. God's promise and sincerity. These theses came from my study of political theology, particularly from the theology of Juergen Moltmann..

1. The characteristic qualities of Koreans are represented as politeness and endurance (Eun-gun and Keun-gi) in daily living. These came from Confucian teaching. In addition, I have borrowed concepts from Min-jung theology, Pung-Ryu theology by Dong-Sik Yu, Byul-Se Theology by Jong-Pyo Lee and feminist theology in Korea to build a Korean theology. The Korean character will be described using these theological conceptions, which focus on resistance against hierarchical systems as shown in Donghak revolution; religious integration of Confucianism, Buddhism and moralism through the joyous picture of wind and music seen in the sprit of the nobleness of traditional Korean society; and the cross and the death of Jesus focused for us in the theology by Jong-Pyo Lee. In addition feminist theology began with liberal women theologians representing the oppressed women in Korea.

2. The relationship between hope and waiting is differentiated and realigned as both the cause and the result of a theological orientation; where there is hope, there is waiting, but the contrary is not the case. A theology of waiting is therefore rooted in a theology of hope.

3. God's promise and sincerity are the basis of the theology of waiting because such waiting is realized only through the evidence of God's word.

The Investigation of hope and waiting will examine the following textual backgrounds. The Theology of Hope is summarized by examining: 1. history and politics 2. Spirit of creation and life 3. the coming God 4. theology of the cross. A Theology of Waiting is composed on the foundation of 1. Minjung and Korean theology, a pious life and the faith as service. Theology of waiting has as its basis the theology of hope.

This hope existed in a form of faith in 1960's and theology of waiting expressed the more specific form of hope related with the Korean character. The waiting is not fetish but has as its basis the promise of God, the Messianic thought and the revelation, which were shown on the cross, resurrection of Jesus Christ and His coming as a Judge on the last day.

According to the Christian faith waiting, expressed in relation to human life, is: I wait for the coming of Jesus Christ, so long as I breathe. The relation between hope and waiting is reflected in the experience that where there is waiting, there is hope. The subject of waiting is not focused on human beings, but on God's self

〈번역논문〉

개혁신학의 현대 이전의 기원

(The Pre - Modern Origins of Reformed Theology)*

유태주

(한일장신대학교, 조직신학)

---

* 이 번역논문은, Daniel J. Adams, *Always to be Reformed: Systematic Theology* (Jeonju: Hanil University Press, 2006) Chapter 1 "The Pre-Modern Origins of Reformed Theology" 영어논문을 우리글로 옮긴 것입니다.

우리가 개혁신학 연구(지나간 모던과 다가올 포스트모던 시대의 개혁신학 연구)를 시작하면서, 종교개혁과 프로테스탄트 전통과 개혁신학이 성립되기 이전의 시대로 돌아가 살펴보고자 한다. 중세기의 세계는 오늘날과는 전혀 달랐기 때문에, 500년에서 1,500년 유럽인의 삶을 이해하기는 거의 불가능하다. 첫 1,000년 동안 서유럽에서의 기독교는 로마가톨릭교회(Roman Catholic Church)라는 단한 교회만 존재하였다. 물론 작은 그룹의 교회로는, 중앙아시아와 중국에 최초의 선교사를 파송하였던, 네스토리우스파가 있었으나 이들은 이교도로 간주되었고 대다수의 기독교인들에게는 최소한의 영향을 주었을 뿐이다. 로마가톨릭교회의 지배권은 서방 라틴교회와 동방 그리스교회의 1054년 대분열로 인하여 끝나고 말았다. 그러나 로마가톨릭교회는 서부 유럽교회에 남게 되었고, 십자군 전쟁기간을 제외하고, 그리스정교와 철저하게 분립되어 세계 속에 존재하고 있다. 우리가 아는 바와 같이 교회 역사 속에서 개혁신학은 서유럽 라틴교회의 모체에서 일어났다.

이 시기 동안 두 가지 사건이 일어났는데 서유럽에서는 역사적으로 중요한 의미를 갖는다. 첫째 사건은 십자군으로 1095년에서 1291년까지 약 200년 동안 지속된 전쟁이었다. 제1차 십자군은 무슬림이 침략하여 지배하고 있던 성지, 즉 예루살렘과 그 근교를 탈환하였다. 그러나 종합적으로 볼 때 수만 명의 병사들이 먼 이국의 전쟁터에서 죽어 간 십자군전쟁은 성공하지 못한 전쟁이었다. 난파선의 바다에서 소리도 없이 죽어 간 사람들은, 특히 1212년의 불행한 어린이 십자군을 비롯하여, 더 많다. 더구나 십자군들은 어떤 때는 정치적으로나 경제적인 이유 때문에 그들의 본래 목적과는 빗나간 행위를 하기도 하였는데, 십자군들은 당시 동방 정통교회의 중심지였던 콘스탄티노플(지금의 이스탄불)을 침공하여 파괴함으로써 라틴교회와 그리스교회 간의 분열의 골을 더 깊게 하였다. 두 세기에 걸친 전쟁을 통하여 세계를 지배하려 했다는 사실은 오늘의 우리가 상상하기 어려운 일이다. 십자군전쟁은 젊은 남자의 인구를 격감시켰을 뿐만 아니라, 수많은 남성 노동력인구가 전쟁으로 사라지게 함으로 백성들의 경제생활을 심각하게 붕괴시켰다.

둘째 사건은 1347년에서 1351년까지 단 4년 동안 지속된 흑사병이라 불리는 페스트였다. 이 기간 동안 림프절 페스트와 폐렴의 감염은 유럽 전역에 걸쳐 글자 그대로 수백만 명을 죽음으로 쓸어 버렸다. 도시 인구의 30~40퍼센트에 해당하는 사람들이 죽었다. 상류층 대다수는 피난하거나 쓰러진 동료들을 돕다가 죽었다. 그 당시 의학상식은 페스트를 다룸에 있어서 전적으로 비상식적이었다. 그래서 많은 사람들이 죽었고, 유럽의 사회생활과 경제생활이 최악의 상황으로 붕괴되었다. 따라서 그 후 수년 동안 죽음과 죽음 이후의 삶에 대한 집착이 증가하던 것과 종교적 경건을 추구하는 경향이 증가하던 것을 볼 수 있다. 오늘 우리가 살고 있는 시대의 발전된 의학 지식과 세계적 수준의 병원과 의료기관의 수준으로는, 전염병이 단지 4년의 기간에 전 유럽대륙을 거침없이 유린했을 당시의 삶을 상상한다는 것은 매우 어렵다.

그러나 우리가 알 수 있는 것은, 두 세기에 걸친 전쟁과 파괴적인 전염병이 중세기의 삶에 매우 큰 불안을 초래하였다는 사실이다. 그때 대부분의 사람들은 문맹이거나 적어도 반(半)문맹이었다. 흑사병에 따른 경제적 붕괴로, 도시 중심부들은 그 중요성을 크게 상실하였다. 따라서 단지 농노들보다 낫다고 볼 수도 없던 영세농민들은, 페스트 이후 곧 수년 내에 경제적 주도권을 가지게 되었다. 그리고 항상 불확실한 시대에는 그런 것처럼, 사람들이 종교에 의지하게 됨에 따라 교회의 역할이 점차 중요하게 되어, 그러한 상황에 따라 로마가톨릭교회는 유럽 사회에서 가장 세력 있는 기관이 되었다.

Ⅰ. 하나님의 임재(The Divine Presence)

교회의 힘은 세계 속에 하나님의 임재하심을 최우선적으로 믿음에 의해서 가능하게 되는 것이다. 그것은, 안네 프레맨틀(Anne Fremantle)이, "신앙의 시대"[1]에서 언급한 바와 같다. 유럽은 중세기 동안 대륙 전체가 모든 면에 전적으로 기독교화되었다. 철학자들은 동시에 신학자였고 그리고 신학자들 역시 철학자였다. 왕과 여왕과 왕자들은 하나님의 이름으로 다스렸으며 그리고 교황의 권력은 최상위에 있었다. 이슬람 같은 다른 종교들은 '이교도'라고 안전 꼬리표가 붙여진 소수에 불과했다. 누구나 신자였고, 따라서 모든 실제적인 목적을 위하여 예외는 없었다.

---

1) Anne Fremantle, ed., *The Age of Belief: The Medieval Philosophers*(New York: New American Library Mentor Books, 1954), p.x.

"이러한 시대적 상황에서는 상식적인 정신 상태나 정신적 근간을 상실한 상태가 되기 쉽다는 것을, 그 시대의 영향을 받은 문학과 철학을 관찰함으로 알 수 있다. 중세기의 정신적 조망은 기독교 신앙을 일반적으로 수용함으로 형성된 철학에 광범위하게 반영되고 있다."고 프레데릭 코플스톤(Frederik C. Copleston)은 기술하고 있다.[2] 이 시대는 오늘 우리의 시대와 전적으로 다른 세계였기 때문에, 거기에는 신학적인 종교적 다원주의(비록 신학적 차이는 있다 하더라도)는 있을 수 없었고, 도덕적·윤리적 상대주의(비록 사회적 위치에 따라 도덕적 행위에 대한 서로 다른 법적해석이 있었다 하더라도)도 없었다.

우리 시대의 신학적 신뢰도는 조각 나 있거나 사라졌기 때문에, 누구나 기독교인이었으며 또한 그들의 삶이 요람에서 무덤까지 하나님의 현존을 믿고 살았던 세상을 우리가 상상하기는 어렵다. 무엇에나 기독교적인 사고를 하여, 자연계도 하나님의 은혜로 싸여 있으며 인간의 이성도 하나님의 계시에 의해서 조명된다고 보았다. 그 시대는 모든 사상이 하나님을 일반적으로 믿는 기독교 신앙에 기초하여 일어나는 신율의 시대였다.

이것은 거기에는 오직 한 가지 신학만 존재하였다는 것을 의미한다. 따라서 "그 모델인 신학은 명백하였고 믿음을 질서 정연하게 나타내었으며, 보다 자세하게 기독교신앙을 반영하였다. 신학적 반영은 공표, 이해, 기초 작업, 일관성, 책임을 동반한다. 이 시대의 신학은 지적인 신앙(*intellectus fidei*)을 추구하였다. 다른 말로 말하면 신앙은 이해를 추구하는 것이었다."[3] 더구나, 중세의 신학은 로마

---

2) Frederick C. Copleston, *Medieval Philosophy*(New York & Evanston: Harper Torchbooks, 1961), 15~16.

가톨릭교회에 의해서 보증된 것으로 규격화된 것이었다. 하인리히 프라이스(Heinrich Fries)는 다음과 같이 말한다.

> 예를 들면 기독교신앙의 신학은 보편적임을 명시하고 있다. 오랫동안 이 신앙의 영광과 특성은 한 교회의 영역 안에 한 하나님과 오직 한 분 그리스도 관계로서의 신앙이 한 믿음의 형태를 갖추도록 된 것이었다. 그것은 일치의 개념에 아주 적합하게 보이며, 일치 요구에 전유된 것으로서, 다시 말해서 일치의 최고 형태는 획일(uniformity)인 것이다. 그러한 단일성 안에서 발전된 신학사상은 일치와 획일성을 두드러진 사상적 특징으로 가지고 있었다.[4]

그러므로 중세기는 본질적으로 한 가지 신학에 대한 다양한 해석의 시기였다. 그러나 그 해석도 정통의 한계를 조심스럽게 규정하는 범위 내에서 가능한 것이었다.

중세기 신학의 다른 특징이 존재하고 있었는데, 그것은 나중에 개혁신학이라는 형태로 특색을 드러내게 된다. 이것은 영구적인 신학(theologia perennis) 사상이라는 이름 그대로 오랫동안 지속되어 온 신학으로서, 그 시대의 영향을 받지 않았다. 이 신학사상은 그 시대의 혼동된 정신 사이에서 선과 견실성을 지켜 왔다. 그러한 시대적인 혼란은 자연히 명백한 답과 탁월한 교훈을 필요로 하게 하였다.[5] 시대가 변할지라도, 그 신학은 변하지 않는다. 진실로 중세기는 하나요, 일치하고, 영원한 하나님의 현존을 믿는 시대였다.

---

3) Heinrich Fries, *Fundamental Theology*, trans. Robert J. Daly, SJ(Washington, DC: Catholic University of America Press, 1996), 167.

4) Ibid.

5) Ibid., p.168.

Ⅱ. 중세의 종합(The Medieval Synthesis)

　중세기의 왕관적인 영광은 13세기에 이르러 '완전과 최종이라는 형태'(an air of completeness and finality)를 동시에 취하려는 이른바 중세의 종합을 추구하게 된다.[6] 이 시기 동안 중세기는 최고조에 달하였다. 이 종합은 로마 몰락까지 점차 발전되어 존재의 가능성으로 완성된다.[7] 그렇다면 중세의 종합은 무엇이었는가? 그것은 한 존재 안으로 종교와 사회와 문화가 모든 면에서 완전하게 일치하는 것이었다. 그것은 세계관의 일치요 동시에 세계 속 삶의 공간 일치였다. 중세의 종합은 오늘 우리로 말하면 하나의 세계관이라 할 수 있으며 그 세계관은 완전과 최종을 동시에 고려하는 것이었다.

　에티네 길슨(Etinne Gilson)은 "모든 크리스천은 자신이 이미 속한 공동체보다 훨씬 광대한 공동체의 구성원으로 들어가기로 부름을 받았다."[8]고 말하였다. 이 공동체는 교회와, 가정과, 사회와, 이 세상과 오는 세상을 모두 포함한다. 이 공동체는 고도의 결속을 하고 있으며 끊임없이 건설된다. 아마도 중세의 종합을 잘 소개하여 주는 것은, "포기된 이미지"(The Discarded Image)라는 글에서, 루이스(C. S. Lewis)는 중세기사람들의 특징의 정도를 언급하고 있다.

---

6) Bertrand Russell, *History of Western Philosophy: And Its Connection with Political and Social Circumstances from the Earliest Times to the Present Day*(London: George Allen & Unwin, 1946), 305.

7) "The synthesis which had been gradually been built up since the fall of Rome became as complete as it was capable of being." Ibid., 434.

8) "Every Christian realized therefore that he was called to enter as a member into a far vaster community than any human one to which he belonged already." Etienne Gilson, *The Spirit of Mediaeval Philosophy*, trans. A. H. C. Downes(New York: Scribners, 1940), 387.

그는 조직가요, 법령 편찬인이며, 조직의 설립자였다. 그가 필요한 것은 '모든 것을 위한 장소와 모든 것은 바른 장소에 두는 것'이었다. 구별, 개념정의, 목록작성은 그의 즐거움이었다. 비록 거친 행동으로 차 있었지만, 그는 모든 공식화를 추진하기에 충분한 사람이었다. 전쟁은 문장학의 예술과 기사도의 규범을 형상화하는 것이었고, 사랑의 정교한 규약에 의한 성적 열정을 형상화하는 것이었다. 고도의 근원적이고 급상승하는 철학적인 성찰은 아리스토텔레스로부터 모방한 고정된 변증적 패턴에서 스스로 집약해 낸 것이다. 법률과 도덕신학 같은 연구는 매우 다양한 특성과 특히 충분한 질서를 요구한다. 시를 쓸 수 있는 모든 길은 예술 수사법 안에 분류되어 있다. 중세 사람들은 추려내고 정돈하는 것보다는, 더 좋아한다든가 더 잘한다든가 하는 것만 있을 뿐이었다.[9]

이러한 조직화 성향은 개혁정통의 특성이 되었고, 이는 현대화를 위해서 다양한 반작용을 고려할 수밖에 없는 것을 우리가 목격하고 있는 바이다.

중세적 종합은 하늘과 인간과 땅을 하나 된 전체로 연합을 시도하는 것이었다. 오늘날의 신학에서는 별로 중요한 자리를 차지하지 못하지만, 당시에 아주 중대시됐던 요소는 천사들과 마귀들과 다른 피조물들과 같은 영적인 존재들이다. 루이스는 이 존재들을 롱가비(Longaevi)나 오래 사는 존재로 본다.[10] 루이스의 목록에 포함된 것들은 요정들, 물 요정들, 공기의 요정, 땅 신령들, 강등된 천사들의 특별한 부류들, 죽음의 영들, 귀신들이나 마귀들로 알려진 타락한

9) C. S. Lewis, *The Discarded Image: An Introduction to Medieval and Renaissance Literature*(Cambridge: Cambridge University Press, 1964), p.10. One of the most authoritative texts on medieval philosophy is Jacques Maritain, *Distinguish to Unite, Or The Degrees of Knowledge*, trans. Gerald B. Phelan(New York: Scribners, 1958) which illustrates the medieval tendency toward classification and systematizing. A quote from the dust jacket reads as follows: *The Degrees of Knowledge*, it has been said on good authority is a synthesis of science, philosophy, and theology which will do for us what St. Thomas did for philosophy in the Middle Ages.

10) Lewis, *The Discarded Image*, 122~138.

천사들 등이다. 이러한 피조물들을 인정하는 것은 종교개혁 때도 정당시되었는데, 루터의 유명한 찬송가 '내 주는 강한 성이요'(A Mighty Fortress Is Our God)의 3절 가사에도 나타나 있다.

이 땅에 마귀들 끌어 우리를 삼키려 하나,
겁내지 말고 섰거라 진리로 이기리로다.
친척과 재물과 명예와 생명을 다 빼앗긴대도,
진리는 살아서 그 나라 영원하리라.11)

실로, 루터는 그가 머물던 발트버그 성(Wartburg Castle)의 한 방에 마귀가 나타난 것으로 확실히 알고 그 마귀에게 잉크병을 던져, 벽에 자국을 남긴 것으로 알려져 있다. 중세기 사람들은 이러한 영적 존재들이 거주하는 세상에서 살았다. 그들은 그 영적 존재들을 심각하게 취급하였고 그들을 두려워하기도 하였다. 이러한 의미에서, 중세기 사람들은 중간 영적 존재들이 실재하며 위협한다고 보는 아시아와 아프리카 사람들에 아주 가깝다.

그러므로 우리가 알 수 있는 것은, 중세적 종합이 하늘과 땅과 그 사이에 있는 만물을 포용하는 전체적인 것이었다는 것이다. 거기에는 세계를 성과 속(the sacred and secular)으로 나누는 것은 없었다.12) 비록 자연과 은총, 이성과 계시, 존재와 본질 같은 이원론이 성행되었으나, 이러한 것들은 실재와 엄밀히 구별된 것이라기보다는 철학적인 분류였다. 실재는 하나님 현존의 우산 속에 연합으

---

11) Martin Luther, "A Mighty Fortress Is Our God", *Presbyterian Hymnal: Hymns, Psalms, and Spiritual Songs*(Louisville, KY: Westminster/John Knox Press, 1996), No.260.

12) Catholics did, however, distinguish between priests who were religious and lived in monasteries, and priests who were secular and lived out in the community.

로 존재하는 이은 데가 없는 전체였다.

Ⅲ. 교회의 권위(The Authority of the Church)

중세의 종합을 함께 묶기 위하여 필요한 기관이 로마가톨릭교회였다. 사물에 대한 이러한 개념 속에서, 신학은 이 과제를 신자들의 공동체로서의 교회가 신앙을 특별히 제공할 수 있도록 더 발전시킬 수 있었다. 그러나 교회는 역시 교권조직, 교황과 주교 등의 교회지도력과 성직자 계급 제도에 대표임명을 하는 것으로 자기를 이해하게 되었다.[13] 교회는 중세사회와 문화에서 가장 강력한 기관이었다.

무엇보다도 이 권력 혹은 권위는 영적인 것이었다. 구원은 오직 교회와 교회의 성례생활 안에서 그리고 이를 통하여 얻는 것이었다. 어떤 사람에게 가장 나쁜 일은 교회로부터 파문을 당하는 일이었고, 국가에 일어날 수 있는 가장 나쁜 일은 교회의 성례전적 축복을 금지하는 것이었다. 사람들은 지옥의 영원한 저주를 받을까 봐서, 그리고 연옥의 현세적인 저주를 받을까 봐 심각한 두려움을 가지고 살았다.

교회의 권위는 또한 정치적인 것이었고, 따라서 교황들은 최고의 통치자였다. 교회의 권세는 막강해서 왕들까지도 그 세력하에 두었다. 왕은 교황에 의해서 왕위에 오르기도 하고 폐위되기도 하였으며, 추기경과 주교는 군주나 시장보다 더 많은 정치적 세도를 부렸

---

13) Fries, *Fundamental Theology*, 168.

다. 그때는 오늘 우리가 아는 바와 같은 정교분리는 없었고, 오늘날 우리가 시행하고 있는 민주주의와는 너무나 거리가 멀 뿐이었다.

교회의 권위는 또한 문화적이었다. 이것은 농민들 대부분이 문맹이거나 반(半)문맹이었다는 사실에 일부 원인이 있다. 라틴어는 교회의 언어였고 동시에 새로이 세워진 종합대학들의 언어였다. 라틴어는 교회엘리트의 언어였으며, 일반 대중들은 이해할 수 없었다. 서적들은 양피지에 손으로 필사하였으며, 수도원이나 대학 도서관에 보관하였다. 이 필사사역의 대부분은 수도사들의 몫이었으며, 따라서 그 결과 수많은 고서사본들 특별히 성경 사본들이 햇빛을 보게 되었다. 종합대학들이 본래는 성직자교육을 위하여 설립되었고, 따라서 신학이 '학문들의 여왕'으로서의 최고의 지위를 누렸다.

사람들의 문화생활에 대한 교회의 권위는 일반종교생활에 관련하여 심오함을 갖는다. 각 교구교회에는 일반적으로, 손으로 베껴 쓰고 도둑을 막기 위하여 성서대에 묶여 있는, 단지 한 권의 성경책이 있었다. 교회당들은 대부분 춥고 습기가 차고 어두웠으며, 성경책들은 역시 라틴어로 기록된 것이었다. 일반인들이 성경을 개인적으로 연구하지도 않았고 할 수도 없었으며, 단지 사제들과 수도사들의 종교교육을 위하여 성경을 연구할 뿐이었다. 종교교육과 공적교육은 전적으로 교회가 운영하였으며 성직자들이 주도하였다. 사실상 교회에서 설교는 없었으며 일반인들을 위한 종교생활은 성례전뿐이었다. 미사(mass)는 라틴어로 하였고 평신도는 이해할 수 없었다. 그러므로 교회는 대중들의 종교생활을 총체적으로 주도하였다.

우리가 사는 오늘처럼 교회와 국가 간에 완전한 분리가 된 세속적인 국가에서의 삶은 전적으로 교회의 영향 밖의 삶을 실재로 가능하게 한다. 이와 같은 삶은 교회의 영향력이 삶의 실존 모든 영역에 작용하였던 중세기 동안은 불가능하였다. 사람이 존재한다는 것은 로마가톨릭 전통에 따른 크리스천이 되는 것이었다.

물론, 이 중세기의 세계관은 철저히 전근대적이었고, 루이스(C. S Lewis)가 지적한 대로 오늘날 우리의 관점에서 보면 "바르지 못하였다."[14] 그러나 역시 루이스의 지적대로, 그것은— 단지 시대가 변하고 새로운 발견들이 이루어지고, 새로운 이론들이 제시되며, 새로운 진보가 인간의 사고를 형성하는—그 시대의 요구와 만나는 우주적 모델이었다. 그러나 시간이 지나면 옛 모델은 부담스럽게 보이고, 지나치게 복잡하게 보인다. 이와 같이 인간의 마음은, 단순한 개념의 출현을 기대하며 복잡한 개념을 싫어한다. 이러한 경향은 신학적 편견도 아니고, 지나치게 비경제적으로 보이지만 호감가는 모델을 철저하게 지키려는 시도도 아니다.[15]

중세기의 세계관은 시간이 지나면서 우리의 세계관처럼 크게 변화된 새로운 모델이 등장할 길을 내주었고, 가장 두드러지게는 우리의 행동하는 신학(개혁신학)의 길을 열어 주었다.

Ⅳ. 토의를 위한 질문(Questions for Discussion)

1. 중세기에 일어난 두 가지 중요한 사건은 무엇이며, 이 사건이 그 당시 신앙과 실천에 준 영향은 어떠하였는가? 우리 시대에도 그

---

14) Lewis, *The Discarded Image*, 216.
15) Ibid., pp.210~220.

와 유사한 사건이 일어난다면, 우리의 신학이 어떻게 변할 것이라고 당신은 생각하는가?

2. 중세적 세계관의 특징 중 하나는 신학적 신앙과 종교적 실천에 있어서 철저한 일치였다. 거기에 오늘날 우리가 알고 있는 종교 다원주의는 없었다. 오늘의 이슬람 특정 형태는 유사한 세계관을 취하고 있으며, 어떤 기독교인들 역시 유사한 견해를 취하고 있다. 이에 대한 당신의 견해는 어떠한가? 오늘의 세계에서 그러한 견해가 실재하는가?

3. 중세의 세계관은 현대 인본주의 이전이라는 특징이 있다. 당신은 '현대 인본주의 이전'이라는 단어의 의미를 어떻게 이해하는가? 중세기의 관점에서 현대 인본주의 이전은 무엇을 뜻하였을까?

4. 중세적 종합의 의미는 무엇인가? 중세적 종합의 한 관점은 교회와 국가의 연합이었다. 당신은 교회와 국가의 이상적인 관계가 무엇이라고 생각하는가?

5. 삶의 영역 위에 중세교회가 장악했던 권위는 무엇이었는가? 왜 로마가톨릭교회는 중세기 동안 그렇게 막강한 세력을 가졌는가? 당신은 로마가톨릭교회가 같은 수준의 권위와 힘을 되찾을 수 있는 가능성이 있다고 보는가?

민주화과정에서 종교의 역할 비교 연구

: 스페인과 멕시코의 가톨릭교회 사례를 중심으로

이남섭

(한일장신대학교, 사회학)

Ⅰ. 서론: 연구의 목적과 방법 그리고 범위1)

1. 연구의 목적과 문제의식

이 연구의 목적은 민주화 과정에서 보여 준 종교의 사회적 역할을 스페인과 멕시코의 가톨릭교회의 사례를 중심으로 비교 연구하여 그 함축적 의미를 탐구하는 데 있다.2)

스페인과 멕시코의 가톨릭교회는 오랫동안 보수적인 교회의 상징으로 알려져 왔다. 스페인 내전(1936~1939) 이후 스페인의 가톨릭교회는 중세와 식민지지배 시대에 왕실신학을 지지했던 것처럼 프랑코 독재체제(1939~1975)를 신학적으로 정당화했다. 멕시코의 경우도 이와 크게 다르지 않았다. 멕시코의 가톨릭교회도 스페인의 300년 식민지지배를 정당화했고, 멕시코의 독립혁명(1810)과 사회혁명(1910)을 반대하는 반민족적이고 반민중적인 보수적 입장을 오랫동안 취해 왔다.3) 멕시코 혁명이 집권 제도혁명당(PRI)에 의해

---

1) 이 연구는 2009년도 한일장신대학교 안식년 연구비의 지원을 받아 수행되었다.

2) 여기서 종교를 가톨릭교회로 한정하는 것은 민주화과정에 가톨릭교회만이 참여했다는 것을 의미하지 않는다. 지난 1980년대 전 세계적으로 전개된 민주화과정에는 가톨릭교회뿐만 아니라 개신교와 불교 등도 참여하였음을 보여 준다. 이 연구에서는 연구 주제의 집중을 위해 연구대상의 종교 범위를 가톨릭교회로 제한한다.

3) 이 시기 멕시코 가톨릭교회의 사회적 역할과 특징에 대해서는 필자의 논문(2001, 2003)을 참

안정화되고 제도화되어 가는 과정에서 교회는 큰 역할을 하지 못하였다. 그러나 민주화의 변화가 일어나면서 스페인과 멕시코의 가톨릭교회는 대조적인 대응양태를 보여 주었다. 스페인의 경우 스페인의 민주화가 진행되어 좌파(PSOE: 스페인노동사회당)가 집권하는 상황으로 전개되는 것에 대해 불안해하지 않고 보다 적극적인 입장을 유지했다면, 멕시코의 가톨릭교회는 보다 소극적인 입장을 취했다. 멕시코의 가톨릭교회는 멕시코 정치의 정치적 민주화 자체는 지지하였으나 좌파보다는 우파(PAN: 국민행동당)의 민주화를 지지하였다. 필자가 이 연구에서 이 점을 보다 중점적으로 비교 분석하려는 이유는 다음과 같은 문제의식에 기인한다. 즉 왜 거의 1,500년 기간 동안 가톨릭이 국교였고 인구의 90% 이상이 가톨릭신자였던 스페인에서 그 짧은 시간(1960~1980)에 가톨릭 국민이 친가톨릭 정부를 거부하고 반기독교적 세속정당인 좌파연합정부를 선택하고 교회가 이러한 민주화과정을 지지한 이유는 무엇인가? 또 왜 300년 이상 가톨릭이 국교였고 인구의 95% 이상이 가톨릭신자인 멕시코에서 오랫동안 가톨릭교회가 정치현장에서 배제되었으며 또 늦게 민주화과정에 참여한 이유는 무엇인가? 다시 말해 스페인과 멕시코의 가톨릭교회가 민주화의 과정에서 서로 다른 반응을 보인 요인은 무엇이며 그리고 어떠한 입장을 취하고 어떠한 사회적 역할을 하였는가 하는 점을 집중적으로 살펴보려 한다. 이를 위해 이 연구는 다음과 같이 구성된다.

1장은 이 연구의 서론으로 연구목적과 연구주제에 대한 선행연구를 간략히 검토하고, 이 연구의 이론과 방법 그리고 연구범위를 제시할 것이다. 2장에서는 스페인 가톨릭교회의 사례를 검토하고,

---

고할 수 있다.

3장에서는 멕시코 가톨릭교회의 사례를 분석할 것이다. 마지막 4장에서는 이 두 사례를 비교 분석한 다음 그 함축적 의미를 살펴볼 것이다.

2. 선행연구검토

종교와 정치는 종교사회학의 고전적인 주제의 하나이다. 정치적 변동기에 있어서 종교의 사회적 역할은 사회학과 종교사회학의 관심을 받아 왔다. 최근 국내 학계에서 스페인과 멕시코 교회의 사회문화적 성격에 대한 개별적 연구는 진행되고 있으나 민주화과정에서 종교의 사회적 역할을 비교 분석한 연구는 매우 미비하다. 가령 인류학적 차원의 연구로는 김세건(1999)과 주종택(2005)의 연구가 있고 사회학적 접근으로는 필자의 연구(이남섭, 2001; 2003)가 유일하다.[4] 국내의 연구가 이제 시작 단계에 있다면, 해외의 연구는 매우 풍부하다. 스페인의 경우, 대표적인 연구로 Instituto Superior de Pastoral(1990), Recio(1990), Bueno(1994), Castillo(2005)가 있다. 멕시코의 대표적인 연구로는 De la Rosa y Relilly(1985), Bastian(1989), Blancarte(1995), Giménez(1996), Ai Camp(1998), Soriano Nunez(1999), Bizberg(2003), Hernandez Avendano(2006)가 있다. 그러나 이들 국내외 연구의 공통적인 문제는 아직 이 두 나라의 경험을 비교 연구한 사례가 없다는 점이다. 이 연구의 새로운 점은 이 점에 있다.

---

4) 신학적 연구는 상당히 많이 있다. RISS에 등록된 자료에 의하면(www.riss4u.net), 라틴아메리카 해방신학과 관련한 석·박사 학위논문은 1970년 이후 현재까지 약 31건에 이른다.

3. 연구 이론과 방법 및 연구 범위

이 연구를 위한 이론적 틀로 필자는 오토 마두로(Otto Maduro)의 종교사회학 이론을 원용하려 한다(Maduro, 1993). 그의 핵심적인 이론 중의 하나는 종교와 사회적 과정은 상호 영향을 받으며 그 과정에서 종교는 상대적 자율성을 지닌다는 점이다. 그의 이론은 가톨릭 종교문화가 지배적인 라틴아메리카를 배경으로 형성되었기 때문에, 동일한 가톨릭종교문화를 지닌 스페인과 멕시코의 사례를 분석하는 데 적합하다. 비교 분석의 요소는 교회의 민주화 참여 요인과 교회의 사회적 역할과 관련한 교회 내의 다양한 입장이다. 교회의 민주화 참여 요인은 다음 네 가지이다: 1) 바티칸 제2공의회의 신학적 영향; 2) 경제적 요인의 영향; 3) 정치적 요인의 영향; 4) 사회문화적 요인의 영향이다. 첫 번째 요소는 교회 내적 요인이고, 나머지 세 가지 요소는 교회 외적 요소이다. 민주화와 관련한 교회 내의 입장은 다음 네 가지로 분류한다: 1) 전통주의 입장; 2) 근대주의 또는 공식주의 입장; 3) 진보주의 입장; 4) 급진주의 입장.5)

---

5) 필자가 조사한 스페인의 연구에는 교회 내의 여러 가지 입장 또는 경향을 엄격하게 유형화하지 않는다. 따라서 스페인 교회 내의 입장에 대한 유형화는 필자의 자의적 분류이다. 스페인의 사례에 대한 연구는 토하리오(Toharia, 1990)와 레시오(Recio, 1990)가 대표적이라면, 멕시코 사례에 대한 대표적인 연구로는 아쿠냐와 블란카르테 그리고 로에사의 분류가 있다. 엑토르 아쿠냐는 교회 상층부를 다음 다섯 가지 입장으로 분류한다. 1) 로마의 교황청 대사 주교로 대표되는 바티칸 입장, 2) 교회의 목적은 전적으로 영성적인 것이며 권력을 추구하지 않는다는 추상적인 교리로 특징짓는 영성적 입장, 3) 바티칸 제2공의회의 자유주의 경향을 따르는 북부 치우아우아 주교단의 입장으로 이들은 공공의 이익이라는 정치적 관점에서 교회기구의 법률적 인정을 받는 것에 최대의 관심을 갖는다. 4) 남부 태평양지역 성직자를 중심으로 하는 남부의 입장으로 이들은 농민과 원주민 다수의 생활조건의 개선에 관심을 갖는다. 5) 특별한 입장을 표명하지 않는 다수의 침묵하는 그룹이다. 이들의 특징은 자신의 입장을 절대 공식적으로 표명하지 않으며 대세에 따라가는 기회주의자라는 점이다(Acuña, 1987). 이와 달리 로베르코 블란카르테는 다음 네 가지 입장으로 구분한다. 1) 비타협적 순결주의 그룹으로 이들은 국가와의 화해를 거부하며, 멕시코혁명의 사회적 모델을 강요하는 것을 문제 삼는다. 2) 바티칸 2공의회주의자 또는 실용주의 그룹으로 이들은 가톨릭교회의 교리와 원칙을 부정하지 않

연구 방법으로 필자는 기본적으로 문헌연구 방법을 사용할 것이다.[6] 문헌분석에 사용할 1차 자료는 스페인과 멕시코 교회(주교단/사제단/평신도)가 발표한 대표적인 공식문서가 될 것이다. 연구의 범위로는 민주화시기에 해당하는 1970년대 이후 2000년까지의 스페인과 멕시코 가톨릭교회의 활동시기로 제한한다.

Ⅱ. 스페인 민주화와 가톨릭교회의 사회적 역할

스페인의 민주화는 36년간(1939~1975) 장기 집권한 독재자 프랑코의 죽음 직후인 1976년에 시작된다. 프랑코 독재체제 기간 동안 가톨릭교회는 독재정부의 최대 지지자이자 최대 수혜자였다. 그러한 가톨릭교회가 민주화과정을 지지하는 입장으로 변화하게 된 요인을 먼저 분석하고 그다음 교회의 사회적 역할을 검토한다.

으면서 멕시코국가와의 협력을 받아들이는 입장이다. 3) 순결주의 입장으로 이들은 비타협적 순결주의의 산물이다. 이들은 근대세계에 대한 교회의 어떠한 변화와 적응을 절대적으로 거부하는 입장으로 교회 내에서 극소수를 차지한다. 4) 신비타협주의그룹으로 이들은 바티칸공의 회주의 입장의 일부와 비타협주의 그룹의 일부가 통합한 입장이다(Blancarte, 1992). 마지막으로 로에사는 다음 세 가지로 분류한다. 1) 전통주의 입장. 2) 바티칸의 제2공의회의 근대주의 입장 또는 치우아우아 입장. 3) 진보주의 입장 또는 남부의 입장(Loaeza, 1984).

6) 이 연구에서는 필자가 지난번 해외현지조사 기간(2007~2008)에 수집된 1차 자료를 중심으로 분석할 것이다.

1. 교회의 민주화 참여를 가능하게 한 내·외적 요인들

1) 사회문화적 요인과 신학적 요인 —
서유럽의 민주주의 문화와 바티칸 제2공의회의 영향

스페인은 오랫동안 서유럽으로부터 고립된 국가였다. 스페인 내전(1936~1939)은 사회정치적 전쟁이자 동시에 종교적 성격을 지닌 십자군 전쟁이었다. 독재자 프랑코 장군은 가톨릭교회가 국교라고 헌법 조문에 명시하였다. 프랑코주의의 국가는 가톨릭 종교에 봉사하고 가톨릭 종교는 전체주의 독재체제에 봉사하는 배타적인 가톨릭국가였다(Recio, 1990: 7). 프랑코 독재체제의 정치문화는 종교적 십자군의 문화이자 동시에 사회경제적 차별의 문화였다. 따라서 프랑코 장군의 집권 기간 동안 스페인에는 유럽적이고, 근대적이고, 합리적인 민주문화가 뿌리내리지 못하고 있었다. 그러나 프랑코의 죽음과 함께 스페인의 시민사회는 오랜 기간 갈등해 온 문제(군주제/공화국, 중앙집권제/지방자치제 또는 연방제, 성직자주의/반성직자주 또는 세속화의 문제 등)들을 해결하고 새로운 사회적 국가와 법을 존중하는 민주국가를 재건설해야 하는 새로운 근대적 도전에 직면하게 되었다. 스페인은 민족적 화해를 위한 시민사회의 평화와 민주적 문화가 필요하였으며, 이웃 서부 유럽 국가들의 선진민주주의 문화는 스페인이 뒤따라야 할 모델이 되었다.

스페인 교회의 민주화 참여를 가능하게 한 이면에는 이웃 선진 유럽국가의 민주적 정치문화의 영향도 있지만 바티칸 제2공의회(이후부터 제2공의회로 약칭함)가 중요한 시발점이 되었다. 사실 당시 스페인 교회는 제2공의회가 제기한 신학적, 심리학적, 목회적 입장과 너무나 멀리 있었다. 따라서 스페인 교회에 있어서 제2공의회는 이전의 전통적인 보수주의에서의 탈출을 의미하였다. 스페인에 있어서 제2공의회는 '지연된 뇌관을 가진 폭탄'이었다(Toharia, 1990: 32). 따라서 스페인 교회 내에서 제2공의회의 진정한 영향은 아주 점진적인 방식으로 진행되었다. 1965년에 제2공의회가 완결되었을 때 스페인 교회는 제2공의회를 하나의 새로운 희망의 상징으로 인식하면서 제2공의회의 신학적 입장을 전적으로 수용하였다. 제2공의회는 오랫동안 중세의 보수적 성곽에 갇혀 있었던 스페인 교회의 신학적 갱신을 가능하게 하였고, 스페인 교회는 사회적 문제에 대한 비판적 발언을 하기 시작하였다.

2) 정치 경제적 요인 —
근대화와 스페인 사회의 세속화

프랑코독재체제와 결탁한 스페인 교회는 종교에서 이탈한 가톨릭 대중을 재기독교화하는 데 필요한 수단을 획득했다고 믿었다. 그러나 프랑코독재체제는 교회가 원하는 방향으로 스페인의 근대화를 추진하지 않았다. 1950년대 후반에 프랑코가 추진한 자본주의 혁명 또는 근대화혁명은 스페인 사회를 철저하게 세속적 사회로 변화시켰으며 이것은 봉건적인 중세의 영광을 되찾으려는 교회의 꿈을 불가능하게 만들었다. 카스티요에 의하면 "스페인의 세속화과정은 전 세계에서 가장 빠르고 가장 철저하게 진행되었다."고 평가된다(Castillo, 2005: 21). 다시 말해 프랑코독재와 이를 지지한 해외의 자본주의 세력이 추진한 경제적 근대화는 스페인 사회의 세속화를 촉진시켰다. 스페인 가톨릭교회는 반성직자주의를 주장하는 작은 무신론 공화국(제2공화국)에 대항해 싸우기 위해 기독교의 하나님을 근본적으로 부정하는 더 큰 무신론인 맘몬 우상을 자발적으로 불러들인 꼴이 되었다.

1950~1960년대 동안 진행된 경제적 근대화와 정치적 개혁은 교회가 예상하지 못한 결과를 초래하였다. 근대화와 산업화 그리고 도시화는 농촌인구의 급속한 감소와 노동자의 증가를 가져왔으며 열악한 임금과 노동조건은 노동운동을 폭발적으로 확산시켰다 (Arbeloa, 1975: 105). 가령 1975년에 노동자 파업이 3,156건이었다면, 이듬해인 1976년에는 노동자 파업이 17,731건으로 5배로 증가하였다(Recio, 1990: 26). 이것은 노동문제가 심각한 사회문제로 되고 있음을 의미하는 지표였다. 스페인 사회의 근대적 변화는 수십만 명의 스페인노동자들이 이웃 프랑스, 스위스 그리고 독일 등 선진 서유럽으로 이주해 가면서 직면한 문화적 충돌로 더욱 가속화되었다. 동시에 매년 수백만 명의 자유롭고 세속적인 서유럽 관광객들의 유입으로 인하여 스페인 사회의 세속화는 심화되었다. 스페인 가톨릭노동자들의 서부 유럽, 특히 스위스와 독일 개신교 노동자들의 자유롭고 민주적인 생활방식과의 직접 접촉은 자신들의 전통적인 종교(가톨릭교회)에 대한 근본적 회의를 갖기에 충분한 문화충돌이었다(Bueno, 1994: 68~69).

1990년에 실시한 설문조사결과에 의하면 스페인은 아직도 종교성이 자신의 정체성을 확인하는 요소임을 보여 주었다(Toharia, 1990: 23). 그러나 또한 스페인을 가톨릭사회라고 특징화하는 것을 어렵게 하는 분명한 요소들이 존재하였다. 많은 스페인 사람들은 이제 종교는 더 이상 그들의 삶에 영향을 주지 않는다고 생각하였다. 특히 청소년 계층에 반종교적 청년문화가 아주 광범위하게 퍼져 있었다. 1990년의 또 다른 연구에 의하면, 20년 전에는 10명 중 9명이 가톨릭 교인이라고 응답했으나, 지금은 10명 중 5명이 가톨릭이라고 대답하였다(Toharia, 1990: 22). 설문조사에 반영된 스페인 사회는 이미 다양한 종교적 변동의 과정에 있는 세속화 사회라고 규정지을 수 있다. 비록 세속화 과정이 무관심과 무신론으로 이끌어 가는 것은 아님을 보여 주고 있으나 가톨릭교회가 독점한 종교적 통일성은 파괴되고 있었다.

3) 정치적 요인—
헤게모니의 위기와 정치세력의 다양화

프랑코의 죽음 이후 임시대통령의 임명 기간 동안(1975.11~1977.7)은 스페인의 민주화 과정 중 아주 중요한 단계에 해당하였다. 그것은 이데올로기 영역에서 프랑코주의의 헤게모니 위기와 정치세력의 다양화 현상이 발생한 것이다. 프랑코의 죽음으로 프랑코주의는 그들이 오랫동안 독점해 온 정치적 헤게모니의 위기 현상에 직면하게 되었다. 1978년의 제헌 헌법은 종교와 이데올로기의 자유를 분명하게 보장하였다.

사실상 스페인의 정치사회는 1978년 이전부터 정치세력의 다양화 현상을 나타내고 있었다. 1977년의 선거결과는 이 점을 분명히 보여 주었다. 즉 보수정당이 37%의 지지를 받았다면, 좌파정당은 44%의 지지를 받았다.[7] 이것은 일당에 의한 단독정부 수립은 불가능하고 다양한 정치세력의 연정이 필요함을 제기하였다. 무엇보다 놀라운 사실은 좌파정당이 합법적 방법인 선거로 정권을 장악할

---

7) 선거결과를 좀 더 세분화하면 다음과 같다. 극좌 4%, 극우 4%, 좌파 17%, 중도좌파 23%, 우파 15%, 중도우파 18%(Recio, 1990, 27).

수 있는 실질적인 정치세력으로 성장하였다는 점이다. 요약하면 가톨릭교회의 혁명적 변화(제2공의회), 서유럽의 다양한 민주주의 문화의 유입, 정치질서의 안정, 근대화와 지속적인 경제성장을 통한 정치세력의 다양화와 사회의 세속화는 스페인 교회의 민주화 참여를 가능하게 하였다고 볼 수 있다.

2. 교회 내의 다양한 경향과 사회적 역할

민주화시기 동안에 스페인 교회가 발표한 문서와 활동을 분석한 결과, 스페인 가톨릭교회는 크게 다음 네 그룹으로 나눌 수 있다. 첫째는 전통주의 입장이다. 이 입장은 제2공의회 이전의 신학을 고수하며 극소수의 주교들과 사제들로 구성되어 있다. 둘째는 근대주의 입장으로 제2공의회의 신학을 대체로 받아들이며 교회 내 다수의 기구와 종교적 그룹으로 구성되어 있다. 이들을 대표하는 기구는 주교단과 기초사제단 그리고 평신도 그룹이다. 셋째는 진보적 입장으로 제2공의회의 신학을 적극적으로 받아들이는 기독교지식인 그룹이다. 넷째는 급진적 입장으로 제2공화국(1933~1936)의 정신을 계승한 세속적 지식인 그룹이다.

1) 전통주의 입장

이들은 제2공의회 이전의 신학, 즉 제1공의회의 전근대적인 신학을 고수하려는 입장이다(Toharia, 1990: 45). 이들은 정치적으로 봉건군주제의 복귀를 선호하며 따라서 민주적 변화에 부정적이다. 이들은 교회 내에서 극소수의 주교들과 사제들로 구성되어 있으며 특별히 주목받을 만큼 중요한 문서를 발표하지는 않았다.

2) 근대주의 입장

이들은 제2공의회의 신학적 입장을 받아들이며 교회의 다수는 이 입장을 따른다(Toharia, 1990: 35). 근대주의 그룹이 발표한 최초의 중요한 문서는 '현재의 상황 앞에 선 교회'이다. 이 문서는 프랑코의 죽음을 계기로 주교단이 발표한 것으로, 이 문서에서 주교단은 "스페인을 위한 민주적 체제를 지지하고, 교회는 당파주의를 지지하지 않을 것이며 그렇다고 중립주의도 취하지 않을 것이다."라고 선언하였다(Recio, 1990: 14).

두 번째 중요한 문서는 '제헌헌법 과정'이다. 이 문서에서 주교단은 민주적 변화에 대한 교회의 염려와 관심을 표명하였다. 즉 주교단은 이 문서에서 반성직자적인 국가주의의 가능성에 대한 두려움, 종교자유의 보장과 교육의 자유, 결혼제도의 옹호, 태아의 생명에 대한 옹호(낙태반대), 교회의 경제적 재정형태의 방어와 보건, 교육, 통신 등의 영역에서 교회 조직의 미래 등에 대한 두려움을 표명하였다. 그러나 주교단은 일부 극소수를 제외하고는 새 헌법을 대체로 지지하였다(Recio, 1990: 15).

주교단과 마찬가지로 평신도와 기초사제단 운동도 문서를 통해 그들의 입장을 발표하였다. 그들은 우선순위에 있어서 두 가지 입장 또는 방향을 제시하였다. 하나는 교회는 자신의 조직적 또는 기구적 이익을 강요하거나 헌법에 자신의 도덕적 요구를 포함하려는 압력단체가 되지 말 것을 강조하였다. 또 다른 하나는 일련의 반자본주의적인 가치의 회복을 제시하였고, 가장 가난한 계층의 사회적 권리를 보장하는 내용을 담은 헌법을 요구하였다. 기초사제단은 교육의 문제에 있어서도 주교단과 다른 입장을 표명하였다. 공공교육에서 특혜를 받으려는 주교단의 입장을 거부하였다. 주교단의 문서들이 학교와 가족의 문제에 집중한다면, 교회의 기초그룹들은 노동과 경제 문제에 관심을 집중하였다(Recio, 1990: 15∼16).

세 번째 중요한 문서는 민주화에 반대하는 군사 쿠데타가 발생하였을 때 나타났다. 주교단은 군사 쿠데타가 발생했을 때 잠시 침묵을 지켰다가 그다음 날 쿠데타를 비판하고 민주주의를 옹호한다는 성명서를 발표하였다. 며칠 후에 주교단은 '헌법의 정상화에 대한 위협: 희망으로의 부름'이라는 문서를 발표하였다. 바스코(Vasco) 지역의 주교단은 그들의 민주적 입장을 시원스럽고 분명하게 재확인하는 문서인 '평화를 살리기 위해 자유를 살리자'를 발표하였다. 이 문서에서 그들은 정치적 문제를 해결하기 위한 군부의 정치개입과 무력사용을 노골적으로 비판하였다. 이 문서는 보수연합 정부를 불편하게 하였고 정부는 바티칸에 항의하였다(Recio, 1990: 16).

주교단과 마찬가지로 기초공동체도 많은 문서를 발표하였다. 이들은 민주주의의 사회적 비효율성에 불만을 나타냈고, 쿠데타 시도에 대한 비판과 스페인의 오탄(OTAN: NATO) 가입에 대한 거부를 표명하였다. 한 걸음 더 나아가 이들은 기독교 휴머니즘의 당파적 사용에 대한 고발과 제3세계와의 연대를 표명하였다. 또 이들은 이혼법 반대, 가족보호법의 지지, 교육의 자유에 대한 지지 등을 표현하였다(Recio, 1990: 17).

정치적 전환기 동안에 주교단과 사제단 사이에 차이가 있었지만, 근대주의 그룹은 대체로 민주적 과정을 지지하는 입장을 표명하였다. 가령, "교회 앞에 국가의 독립, 교회가 종교적 정당을 고무하거나 지원하는 것에 대한 거부, 교회의 조합적 이익을 방어하기 위해 그의 힘을 사용하는 것을 포기하는 것, 화해를 유리하게 하고 스페인 민족의 공존을 유리하게 하는 헌법의 갈망, 민주적 정부의 정당화, 목소리 없는 목소리를 대변하려는 시도, 사회적 변화의 약속, 가톨릭의 정치적 입장을 주도하는 행위의 포기, 개인과 그룹의 다양한 신앙과 이데올로기의 공존을 가능하게 하는 관용"을 요구하였다(Recio, 1990: 19).

3) 진보주의 입장

진보주의 그룹은 제2공의회의 입장을 보다 적극적으로 실천한 기독교지식인 그룹이다. 이들도 중요한 문서를 발표하였는데 그들 중 몇몇 문서는 사회에서 종교적 행동 모델에 대한 충돌과 전환기에 교회의 진정한 정치적 독립에 대한 논쟁을 불러일으켰다. 진보주의 그룹의 문서는 대부분 기독교사회주의 경향의 기독교지식인 그룹에 의해 작성되었다. 마르틴 파티노는 정치적 전환기 동안 교회기구의 대표적인 유기적 지식인 가운데 한 사람이며 새로운 민주적 질서에 대한 지지를 요구하였다(Patino, 1978: 125). 즉 정치권력의 포기, 정당의 독립, 정치세력에 의한 교회조직의 도구화에 대한 거부, 국가의 세속화를 막기 위한 가톨릭대중의 이용과 동원의 거부를 요구하였다(Recio, 1990: 21).

진보주의 그룹들은 이미 '사회주의를 위한 기독교(Cristianos por el socialismo: CPS)'운동에 참여해 왔기 때문에 사회주의를 분명하게 지지하였다.[8] 이들은 좌파정당이 기독교 대중 안에서 종교의 영

---

8) CPS운동은 1973년 이후 칠레, 이탈리아, 스페인에서 일어난 운동이다. 스페인의 경우 기독교와

향을 감소하려는 것을 제지하고 해방의 가능성이 있는 새로운 종교 개념의 중요성을 포착하였다. 이들은 종교에 대한 마르크스주의의 고전적 비판을 극복할 필요성과 종교의 공적 영역을 인정하고 기독교와 종교적 사건의 비사유화의 긴급성을 제기하였다. 이러한 관점에서 이들은 사회주의 헤게모니를 위한 투쟁이 반종교적 특징을 지녀야 할 이유가 없음을 강조하였다(Recio, 1990: 22).

4) 급진주의 입장

급진주의 입장은 제2공화국의 정신을 계승한 세속적 지식인 그룹으로 이들이 발표한 문서는 다음 세 그룹으로 나눌 수 있다. 하나는 정당(PSUC, PSOE)을 창당한 그룹으로서, 이들은 다음 두 가지 문제에 집중하였다. 좌파정당에 대한 기독교인 참여의 함축적 의미와 민주적 기구에 의하여 법적으로 조정되어야 할 사회적 문제에 대한 교회의 개입이 그것이다. 다른 그룹은 일간지 엘빠이스(El Pais)의 두 출판사에 속한 지식인들로 구성되어 있으며, 이들은 헌법에 대한 교회의 입장과 교육문제에 집중하였다. 마지막으로 종교적 문제에 대한 사바테르(F, Savater)의 문서이다(Savater, 1981). 이 사람은 세속적 지식인 가운데 가장 대표적인 지식인으로 간주되었다(Recio, 1990: 22).

정당을 창당한 세속적 지식인 그룹은 근대주의 입장을 비판하였다. 이들에 의하면 교회가 민주주의의 부활에 기여했고 민주적 정권교체에 기여했다는 점은 인정하나 교회는 민주주의에 대한 지지보다 민주정부에 대한 요구가 더 많았다는 점을 또한 지적하였다.

사회주의의 대화는 오랜 전통을 지니고 있으며 이에 대해서는 Mate(1975)를 참고할 수 있다.

대부분의 세속적 지식인들은 교회를 윤리적 - 사회문화적 시장을 이끌고 통제하는 데 있어서 경쟁적 기구의 하나로 보았다. 가령 교육과 가정 그리고 부부관계(이혼과 낙태)의 문제는 가장 논쟁적인 주제의 하나였다. 또 이들은 세속적 헤게모니와 종교적 헤게모니 사이의 갈등문제를 제기하면서 교조적 사회주의 그룹의 잘못된 종교이해도 비판하였다. 이들은 종교와 교회적 그룹에는 사회주의 헤게모니에 단지 방해가 되는 그룹만이 있는 것이 아니라 정반대로 사회주의 헤게모니의 확산에 기여하는 그룹도 있다는 것을 인정하였다. 이 문서는 교회 기구 안에도 사회주의 헤게모니에 대한 다양한 관점이 존재함을 분석 제시하였다(Recio, 1990: 23).

El Pais에 속한 세속적 지식인 그룹에 의하면 교회는 단순한 종교적 기구가 아니라 이혼, 낙태, 교육과 헌법조문에 그들이 규정하는 인간 개념을 주입하려고 투쟁하는 권력구조의 하나이다. 이들은 법률제정의 시점에서는 교회기구에 대한 국가기구의 우위를 강조하였다. 이러한 차원에서 이들은 교육영역에서 교회의 개입을 비판하고, 헤게모니 장악을 위한 교회와 정치세력 사이의 협약을 고발하였다(Recio, 1990: 23).

사바네르의 입장은 보다 유연하였디. 왜냐하면 그는 스페인 사회가 새로운 헤게모니 프로젝트를 수립하기 위한 사회적 기반이 아직은 취약하다는 점을 알고 있었기 때문이다. 그에 의하면 스페인은 세속화 문화가 대중영역에서 너무나 미비하게 영향을 주고 있는 나라였다. 이러한 이유로 그는 맹목적 반성직자주의에 대해 반대하였다(Recio, 1990: 23).

요약하면 민주화가 진행되는 동안 스페인 가톨릭교회 안에는 다양한 입장이 존재하였으며 이들 사이에는 충돌과 갈등이 있었다.

그러나 교회는 민주주의의 회복에 대한 확고한 입장을 견지하였을 뿐만 아니라 과거 내전으로 희생당한 스페인 국민들의 상처를 화해 관용의 정신으로 치유하여 스페인의 민주주의가 뿌리내리는 데 기여하였다. 교회 내의 다양한 입장은 스페인 사회를 오랫동안 지배해 온 권위주의적 정치문화를 탈권위적인 민주주의 문화로 변화시키는 역할을 하였다.

Ⅲ. 멕시코 민주화와 가톨릭교회의 사회적 역할

멕시코에서 가톨릭교회와 국가의 관계는 라틴아메리카 국가들의 경우와는 매우 다른 독특한 형태를 지니고 있다. 멕시코 혁명 이전까지 가톨릭교회는 다른 나라와 마찬가지로 식민지 국가 종교로 멕시코의 정치, 경제, 사회 모든 영역에 영향을 끼쳐 왔다. 멕시코 혁명에 대한 극단적 반대 입장 이후 멕시코의 가톨릭교회는 멕시코 정치영역에서 그 영향력이 거의 배제되어 왔다. 이러한 이유로 멕시코 교회의 민주화 참여는 스페인보다 20년 뒤처진다. 이제 멕시코 교회의 민주화 참여를 가능하게 하였으나 동시에 지연시킨 내·외적 요인을 먼저 분석하고 그다음 교회의 입장과 역할을 살펴보려 한다.

1. 교회의 민주화 참여를 가능케 한 내·외적 요인들

1) 신학적 영향 ―
제2공의회와 제2차 라틴아메리카주교단 총회의 영향

제2공의회는 라틴아메리카교회의 차원에서도 혁명적 사건이었다. 로마 가톨릭교회의 이러한 혁명적 변화에 대해 라틴아메리카와 멕시코 교회의 반응은 다양했다. 1968년 콜롬비아의 메데인(Medellin) 시에 모인 제2차 라틴아메리카주교단총회(이후 CELAM Ⅱ로 약칭함)는 '가난한 자를 위한 입장'을 교회의 사목방향으로 선택하였다. 멕시코의 주교, 사제, 선교사, 평신도들은 교회의 이 새로운 진보적 입장을 따르는 데 주저하지 않았다. 교회의 이 새로운 진보적 입장에 대해 멕시코 정부도 비판하거나 방해하지 않았다. 그러나 교회의 이러한 새로운 사목활동은 기본적으로 중부의 수도권 일부와 남부의 원주민지역에 집중되었다. 따라서 교회의 이러한 새로운 사목활동은 멕시코 전역에 알려지지는 않았다. 멕시코 교회의 이 새로운 진보적 입장은 사회정의, 해방, 가난한 자와의 연대, 민중교회 등에 대한 담론과 행동을 확산하기 위해 모든 가능한 교회기관들을 활용하였다. 그러나 이러한 진보적 입장은 멕시코 교회 내부에서는 소수였다. 가령 꾸에르나바카(Cuernavaca)의 멘데스(Sergio Mendez) 주교와 '멕시코사회봉사국'(SSM) 그리고 '민중을 위한 사제'(Sacerdotes para el pueblo)운동은 대표적인 사례이다(Blancarte, 1995: 185～187). 교회의 다수는 여전히 보수적 입장을 취하고 있었다. 에르난데스(Hernandez)가 잘 지적하고 있듯이,

"멕시코 교회는 다른 라틴아메리카 교회의 발전과 비교하여 볼 때 예외적
이었다. 멕시코 교회는 바티칸이 주도한 혁명적 입장과는 거리가 먼 시기
에 존재했다. 왜냐하면 그 시기 멕시코는 경제기적의 시기였고 위대한 정
치적 안정을 구가하던 시기였다. 교회는 억압적 반공산주의의 위협을 강조
하면서 성장의 신화에 빠져 있었다. 멕시코에서 교회는, 교회의 모든 매체
를 통해 제2공의회의 정신을 적용하려 노력하였지만 멕시코 교회는 그들
의 사목노선을 근본적으로 변화하지 않았다. 제2공의회는 멕시코에 적절
하지 않은 시기에 도착하였다."(Hernandez Avendano, 2006:104).

비록 제2공의회의 정신이 멕시코의 전체 교회 차원에서 받아들
여지지 않았지만, 제2공의회는 교회가 정치적 현실과 사회문제에
각성하는 계기가 되었다. 가난한 자를 위한 남부 원주민 교회의 사
목활동은 교회의 새로운 사회적·정치적 역할을 제기하였다. 남부
지역의 이러한 예언자적 교회활동을 통해 멕시코 교회 안에는 정
통적이거나 보수적인 입장 이외에 진보적 입장이 교회의 사목적
입장의 하나로 새롭게 정착하였다. 이들의 중요성은 멕시코 교회에
오랫동안 금기시되었던 정치적 상황에 대하여 문제제기를 하기 시
작하였다는 점이다.

2) 경제적 동인 —
   멕시코의 경제기적과 중산층의 형성

석유산업의 국유화로 인한 막대한 석유달러의 국고수입과 제2차
세계대전의 특수로 인한 멕시코 경제의 호황은 급기야 멕시코 경
제기적 달성이라는 세계적 찬사를 받게 하였다. 그리고 1968년에
제3세계에서는 최초로 멕시코가 올림픽을 개최하게 되었다. 이러한
경제성장을 기반으로 국내 정치 분야에서 멕시코 혁명정부는 서유

럽의 복지국가모델에 가까운 사회적 복지국가 정책의 실시를 통해 집권당(PRI)의 사회적 지지기반을 확대해 갔다. 따라서 멕시코 사회는 외형상 풍요롭고 안정적인 소비사회의 생활을 즐기고 있었다. 전 세계의 유명 자동차와 전자제품들이 물밀듯이 멕시코 주요도시의 백화점과 대형 쇼핑몰을 가득 채웠다. 멕시코의 중산층들은 1년에 한 번 또는 두 번씩 미국과 유럽에서 해외휴가를 보내든지 적어도 국내의 유명 휴양지의 리조트와 호텔에서 휴가를 보낼 여유가 있었다. 한국 사회가 88올림픽 이후 97년 IMF위기 이전까지 즐겼던 풍요로운 소비생활을 멕시코 중산층은 이미 20년 전 그들의 '아름다운 시기(bella época)'를 보냈다.

산업화의 성공과 경제기적의 결과는 도시 노동자의 중산층화를 가능하게 하였다. 1968년의 학생운동은 중산층의 정치적 불만을 표현하는 계기가 되었지만 경제기적에 힘입은 멕시코 정부는 국내외적으로 매우 진보적인 정치를 구사하였다. 즉 국내정치에서 정부는 좌파의 정당 활동을 허용하였으며, 국제정치 분야에서 멕시코는 민족주의적인 제3세계노선을 취하는 독자적인 외교정책을 펼쳤다.

석유달러로 인한 멕시코 경제의 안정적인 성장과 이에 근거한 징치직 인정은 멕시코 교회의 비판적 사회 인식을 불가능하게 하였다. 이 점이 제2공의회와 CELAM II의 신학적 변화가 멕시코 교회에는 생소하게 느껴지는 요인으로 작용하였다. 멕시코 교회의 민주화 참여가 지연된 이유는 여기에서 찾을 수 있다. 이 당시 멕시코 교회는 국내적인 문제보다는 국외선교와 국제적인 연대로 관심의 초점을 돌렸다. 한국개신교회가 88올림픽 이후 해외로 선교사를 대규모로 보내기 시작했다면, 멕시코의 가톨릭교회는 이미 20년 전에 한국을 포함한 전 세계로 많은 선교사를 파송하였다.

3) 사회문화적 동인 ─
개신교의 증가와 세속화로 인한 가톨릭의 쇠퇴와 위기의식

멕시코 교회의 사회 정치적 역할회복을 가능하게 한 세 번째 중요한 요인으로 사회문화적 동인을 지적하지 않을 수 없다. 대표적인 사회문화적 동인으로 소비자본주의 문화의 세속주의, 포스트모던 문화의 문화적 다양성, 미국계 복음주의 개신교의 증가에 의한 종교적 다원성의 확대와 가톨릭교회의 문화적 정체성의 상실 등을들 수 있다. 멕시코 혁명과 크리스테로 전쟁(1926～1929) 패배 이후 가톨릭교회의 관심 분야는 사적 영역으로 제한되면서 주변화되어 갔다(CEM, 2000: 27). 다시 말해 혁명정부는 종교의 활동범위를 개인적 자유와 의식의 영역으로 제한시켰다(Legorreta Zepeda, 2000: 37). 1940년대 이후 급속도로 추진된 산업화와 근대화 과정은 멕시코 사회의 세속화 과정을 촉진시켰다.[9] 그리고 1980년대의 지구화과정은 사회 전 분야에 세속화를 심화시켰다(CEM, 2000: 30). 멕시코 주교단은 약화되어 가는 사회적 국가의 역할과 이로 인해 증가하는 빈곤계층의 현실에 대하여 교회는 연대의 문화, 사회정의, 관용의 문화를 확대함을 통해 민주주의 문화를 심화할 필요가 있음을 강조하였다(CEM, 2000, 32: 93).

400년 이상 가톨릭교회가 독점해 온 종교 영역은 혁명정부의 출현 이후 다양한 종교적 세계관이 공존하는 근대적 세계로 전환되었다. 또 근대화 과정으로 촉발된 사회적 파편화 현상은 종교적 파

---

9) 유럽과 제3세계의 세속화에 대한 최근 연구는 매우 대조적인 평가를 하고 있다. 유럽의 세속화 과정이 종교생활에 부정적인 영향을 준다면, 제3세계의 경우는 세속화과정이 종교생활에 별 영향을 주지 않는다는 것이다. 이에 대해서는 벨라스코의 연구(Velasco, 1990)를 참고할 수 있다.

편화 현상을 야기하였고 이것은 가톨릭교회의 쇠퇴와 이에 대한 가톨릭교회의 위기의식을 불러일으켰다(Legorreta Zepeda, 2000: 54). 멕시코 사회에서 가톨릭교회의 쇠퇴는 무엇보다 가톨릭교인의 감소현상으로 확인되었다. 공식통계에 의하면 멕시코의 가톨릭인구는 1970년에 96.2%, 1980년에 92.62%, 1990년에 89.69%로 감소하고 있었다(Legorreta Zepeda, 2000: 39). 멕시코 사회의 교회에 대한 신뢰도도 갈수록 감소하고 있음을 또 다른 통계는 보여 준다. 즉 1993년의 한 연구통계에 의하면, 멕시코 국민이 가장 신뢰하는 사회기관은 가족(86.2%)이고 두 번째가 교회(58.2%)이나 교회에 대한 신뢰도는 낮은 편이고 점진적으로 감소(58.2% → 41.4%)하고 있었다(Durand Ponte, 2004: 127). 이 외에도 종교적 무관심의 증가와 교회가 오랫동안 가르쳐 온 도덕적 가치(혼전 순결, 낙태금지, 이혼금지 등)로부터의 점진적 이탈 현상은 가톨릭교회의 영향력이 쇠퇴하고 있음을 보여 주는 구체적인 사례들이다.

요약하면 바티칸 제2차공의회와 CELAM Ⅱ의 영향에도 불구하고, 멕시코의 경제기적과 정치적 안정은 교회의 민주화 참여를 지연시키는 요인으로 작동하였다. 그러나 개신교의 증가와 소비자본주의 문화의 유입으로 인한 세속화외 종교적 다양성은 가톨릭교회의 독점적 영향력을 쇠퇴하게 하였으며 이로 인한 위기의식은 교회의 민주화 참여를 촉발시키는 계기가 되었다.

2. 교회 내의 다양한 경향과 사회적 역할

스페인 교회와 마찬가지로 멕시코 교회도 교회 내에 다양한 경향의 그룹이 존재하였으며 민주화에 대한 그들의 입장과 사회적 역할도 다양하게 나타났다. 즉 멕시코 교회 안에도 주교단과 사제단 그리고 평신도 그룹이 존재하며 이들 사이에도 각기 다른 입장과 역할이 존재하였다. 멕시코의 민주주의와 관련한 멕시코 주교단의 주요 문서로는 많이 있으나 1968년 5월에 발표한 '국가의 발전과 통합'에 대한 문서, 1972년의 '사회정치적 상황에 대한 기독교인의 책임'이란 문서, 1988년 9월에 발표한 '선거과정에 대한 멕시코주교단의 선언'이란 문서가 가장 중요한 것으로 주목을 받았다. 1968년의 문서에서 주교들은 "시민들의 자유로운 선거분위기를 보장하는 정치제도의 확립, 자유로운 노동조합의 존재, 정치에 대한 가톨릭교인의 적극적 참여"를 요청하였다. 1972년의 문서에서는 비민주적인 멕시코 정치체제를 비판하면서 공적 영역에서의 민주화 필요성을 강조하였다. 1988년의 문서에서는 주교단은 선거에 표현된 민중들의 의사가 존중되어야 함을 강조하면서 선거부정행위를 비판하였다. 사제들의 문서로는 '민중을 위한 사제그룹(Sacerdotes para el pueblo)'이 발표한 문서가 있으며 평신도의 경우는 '멕시코 가톨릭행동(la Acción Católica Mexicana)'이 발표한 문서가 있다 (Blancarte, 1995: 49). 이들 내에도 다양한 경향이 존재하며, 필자는 이들을 다음 네 가지 입장으로 정리한다. 1) 전통주의 입장, 2) 공식주의 입장, 3) 바티칸 우파입장, 4) 진보주의 입장이다. 스페인 경우와 비교하여 멕시코 교회에는 급진적인 입장이 미약하였다.

1) 전통주의 입장

이들은 제2공의회 이전의 제1공의회주의 입장 또는 영성주의 입장으로 분류되기도 한다. 이들은 제2공의회가 제안한 변화를 받아들이지 않았다. 즉 근대세계를 받아들이지 않으며 따라서 근대세계를 위한 교회의 새로운 신학적 해석도 받아들이지 않았다. 이들은 교회를 영성활동에 전적으로 전념하는 조직이라고 강조하였다. 이들은 주로 구아나후아토(Guanajuato), 사카테카(Zacateca), 멕시코 주(Esatdo de México), 베라크루스(Veracruz) 지역에 집중되어 있었다. 그러나 영성선교를 강조하는 경향은 에르네스토 꼬리삐오(Ernesto Corripio) 추기경의 퇴임과 함께 근본적인 변화에 직면하였다. 영성만을 강조하는 이 그룹의 극단적 입장은 더 이상 의미 있는 힘을 보여 주지 못하고 교회 내에서 주변부로 물러났다.

2) 공식주의 입장

이들은 제2공의회의 근대적인 노선을 따르는 공식주의 입장이다. 이들은 교회의 새로운 개념뿐만 아니라 근대세계에서 교회의 새로운 역할에 대한 바티칸의 입장을 전적으로 지지하는 입장이다. 그러나 정치적으로는 중도적인 또는 실용적인 입장을 취하였다. 공식주의 입장은 교회 내에 다수이며, 집권당(PRI)에 우호적인 주교들로 구성되어 있었다. 그들은 교회를 위한 국가의 양보는 이제 충분하며, 교회의 법적 지위는 점차적으로 회복하게 될 것이라고 믿었다. 이들의 입장을 따르는 <종교와 양심>그룹은 국가가 교회에 최대한의 사회적 법적 위치를 주도록 압력을 행사하였다. <종교와 양심>그룹은 그들의 목표를 달성하였다. 이것은 그들이 로마 교황청의 대표 주교를 멕시코 교회에서 가장 중요한 인물임을 분명히 각인하는 데 성공하였기 때문이다. 동시에 2000년의 대통령선거에

서 이들은 집권당의 지도층 클럽에 접근하였으며 집권당(PRI)의 후
보를 비공식적으로 지원하였다. 집권당 후보의 패배는 그들의 정치
적 목표를 재정립하게 하는 사건이 되었다.

3) 바티칸 우파 입장

이들은 제2공의회의 근대적 입장을 수용하나 정치적으로는 우파
적 입장을 취하는 그룹이다. 이들은 바히오(Bajío) 주와 우파야당인
국민행동당(PAN)에 가까운 북쪽 치우아우아(Chihuahua) 주의 몇몇
주교들로 구성되어 있었다. 이들은 수적으로 비록 소수이나 자원이
풍부하고 기업가 세계뿐만 아니라 중산계층과 상류층에도 영향력
을 지니고 있었다. 이들은 정치적으로 보수적이며, 우파야당인 PAN
에 가까운 입장으로 사회주의와 공산주의에 극단적인 반대 입장을
취하는 그룹이다. 80년대에는 이 세 번째 입장이 우파야당인 PAN
의 선거약진과 함께 교회정치의 주도권을 장악하였다. 가령 치우아
우아 주지사 선거에서 정치와 교회의 깊은 친밀성을 보여 주었다.
가톨릭교회는 이때 처음으로 교회의 이름으로 집권당의 선거부정
을 공개적으로 비판하였다. 심지어 이들은 단순한 재선이 아니라
진정한 정치적 민주주의를 요구하였다. 비록 로마교회가 개입하여
멕시코 교회의 행동을 통제하였지만, 교회는 선거와 선거 이후의
과정에 대한 정당화 기구로서의 정치적 역할을 분명히 각인하였다.

4) 진보주의 입장

이들은 제2공의회의 입장을 받아들일 뿐만 아니라 이를 더 심화
시킨 CELAM Ⅱ의 입장을 그들 교회의 사목활동에 적용하였다. 이

들은 가난한 교회의 입장을 취하면서 반민주적인 집권당과 이를 지지하는 교회 상층부를 비판하였다. 이들은 해방신학을 기반으로 한 기초공동체를 조직하고 있었으며, 원주민사목과 농민목회가 특징인 남부태평양지역(오아하카와 치아파스지역)에 집중되어 있었다. 진보주의 입장을 따르는 <토지와 자유>그룹은 남부태평양지역의 교인으로 구성되어 있었으며 이들은 가난한 교회의 모습 그 자체였다.

전통주의 교회와 마찬가지로 가난한 자의 교회도 그들을 지지하는 교회 내의 주교와 사제의 수는 소수였다. 그러나 1994년 치아파스의 갈등에서 보여 준 적극적 역할처럼 그들의 국가적 차원의 정치적 중대성은 증대되었다. 동시에 진정한 정치적 민주화를 위한 역할은 2000년 선거기간 때 '예수그리스도와의 만남에서 모든 이와의 연대를'이라는 문서의 발표를 통해 이 그룹의 적극적 행동을 보여 주었다(CEM, 2000). 이 문서에서 그들은 당시 비록 우파의 후보와 일치하는 면도 있었지만, 집권당과 노골적으로 정반대되는 정치적 입장을 표현하였다.

멕시코의 민주주의에 대하여 주교단의 입장을 가장 분명하게 나타낸 문서는 1992년에 발표한 목회서신과 대통령선거 지전인 1994년 3월에 발표한 '민주주의를 위한 가치'라는 문서이다. 이 문서에서 주교들은 "인간의 존엄성, 평등, 사회정의, 자유, 진리를 강조하였으며 특정 정당을 위해 압력을 가하는 것은 민주주의에 대한 테러"라고 선언하였다(Legorreta Zepeda, 2000: 153; CEM, 1994). 민주주의에 대해 대부분의 주교들이 대체로 지지하였으나, 이들을 지역적 차원으로 세분하여 살펴보면 보다 다양한 입장을 발견하게 된다.[10]

다른 한편 사제들의 입장도 그렇게 단순하지 않았다. 이론적 차원에서 사제들의 대부분은 국가의 사회경제적이고 정치적 상황을 아주 염려하였으나 동시에 교회가 사회적인 것에 대해 행동해야 할 필요가 있다고 표명하였다. 이러한 의미에서 사제들은 제2공의회의 근대적 입장을 취하였다. 그러나 실천적 차원에서 사제들 다수는 전통주의 입장을 따랐고 그다음 일부가 제2공의회의 근대적 입장을 취했고 마지막 남은 일부가 진보적 입장을 선택하였다(Legorreta Zepeda, 2000: 141～143).

요약하면 경제성장과 정치적 안정으로 인하여 교회의 사회적 문제인식이 지연되었다. 그러나 근대화로 인한 세속화의 심화와 미국계 개신교의 유입으로 인한 종교적 위기의식이 계기가 되어 멕시코 교회는 민주화 과정에 참여하였다. 이 과정에서 교회 안에는 다양한 입장이 존재하였으나 스페인의 경우보다 신중하고 온건한 입장을 취하였다. 비록 민주화 과정에 대한 참여가 지연되었으나, 교회는 민주화에 대한 입장을 분명하게 견지함을 통해 멕시코의 민주화가 정착되는 데 기여하였다.

Ⅳ. 결론: 비교와 의미

지금까지 필자는 민주화과정에서 보여 준 스페인과 멕시코 가톨

---

10) 가령 오스카 아길라에 의하면 주교단의 입장은 다음 네 가지로 나누어진다. 1) 변화에 대해 우호적인 주교, 레온(Leon)교구의 주교들, 2) 기초공동체와 같은 변화의 행동에 관용적인 주교, 유카탄(Yucatan)과 할라파(Jalapa) 교구, 3) 정치활동에 적극적인 평신도의 행동을 통제하려는 주교, 치우아우아(Chihuahua) 교구, 4) 민주적 변화에 적극적 행동을 취하는 주교, 타바스코(Tabasco) 교구(Legorreta Zepeda, 2000: 162～163).

릭교회의 사회적 역할을 교회의 민주화 참여를 가능하게 한 요인과 교회가 발표한 대표적인 공식문서와 주요한 활동의 분석을 통해 검토하였다.

교회의 민주화 참여를 가능하게 한 요인을 요약 비교하면 다음과 같다. 신학적 측면에서 스페인 교회의 다수가 제2공의회의 입장을 적극적으로 수용하였다면, 멕시코 교회의 다수는 매우 소극적인 입장을 취하였다. 경제적 측면에서 스페인의 근대화와 산업화로 인한 세속화는 교회의 민주화 참여의 계기가 되었다. 이와 달리 멕시코에 있어서 근대화와 산업화로 인한 경제성장과 정치적 안정은 멕시코 교회의 민주화 참여를 지연시키는 요인으로 작용하였다. 정치적 측면에서 스페인과 멕시코는 일당 장기 집권에 대한 불만이 표출되기 시작하였다. 스페인의 경우 독재자의 죽음이 교회의 민주화 참여를 위한 직접적인 계기가 되었다면, 멕시코 교회는 과거의 부정적인 정치적 유산이 교회의 민주화 참여를 지연하게 하였다. 마지막으로 사회문화적 차원에서 보면 스페인의 경우는 세속화 과정의 심화로 인한 문화적 다양성이, 멕시코의 경우는 개신교의 유입으로 인한 종교적 다원성이 가톨릭교회의 위기의식을 불러일으켰고 이 점이 교회의 민주회 참여를 가능하게 한 요인으로 자동하였다.

교회가 민주화에 참여하는 과정에서도 스페인과 멕시코 교회의 대응방식은 다양하였다. 이 과정에서 표출된 이 두 교회의 공통점과 차이점을 비교 분석하면 다음과 같다. 공통점은 다음 세 가지로 요약할 수 있다. 첫 번째는 가톨릭이 오랫동안(스페인 1,500년, 멕시코 500년) 전체 인구의 다수(90%)를 차지해 왔고, 세계교회(로마)의 변화에 어느 정도 영향을 받는 가톨릭교회라는 점이다. 두 번째는 시민혁명과 내전을 겪었다는 점이다. 마지막 세 번째는 민주적 변화에 참여하였다는 점이다.

차이점도 다음 세 가지로 요약될 수 있다. 첫째, 스페인은 주변 국가들이 대부분 선진민주주의 국가였다. 이와 달리 멕시코는 미국과 캐나다를 제외한 주변국이 대부분 독재국가였다는 점이다. 둘째는 혁명과 내전에 대한 입장의 차이이다. 스페인의 경우 반혁명을 지지했고 반혁명이 성공한 이후 교회는 최대의 수혜자가 되어 많은 특혜를 받았다. 이와 달리 멕시코의 경우 반혁명을 지지했으나 실패했다. 이 결과 교회는 오랫동안 교회 역사상 가장 불리한 대우를 혁명정부로부터 받아 왔다. 마지막 셋째는 앞의 이유로 인해 민주적 변화에 대한 교회의 참여 정도에 차이가 있었다. 스페인의 경우는 좀 더 적극적일 수 있었다면, 멕시코 교회는 좀 더 신중한 입장을 취하게 되었다. 멕시코의 경우 교회와 국가의 분리는 아직 완결된 사건이 아니라 상호 협력의 필요성이 아직도 존재하고 있음을 보여 주고 있었다.

스페인과 멕시코 교회가 민주화를 지지했고 가능하게 했다는 점은 부정할 수 없는 사실이다. 그러나 어떤 형태의 정치적 변화와 어떤 형태의 민주주의를 교회가 원했는지는 좀 더 면밀하게 검토해 보아야 할 것이다. 왜냐하면 레시오가 적절하게 지적하고 있듯이, 가톨릭교회는 권위주의 정부에서 민주적 정부로 이행하는 것을 지지하는 것에 만족하였지 신자본주의 체제로의 변형을 저지하지 않았다(Recio, 1990: 19). 이들의 민주화 참여의 목표는 대의민주주의의 형식적 회복수준이었지 사회경제적 문제의 근본적 변화를 포함하는 참여민주주의는 아니었다(Castillo, 2005: 26)는 한계를 지니고 있었다.

이러한 한계에도 불구하고 스페인과 멕시코 가톨릭교회는 민주화 참여를 통해 다음과 같은 의미 있는 기여를 하였다. 스페인의 민주화과정에서 가톨릭교회는 내전으로 인해 깊은 상처를 입은 스페인 사회에 화해를 통한 사회통합의 중재자로서의 역할과 좌파와 우파의 다양한 견해를 허용하는 민주적 문화의 확산과 심화에 기여하였다. 스페인 가톨릭교회는 내전 기간(1933~1936) 동안 반성직자주의를 표방하는 공화국 정부의 좌파세력으로부터 많은 박해를 받았음에도 불구하고, 내전 기간 동안에 희생된 좌파와 우파의 모든 스페인 국민을 위한 추모비의 건립과 민족적 화해를 위한 전면적 사면운동 등을 통해 갈라진 스페인 사회의 화해와 일치를 위해 노력하였다. 그리고 한 걸음 더 나아가 이러한 화해의 정신을 심화시켜 관용의 문화를 확대하여 민주주의 문화가 뿌리내리는 데 크게 기여하였다.

멕시코의 민주화과정에서도 가톨릭교회는 신중하면서도 분명한 방식으로 멕시코 정치의 민주적 변화에 기여하였다. 특히 멕시코 교회는 과거 실패한 역사 경험에서 교훈을 얻어 당파적 입장을 취하는 데는 신중한 태도를 보여 주었다. 특정 정치권력의 입장과 동일시하기보다는 사회문화적 영역에서 주도적인 정신적 영향을 주기를 원하였다.

일반적으로 정치 영역에서 권위주의 사회는 비관용적인 종교집단을 재생산하는 경향이 있다. 오랫동안 스페인과 멕시코 교회는 권위적인 정치문화에 편승하여 비관용적이고 비민주적인 정치문화를 재생산하는 역할을 하였다. 그러나 정치적 민주화에 참여하는 과정에서 스페인과 멕시코 교회는 사회적 갈등의 화해자로서의 역할뿐만 아니라 정치적 자유의 확대와 관용의 실천을 통해 사회의 민주화에 기여하였다.

스페인과 멕시코 가톨릭교회의 사례는 한국 교회를 위해 어떠한 의미 또는 시사점을 제시하는가? 한국 교회도 한국 사회를 좌우로 나눈 한국전쟁과 군사독재로 인해 발생한 많은 사회적 갈등과 깊은 상처를 경험하였다. 한국 교회는 정치적 차이와 분열로 인해 상처받은 한국 사회의 회복과 민주주의의 심화를 위해 어떠한 역할을 하였는가? 다행히 한국 교회는 권위주의 정권시절에 예언자적 참여를 통해 한국의 민주주의를 회복하는 데 큰 기여를 하였다. 그러나 한국 교회도 스페인과 멕시코의 경우처럼 형식적 민주주의 회복에 안주하고 참여민주주의를 심화하는 과정에는 등한시하지 않았는가 하는 의문을 제기한다. 또 전쟁과 독재의 상처를 치유하는 민주화의 사회적 통합역할에 대한 교회의 태도는 좀 더 심각하다. 한국 교회의 일부가 전쟁이 끝난 지 50년이 지난 지금에도 한국전쟁으로 인해 상처받은 영혼에 대한 치유와 화해의 노력보다는 한국전쟁으로 입은 피해에 대한 증오의 감정을 확대 재생산하여 남북분단과 사회적 분열을 더욱 고착화시키고 있다는 비판을 교회 안팎으로 받고 있기 때문이다. 스페인과 멕시코 가톨릭교회의 사례 연구는 한국 교회가 예수 그리스도의 사랑의 정신에 근거한 화해와 관용을 실천하는 종교인의 역할보다는 이러한 분열과 갈등을 이용하여 사적 이익을 추구하는 세속적 이익집단의 행태에 몰두하지 않았는지를 되살펴 보게 한다.

【참고문헌】

김세건. "성모과달루페 신앙과 멕시코", 1999년 라틴아메리카 학회 발표원고, 1999.

이남섭. "멕시코 혁명과 종교", 『라틴아메리카연구』, 14권 2호, 31, 2001, 7~356.

_____. "역사적 변동과 종교: 사회적 성격을 중심으로", 『라틴아메리카의 역사와 문화』, 소화, 2003, 475~582.

주종택. "멕시코의 사회변화와 개신교의 발전", 『라틴아메리카연구』, 17권 1호, 2005, 5~48.

_____. "라틴아메리카의 사회경제적 변화와 종교: 천주교와 개신교의 관계", 『한국문화인류학』, 33권 2호, 2000, 331~360.

Acuña, Hector. "La Iglesia y lo político: hacia una caracterización de la jerarquía católica mexicana", *Estudios Sociales.* mimeo, México, 1987.

Ai Camp, Roderic. *Política y religión en México.* México: SigloXXⅠ, 1998.

Arbeloa, Victor Manuel. *Aquella España católica*, Salamanca: Ed. Sígueme, 1975.

Bastian, Jean Pierre. *Protestantismo y sociedad en México.* México: CUPSA, 1983.

Blancarte, Roberto(coord.). *Religión, iglesias y democracia.* México: La Jornada Ediciones/UNAM, 1995.

Bueno, Gustavo, De Miguel, Amando, Ojea, Gonzalo Puente, Sádaba, Javier y Albiac, Gabriel. *La influencia de la religión en la sociedad española.* Madrid: Libertarias/Prodhufi, 1994.

Castillo, José M. y Tamayo, Juan. *Iglesia y sociedad en España.* Madrid: Editorial Trotta, 2005.

Conferencia del Episcopado Mexicano(CEM). *Carta Pastoral del Encuentro con Jesucristo a la Solidaridad con todos.* México: CEM, 2000.

De la Rosa, Martin y Reilly, Charles A. *Religión y política en México.* México: Siglo XX I , 1985.

Durand Ponte, Victor Manuel, *Ciudadaía y cultura política, México 1993 ~ 2001.* México: Siglo XX I , 2004.

Gimenez, Gilberto(coord.). *Identidades religiosas y sociales en México.* México: UNAM, 1996.

Hernandez Avendano, Juan Luis. *Dios y el Cesar.* México: UIA/ITESO. 2006.

Instituto Superior de Pastoral, *La Iglesia en la sociedad española.* Estella: Editorial Verbo Divino, 1990.

Loaeza, S. "Notas para el estudio de la Iglesia en el México contemporáneo", en *Religión y Política en México.* México: Siglo XX I , 1984.

Maduro, Otto. *Religión y Conflicto social.* México: CRT, 1993.

Mate, Reyes. *El desafio socialista.* Salamanca: Ediciones Sígueme, 1975.

Legorreta Zepeda, José de Jesús. 2000. *La Iglesia católica y la política en el México de Hoy.* México: UIA.

Patino, Martin. *El cristiano ante el desarrollo constitucional.* Madrid: PPC, 1978.

Recio, Juan Luis, Uña, Octavio y Salazar, Rafael Díaz. Para comprender la transición española. *Religión y política.* Estella: Editorial Verbo Divino, 1990.

Savater, F. *La cuestión religiosa.* Bicileta, 37, 1981.

Soriano Nunez, Rodolfo. *En el nombre de Dios. Religión y democracia en México,* México: Instituto Mora, 1999.

Toharia, José Juan. "La sociedad española: los últimos 25 años", en *La Iglesia en la sociedad española.* Estella: Ed. Verbo Divino, 1990.

Velasco, Juan Martin. "La Iglesia ante el año 2000. Del miedo a la esperanza", en *La Iglesia en la sociedad española.* Estella: Ed. Verbo Divino, 1990.

www.riss4u.net

예언과 공연:

에스겔서 12장 1~16절을 중심으로

이종록

(한일장신대학교, 구약학)

Ⅰ. 전위예술

에스겔은 우화를 지어내는 놀라운 능력을 가졌다는 점에서 '유다의 이솝'이라고 불릴 만하다. 그리고 에스겔이 다른 예언자들보다 행위예언,[1] 즉 행위를 통해서 예언하는 것에 천부적이라는 점에서는[2] 아방가르드(avant‐garde, '전위예술가')처럼 보인다. 노명우는 아방가르드를 이렇게 정의한다.

> 아방가르드의 핵심은 새로움이 아니다. 아방가르드는 '새로움'과 '저항'의 결합이다. 새로움이라는 범주와 저항이라는 범주가 겹쳐지는 유일한 장소는 아방가르드뿐이다. 대중문화는 새로움을 내세우지만 주류 대중문화에는 저항이 없다. 아방가르드는 비판 정신의 은유이며, 아방가르드의 참된 정신은 '긍정성'으로 변화한 예술에 대한 저항이다.[3]

아방가르드는 원래 '척후병', 즉 전위부대를 가리키는 군대 용어인데,[4] 나는 아방가르드의 특성이 '새로움과 저항'이라는 구절을

---

1) 예언자들이 다양한 행동을 통해서 예언하는 것을 'sign‐act' 또는 'symbol‐act', 그리고 prophetic symbolism, drama라고 하는데, 행위예술적인 모습을 보인다는 점에서, 이 글에서는 '행위예언'이라고 하겠다. 구약성서에서 행위예언에 해당하는 것은 40회 이상 나온다(W. D. Stacy, *Prophetic Drama in the Old Testament*(London: Epworth Press, 1990), 3).

2) 행위예언은 다른 어느 예언자들보다 에스겔의 사역에서 중요한 역할을 한다(J. Lindblom, *Prophecy in Ancient Israel*(Philadelphia: Fortress Press, 1962 (1976), 170f.).

3) 노명우, 『아방가르드』(서울: 책세상, 2008), 117f.

읽으면서, 예언자들이 '아방가르드'라는 생각을 했다. 노명우도 그렇게 말한다.

> 아방가르드는 적군의 상황을 알아보기 위해 목숨을 걸고 적진으로 가장 먼저 뛰어드는 선발대이다. 그렇기에 아방가르드는 적이 앞으로 어떻게 움직일지 파악할 수 있어야 한다. 단지 지금의 상황만 판단할 수 있는 척후병이라면. 그는 척후병에게 요구되는 자질을 충분히 갖추었다고 할 수 없다. 척후병의 능력은 얼마나 먼 미래의 동향을 예측하고 예견할 수 있는지에 달려 있다. 이런 점에서 척후병 아방가르드는 예언자이다.[5]

이런 점에서 고대 이스라엘의 모든 예언자들이 아방가르드이지만, 특히 에스겔은 고대 이스라엘의 예언자들 가운데서 아방가르드 성향을 가장 강하게 드러낸다. 이것은 하나님이 에스겔을 파수꾼으로 부르셨다는 점에서, 그리고 에스겔이 자신의 신체[6]로 퍼포먼스 (performance)를 하는 전위예술가적인 모습을 보인다는 점에서 그렇다.[7]

이 연구는 먼저 에스겔서 12장 1~16절[8]을 읽으면서 본문이 무

---

4) 박상선. 『아방가르드와 숭고: 리오타르의 철학』(원주: 도서출판 흙과 생기, 2005), 14.

5) 노명우, 『아방가르드』, 11.

6) 퍼포먼스는 "기본적으로는 단순한 행위자의 스텝. 운동. 자세. 몸짓이다. 그러므로 전위적인 퍼포먼스라는 장르에서 '바로 눈앞에서 일어나는 일'의 목적은. 퍼포먼스하는 신체를 그 자체로서(그리고 그 공간화된 여러 관계를) 세상에 드러내는 것이다."((David M. Levin, "퍼포먼스가 실현하는 것", 심우성 편역, 『신체의 미학』(서울: 현대미학사, 1997), 87. "모더니즘의 공연 예술이 바로 눈앞에서 일어나게 하는 것은 신체의 진실이다. 이 진실에 관해 기술적 재현적 예술작품은 웅변으로 말할 수 있을지라도, 유무를 말하게 할 수 없는 힘으로 실현하여 보여 줄 수 없다. 왜냐하면 이 진실은 신체에서 생기기 때문이다. 미적 표현을 행하고, 의미를 부여하고 또한 받아들이는 것은 신체 자신의 능력이다."(91).

7) 버나드 랭은 에스겔을 거리 연극(street theater)을 하는 창조적인 공연가(creative performer)로 생각한다. Bernhard Lang, "Street theater, Raising the Dead and the Zoroastrian Connection in Ezekiel's Prophecy", ed. J. Lust, *Ezekiel and His Book – Textual and Literary Criticism and their Interpretation*(Leuven:Leuven University Press, 1986), 297~316을 보라.

8) 이 본문은 에스겔서에서 가장 분명한 예언적 드라마이다(W. D. Stacy, *Prophetic Drama in the Old Testament*, 193).

엇을 말하는지를 살핀 다음, 본문에 나타나는 예언과 공연의 관계 양상을 살펴보려고 한다.

II. 본문 연구

나는 본문 읽기가 성서연구에서 가장 중요한 작업 가운데 하나라고 생각한다. 성서학자들은 성서본문을 바르게 읽는 것을 주업으로 하기 때문에, 학문적 논점들을 다루기 이전에 그 본문을 꼼꼼하게 읽는 모습을 보여 주는 것은 당연하다. 본문을 개역개정본으로 읽으면서, 설명은 각주로 처리하겠다.

> 1
> 1 또 여호와의 말씀이 내게 임하여 이르시되
> 2 인자야 네가 반역하는 족속 중에 거주하는도다9) 그들은 볼 눈이 있어도 보지 아니하고 들을 귀가 있어도 듣지 아니하나니 그들은 반역하는 족속임이라
> 3 인자야 너는 포로의 행장을 꾸리고10) 낮에 그들의 목전에서 끌려가라 네가 네 처소를 다른 곳으로 옮기는 것을 그들이 보면 비록 반역하는 족속이라도 혹 생각이 있으리라11)
> 4 너는 낮에 그들의 목전에서 네 포로의 행장을 밖에 내놓기를 끌려가는 포로의 행장같이 하고 저물 때에 너는 그들의 목전에서 밖으로 나가기

---

9) 히브리어 어순으로는 "반역하는 족속 중에 네가 거한다"이다. 에스겔이 "반역하는 사람들 가운데" 거주한다는 것을 강조하는 것이다.

10) 유다 사람들이 바벨론에 강제이주당할 때, 그들이 생활에 필요한 짐들을 가져간 것을 의미한다. 그런 짐을 다시 꾸리라는 것이다.

11) 이 구절을 직역하면 이렇다. "그리고 너는 네 거처에서 다른 곳으로 끌려가라. 그러면 그들이 볼 것이다. 그들은 참으로 반역하는 백성들이다."

를 포로되어 가는 자같이 하라[12]

5 너는 그들의 목전에서 성벽을 뚫고[13] 그리로 따라 옮기되

6 캄캄할 때에[14] 그들의 목전에서 어깨에 메고 나가며[15] 얼굴을 가리고[16] 땅을 보지 말지어다 이는 내가 너를 세워 이스라엘 족속에게 징조[17]가 되게 함이라 하시기로

7 내가 그 명령대로 행하여 낮에 나의 행장을 끌려가는 포로의 행장같이 내놓고 저물 때에 내 손으로 성벽을 뚫고 캄캄할 때에 행장을 내다가 그들의 목전에서 어깨에 메고 나가니라

2

8 이튿날 아침에[18] 여호와의 말씀이 또[19] 내게 임하여 이르시되

9 인자야 이스라엘 족속 곧 그 반역하는 족속이 네게 묻기를 무엇을 하느냐 하지 아니하더냐

10 너는 그들에게 말하기를 주 여호와의 말씀에[20] 이것은 예루살렘 왕[21]과 그 가운데에 있는 이스라엘 온 족속에 대한 묵시[22]라 하셨다 하고

11 또 말하기를 나는 너희 징조[23]라 내가 행한 대로 그들도 포로로 사로잡혀 가리라

12 무리가 성벽을 뚫고 행장을 그리로 가지고 나가고 그중에 왕[24]은 어

---

12) 이 구절을 직역하면 이렇다. "너는 저녁에 그들이 보는 앞에서 포로들이 나가는 것처럼 나가라."

13) 히브리어로 '키르'인데. 대체로 집 벽을 가리키고, 성벽은 대체로 '호마'라고 한다.

14) 히브리어로 '알라타'인데, 이곳과 창세기 15:17에만 나온다. 알라타는 일몰 직후를 가리킨다. 본문에 나오는 시간순서는 요맘(낮)－에레브(일몰)－알라타(해거름)이다.

15) 이 구절을 직역하면 이렇다. "그들이 보는 앞에서 어깨 위에 짊어지고 해거름에 나가라."

16) 얼굴을 가린다는 것은 두 가지 의미를 갖는다. 하나는 비통함(삼하 15:30, 19:5, 에 6:12)이고 다른 하나는 수치(렘 14:3,4, 에 7:8, 미 3:7)이다.

17) 히브리어로 '모펫'(24:24, 27)인데, 4:3에서는 '오트'를 사용한다. '오트'와 '모페트', 그리고 '마샬'에 대해서는, W. D. Stacy, *Prophetic Drama in the Old Testament*, 14～22를 보라. 여기에 대해서는 앞으로 더 연구하려고 한다.

18) 히브리어 본문은 그냥 '아침에'이다. 번역자가 의역(意譯)을 한 것이다.

19) 히브리어 본문에는 '또'에 해당하는 단어가 없다. 번역자가 의역을 한 것이다.

20) 직역하면, "주 야훼가 이렇게 말씀하셨다"이다.

21) 히브리어로는 '멜렉'이 아니고 '나시'인데, 나시는 방백을 가리킨다.

22) 히브리어로 '맛사'이다. 맛사가 나오는 구절("한나시 함맛사 핫제 비루샬라임")을 직역하면 이렇다. "그 방백이 예루살렘에서 이 맛사이다"

23) 히브리어로 '모페트'인데, 6절에도 나왔다.

두울 때에 어깨에 행장을 메고 나가며[25] 눈으로 땅을 보지 아니하려
고 자기 얼굴을 가리리라 하라

13 내가 또 내 그물을 그의 위에 치고 내 올무에 걸리게 하여[26] 그를 끌
고 갈대아 땅 바벨론[27]에 이르리니 그가 거기에서 죽으려니와 그
땅[28]을 보지 못하리라[29]

14 내가 그 호위하는 자와 부대들을 다 사방으로 흩고 또 그 뒤를 따라
칼을 빼리라

15 내가 그들을 이방인 가운데로 흩으며 여러 나라 가운데에 헤친 후에
야 내가 여호와인 줄을 그들이 알리라

16 그러나 내가 그중 몇 사람을 남겨 칼과 기근과 전염병에서 벗어나게
하여 그들이 이르는 이방인 가운데에서 자기의 모든 가증한 일을 자
백하게 하리니 내가 여호와인 줄을 그들이 알리라

이제 본문이 어떻게 이루어졌는지 살펴보기로 하자. 본문은 두
부분, 즉 1~7절과 8~16절로 나뉜다. 1~7절에서는, 하나님이 에
스겔에게 행위예언을 지시하고(1~6절), 하나님이 일러 주신 대로
에스겔이 행위예언을 한다(7절). 8~16절에서는, 하나님이 에스겔에
게 행위예언의 의미를 관객들에게 설명할 것을 지시하시는데, 1~7
절과 다른 점은 하나님이 지시하신 대로 에스겔이 행한 것을 언급
하지 않는다는 것이다. 하나님이 에스겔에게 무엇을 하라고 지시하
신 다음, 에스겔이 그대로 했다는 것을 언급하는 구절이 에스겔서
에 그리 많지 않다는 점에서 에스겔서 12장 1~7절은 의미가 크다.

---

24) 히브리어로 '나시', 즉 방백이다. 이것은 바벨론에 의해서 왕위에 오른 시드기야가 더 이상
왕이 아니고 바벨론의 봉신에 불과하다는 것을 보여 준다(Paul M. Joyce, *Ezekiel-A
Commentary*(New York: T&T Clark, 2007), 118.

25) 직역하면 이렇다. "그리고 그들과 함께하는 그 방백은 해거름에 어깨에 짊어지고 벽으로 나
가는데, 그들이 벽을 파고 거기로 나갈 것이다."

26) 사냥하는 장면을 연상케 한다.

27) '바벨론'(히브리어는 '바벨')이라는 말은 에스겔서에서는 여기에 처음 나온다.

28) 여기서 '그 땅'이 어디를 가리키는지 분명치 않다.

29) 이 구절을 직역하면 이렇다. "그가 그곳을 보지 못할 것이고, 그가 거기서 죽을 것이다."

하나님이 지시하신 대로 에스겔이 행했다고 하는 곳은 마른 뼈 골짜기 환상을 이야기하는 37장 7～10절이다.

에스겔서 37장 1～14절은 1～10절과 11～14절로 나뉘는데, 1～6절은 하나님이 에스겔에게 명령하시고(1～6절), 에스겔은 그대로 행한다(7～10절). 그리고 하나님은 에스겔에게 그 의미를 백성들에게 설명하게 하신다(11～14절). 이런 점에서 에스겔서 37장 1～14절은 12장 1～16절과 가장 비슷하다. 에스겔서 37장 15～28절도 약간 비슷한 형태를 보이는데, 15～17절은 하나님이 에스겔에게 행위예언을 지시하시고, 18～28절은 예언의 의미를 백성들에게 설명할 것을 지시하시는 것은 본문과 같다. 그런데 에스겔이 하나님이 지시하신 대로 했다는 언급을 하지 않는 점에서 본문과 다르다. 그리고 4～5장에서 에스겔은 네 개의 행위예언에 대해 기록하는데, 이 예언들은 예루살렘이 포위당하고 함락당할 것을 명확하게 보여 주지만, 하나님이 에스겔에게 무슨 행동을 하라고 지시하신 것만 기록하고, 에스겔이 그대로 행했다는 것은 언급하지 않는다. 에스겔서는 대체로 이런 방식을 따른다.

본문은 이전의 행위예언들에 대한 기록들과는 달리, 전통적인 방식을 따른다.30) 본문은 전통적인 예언양식을 따라서, "여호와의 말씀이 내게 임하여 이르시되"로 시작한다. 그리고 본문은 에스겔이 하나님으로부터 지시를 받고 그것을 실행하는 과정을 상세하게 기록한다. 에스겔은 한 가지 행위예언을 열여섯 절에 걸쳐서 기록한다. 이런 점에서 본문은 행위예언에 대한 다른 어떤 본문보다 예언의 공연적 성격을 더 분명하게 보여 준다.

---

30) Steven S. Tuell, *Ezekiel*, New International Biblical Commentary(Peabody: Hendrickson Publishers, Inc., 2009), 68f.

Ⅲ. 작가/감독 ― 하나님

우리가 살펴본 대로, 본문에서 하나님은 에스겔에게 행위예언을 지시하시는데, 하나님이 행위예언을 지시하시고 에스겔이 그대로 행하는 것은 그것이 '공연'(公演, Performance)임을 보여 준다. 하나님이 처음에 에스겔에게 하시는 말씀은 간단하다.

너는 포로의 행장을 꾸리고 낮에 그들의 목전에서 끌려가라

에스겔에게 포로로 분장하고 사람들이 보는 앞에서 포로처럼 끌려가라는 것이다. 에스겔이 포로처럼 끌려가는 장면을 연출하기 위해서는 대본이 필요하고, 배우들도 필요하다. 그리고 하나님은 에스겔에게 사람들이 보는 앞에서 하라고 여러 차례 지시하시는데, 이것 역시 에스겔이 하는 행위가 공연임을 가리킨다. 공연은 사람들이 보지 않으면 의미가 없기 때문이다.

본문을 보면, 연극대본을 하나님이 쓰신다. 그리고 연출도 하나님이 하신다. 에스겔은 하나님이 지시하는 대로 행동을 한다. 그는 공연배우이다.

3∼6절은 하나님이 연극대본을 구상하는 과정을 생생하게 보여준다. 3∼6절을 다시 읽어 보자.

3 인자야 너는 포로의 행장을 꾸리고 낮에 그들의 목전에서 끌려가라 네가 네 처소를 다른 곳으로 옮기는 것을 그들이 보면 비록 반역하는 족속이라두 혹 생각이 있으리라
4 너는 낮에 그들의 목전에서 네 포로의 행장을 밖에 내놓기를 끌려가는

포로의 행장같이 하고 저물 때에 너는 그들의 목전에서 밖으로 나가기
를 포로되어 가는 자같이 하라
5 너는 그들의 목전에서 성벽을 뚫고 그리로 따라 옮기되
6 캄캄할 때[31]에 그들의 목전에서 어깨에 메고 나가며 얼굴을 가리고 땅
을 보지 말지어다 이는 내가 너를 세워 이스라엘 족속에게 징조가 되게
함이라

3절에서 하나님은 에스겔에게 포로의 행장을 꾸리고 끌려가는
장면을 모두 낮에 하라고 한다. 그런데 4절에서는 낮에 포로의 행
장을 꾸려서 내어놓고, 저물 때에 포로로 끌려가는 모습을 보여 주
라고 한다. 3절과 4절은 같은 말을 하는데, 시간대가 다르다. 그리
고 5절은 벽을 뚫고 포로의 행장을 옮기라고 하는데, 해 지고 어두
워지는 때 어깨에 메고 나가라고 한다. 3절에서는 낮에 하라고 하
고, 4절에서는 낮과 저물 때이고, 6절에서는 어두워질 때라고 한다.
여기서 보는 대로, 3~6절은 동일한 행위를 모두 세 차례(3절, 4절,
5~6절)에 걸쳐 수정하고 보완하면서, 공연을 위한 대본을 작성하
는 생동적인 과정을 보여 준다.

첫 번째 대본: 인자야 너는 포로의 행장을 꾸리고 낮에 그들의 목전에서
끌려가라(3절)
첫 번째 수정본: 너는 낮에 그들의 목전에서 네 포로의 행장을 밖에 내놓
기를 끌려가는 포로의 행장같이 하고 저물 때에 너는 그
들의 목전에서 밖으로 나가기를 포로되어 가는 자같이
하라(4절)
두 번째 수정본: 너는 그들의 목전에서 성벽을 뚫고 그리로 따라 옮기되
캄캄할 때에 그들의 목전에서 어깨에 메고 나가며 얼굴

---

31) 히브리어로 알라타인데, 해가 진 다음 캄캄해지기까지를 가리키는데, 재난과 종국이 다가옴을
의미한다. Kelvin G. Friebel, *Jeremiah's and Ezekiel's Sign-Acts*, JSOTS 284(Sheffield:
Sheffield Academic Press, 1999), 275.

하나님은 이렇게 복잡한 과정을 거쳐서 대본을 완성해 가는데, 본문은 완성된 대본을 보여 주는 대신, 대본작성 과정을 이렇게 생생하게 보여 줌으로써, 에스겔이 하는 공연이 상당히 즉흥적이었음을 알려 준다. 하나님이 일러 주신 것을 에스겔이 어떻게 이해하고 연기했는지는 7절을 보면 알 수 있다.

> 내가 그 명령대로 행하여
> **낮에** 나의 행장을 끌려가는 포로의 행장같이 내놓고
> **저물 때에** 내 손으로 성벽을 뚫고
> **캄캄할 때에** 행장을 내다가 그들의 목전에서 어깨에 메고 나가니라

7절은 에스겔이 하나님이 명령하신 대로 행했다고 말하는데, 얼굴을 가리고 땅을 보지 않는 것은 언급하지 않는다. 이것은 3~6절에서 하나님이 말씀하신 것들 가운데 주요한 것들을 에스겔이 순차적으로 연기(演技)하기 위해 시간대에 따라서 정리했기 때문이고, 실제로 에스겔은 하나님이 일러 주신 것들을 다 연기했을 것이다.[32]

하나님은 대본을 만드셨을 뿐만 아니라, 연출도 하신다. 하나님은 에스겔에게 낮에 포로로 끌려가는 사람들의 짐을 챙겨 놓고 저녁때에 포로처럼 끌려가는 모습을 연출하라고 지시한다. 하나님은 에스겔에게 연기를 구체적으로 지시하신다. 밖으로 나가는데, 그냥 나가는 것이 아니고, 벽을 뚫고 나가야 하고, 밤에 나가야 한다. 그리고 짐을 어깨에 메고 얼굴을 가리고 땅을 보지 말고 나가야 한다. 하나님은 에스겔에게 얼굴표정과 동작 하나하나를 세밀하게 일

---

32) Kelvin G. Friebel, *Jeremiah's and Ezekiel's Sign-Acts*, 262.

러 주신다. 하나님은 아주 꼼꼼하고 섬세한 연출가이다. 하나님은
공연의 연출자로서 배우인 에스겔의 행동을 통제하신다. 에스겔은
하나님이 일러 주신 대로 무언극을 해야 했고, 하나님이 말을 하도
록 허용할 때에만, 말할 수 있었다. 그리고 하나님은 관객들이 어
떤 반응을 보일 것인지를 미리 예측하시고, 거기에 어떻게 반응할
것인지를, 즉 어떤 대사를 할 것인지를 에스겔에게 상세하게 일러
주신다. 이렇게 본문에서 하나님은 공연을 위한 대본작가와 연출가
로서의 모습을 보여 준다.

Ⅳ. 배우 ― 에스겔

이 공연에 등장하는 중심인물의 역할을 맡은 배우는 에스겔이다.
에스겔은 포로 역할을 하도록 지시받는데, 12～13절을 보면, 에스
겔은 포로들 중에서도 방백의 역할을 하는 것으로 보인다.

> 무리가 성벽을 뚫고 행장을 그리로 가지고 나가고 그중에 왕33)은 어두울
> 때에 어깨에 행장을 메고 나가며 눈으로 땅을 보지 아니하려고 자기 얼굴
> 을 가리리라 하라 내가 또 내 그물을 그의 위에 치고 내 올무에 걸리게
> 하여 그를 끌고 갈대아 땅 바벨론에 이르리니 그가 거기에서 죽으려니와
> 그 땅을 보지 못하리라

이 공연은 모두 이틀 동안 이루어지는데, 첫날에는 에스겔이 포
로 역할을 하고, 다음 날에는 청중들과 이야기를 나눈다. 첫날은

---

33) 본문연구에서 살펴본 대로, '왕'으로 번역한 히브리어는 멜렉이 아니고 '나시'인데, 나시는
방백을 가리킨다.

무언극을 하고, 둘째 날은 거기에 대해서 관객들과 대화를 나누는 것이다. 자신이 한 연극이 무엇을 의미하는지 사람들이 물으면, 에스겔은 그들에게 공연의 의미를 알려 주어야 한다. 그런데 둘째 날 역시 공연의 일부라는 것은 하나님이 에스겔이 그들에게 무엇을 말해야 하는지를 상세하게 일러 주시는 것에서 드러난다. 에스겔은 관객들과 자유로운 대화를 나누는 것이 아니고, 연출가인 하나님이 일러 주는 대로 '대사'(臺詞)를 하는 것이다.

7절을 보면, 에스겔이 하는 연기는 세 장면이다. 첫째는 낮에 포로의 행장을 차린다. 그리고 저물 때에는 성벽을 뚫는 연기를 한다. 셋째는 어두워지기 시작할 때에 포로의 행구를 성 밖으로 내다가, 어깨에 메고 나간다.

먼저, 하나님은 에스겔에게 포로의 행장을 꾸리라고 말한다. 1~7절에는 '포로의 행장'이라는 용어가 여러 번 나온다. 에스겔이 포로의 행장에 대해서 자세한 설명을 하지 않는 것으로 보아, 당시 사람들은 그것이 무엇인지 다 알았던 모양이다. 예레미야서 46장 19절도 포로들의 행장에 대해 언급한다.[34] 그런데 에스겔은 그냥 짐을 꾸리는 시늉만 한 것이 아니고, 실제로 포로들이 챙기는 짐을 꾸린 것으로 보인다. 이것은 에스겔이 하는 행위가 단순한 연극이 아니라는 점을 보여 준다.

그런데 본문을 읽을 때, 난해한 것은 에스겔이 손으로 파는 벽이 어느 벽이냐는 것이다. 개역성경이 '성벽'으로 번역한 것은 히브리어로 '키르'인데, 이것은 대체로 '집 벽'을 가리키고, 성벽은 '호마'이다(겔 26:4,9, 27:11, 38:11). 그래서 에스겔은 성벽을 뚫은 것이 아니

---

34) "애굽에 사는 딸이여 너는 너를 위하여 포로의 짐을 꾸리라 놉이 황무하며 불에 타서 주민이 없을 것임이라."

고, 자신이 거주하는 집 벽을 뚫은 것으로 보인다.

에스겔이 벽을 뚫었다는 것은 그가 하는 공연의 구성이 결코 단순하지 않음을 보여 준다. 에스겔이 포로의 역할만을 한다면, 그는 짐을 꾸려서 성벽 무너진 곳으로 나가는 장면을 보여 주어야 하는데, 왜 벽을 뚫는 행동을 해야 하느냐는 것이다. 프리벨은 에스겔이 일인극에서처럼 혼자서 여러 가지 역할을 한다고 생각하는데,[35] 여기서는 예루살렘 성벽을 무너뜨린 바벨론 병사의 역할을 에스겔이 하는 것으로 보았다. 그러니까 에스겔이 벽을 뚫는 것은 바벨론 병사들이 하는 행동을 연기하는 것이다.[36] 우리가 아는 대로, 예루살렘 사람들이 성벽을 허문 것이 아니고, 바벨론 병사들이 성벽을 허물었다(렘 39:2).

그리고 12절에서 말하는 것, 즉 방백이 포로들의 짐을 짊어지고 나가는 것과 그가 얼굴을 가리고 그 땅을 보지 않는 것은 잘 어울리지 않는다. 12절과 13절을 다시 살펴보자.

> 12절: 그중에 왕은 어두울 때에 어깨에 행장을 메고 나가며 <u>눈으로 땅을 보지 아니하려고</u> 자기 얼굴을 가리리라 하라
> 13절: 내가 또 내 그물을 그의 위에 치고 내 올무에 걸리게 하여 그를 끌고 갈대아 땅 바벨론에 이르리니 그가 거기에서 죽으려니와 그 <u>땅을 보지 못하리라</u>

12절은 방백이 예루살렘을 떠나면서 그 땅을 보지 않기 위해서 얼굴을 가리는 것으로 보이게 한다. 그리고 13절은 바벨론 땅에 끌려가지만 그 땅을 보지 않을 것이고, 거기서 죽을 것이라고 말한다.

---

35) Kelvin G. Friebel, *Jeremiah's and Ezekiel's Sign-Acts*, 272f.
36) Kelvin G. Friebel, *Jeremiah's and Ezekiel's Sign-Acts*, 263, 272.

3~6절에서 우리는 하나님이 대본을 수정하는 것을 보았는데, 12절도 13절에서 조금 더 정교하게 다듬은 것으로 본다면, 여기서 '그 땅'은 바벨론 땅을 가리키는 것으로 보인다. 그렇지만 전날 무언극에서는 하나님이 에스겔로 하여금 그냥 얼굴을 가리고 나가게 함으로써 '그 땅'이 정확히 어디를 가리키는 것인지를 모호하게 만든다. 그래서 '그 땅'은 이스라엘일 수도 있고 바벨론일 수도 있고, 두 곳을 다 가리킬 수도 있다.

그리고 포로의 행장과 관련해서 '맛사'라는 단어도 본문의 다층적인 측면을 드러내는데, 그 까닭은 맛사가 여러 가지 의미를 갖기 때문이다.

> 10 너는 그들에게 말하기를 주 여호와의 말씀에 이것은 예루살렘 왕과 그 가운데에 있는 이스라엘 온 족속에 대한 <u>묵시(맛사)</u>라 하셨다 하고
> 12 무리가 성벽을 뚫고 행장을 그리로 가지고 나가고 그중에 왕은 어두울 때에 어깨에 행장을 메고 나가며 눈으로 땅을 보지 아니하려고 자기 얼굴을 가리리라 하라

상당수 주석가들과 한글 개역개정본은 10절에 나오는 맛사를 '묵시'(默示)로 번역하는데, 에스겔이 맛사를 '묵시'의 의미로 사용하는 경우가 거의 없다는 점에서, 블록은 맛사를 '짐'으로 이해하고, 예레미야서 23장 33절에 근거해서 시드기야와 예루살렘 사람들이 바로 '짐'이라고 생각한다. 12절에서는 시드기야가 어깨에 짊어지는데, 이것은 그가 짐(맛사), 즉 포로의 행장을 메고 나가는 것으로 이야기한다. 그러니까 10절에서는 시드기야와 예루살렘 사람들을 짐으로 비유하고, 12절에서는 그와 백성들이 실제로 짐, 즉 포로의 행장을 짊어진 것으로 말한다. 이렇게 맛사는 비유로 또는 실

제 짐을 가리킴으로 다층적인 모습을 보여 준다.

하나님은 에스겔을 이스라엘 족속의 징조가 되게 하신다. 여기서 징조는 히브리어로 모페트(tpeîAm)이다. 에스겔은 이스라엘 사람들을 위한 모펫이다. 이것은 에스겔이라는 배우가 연기를 통해서 메시지를 전달하는 것만이 아니고, 에스겔 자체가 메시지임을 보여 준다.[37] 이런 점에서 에스겔은 완벽한 퍼포먼서(performancer)이다.

V. 관객

에스겔은 공연하는 예언자이고, '모펫'이다. 그런데 문제는 그것을 보는 사람들이 누구냐는 것이다. 공연은 관객들이 있어야 한다. 본문을 읽다 보면, '그들의 목전'이라는 말이 여러 번 나온다. 이것은 히브리어로 레에네헴인데, '그들의 눈앞에서'[38]라는 의미이다. 3~6절을 보라.

> 3 인자야 너는 포로의 행장을 꾸리고 낮에 <u>그들의 목전에서</u> 끌려가라 네가 네 처소를 다른 곳으로 옮기는 것을 그들이 보면 비록 반역하는 족속이라도 혹 생각이 있으리라
> 4 너는 낮에 <u>그들의 목전에서</u> 네 포로의 행장을 밖에 내놓기를 끌려가는 포로의 행장같이 하고 저물 때에 너는 그들의 목전에서 밖으로 나가기

---

37) Daniel I. Block, *The Book of Ezekiel Chapters 1~24*, NICOT(Grand Rapids: William B. Eerdmans Publishing Co., 1997), 371.

38) 퍼포먼스에서 '눈앞에서'는 큰 의미를 갖는다. "요컨대 '바로 눈앞에서 일어나는 일'은 퍼포먼스를 구체화하고, 눈앞에 정립하는 것이지만, 그것은 퍼포먼스의 본질을 세상에 드러내는 한 형태라 하겠다."(Richard Schechner, "Restoration of Behavior", 이기우·김익두·김월덕 편역, 『퍼포먼스 이론 I』(서울: 현대미학사, 2001, 87)).

를 포로되어 가는 자같이 하라

5 너는 <u>그들의 목전에서</u> 성벽을 뚫고 그리로 따라 옮기되

6 캄캄할 때에 <u>그들의 목전에서</u> 어깨에 메고 나가며 얼굴을 가리고 땅을 보지 말지어다 이는 내가 너를 세워 이스라엘 족속에게 징조가 되게 함 이라 하시기로

7 내가 그 명령대로 행하여 낮에 나의 행장을 끌려가는 포로의 행장같이 내놓고 저물 때에 내 손으로 성벽을 뚫고 캄캄할 때에 행장을 내다가 <u>그들의 목전에서</u> 어깨에 메고 나가니라

하나님은 에스겔이 반드시 백성들이 보는 앞에서 공연을 하라고 지시하신다. 날이 어두워지고 캄캄해지는 때에 행장을 메고 나가는 것까지도 백성들이 보는 앞에서 하라고 지시하신다. 이것은 에스겔이 하는 행위가 철저히 관객들을 고려하는 공연임을 더욱 명확하게 보여 준다. 그런데 에스겔이 하는 공연을 볼 관객들에 대해서 하나님은 이렇게 말씀하신다.

그들은 볼 눈이 있어도 보지 아니하고 들을 귀가 있어도 듣지 아니하나니
그들은 반역하는 족속임이라(2절).

이 구절은 성서독자들에게 익숙하다. 예레미야서 5장 21절, 로마서 8장 11절, 신명기 29장 4절, 이사야서 6장 9~10절, 마가복음 8장 18절에도 나오는데, 사람들이 영적으로 보고 듣지 못하는 것을 의미한다.

에스겔이 대하는 관객들을 본문은 여러 차례 '반역하는 족속' 2절(2회), 3절, 9절)이라고 반복해서 부른다. 하나님은 그들이 볼 눈은 있지만 보지 아니하고 들을 귀는 있지만 듣지 않는다고 말한다. 그 까닭은 그들이 반역하는 족속들이기 때문이라는 것이다. 이런 점에

서 그들은 누가 보아도 최악의 관객들이다.

그런데 이들은 누구인가? 현재 바벨론에서 에스겔과 함께 거주하는 사람들인가 아니면 유다에 거주하는 사람들인가? '거주하는도다'는 히브리어로 능동분사형인 '요세브'이기 때문에, 현재 에스겔과 함께 거주하는 사람들을 가리킨다. 그러면 바벨론에서 에스겔과 함께 거주하는 사람들을 '반역하는 족속'이라고 하는 것이다. 그들은 볼 눈을 갖고 있어도 보지 못하고, 들을 귀를 갖고 있는데도 듣지 못하는 사람들이다.

그렇다면 에스겔이 행동으로 보여 주려는 것은 누구를 위한 것인가? 에스겔은 그와 함께 거주하는 사람들을 일깨우기 위해서 행위예언을 하는 것으로 보인다. 그런데 10절은 "주 여호와의 말씀에 이것은 <u>예루살렘 왕과 그 가운데에 있는 이스라엘 온 족속</u>에 대한 묵시라 하셨다"고 하기 때문에, 에스겔이 하는 예언은 바벨론에 거주하는 유대인들이 아니라, 본국에 거주하는 사람들을 대상으로 한다. 이것은 에스겔이 행위예언을 하는 동안에는 드러나지 않고, 그다음 날 그들이 에스겔에게 질문하고 에스겔이 대답하는 과정에서 밝혀진다. 그렇다면 에스겔이 하는 행위예언은 그와 함께 거주하는 사람들, 그러니까 이미 포로의 행장을 하고 바벨론에 끌려온 사람들에게는 어떤 의미를 갖는가? 스테이시는 예루살렘이 처한 위기를 에스겔이 바벨론으로 가져가서 그곳에 있는 사람들로 하여금 앞으로 다가올 사건에 동참케 하려 했다고 말한다.[39]

그리고 그들이 비록 좋은 관객은 아니지만, 그들은 에스겔이 하는 연극에 관심을 기울인다. 그들은 에스겔에게 "무엇을 하느냐?"고 묻는다. 여기에 대해 대답할 말을 하나님은 에스겔에게 일러 주

---

[39] W. D. Stacy, *Prophetic Drama in the Old Testament*, 194.

신다. 하나님은 에스겔이 관객과의 대화를 하게 하신다.

그들이 에스겔의 공연에 관심을 가질 수밖에 없는 까닭은 에스겔이 하는 행위가 바로 그들이 바벨론에 끌려오면서 했던 것이기 때문이다. 그들은 바벨론에 강제이주당할 때, 에스겔처럼 그런 행장을 차리고 그 먼 길을 걸어왔던 것이다. 그렇기 때문에 그 사람들은 에스겔이 하는 행동에 관심을 기울일 수밖에 없었다. 그들이 보기에 에스겔은 그들이 겪었던 고통스러운 장면을 재현하는 것이다.[40] 그러나 이것이 결코 단순한 재현(에서 그치는 것)이 아니라는 점에서 문제는 더욱 심각해진다.

VI. 목적

에스겔이 보여 주는 행위예언으로서의 공연은 결코 재현이 아니다.[41] 에스겔이 행하는 것은 앞으로 일어날 일이기 때문이다.[42] 그

---

40) Steven S. Tuell, *Ezekiel*, 69.

41) 쉐크너는 퍼포먼스를 행위의 재현과 반복으로 본다. "상싱석이고 새귀적인 행위란 사회직·종교적·미학적·의학적·교육적 과정을 극장 안으로 끌어들여 고정시키는 것이다. 퍼포먼스란 것은 처음에는 아무것도 의미하지 않는다. 그것은 두 번째부터 여러 번에 걸쳐 무엇인가를 의미하기 시작한다. 퍼포먼스는 '거듭 행위되는 행위'(twice-behaved behavior)이다."(Richard Schechner, "Restoration of Behavior", 19.) 쉐크너는 퍼포먼스를 극장 안에서 공연하는 것에 국한하는데, 이것은 퍼포먼스를 지나치게 협의적으로 정의한 것이다. 그런데 퍼포먼스는 이보다 넓은 영역을 가리킨다. "'공연'(performance)이란 넓게는 '인간에 의해 공적으로 조직된 일련의 유의미한 사회적 신체 행위들'을 통틀어 지칭할 수 있으며, 보통으로는 '인간의 신체 행위들 중에서 일정한 공적인 시간과 공간 속에서 청관중을 상대로 하여 의식적·의도적으로 행해지는 신체 행위'를 가리키는 용어로 규정할 수 있고, 가장 좁게는 '공연예술들, 곧 음악·무용·연극·이벤트들'을 가리키는 용어로 사용할 수 있다."(이기우·김익두·김월덕 편역, 『퍼포먼스 이론 II』(서울: 현대미학사. 2004, 254)).

42) 이런 점에서 에스겔이 하는 행위예언을 고대 사회에서 행하던 마술로 보는 사람들도 있지만, 근본적으로 다르다(J. Lindblom, *Prophecy in Ancient Israel*, 172).

것은 과거에 일어난 일을 재현하는 것이 아니고, 아직 일어나지 않은 일을 보여 주는 것이다.[43] 그렇기 때문에 오히려 나중에 일어나는 사건이 에스겔이 보여 준 행위의 재현이다.

그리고 하나님이 에스겔로 하여금 그런 공연을 하게 하시는 까닭은 "내가 여호와인 줄 그들이 알리라"는 '인지양식'(認知樣式)에서 명확하게 드러난다. 이 구절은 15절과 16절에 한 번씩 나온다. 그런데 15절과 16절의 상황이 다르다. 15절은 이스라엘이 흩어진 다음에야 하나님을 알게 될 것이라고 말한다. 심판의 상황에서 하나님을 알게 될 것이라는 말이다. 그리고 16절은 심판의 와중에 살아남은 사람들이 이방인들 가운데서 자신들이 저지른 모든 가증한 행위들을 자백할 텐데, 그때에 그들이 하나님을 알게 될 것이라고 말한다. 15절은 이스라엘 백성들이 바벨론에 강제이주당한 직후 상황을 반영하고, 16절은 바벨론에서 거주한 지 어느 정도 시간이 흐른 상황을 반영하는 것으로 보인다.[44]

에스겔서 12장 1~16절을 통해서, 공연이라는 첨단의 형식으로 하나님 말씀을 전하는 행위예언에 대해서 살펴보았다. 하나님은 완악한 이스라엘 백성들로 하여금 하나님이 누구인지를 분명히 알게 하기 위해서 에스겔로 하여금 공연을 하게 한다. 물론 에스겔이 하는 공연을 통해서 그들이 변화될 가능성은 그리 크지 않다.

에스겔의 공연은 재현이 아니고 앞으로 일어날 사건에 대한 선포이기 때문에, 반드시 일어날 것이다. 에스겔은 이런 점에서 아방

---

43) "퍼포먼스는 결코 미리 만들어진 것의 재생산이 아니라 항상 진짜 의미에서 생산적이라 하겠다."(David M. Levin, "퍼포먼스가 실현하는 것", 89). "퍼포먼스는 진실한 무엇인가를 만든다. 그것은 하나의 진실을 창조하여 바로 눈앞에서 일이 일어나게 하는 것이다."(91).

44) 본문의 기록과 후대의 첨가에 대해서는, Walter Zimmerli, *Ezekiel 1*, tr. Ronald E. Clements, *Ezekiel 1 - A Commentary on the Book of the Prophet Ezekiel, Chapters 1~24*(Philadelphia: Fortress Press, 1979), 267f.과 269를 보라.

가르드, 즉 전위예술가이다. 그는 공연을 통한 예언으로 당시대 사람들에게 새로움을 보여 줌으로써[45] 그 시대정신에 강력하게 저항했다. 이렇듯 에스겔은 하나님이 일러 준 대로 하나님 말씀을 행위 예언이라는 공연을 통해서 선포함으로써, 예언과 공연은 밀접한 관련을 갖는다.

---

45) 버나드 랭은 에스겔서 37장을 통해서, 에스겔이 이스라엘의 전통에 얽매이지 않고 조로아스트적인 요소를 창의적으로 받아들여서 새로운 모습을 보어 주었다고 말한다(Bernhard Lang, "Street theater, Raising the Dead and the Zoroastrian Connection in Ezekiel's Prophecy", 298).

【참고문헌】

노명우. 『아방가르드』. 서울: 책세상, 2008.

박상선. 『아방가르드와 숭고: 리오타르의 철학』. 원주: 도서출판 흙과 생기, 2005.

이기우 · 김익두 · 김월덕 편역. 『퍼포먼스 이론 Ⅱ』. 서울: 현대미학사, 2004.

Block, Daniel Ⅰ. *The Book of Ezekiel Chapters 1~24*. NICOT. Grand Rapids: William B. Eerdmans Publishing Co., 1997.

Friebel, Kelvin G. *Jeremiah's and Ezekiel's Sign－Acts*. JSOTS 284. Sheffield: Sheffield Academic Press, 1999.

Joyce, Paul M. *Ezekiel－A Commentary*. New York: T&T Clark, 2007.

Lang, Bernhard. "Street theater, Raising the Dead and the Zoroastrian Connection in Ezekiel's Prophecy", ed. J. Lust, *Ezekiel and His Book－Textual and Literary Criticism and their Interpretation*. Leuven: Leuven University Press, 1986, 297~316.

Levin, David M. "퍼포먼스가 실현하는 것", 심우성 편역, 『신체의 미학』. 서울: 현대미학사, 1997.

Lindblom, J. *Prophecy in Ancient Israel*. Philadelphia: Fortress Press, 1962, 1976.

Schechner, Richard. "Restoration of Behavior", 이기우 · 김익두 · 김월덕 편역, 『퍼포먼스 이론 Ⅰ』. 서울: 현대미학사, 2001, 17~144.

Stacy, W. D. *Prophetic Drama in the Old Testament*. London: Epworth Press, 1990.

Tuell, Steven S. *Ezekiel,* New International Biblical Commentary. Peabody: Hendrickson Publishers, Inc., 2009.

Zimmerli, Walter. *Ezekiel 1,* tr. Ronald E. Clements, *Ezekiel 1－A Commentary on the Book of the Prophet Ezekiel Chapters 1~24*. Philadelphia: Fortress Press, 1979.

자아성찰을 통해 본 이상적 목회자상

이현웅

(한일장신대학교, 실천신학)

Ⅰ. 서론: 위기의 현장에 선 목회자

오늘의 수많은 목회자들은 자신들을 권위를 상실한 자로(As One without Authority) 경험하고 있다.[1] 과거의 전통적인 목회자의 권위가 흔들리면서, 오늘의 목회자들은 자신의 권위에 대하여 의문부호를 던지고 있을 뿐만 아니라 더 나아가서는 자신의 정체성에 대한 혼란과 함께 심각한 위기의식을 느끼고 있다.

과거의 목회자는 자타가 공인하는 종교적 권위를 가지고 목회를 할 수가 있었다. 그러나 현대의 목회 상황은 이를 불가능하게 하고 있다. 이것은 목회자 자신에게서 비롯된 측면도 있지만, 사회 문화적인 변화도 중요한 요인으로 작용하고 있다.

1960년대 후반 이후 나타난 반문화 운동은 권위에 대한 도전과 함께 거기에 대한 의문을 제기하도록 하였다. 포스트모던(post-modern) 시대의 영향은 지금까지 교회 안에서 당연하게 받아들였던 전통적인 신앙에 대한 회의를 불러일으키도록 하였다. 또한 사회 조직과 제도의 발달은 교회를 사회의 중심적 위치에서 변두리로 밀어내도록 만들었다.[2] 그리고 평등주의와 개인주의적인 가치관은 전통적

---

1) Jackson W. Carroll, *As One with Authority*, 오성춘 역, 『권위 있는 목회자』(서울: 한국 장로교 출판사, 1999), 15.

2) 이것은 특별히 서구 사회에서 교회가 그동안 사회의 중심 역할을 해 왔었는데, 이제는 차츰 그

목회자의 권위를 인정하기를 주저하도록 하였다. 결국 이러한 현상들은 그동안 목사직이 가졌던 전통적인 권위를 약화시키는 결과를 가져오도록 하고 만 것이다.[3]

이러한 시대적인 상황에서 오늘의 목회자상을 다시 정립하는 작업은 우리들에게 주어진 중요한 과제라고 하겠다. 시대적 상황을 무시하고 전통적인 권위만을 내세우는 목회자가 되어서도 안 될 것이며, 시대적인 조류에 밀려서 진정한 목회자의 권위와 정체성을 잃어버린 무기력한 목회자가 되어서도 안 될 일이다.

우리는 이 시대에 어떤 목회자로 하나님과 사람 앞에 서야 하는가? 어떻게 목회자로서 자기 정체성을 분명하게 확립하고, 하나님과 사람들에게 보다 신실한 목회자가 될 수 있을 것인가? 그리고 교역의 현장에서 진정한 권위를 가진 목회자로서 그 지도력을 어떻게 발휘할 것인가? 이러한 질문을 제기하면서 우리는 이 시대에서 바람직한 목회자상을 다시 한 번 찾아볼 수 있어야 하리라 본다.

필자는 이를 위해서 먼저 본인의 목회 경험에 근거한 고찰과 반성을 하면서, 앞으로 한국 교회와 자신을 위해서 바람직한 목회자상이 무엇인지를 학문적 연구 자료들과 실천적 경험들을 참고하면서 모색해 보려고 한다.

러한 역할이 축소되어 가고 있다는 의미이다.
3) Jackson W. Carroll, *As One with Authority*, 21∼37.

Ⅱ. 자신의 목회를 돌아보며

필자는 10여 년이 넘는 기간 동안 조그마한 개척 교회를 섬겼었다. 본인이 목회를 시작한 1980년대 후반은 — 본인은 1989년에 지하 개척교회의 목사로 부임했다 — 한국 교회가 양적 성장이 서서히 정체되기 시작한 순간이었다. 그러나 개척의 열심을 가지고 부지런히 뛰었다. 그러한 열심은 어느 정도 성과를 가져오기도 했고, 또 어떤 순간은 좌절의 아픔을 겪기도 해야 했었다.

개척 교회의 가장 중요한 목표는 교회의 성장이라고 할 수 있다. 이것이 어느 정도 달성될 때는 성취감에 젖기도 하지만, 목표가 이루어지지 않을 때는 말할 수 없는 좌절과 패배 의식에 젖기도 하였었다. 지금 돌아보면 사실 별로 이루어 놓은 것도 없는 것 같다는 생각이 들기도 하지만 말이다.

때로는 다른 목회자들, 즉 개척을 해서 교회를 크게 성장시킨 목회자들이나 대형 교회의 목회자들과 비교하면서 자신의 모습에 초라함을 느낄 때도 있었다. 개척 교회가 성장하지 못하는 시대적인 상황도 있지만 내 자신의 부족함도 많았음을 고백하지 않을 수 없다.

그러면 나의 목회는 어떠했는가? 어떤 목회자로서 주님의 교회를 섬겨 왔는가? 여기에 대한 질문을 통해서 자신을 성찰하고, 미래의 바람직한 목회자상을 찾아보려고 한다.

먼저 내 자신의 목회는 목표지향적, 즉 과업(일)지향적인 것이었음을 느낀다. 물론 개척 교회의 특성상 이것은 어떤 면에서 불가피한 것이라고 본다. 교회 성장은 개척 교회 목회자의 피할 수 없는 목표이기 때문이다.

거기에 더하여 필자가 이런 의식을 갖게 된 데는 1970~1980년 대 한국 교회의 전반적인 분위기가 교회성장지향적인 것과도 관련이 있으리라 본다. 이 무렵 대부분 교회들의 첫째 목표는 교회 성장과 부흥이요, 교회의 모든 활동들 역시 여기에 초점이 맞추어져서 진행되었다. 그런가 하면 목회자에 대한 평가 역시 그 사람의 내면적인 것보다는 외형적 성과, 즉 그가 얼마나 교회를 성장시켰는가에 따라서 달라졌었다. 이런 한국 교회의 분위기는 자연스럽게 목사의 목회관과 목회 자세를 교회 성장에 맞추도록 할 수밖에 없도록 하는 한 원인이 되었었다.

이러한 가치관과 태도는 목회를 하는 데 있어서 사람보다는 일을, 하나님의 뜻보다는 교회 성장을 먼저 생각게 하는 결과를 가져왔었다. 이것은 한 사람의 영혼의 가치를 먼저 생각하기보다는 사람을 도구적인 가치로 평가하기 쉽게 만들었다. 그러면서 목회자로 하여금 신앙의 본질보다는 그 교인의 교회에 대한 기여와 충성도를 먼저 생각하게 하는 사고에 빠져들도록 하였다. 따라서 이것은 목회자와 교인 간의 진정한 인격적 관계나 신앙적 관계를 가로막는 장애 요인으로 작용하게 되었다.

둘째로 자신의 목회가 은혜보다는 율법적인 모습의 목회였음을 보게 된다. 이것은 그동안 한국 교회의 전통적 가르침의 영향이었을 것이라고 여겨진다. 본인의 성장기에 있어서 한국 교회의 상황은 율법주의적인 경향이 강하였다고 생각된다. 따라서 신앙 성장 과정에서 그렇게 배운 것을 목회 현장에서 그대로 실천하게 된 것이다.

하나님의 말씀과 교회와 목회자에 대한 순종, 기도와 예배 생활, 봉사와 헌금 생활 등은 한 사람의 신앙을 평가하는 중요한 잣대가 되었다. 이런 시각으로 교인들에 대한 신앙을 평가할 때, 한 인격자로서 그 사람의 깊은 내면과 신심(信心)을 바로 평가한다는 것은 어려운 일이다. 그 사람의 신앙 행위가 언제나 그를 평가하는 중요한 기준이 되었기 때문이다.

그러면서 때로는 엄격한 율법의 잣대로 교인들을 판단하고, 때로는 설교나 교육을 통해서 질타하기도 하였었다. 율법과 함께 은혜가 있고, 공의와 함께 사랑이 있어야 하지만 율법주의적인 사고는 내 자신을 한편으로 기울도록 했었고, 교인들의 신앙도 그런 경향으로 나아가도록 만들었었다.

셋째로 목회자로서의 준비와 경험의 부족이 있었음을 느끼게 된다. 목사는 한 사람의 전문가로서 이론과 실천을 겸비한 사람이어야 한다. 그러나 지난 목회의 과정은 이런 면에서 많은 부족함을 느끼게 하였다. 개척 교회에 대한 준비가 채 되지 않은 채로 믿음과 열심만을 가지고 뛰어들었다. 그리고 목회자로서 여러 가지 경험도 부족하였다. 이러한 것은 교회를 지도하는 데 있어서 많은 실수의 요인이 되기도 하였다. 물론 이것들이 이제는 나의 또 다른 경험들이 되기는 하지만 말이다.

후에 교회 개척과 성장에 내한 보나 깊이 있는 공부를 하게 되면서, 하나의 교회를 개척하기 위해서 목사가 얼마만 한 준비를 치밀하게 해야 하는가를 깨달을 수 있었다.

그 외에도 개인적 목회에 관한 것이나 교인들의 가치관 변화, 주변의 목회적 상황 등에 대하여 여러 가지를 생각할 수 있겠으나, 이상의 내용으로 자신의 목회에 대한 성찰을 하고 이어서 바람직한 목회자상을 찾아보도록 하겠다.

한편 이와 같은 문제는 비단 필자뿐만 아니라 대부분 한국 교회 목회자들이 목회 현장에서 공통적으로 느끼거나 경험하고 있는 것들이라는 점에서 다시 한 번 목회자로서의 우리 자신을 돌아보고, 본질적 측면에서 목회자가 지향해야 할 방향과 모습은 어떠한 것이어야 하는지에 대해서 심각하게 생각할 수 있어야 하리라 본다.

Ⅲ. 이상적 목회자상을 바라며

토마스 오덴(thomas C. Oden)은 자신의 저서 『목회 신학』에서 '목사는 무엇을 하는 사람인가?'에 대해서 언급을 하고 있다. 그는 그리스도께서 교회의 덕을 세우기 위하여 친히 목사의 직을 임명하고 세우셨다고 하면서, 목사에 대하여 다음과 같이 정의를 하고 있다.

> "목사는 하나님과 교회로부터 부름을 받아 안수를 받고 교회를 대표하여 하나님의 말씀을 선포하고, 성례전을 집례하며, 기독교 공동체로 하여금 하나님의 계시에 대하여 온전한 응답을 하도록 하기 위해서 그들을 인도하고 양육하도록 구별된 그리스도의 몸의 한 지체(a member of the body of Christ)이다."[4]

토마스 오덴은 '목사는 무엇을 하는가(What is a pastor?)', 즉 목사의 기능적 측면에 초점을 맞추어서 목사직에 대한 정의를 하고 있다. 그런 측면에서 목사는 말씀을 선포하고 성례전을 집례하며 신앙공동체를 인도하고 양육하는 일을 목회 사역을 통해서 담당해

---

4) Thomas C. Oden, *Pastoral Theology: Essentials of Ministry*(New York: HarperCollins Publishers, 1983), 50.

야 한다. 이런 것들은 교회의 목회자들이 당연하면서도 또한 충실하게 감당해야 할 자신들의 사역임에 틀림이 없다.

그러나 목사는 이러한 기능적인 면 이전에 먼저 생각해야 할 것이 또 하나 있다. 그것은 존재론적인 면에서 '목사는 누구인가' 또는 '목사는 어떠한 사람이어야 하는가(Who is a pastor?)'라는 보다 근본적인 면에서의 질문이다. 여기에 대한 분명한 답이 있을 때 목사는 자신이 해야 할 일이 무엇인가를 확실하게 알고 그것을 할 수 있을 것이다.

목사의 정체성에 대한 이해는 그의 모든 사역의 자세와 방향과 활동을 결정하게 된다는 점에서 매우 중요하다. 그러나 이런 목회자의 정체성은 그것이 고정된 것이 아니라 시대의 변화와 함께 언제나 변화된다는 점에서 간단하게 이해할 수 있는 문제가 아니다. 그 결과 많은 목회자들이 이런 시대적 변화에 적응하거나 또는 그렇지 못함으로써, 자신의 목회 사역에 보다 효과적이 되거나 아니면 실패를 하게 되고 정체성 혼란으로 인한 방황의 시간을 경험하게 된다.

특별히 오늘의 시대는 "그리스도교 역사상 그 유례를 찾아볼 수 없을 만큼 새로운 국면의 목사식을 요청하고 있나."[5] 따라서 이런 시대적 변화는 이 시대에 맞는 목회자상을 요구하고 있다는 점에서 이 시대의 이상적인 목회자상은 어떤 것인가를 탐구해 보는 것은 매우 유의미한 작업이 될 것이라 생각한다.

---

5) 박근원, 『오늘의 목사론』(서울: 대한기독교서회, 2002), 11.

1. 이상과 현실을 조화하는 목회자

목사는 이상에 사는 사람이라고 하겠다. 그는 하나님의 사람으로서 보이지 않는 하나님의 일을 보이는 이 땅에서 실현해야 한다. 그러므로 그는 하나님의 뜻과 계획하심을 이 땅에서 이루고자 하는 비전(vision)을 가지고 살아야 한다. 여기서의 이상은 목사의 개인적이거나 인간적인 이상을 말하지 않는다. 목사는 하나님의 이상을 품는 자가 되어야 한다는 것이다.

그러나 오늘 우리는 하나님의 이상을 품지 못함으로써 인간적인 야망이나 성취욕에 사로잡혀 목회를 하려는 유혹을 받기도 한다. 이것은 대표적으로 목회를 인간의 성공적인 가치 평가 기준으로 보려는 관점이라고 하겠다. 또 다른 경우는 하나님의 이상을 목회 현장에서 품지 못함으로써 오는 좌절감이라고 하겠다. 하나님의 이상을 바라보지 못할 때 우리는 조그만 실패에도 좌절을 하게 된다. 실패 속에서도 함께하시며 거기에도 뜻을 두고 계시는 하나님을 보지 못한 채로…….

오늘의 목사는 "뜻이 하늘에서 이루어지듯이 이 땅에서도 이루어지도록" 일하는 자여야 한다. 그러기 위해서는 먼저 하나님의 생각, 하나님의 계획, 하나님의 뜻을 분별하고, 그것을 구체적으로 이 땅에서 실현하고자 하는 연구와 노력이 있어야 한다.

그러나 하나님의 이상만 품고 구체적인 노력이나 실천이 없다면 그것도 문제라고 본다. 그러므로 목회자는 하나님의 뜻을 이 땅에서 이루기 위해서 그 현실적인 방법을 연구하고 배우고 실천하는 노력이 함께 있어야 한다. 말씀과 기도를 통해서 하나님의 뜻을 알고, 세상 지혜와 지식에 대한 연구를 통해서 그것을 구체화하고 실현해야 한다.

이를 위해서 목사는 하나님의 말씀에 대한 연구와 기도뿐만 아니라 세상의 학문과 방법론적인 것을 함께 배울 수 있어야 한다. 사회학, 심리학, 역사학과 같은 세상의 학문에서도 우리는 하나님께서 주신 방법론들을 얼마든지 배울 수 있고, 또한 그것들을 목회의 현장에서 적용할 수 있어야 한다. 즉 목회자는 하나님에 대한 지식과 세상에 대한 지식을 함께 이해하고 배우고 실천해야 한다.

지식이 없는 백성은 망하며, 지식이 없는 제사장도 하나님께서 쓰시지 않는다는 하나님의 말씀을 오늘의 목회자들 역시 다시 한번 새겨 보아야 하리라 본다.

> 내 백성이 지식이 없으므로 망하는도다 네가 지식을 버렸으니 나도 너를 버려 내 제사장이 되지 못하게 할 것이요 네가 네 하나님의 율법을 잊었으니 나도 네 자녀들을 잊어버리리라
> (호 4:6)

지나친 이상주의나 지나친 현실주의는 모두 문제가 있다. 목사는 하나님에 대한 지식(이상)과 세상에 대한 지식을 함께 겸비하면서 그것을 소화할 수 있어야 한다. 하나님에 대한 지식을 통해서 언제나 하나님의 이상(뜻)을 품고, 세상에 대한 지식을 통해서 그것을 구체적으로 이 땅에서 실천하려는 노력이 있어야 한다. 그런 의미에서 목회자는 하나님을 향한 이상주의자요, 동시에 세상을 향한 현실주의자가 되어야 한다.

2. 신앙과 이성을 조화하는 목회자

중세기는 인류의 역사에서 이성이 없는 시대였다. 즉 인간은 없고 하나님만이 존재한 시기였던 것이다. 그래서 사람들은 이 시대를 가리켜서 암흑의 시대라고 부르고 있다. 그러나 그 이후 계몽주의의 등장은 하나님께서 인간에게 주신 이성의 빛(the light of reason)을 다시 찾게 함으로써, 암흑의 시대에서 빛의 시대(Enlightenment)로 들어서게 된 것이다.[6]

신앙과 이성의 문제는 인류 역사의 차원에서뿐만 아니라 한 개인의 차원에서도 매우 중요하다. 어떤 사람들은 이성을 무시한 신앙만을 강조한다. 또 어떤 사람은 신앙을 가지고 있지만 이성의 기능을 더 강조한다. 이것은 신학의 역사에 있어서도 마찬가지다. 중세는 신앙만이 강조되었다. 그 이후 계몽주의의 영향은 인간의 이성을 강조하게 하였다. 이것은 신학에도 그대로 반영되어 하나님을 인간의 이성 안에서 이해하려는 자유주의 신학의 등장을 가져오게 하였다.[7] 이성을 무시한 신앙이 강조된 것도 문제지만 신앙을 무시한 이성의 강조도 역시 문제가 되는 것이다. 하나님은 우리의 이성이나 지식이나 과학을 초월해서 존재하시는 분이기 때문이다.

그런데 오늘 우리 한국 교회 목회자들에게 있어서도 이 이슈(issue)는 중요한 것으로 보인다. 어떤 경우는 오직 신앙만을 강조함으로써 인간에게 주신 하나님의 이성적 기능을 무시하는 목회자들

---

6) Enlightenment는 계몽주의를 말한다. 거기에 light라는 단어가 포함된 것은 암흑의 시대를 지나 인류의 역사에 빛이 들어오게 되었다(en - light)는 것을 말하는 의미로 사용된 것으로 보인다. 인류는 다시 이성의 빛을 찾게 되었다는 것을 상징적으로 표현한 것이 아닌가 생각한다.

7) 여기에 대하여는 리빙스톤의 『현대 기독교 사상』 참조. James C. Livingston, *Modern Christian Thought - From the Enlightenment to Vatican II* (New York: Macmillan Publishing Co., 1971).

이 있다. 그런가 하면 어떤 목회자들은 신앙보다는 인간의 이성적인 면을 먼저 생각하는 경우도 있다. 특별히 현재 한국 교회 목회자들의 지적 수준이 높아지면서 상당한 목회자들의 경향이 후자쪽으로 기울고 있지 않는가 생각한다. 인간이 없는 초월적 하나님의 존재는 신비주의적 신앙 형태로 치우치기 쉽고, 초월적 하나님을 인간 이성의 틀 안에 가두어 버리면 삭막한 지성주의만 남게 될뿐이다.

오늘의 목회자들에게는 보다 종합적인 시야가 필요하다고 본다. 초월적인 하나님을 인정하면서도 우리 인간의 이성과 조화를 이룰 수 있는, 신앙과 이성이 균형 잡힌 통합적 관점을 가지고 목회를 이해하고 교회를 지도할 수 있어야 할 것이다. 오늘 한국 교회의 극단적인 신비주의나 교회 분위기를 지배하는 메마른 지성주의는 한국 교회의 장래를 위해서 결코 바람직한 것이라고 할 수 없다. 이 양면이 조화를 이룰 때만이 한국 교회의 토양은 건전하게 자라갈 수 있으리라고 본다. 이를 위해서는 먼저 목회자들 자신이 균형 있는 신앙과 사고의 틀을 갖추는 것이 필요할 것이다.

3. 율법과 은혜의 조화를 이룬 목회자

미국의 현대 설교학자인 데이빗 버트릭(David Buttrick)은 현대 교회의 설교에 대한 문제점을 날카롭게 지적하고 있다. 그는 하나님의 말씀은 좌우에 날 선 검(two-edged sword)과 같은 것으로서(히 4:12; 계 1:16), 하나님의 심판(judgement)과 자비(mercy)를 함께 선포하는 것이어야 한다고 주장하고 있다. 죄인들에 대하여 하나님의 심판을 선포하여 회개를 촉구하고, 회개한 자에 대한 하나님의 자비와 용서를 선포할 수 있어야 한다. 그러나 현대 교회는 한쪽 날을 잃어버렸다. 그리고 설교는 하나님의 말씀이기보다는 교인들의 요구를 맞춰 주기 위한 말씀으로 충실하게 봉사하고 있다고 비판을 한다.[8]

> "이제 설교는 더 이상 두 날을 가진 하나님의 말씀(a two-edged Word of God)이 되지 못하고 있다. 그 대신 설교는 교인들의 요구(the needs of the church)에 맞춰 거기에 충실하게 봉사하고 있다."[9]

오늘 우리는 은혜라는 말을 자주 사용한다. 기독교는 은혜의 종교다. 그러기에 우리는 그 은혜 위에서 죄 사함을 받았고, 그 은혜로 말미암아 오늘까지 살아온 것이다. 그러나 이 은혜의 의미가 오늘날 지나치게 남용되어 있다는 것을 많은 사람들이 지적하고 있다.

은혜가 사람들의 죄를 합리화시켜 주는 방편이 되기도 한다. 은혜의 남용은 그리스도인들을 도덕적 불감증에 빠지게 하는 경우도 있다. 오늘날 한국 교회의 그리스도인들이 세상 법정에서 부끄러운 모습을 보이고 있는 것은 이러한 현상의 단적인 예라고 하겠다. 은혜가 은혜되지 못하고 있다. 디이트리히 본회퍼(Dietrich Bonhoeffer)가 지적한 대로 지금 교회는 하나님의 값비싼 은혜를 '값싼 은혜'로 전락시키고 있다.

> "이런 값싼 은혜는 회개를 요구하지 않고 용서를 설교하는 것이요, 아무런 교회의 훈련(church discipline) 없이 거저 주는 세례요, 죄를 고백(회개)

---

8) David Buttrick, *A Captive Voice: The Liberation of Preaching*(Louisville: Westminster /John Knox Press, 1994), 43~53.
9) 위의 책, 48.

하지 않아도 받을 수 있는 성찬이요, 개인적인 죄의 고백과 회개가 없음에
도 불구하고 사죄를 선언해 주는 것(absolution)이다. 그래서 값싼 은혜란
제자도(제자 정신, discipleship)가 없는 은혜이며, 십자가가 없는 은혜요,
이 땅에서 성육신하여 사신 예수 그리스도가 없는 은혜다."10)

율법이 없는 은혜는 결코 은혜가 될 수 없다. 그것은 구약이 없
는 신약을 주장하는 것과 같은 이치이다. 그러나 오늘날 반율법주
의(antinomianism)는 기독교 복음을 도덕적·윤리적 규범을 포함하
지 않는 것으로 해석하여 은혜를 방종으로, 자유를 무절제로 만들
고 있다. 심판이 없는 사랑, 의무가 없는 은혜, 율법이 없는 복음을
외치고 있다. '하나님은 여하간 나를 사랑하신다. 자비로우신 하나
님은 아무것도 요구하지 않으신다. 어떠한 경우에도 죄책감은 갖지
말라. 그것은 병적인 것이다. 하나님은 우리의 범죄에 대해서 너그
러우신 분이다.'라고 외쳐댄다.11)

이것이 진정한 기독교의 복음이요 은혜라고 말할 수 있는가? 오
늘의 목회자들은 이 질문 앞에 심각하게 생각해야 할 것이다. 무엇
이 진정한 은혜인가? 신약이 있기 전에 구약이 있었듯이 은혜가 있
기 전에 율법이 있었다. 그러므로 율법이 없는 은혜는 은혜가 될
수 없는 것이다.

율법이 있을 때 우리는 무엇이 죄인가를 알게 되고, 그 죄를 범
한 죄인을 용서하시는 하나님의 사랑을 알 때 은혜가 무엇인가를
알게 된다. 그러나 율법이 없다면 죄를 지어도 죄인 줄 알 수 없고,
지은 죄를 모른다면 그것을 용서하시는 은혜도 또한 알 수가 없다.

---

10) Dietrich Bonhoeffer, *Nachfolge*, R. H. Fuller, *The Cost of Discipleship*(New York: Touchstone, 1995), 44~45.

11) Thomas C. Oden, *Pastoral Theology: Essentials of Ministry*, 8~9.

오늘 한국 교회가 세상의 빛과 소금의 사명을 다하지 못하고 오히려 세상의 어둠을 조장하거나 지탄의 대상이 되고 있는 것은 율법과 은혜를 바로 해석하여 가르치지 못한 목회자들의 책임이 큰 것은 아닌가?

한국 교회 목회자들은 복음(Gospel)과 율법(Law), 은혜(Grace)와 행위(또는 공로, Work), 신앙(Faith)과 생활(Life)에 대한 균형적인 감각을 가지고 교인들의 신앙과 삶을 지도해 나갈 수 있어야 할 것이다. 은혜를 선포하되 율법을 가르칠 수 있는 목회는 교회를 바로 세우는 귀중한 기틀이 될 것이기 때문이다. 은혜가 없는 율법만을 주장하는 것도 문제요, 율법이 없는 은혜만을 강조하는 것도 문제다. 율법이 있되 은혜가 살아 넘치는 한국 교회의 강단은 우리의 미래를 소망스럽게 하는 활력이 될 것이다.

4. 신앙과 윤리의 조화를 이룬 목회자

오늘날 목회자들의 윤리 의식은 새롭게 정립되어야 할 과제라고 본다. 현재의 도덕적 위기는 비단 세상 사람들만의 문제거나 평신도들만의 문제가 아니다. 윤리적인 모범을 보여야 할 목회자들에게 있어서도 심각한 문제가 되고 있다. 개인적인 삶에 있어서 목회자는 하나님의 말씀을 순종하여 사는 모범이 되어야 한다. 그렇지 못할 경우 목회자는 이중적인 사람으로 취급되기가 쉽다. 물론 말씀대로 산다는 것이 쉬운 일은 아니지만 그럼에도 불구하고 목회자는 이 일에서 솔선을 해야 한다.

무엇보다 목회자는 개인적인 경건(personal piety)을 최우선으로 여기고 이를 실천해야 한다. 목회자에게 있어서 경건한 생활(godly life)은 목회 사역(pastoral ministry)의 기초가 되는 것으로서, 절대적으로 필요한 것이다.[12] 하나님께 늘 기도하며, 하나님의 말씀을 읽고 그것에 순종하기를 힘쓰며, 자신의 영적 삶이 모든 신자들에게 본이 되도록 해야 한다. 자신이 불타지 않고는 아무에게도 불을 붙일 수가 없다. 말씀과 기도와 성령의 충만한 삶을 살 때, 그 불은 자신이 목회하는 자리에서 모든 사람들에게로 옮겨 붙게 될 것이다.

그리고 더 나아가서 물질적인 면에서나 이성적인 면에서의 깨끗한 생활도 중요한 것이라고 본다. 한두 사람의 잘못은 전체 목회자들에 대한 치명적인 상처를 주고 있다. 목회자가 신뢰를 잃어버린다면 한국 교회의 앞날은 어두울 수밖에 없다. 아무리 세상이 변해도 목회자는 이 시대의 도덕적인 모범이 되어 밝은 등불을 비추기 위해서 힘써야 할 것이다.

그리고 목회의 윤리적인 면에서도 목회자들은 바르게 서야 한다고 본다. 특별히 목회의 현장에서 나타나는 문제들은 목회자들의 윤리적 수준을 의심케 할 때가 많다. 남의 교인들을 어떻게 해서라도 자기 교인으로 만들려는 태도를 보면 과연 양을 돌보는 목사인지, 아니면 지나친 표현으로 양의 도둑(?)인지 속으로 씁쓸한 생각이 들 때가 있다. 특별히 성장지향적 목회자들을 보면서 심각한 생각을 가질 때가 많다. 수단, 방법을 가리지 않고 교회만 성장시키겠다는 모습들을 볼 때는 절망감이 들 때도 있다. 윤리가 부재한 수단을 믿음으로 포장을 한 채 어떻게든 모아 놓고 그것을 자기의 능력이나 성공인 양 자랑해 대는 모습을 보면 과연 그 사람이 하나

---

12) John H. Armstrong ed. *Reforming Pastoral Ministry: Challenges for Ministry in Postmodern Times*(Wheaton: Crossway Books, 2001), 59.

님의 종인가 하고 회의를 느낄 때가 많다. 교회는 성장하되 그것은 목회자의 정당한 윤리적 바탕 위에서 이루어지도록 해야 한다. 비윤리적인 목회는 교인들을 또한 비윤리적으로 만들게 될 것이며, 결국 하나님의 교회 역시 부패와 타락의 길을 가도록 만들 것이다.

본인의 목회 경험에 의하면 본 교회에서 과실을 범한 자가 회개나 반성함이 없이 다른 교회에 가면 그 교회에서는 오히려 그를 두손 들어 환영을 해 주는데, 그런 교인이 어떻게 회개를 하고 하나님 앞에서 변화된 삶을 살 수 있게 되겠는가 한숨이 나올 때도 있다.

이 시대 한국 교회의 목회자들에게 있어서 개인적 윤리나 목회 윤리의 바른 정립은 목회자 자신뿐만 아니라 한국 교회의 새로운 미래를 위해서 매우 중요한 과제라고 본다. 신앙과 윤리가 함께하는 목회를 통해서 목회자 자신과 함께 미래 한국 교회 위에 하나님의 더 풍성한 역사가 임하도록 해야 할 것이다.

미국 예일대학교에서 실천신학을 가르쳤었던 게이로드 노이스 (Gaylord Noyce)는 자신의 저서 『목회 윤리』에서 다음과 같이 충고를 하고 있다. "목회자는 도덕적인 가치에 따라 목회의 일을 결정해야 하는 전문인으로 자기 자신을 바라봄으로써, 각자 봉사의 일터에서 똑같이 사역을 하는 다른 동료들을 더 잘 도울 수 있다."[13]

목회자는 자신이 먼저 윤리적 가치와 기준에 따라서 행동하고, 이것을 자신의 목회 사역에도 적용할 수 있어야 하며, 그렇게 할 때 그는 다른 사람들을 바른 방향으로 인도하고 도울 수 있을 것이라는 말이다.

---

13) Gaylord Noyce, *Pastoral Ethics: Professional Responsibilities of the Clergy*, 김종일 역, 『목회윤리』(서울: 한국장로교출판사, 1996), 17. 게이로드 노이스는 여기서 목회자가 고려해야 할 윤리적 부분으로 목회 리더십의 윤리, 설교와 교육 윤리, 교인들을 돌보는 일에 있어서의 윤리, 재정 관리, 다른 목회자와의 관계에 있어서의 윤리, 대사회적인 윤리, 개인적 생활에 있어서의 윤리 등을 다루고 있다.

5. 전문성과 인격성의 조화를 이룬 목회자

오늘의 시대는 목회에 있어서도 전문성을 필요로 한다. 사회 현실 자체가 모든 분야에서 전문화되면서 목회 또한 전문성을 요구하고 있다. 그러므로 목회자는 자신의 분야에서 전문가가 되어야 한다. 성경에 대한 이해나 신학적 지식, 예배와 설교, 교육, 행정, 목회 상담, 교회 지도력 등에 있어서 충분한 연구와 훈련이 있어야 할 것이다.

미국 하트포드 신학교 교수인 잭슨 캐롤(Jackson W. Carroll)은 "성직자의 권위 근거로서의 전문성은 계속하여 중요하게 여겨지고 있다."고 언급하고 있다.[14] 교역을 수행하기 위해서 필요한 지식과 기술을 갖추는 것은 이 시대의 목사에게 있어서 필수적인 요구 사항이다.

일찍이 종교개혁가 존 칼빈(John Calvin)은 "무엇보다도 학자가 되지 않으면 어느 누구도 하나님의 말씀을 잘 전하는 목사가 될 수 없다."[15]고 하였다. 그는 자신이 먼저 성경을 철저히 읽고 연구하고 해석하는 성경의 전문가였으며(칼빈은 거의 모든 성경을 주석하였다), 또한 기독교 신학을 집대성하여 『기독교 강요』라는 책을 쓴 신학자였다. 그는 이런 성경과 신학에 대한 전문적인 지식을 가지고 있었기에, 당시 부패한 교회를 새롭게 개혁할 수 있었고, 많은 사람들로부터 인정과 존경을 받는 설교가요 목회자가 될 수 있었다.

특별히 오늘 우리가 사는 시대는 지식의 발전 속도가 급격하게

---

14) Jackson W. Carroll, *As One with Authority*, 59.

15) John Calvin, *Sermon on Deuteronomy* 5:23 - 27; Ronald S. Wallace, *Calvin's Doctrine of the Word and Sacrament*, 정장복 역, 『칼빈의 말씀과 성례전 신학』(서울: 장로회신학대학교 출판부, 2002), 188에서 재인용.

이루어지고 있다. 이런 상황에서 이 시대의 사람들에게 설교를 하고 교육을 하고 그들을 신앙적으로 지도해야 할 목회자가 그 전문성에서 뒤처진다면 어떻게 되겠는가? 목사는 적어도 자신의 분야에서 최고의 전문가가 되고자 하는 노력을 끊임없이 해야 할 것이다.

그러나 여기서 한 가지 생각해야 할 것이 목사의 인격 문제이다. 의사나 변호사나 교수는 전문가로서 그들의 능력이 우선시된다. 그러나 목사는 전문가로서의 능력만 가지고는 되지 않는다. 여기에 필요한 것이 목회자의 인격이다. 목회자의 인격적 자질과 성격은 그의 교역에 있어서 매우 중요한 요소이다. 대부분 목사가 자신의 목회에서 실패하는 것은 목회자의 전문성보다는 오히려 그의 인격적인 문제 때문에 그렇게 되는 경우가 많다.

오늘 한국 교회를 보면 많은 목회자들이 신학교에서 높은 수준의 교육을 받고 전문가로서의 능력을 소유하고는 있지만, 인격적인 면에서의 훈련은 부족한 것이 아닌가 생각한다. 이러한 경향은 전문인을 중요시하는 사회적인 영향에서 온 것이라고 볼 수도 있을 것이다. 교회나 목회자 자신 모두가 학력이나 학위를 우선하는 현상은 이러한 단면을 보여 주는 것이라고 하겠다.

하지만 전문화된 사회일수록 인격의 소중함을 재인식할 수 있어야 한다. 참된 교회는 단지 목사의 수준 높은 설교나 지식만을 원하고 있지는 않다. 거기에는 신실한 하나님의 종이요 사람들의 인격적 본이 되는 목회자가 기대되고 있는 것이다.

미국 성공회의 대설교가였던 필립스 브룩스(Phillips Brooks)는 "설교는 설교자의 인격(personality)을 통하여 진리를 전달하는 것"[16]이

---

16) Phillips Brooks, *The Joy of Preaching*(Grand Rapids: Kregel Publications, 1989), 26.

라고 강조하고 있다. 설교를 하는 목사에게 있어서 설교의 전문성 못지않게 중요한 것이 설교자의 인격이라는 것이다. 즉 교인들은 목사의 입에서 나오는 말을 통해서 설교를 듣는 것이 아니라 그의 인격을 통해서 설교를 듣는다는 사실을 잊지 말라는 것이다.

목사는 자신의 전문성과 인격이 함께 조화될 때 자신의 목회 사역을 통해서 더 큰 하나님의 영광을 나타내며, 사람들을 바른 길로 인도할 수 있다. 잭슨 캐롤은 목사가 전문가로서의 직책 권위와 개인적인 인격 권위를 함께 갖출 때 더욱 강력한 권위를 가질 수 있게 된다고 한다.[17] 목사의 진정한 권위나 지도력은 이 두 가지 요소가 결합될 때 보다 효과적으로 나타날 수 있다는 사실이다.

6. 섬김과 권위의 조화를 이루는 목회자

"너희 중에는 그렇지 아니하니 너희 중에 누구든지 크고자 하는 자는 너희를 섬기는 자(diavkono")가 되고 너희 중에 누구든지 으뜸이 되고자 하는 자는 너희 종(dou'lo")이 되어야 하리라 인자가 온 것은 섬김을 받으려 함(diakonhqh'nai)이 아니라 도리어 섬기려 하고(diakonh'sai) 자기 목숨을 많은 사람의 대속물로 주려 함이니라"(마 20:26 - 28)

현대 목회에 대한 이해 중에서 가장 호소력을 가지고 있는 것이 바로 '섬기는 목회'일 것이다. 목회자 자신이나 교회 역시 이제 섬김으로서의 목회에 대하여 많은 관심을 가지고 있으며, 이 분야에 대한 연구들이 책이나 논문 등으로 계속 나오고 있다. 특별히 섬김의 문제는 목회자의 리더십(leadership)과 관련하여 매우 중요한 이

---

17) 위의 책, 63~64.

슈(issue)가 되고 있다.

그동안 전통적인 목회에서 — 특별히 한국 교회에서 — 목회자가 '섬긴다는 것'은 매우 생소한 관점이었으며, 어떤 경우에는 목회자의 권위를 위축하는 것으로서 반대의 대상이 되기도 하였다.

그러나 섬김 목회의 모델이 예수님이요, 예수님 자신이 섬기는 종으로서의 제자도를 말씀하신 것은 우리의 목회에 있어서 중요한 개념이다. 예수님은 종으로서(Jesus as servant) 이 땅에서 자신의 사역을 수행하셨다.[18] 그분은 하늘의 높은 보좌를 버리시고 이 땅에 낮고 천한 종의 모습으로 성육신하셨다(빌 2:6 – 7). 그리고 종으로서의 예수님이 다시 하늘에 오르신 후 왕으로서의 예수님(Jesus as king) 보좌에 앉게 되신 것이다. 여기에 섬기는 자로서의 목회자상이 있다. 주님이 행하신 것처럼 우리도 발을 씻기는 섬김의 본을 따라야 한다.

> 내가 주와 또는 선생이 되어 너희 발을 씻겼으니 너희도 서로 발을 씻기는 것이 옳으니라
> 내가 너희에게 행한 것같이 너희도 행하게 하려하여 본을 보였노라(요 13:14 – 15)

이제 목사직의 감독 기능이나 권위와 위엄만을 내세우는 것은 시대적으로도 저항에 부딪힐 수밖에 없고, 그것은 또한 주님의 가르침에도 어긋난다. 목사의 진정한 모습은 섬기는 자리에서 찾을 수 있어야 할 것이다. 그리스도교의 진정한 권위는 지배하는 데서 오는 것이 아니라 섬기는 데서 오는 것이다. 이것이 성서적 리더십

---

18) Earl E. Shelp and Ronald H. Sunderland, ed., *The Pastor as Servant*(New York: The Pilgrim Press, 1986), x.

(leadership)이요, 예수 그리스도의 리더십이다.

그러나 여기서 생각해야 할 것 하나가 그러면 섬김과 목사의 권위는 어떤 관계에 있어야 하는가라는 문제다. 섬기는 종으로서의 목사는 모든 권위를 포기해야 하는가? 아니면 권위를 가져야 하는가?

여기에 대하여 오덴은 사도 바울의 예를 들면서 이 두 가지는 적절한 긴장 관계에 있어야 한다고 언급하고 있다. 즉 바울은 자신의 목회직 권위를 대사직에 비유하면서, 한편으로는 섬기고 낮아져서 대접하고 화해를 이루는 집사직의 이미지를 사용하고 있다는 것이다. 이러한 방식으로 교역은 하나님의 보내심을 받은 것인 동시에 곤경에 처한 사람들의 부름을 받는 것으로 이해된다. 즉 교역은 하나님으로부터 부여된 대사직인 동시에 인간을 향한 섬김인 것이다. 여기서 목사는 언제나 하나님께서 보내신 자로서의 권위와 함께 섬김의 자세를 균형 있게 유지할 수 있어야 한다.

권위만을 내세우는 경우도 문제지만 하나님의 종으로서의 권위를 잃어버린 것도 문제이다. 진정한 의미에서 목사는 권위를 가지면서(As One with Authority) 그것을 섬김과 연결할 수 있어야 한다. 마치 우리 주님께서 종이 되심으로써 왕의 권세를 가지시게 된 것처럼 이 시대의 목회사는 섬김을 동해서 진정한 권위를 가질 수 있어야 할 것이다.

7. 전통과 상황의 조화를 창조하는 목회자

초기 교회 이래로 기독교 역사에 있어서 끝없이 이어지고 있는 이슈(issue) 중의 하나가 기독교 전통과 문화적 상황을 어떻게 볼 것인가의 문제이다. 터툴리안(Tertullian)은 이것을 "예루살렘(Jerusalem)과 아덴(Athens)이 무슨 상관이 있느냐"고 하면서 기독교와 문화의 세계를 단절하려는 입장을 취하였다. 그러나 오리겐(Origen)과 같은 사람은 기독교 신학과 철학을 연결하여 해석하려는 노력을 하였었다.

현대에 들어서 칼 바르트(Karl Barth)에 대한 평가 역시 이러한 관점에서 생각해 볼 필요가 있다. 그는 기독교 신앙에 있어서 하나님 말씀의 위치를 회복하는 데 커다란 공헌을 한 신학자이다. 그러나 그를 비평하는 사람들은 그가 오직 성경을 강조한 나머지 세상의 상황과 문화에 대하여 관심을 갖지 않는 반문화적인 경향을 후진들에게 남겼다는 것이다. 그 결과 그의 신학적 영향은 반문화적인 성서적 고립(biblical isolation)을 가져오게 되었다는 것이다.

오늘도 우리 주변에는 소위 보수주의라는 이름으로 세상에는 무관심하면서 오직 기독교 신앙과 전통만을 강조하는 신학적 경향을 가진 사람들이 있다. 그런가 하면 신앙과 전통보다는 지나치게 세상의 상황에만 민감하게 반응을 하는 사람들도 있다. 이것은 어느 쪽도 바른 것이라고 할 수는 없을 것이다. 교회는 하늘에 있지 않고 이 땅에 존재하고 있다는 점에서 현실의 세계를 무시할 수 없다. 그러나 한편으로 교회는 이 땅에 있으면서도 하늘의 시민권을 가진 사람들의 모임이다. 그런 점에서 교회는 세상적일 수가 없는 것이다. 여기에서 필요한 것이 바로 균형이다.

교회는 기독교 신앙의 전통, 즉 성서와 기독교 2,000년 역사를 통해서 형성된 신앙에 충실해야 한다. 그러나 여기서 우리가 고려해야 할 것은 그 신앙이 오늘의 상황에서 반드시 재해석될 수 있어야 한다는 점이다. 그럴 때 기독교 복음은 현재성을 가지면서, 그 시대의 문화 속에서 진정한 가치를 지니게 될 것이다. 과거의 전통만을 고집하면서 시대에 뒤떨어진 것은 "새 술을 새 부대에 담지 못하는" 어리석은 유대교 전통주의자들의 태도와 같은 것이라는 점을 잊지 말아야 할 것이다.

기독교 복음은 오늘의 상황과 문화 속에서 다시 해석될 필요가 있다. 그렇기 위해서는 목회자들의 신학적 사고가 매우 중요하다고 하겠다. 전통을 이해하면서 그것을 오늘에 적용하려는 목회자의 균형 잡힌 신학적 자세는 기독교 복음을 현대 상황에 확산하는 데 있어서 매우 중요한 역할을 하게 될 것이다.

과거 전통에만 집착하여 현대의 변화를 수용하기를 거부하는 사람은 시대에 뒤떨어질 수밖에 없다. 그런 목회자는 언제나 구태의연하고, 사람들로부터 고리타분하다는 비판을 받게 된다. 그런가 하면 세상의 변화에만 몰두하면서 전통을 소홀히 하는 사람 역시 기독교 목회자로서는 바람직한 자세가 아니다. 이들은 언제나 기독교 복음의 본질을 흐리거나 왜곡할 위험성을 안고 있기 때문이다. 목회자는 기독교 신앙의 전통에 대한 이해와 함께 그것을 계승하면서, 이를 오늘의 변화되는 문화적 상황 속에 적절히 적용할 수 있는 지혜를 가져야 한다.

교회가 세상에서 고립되어서는 안 된다. 기독교 신앙 역시 세상의 문화와 단절된 상태에 있어서도 안 된다. 기독교 신앙의 본질은 지키되 그것은 문화를 통해서 이해되고 표현될 수 있어야 한다. 바로 여기에 목회자의 전통과 문화를 조화시키는 창조적 노력이 필요한 이유가 있다.

Ⅳ. 결론

"교회의 덕을 세우고 교회를 바로 인도하기 위하여 그리스도께서 친히 목
사의 직을 임명하시고 세우셨다는 중대한 확신이 기독교 교역에 활력을
제공한다. 그리스도께서는 우리의 현재 교역을 통하여 세상을 향한 그리스
도 자신의 교역을 구현해 주시기를 바라신다."19)

오늘날 목사직에 대한 위기적 현상을 많은 사람들이 경험하면서
거기에 대한 고민과 함께 보다 적절한 대안들을 찾으려는 노력들
을 계속 하고 있다. 어떤 경우는 목사직에 대한 회의적인 생각과
함께 무력감에 빠져 있는 목회자들도 있다. 물론 오늘의 목회 현장
은 그렇게 쉽지 않고 여러 면에서 많은 위기적 요소들을 내포하고
있으며, 또한 목회자들을 당혹하게 하면서 무력감을 느끼게 할 때
가 많은 것이 사실이다.

그럼에도 불구하고 의기소침한 목회자들의 목회에 대한 새로운
힘을 제공하는 근거는 우리의 목사직이 사람에 의해서 세워진 것
이 아니라 예수 그리스도와 하나님께서 세우셨다는 사실이다.

"사람들에게서 난 것도 아니요 사람으로 말미암은 것도 아니요 오직 예수
그리스도와 및 죽은 자 가운데서 그리스도를 살리신 하나님 아버지로 말
미암아 사도된 바울은"
(갈 1:1)

바울 역시 사도직에 대한 많은 도전과 위기를 경험했던 인물이
다. 그러나 그가 언제나 자신의 사도직에 대하여 확신을 가지고 당

---

19) Thomas C. Oden, *Pastoral Theology: Essentials of Ministry*, 50.

당하게 대처해 나갈 수 있었던 것은 자신을 사도로 세우신 분이 하나님이시요 예수 그리스도라는 소명적 근거에 의해서였다. 아무리 아니라 해도 목사는 하나님에 의해서 부름을 받고 하나님에 의해서 세움을 입었으며 지금도 그분의 주시는 능력에 의해서 사명을 감당해 나가고 있다.

오늘의 목회자는 이러한 분명한 자기 확신을 가지고 있어야 한다. 그리고 더 나아가서 이 시대에 적합한 목회자상을 구현해 나가는 노력을 아끼지 않아야 할 것이다. 단순히 소명 의식만을 가지고는 이 시대에 적응하는 목회자가 될 수 없다. 소명 의식이 목회자의 존재론적 근거요 당위가 된다면 자신의 기능과 사명을 위해서 거기에 필요한 신학적 사고, 전문적 훈련, 가치관, 방법론 등에 대한 연구와 능력과 자질도 있어야 한다.

이를 위해서 우리는 목회 사역에 대한 보다 종합적인 관점과 자세가 필요하리라고 본다. 따라서 필자는 이 시대 한국 교회를 위한 이상적인 목회자상으로 이상과 현실을 조화하는 목회자, 신앙과 이성을 조화하는 목회자, 율법과 은혜를 조화하는 목회자, 신앙과 윤리가 조화된 목회자, 전문성과 인격성이 조화된 목회자, 섬김과 권위가 조화된 목회자, 그리고 전통과 상황의 조화를 창조하는 목회자상을 제시하였다.

> 그러므로 너희는 가서 모든 족속으로 제자를 삼아 아버지와 아들과 성령의 이름으로 세례를 주고 내가 너희에게 분부한 모든 것을 가르쳐 지키게 하라 볼지어다 내가 세상 끝 날까지 너희와 항상 함께 있으리라 하시니라 (마 28:19 - 20)

【참고문헌】

박근원. 『오늘의 목사론』. 서울: 대한기독교서회, 2002.

Anderson, Ray S. *Theological Foundations for Ministry*. Grand Rapids: William B. Eerdmans Publishing Co., 1979.

Armstrong, John H. ed. *Reforming Pastoral Ministry: Challenges for Ministry in Postmodern Times*. Wheaton: Crossway Books, 2001.

Baxter, Richard. *The Reformed Pastor*. Edinburgh: The Banner of Truth Trust. 2001.

Bonhoeffer, Dietrich. *Nachfolge*. R. H. Fuller, *The Cost of Discipleship*. New York: Touchstone, 1995.

Brooks, Phillips. *The Joy of Preaching*. Grand Rapids: Kregel Publications, 1989.

Buttrick, David. *A Captive Voice: The Liberation of Preaching*. Louisville: Westminster/John Knox Press, 1994.

Carroll, Jackson W. *As One with Authority*. 오성춘 역. 『권위 있는 목회자』. 서울: 한국장로교 출판사, 1999.

Livingston, James C. *Modern Christian Thought – From the Enlightenment to Vatican II*. New York: Macmillan Publishing Co., 1971.

Noyce, Gaylord. *Pastoral Ethics: Professional Responsibilities of the Clergy*. 김종일 역. 『목회윤리』. 서울: 한국장로교출판사, 1996.

Oden, Thomas C. *Pastoral Theology: Essentials of Ministry*. New York: Harper Collins Publishers, 1983.

Shelp, Earl E. and Ronald H. Sunderland, ed., *The Pastor as Servant*. New York: The Pilgrim Press, 1986.

Wallace, Ronald S. *Calvin's Doctrine of the Word and Sacrament*. 정장복 역. 『칼빈의 말씀과 성례전 신학』. 서울: 장로회신학대학교 출판부, 2002.

선교사 서서평과
한일장신대학교의 선교적 영성

임희모
(한일장신대학교, 선교학)

1. 서론

서서평(Miss Elisabeth J. Shepping, 徐舒平, 1880~1934)은 1912
년에 한국에 도착하여 간호사로 사역을 시작한 미국 남장로교회
선교사(1912~1934)로서 1922년에 한일장신대학교의 전신인 광주
이일학교를 창립하고 교장으로 활동하였다.[1] 미국 남장로교 선교부
의 정책에 따라 1961년에 광주 이일여자학교와 전주 한예정여자학
교가 통합되어 전주 한일여자신학교로 재탄생되었다.[2] 그동안 몇
차례 중요한 변화가 있었지만 특히 1990년대 중반부터 이 학교는
질적으로, 양적으로 크게 발전하여 한일장신대학교라는 이름으로
바뀌었고 명실상부한 기독교 종합대학교가 되었다.

기독교 종합대학교로서 한일장신대학교는 선교사들이 선교를 위
하여 세운 학교라는 정체성을 유지하면서 한편으로 선교학을 전문
적으로 연구하기 위하여 학부 과정에 선교학 전공을 두기에 이르
렀다.[3] 물론 신학부를 비롯한 모든 학부 학생들이 선교학을 개론

---

1) 동아일보 1934년 6월 28일자.

2) 이순례, 『한일신학대학 70년사』, 전주한일신학대학, 1994, 135~138.

3) 선교학과 관련하여 부연설명하면, 한일장신대학교는 신학부 이외에 교역자 양성이 목적인 신
   학대학원에 "기독교 선교"와 관련 과목들, 아시아태평양국제신학대학원 신교학 석사과정, 그
   리고 2005년에 개원한 대학원 석사·박사과정에 선교학 전공이 개설되어 있어서 교육과 연
   구의 질적인 수준을 일체적으로 확보하고 있다.

차원에서부터 보다 심화된 과목까지 수강할 수 있도록 과목이 개설되고 있음은 말할 것도 없다. 이러한 학문적 분위기에서 한일장신대학교 졸업생들은 국내 사회에서나 해외 타 문화권에서나 전공을 불문하고 선교사로 소명을 받고 단기선교와 장기선교를 가는바, 우리 대학 학생들의 선교적 정체성을 논의할 필요가 생기고 있는 것이다. 이러한 정체성은 한일장신대학교가 추구하는 선교적 영성과 정신이 다져질 때 확고하게 드러날 것이다. 다행히 우리 대학은 '전설적(legendary)'[4]인 삶과 업적을 남긴 서서평 선교사를 자랑할 수 있는바,[5] 차제에 선교사 서서평의 선교활동을 성찰하고 분석할 필요가 있다.

이러한 의미에서 본 글은 서서평 선교사의 삶과 활동을 선교학적 차원에서 분석하고 한일장신대학교의 선교적 정체성 특히 선교학이 지향해야 할 선교 영성과 정신을 논의하려 한다. 그러나 본 글은 서서평 선교사에 대한 본격적인 연구는 아니다. 자료를 수집하고 분석하는 한계를 극복하지 못했기 때문이다. 서서평 선교사와 관련하여 본 글에서 참고하는 주된 자료는 『천국에서 만납시다』[6]인데, 이 전기는 그녀의 사후 46년이 지난 1980년에 초판이 출간되었다. 이 책은 서서평 선교사 본인의 보고서나 글 등 일차적 자료나 혹은 본인의 증언을 토대로 쓴 것이 아니라 서 선교사와 관계된 여러 사람들의 증언을 중심으로 작성된 것이기 때문에 객관적

4) George Thompson Brown, *Mission to Korea*, Board of World Mission, Presbyterian Church U. S., 1962, 121.

5) 서서평 선교사에 대하여 동아일보는 기사로 3번(1932년 6월 14일, 1934년 6월 28일, 1934년 7월 1일)과 사설로 1번(1934년 6월 29일)을 다루었다. 사후(1934년) 조선일보는 1980년 10월 30일자에 생신 100주년을 다루었다. 진실로 서서평 선교사는 기독교권을 넘어서 한국 사회가 칭송한 "위대한 인류애"(동아일보 1934년 6월 28일자 사설)를 실현한 자랑스러운 한일인임에 틀림없다.

6) 백춘성, 『천국에서 만납시다』, 대한간호협회 출판부, 1996(증보판).

사실 여부를 따지기가 쉽지 않다. 그것도 서 선교사의 사후 40여 년이 지나 관계자들의 증언을 채취한 것이기 때문에 더욱 그렇다. 추후 본 필자는 하나님의 은총을 입는다면 서서평 선교사의 선교보고서가 소장되어 있는 미국 남장로교회 역사박물관을 방문하고 좀 더 면밀한 작업을 수행할 수 있을 것으로 생각한다.

2. 서서평 선교사의 삶과 활동

1) 간추린 일대기[7]

서서평은 1880년 9월 26일 독일에서 태어났다. 아버지는 일찍이 죽고 서평이 3살 때 어머니는 미국으로 이민을 갔고 할머니의 보살핌 속에서 자랐다. 할머니는 서평을 로마 가톨릭 교구학교에 입학시켰는데 할머니마저 죽자 서평은 11살 때 주소만을 들고 어머니를 찾아 미국으로 갔다. 미국 뉴욕에서 뉴욕고등학교를 졸업하였다. 21살 때 뉴욕시립병원에서 간호학을 공부하여 뉴욕 브루클린 병원에서 수석간호원으로 일하고 또한 미국에 이민 온 유대인 결핵환자 요양소에서 봉사하였다.

서서평은 동료 간호사의 권유로 개신교 교회 예배에 참석하고 가톨릭교회로부터 개종하였다. 그리고 31살에 이르러 뉴욕시 성서사범학교(오늘날, 뉴욕비블리컬 신학교)를 졸업하였다. 미국 남장로교회 해외선교부가 한국에 선교사로 갈 정규간호사를 모집함에 따라 지원하여 선발되었고 1912년 2월 19일 부산에 상륙하였다.[8] 그

---

7) 서서평 선교사의 일대기와 활동에 대한 기술은, 특기하지 않으면, 백춘성이 지은 『천국에서 만납시다』에서 인용된 것으로 이해하면 될 것이다.

후 23년 동안 한국에서 간호사로, 교육가로, 사회봉사자로 선교를 수행하다가 1934년 6월 영양실조로 죽었다.

본 글의 서론 부분에서도 언급하였지만 선교사 서서평에 관한 자료를 충분히 확보하지 못한 필자의 한계로 인하여 그녀의 육체적, 정서적, 심리적, 영적 상태를 여기에서 자세하게 기술할 수 없다. 다만 어려서부터 외롭고 가난하고 소외를 느끼며 살았다는 것,[9] 성인이 되어 가는 과정에서 유럽의 가톨릭계 이민자(개신교 미국 주류에 편입되기 어려운 가톨릭교인)로서 미국에 정착하면서 느꼈던 차별과 소외,[10] 이러한 어려움의 느낌 속에서 대접받지 못하는 유대인들을 위한 간호사 활동, 당시 무척 어려웠던 미국 뉴욕 상황에서[11] 그보다도 더욱 어려운 조선(한국)을 향한 선교적 열정 등 서서평의 여러 외적, 내적 상태는 추후 더 깊게 연구해야 할 것이다. 왜냐하면 이 부분에 대한 충분한 설명이 없이는 서서평이 한국에서 행한 선교활동의 특이성을 제대로 분석하기가 어렵기 때문이다.

2) 전문인 선교사로서 서서평[12]

서서평은 간호사로서 한국에 입국하여 군산과 서울과 광주 등에

---

8) 동아일보 1932년 6월 14일자.

9) 백춘성, 『천국에서 만납시다』, 22~27.

10) 민경희, 『미국 이민의 역사 이론과 실제: 미국 이민자들의 적응과 동화』, 도서출판 개신, 2008.

11) 1910년 전후로 미국은 산업화 진전과 동유럽 이민자(가톨릭)들의 유입, 이에 따른 노동, 인권, 보건, 복지 등 사회문제가 심각한 상황으로 노출되었다. 아마도 당시 미국 뉴욕은 한국의 1960년대 말과 1970년대 초에 해당하는 상태인 듯하다. 산업혁명 이후 최악의 재난 사고 중의 하나로 기록된 1911년 3월 뉴욕 브라운 빌딩(7, 8, 10층) 봉제공장의 화재로 동유럽 가톨릭(유대인 포함) 국가에서 이민 온 젊은 여성들 146명이 사망하였다. 당시 비인간적 노동과 인권 문제로 여성들도 거리에서 데모를 하기도 하였다. (www.ilr.cornell.edu/trianglefire)

서 선교활동을 하였다. 오늘날 선교 개념으로 볼 때 그녀는 목사 안수를 받지 않은 평신도로서 전문직 직업을 가진 전문인 선교사이다. 그러나 그 활동 범위와 사업은 대단히 넓고 다양한 것이다. 백춘성의 책 속 표지에 나열된 그녀의 칭호는 14개인데 다음과 같다. 한국여성 사회의 개척자, 여걸, 천대일(千 對 一), 빈민의 자모, 초인간, 사랑의 사도, 신화적[전설적] 존재, 사명대로 사는 사람, 재생한 예수, 생활에 규모 없는 자, 지나칠 정도의 한국인, 예수의 첫째 계명 실천자, 천국사업의 제1인자, 호랑이 등이다. 서서평은 찬사와 비판을 동시에 받았다. 1910년 이래 1930년대의 한국 교회 특히 남장로회 선교사들은 전문인 선교사 서서평의 이러한 다양한 사회봉사 선교 활동을 고운 눈으로만 보지는 않았을 것이다.[13)]

서서평의 선교 활동을 서술하고 적용하기 위하여, 이일여자학교가 발전적으로 재탄생한 한일장신대학교가 오늘날 위치한 전라북도 상황을 간략하게 서술할 필요가 있다. 당시 전라북도는 식민지 근대화의 길을 열던 군산이 중심 역할을 하였다. 대한제국이 일본 식민지로 전락하면서 1899년 군산이 개항되는데 세 가지 중요한 변화들이 일어났다. 첫째, 일본인이 농지를 대부분 소유하고 한국인은 소작농으로 전락하고 전북농경사회의 쌀이 군산항을 통하여 일본으로 수출되었다.(수출량의 90%가 쌀임) 둘째, 농촌사회는 수

12) 서서평은 R.N(Registered Nurse)의 자격으로 한국에서 선교하였다(Allen D. Clark, *Protestant Missionaries in Korea, 1893~1983*, The Christian Literature Society of Korea, 1987, 146; George Thompson Brown, *Mission to Korea*, 242).

13) 당시 미국 남장로회 선교부의 사회봉사 선교에 대한 이해와 태도는 다음에 기술한 사건에서 엿볼 수 있다. 1910년~1912년 소위 자유교회 사건으로 알려진 최중진 목사 제명 사건에서 드러나는데, 최중진 목사가 "교회 이름으로 가난하고 어리석은 백성들을 구제토록 할 것"을 포함한 5개항의 청원을 1910년에 올렸을 때 선교사들 중심의 전라대리회는 "교회 이름으로 돕는 것은 교회에 유익될 일이 없다."는 답을 내놓았다(김수진·한인수, 『한국기독교회사: 호남편』, 범론사, 1980, 171~181, 인용문은 각각 173, 175쪽).

탈당하고 황폐화된 반면,[14] 셋째, 군산은 이러한 일본인들의 쌀 수출과 면직물 수입 등 무역으로 인하여 부가 집중되고 상업과 금융기관이 활발해진다.[15] 1929년 군산시 인구는 25,722명인데 그중 8,534명이 일본인이었다.[16] 한국 사회 특히 전북지역은 일본의 수탈적 식민주의하에서 쌀 수출 공급기지로 전락하여 농민들이 극심한 가난에 휩싸였다.

1912년 한국에 온 이래 서서평은 광주 제중병원에서 그리고 1916년부터 군산 구암 예수병원에서 간호사로 활동하였다. 또한 서울의 세브란스 병원에서 간호사 활동과 간호사 교육을 실시하였다. 간호사라는 전문적 직업을 가진 선교사 서서평은 식민지하에서 대한간호협회를 조직하고 회장으로 활동하면서 이를 국제간호협회에 준회원으로 등록시키는 등 간호협회의 발전에 기여하였다.[17]

서서평은 또한 교육자로서 활약하였다. 차별받고 고통받는 여성들을 위하여 구암 예수병원 시절에도 전주에 단기 성경학교 교육에 참여하여 1년에 1개월 혹은 2, 3개월씩 성경을 공부시키다가 나중에 6개월로 연장하였다. 동아일보(1934년 6월 28일)에 의하면 이혼당한 여자, 남편이 죽은 여자, 학령이 초과한 여자 등을 교육하기 위하여 1922년 광주 양림동에 이일학교를 창립하였다. 서서평은 그 후 12년 동안 성경과 36명, 과학과 37명을 졸업시켰고, 1934년

---

14) 1927년 죽산면 보고에 의하면 관내 농지 2,400정보 중 80%가 일본인의 소유이고 농가호수 1,000호 중 자작농은 4농가뿐이었다는 것이다. 전북에서 1932년 생활난으로 자살하거나 굶어 죽는 사람들이 56명이나 있었고, 고율의 소작료와 빚 때문에 야반도주하여 도시에서 빈민으로 전락하였다는 것이다(국립전주박물관, 『옛사진 속의 전북 1894~1945』, 전주국립박물관, 1998, 122~125).

15) 이정덕, 『전북생활문화 100년』, 신아출판사, 2001, 50~52, 278~284.

16) 국립전주박물관, 『옛사진 속의 전북 1894~1945』, 26.

17) 간호사로 활동한 서서평의 공적을 기념하여 대한간호협회가 사후 46년이 지났음에도 일대기를 출간하였다.

서거 당시 66명이 재적하고 있었다는 것이다. 이 학교를 꾸리기 위하여 서서평은 자기의 생활비 일체를 다 씀으로써 사생활은 극도로 고단하였고, 심지어 무너진 주택을 수선할 여유가 없을 정도였다고 한다.

3) 빈민(貧民)의 자모(慈母)

서서평은 세브란스 병원의 간호원장으로 재직하다가 1919년 기미년 만세운동으로 붙잡힌 최흥종 장로를 면회하고 지원하다가 쫓기다시피 다시 광주로 내려왔다. 평생 독신으로 살면서 조선의 고아들 13명을 양아들과 양녀로 입양하고 교육시키고 결혼을 시켰다. 다른 선교사들과는 달리 조선의 서민들이 먹는 보리밥과 된장국을 먹고 고무신을 끌고 다녔다. 자기 몸과 재산을 돌보지 않고 전심전력을 다하여 조선 여성들의 교육과 불쌍한 사람들을 위한 자선사업에 헌신하였다.

한편 서서평은 농촌 마을들을 돌며 전도에 힘을 쓰고 교회 발전에 기여하였다. 이일여자학교 학생들을 동원하여 광주 인근 농촌 마을을 돌며 확장주일학교 운동을 벌여 예수 그리스도의 복음을 전하고 교회 성장을 도모하였다. 이는 주일학교가 잘 운영되는 도시의 주일학교 교사들이 교회가 없는 마을을 찾아 주로 어린이들을 모아 복음을 전하는 선교인 것이다. 서서평은 또한 1922년 부인조력회를 조직하였다. 여자 교인들을 교회의 여러 사업에 참여시킴으로써 교회가 복음을 잘 전하게 하려는 목적으로[18] 시작하였는데 1927년 장로회 총회에서 전국적인 연합회의 필요성이 승인되고 전

---

18) 백춘성. 『천국에서 만납시다』. 79.

체 교회가 참여하게 되었다. 이 당시 한국의 사회적, 문화적 상황에서 부인들이 활동을 한다는 것은 쉬운 일이 아니었다. 그만큼 서서평의 사업 기획과 끈질긴 노력이 값진 결실을 맺은 것이었다.

서서평이 서거한 사실을 보도한 동아일보(1934년 6월 28일)는 5면의 머리기사로 "慈善, 敎育事業에 一生 받힌[바친] 貧民의 慈母 徐舒平孃 長逝, 生前에는 '再生한 耶蘇'의 稱號, 模範할 勤勉力行의 一生"이라는 장문 기사를 실었다. 이렇듯이 기사화된 서서평의 자선사업을 백춘성은 금주동맹 조직, 구제의 사도, 윤락여성 구제, 어린이에 대한 사랑, 13명의 양딸, 그리고 양자 요셉 등의 항목으로 그의 책을 엮고 있다.[19] 서서평의 이러한 사회봉사 선교는 일반 사회에 크게 알려져 그녀가 죽자 광주 최초의 사회장으로 엄수되었다. 이 장례식은 민족독립운동을 하는 단체들이 주도하고 기독교단체들이 뒤따랐다.[20] 이에 대하여 동아일보는[21] 고 서서평 선교사의 추도회 개최를 기사화하여 널리 알리기도 하였다. 실로 서서평은 당시 기아와 질병의 한국 사회에서 빈민들, 거지들, 나병환자들 등을 돕는 데 자신의 재산 모든 것을 내어 주었다. "서평은 자신의 필수품을 모두 가져다가 가난한 한국 사람들에게 주어 버렸습니다. …… 내[Miss Margaret Pritchard]가 (병원에 입원하여 있는) 그녀[서서평]를 돌볼 때 보니 월급을 받은 지 얼마 되지도 않았는데 전부 다른 사람에게 주어 버려 한 푼도 없고 심지어는 덥고 자는 이불까지도 주어 버리는 것이었습니다."[22] 서서평은 한국 사회에서 여성과 빈민과 병자를 구호하고, 윤락금지와 공창폐지운동 및

---

19) 백춘성, 『천국에서 만납시다』, 107~156.
20) 안영로, 『전라도가 고향이지요』, 쿰란출판사, 1998, 199~208, 특히 203~208.
21) 동아일보 1934년 7월 1일자.
22) 백춘성, 『천국에서 만납시다』, 116.

금주동맹 활동을 통하여 사회개혁을 하려고 하였다.

3. 선교학적 고찰: 생명을 내준 헌신과 나눔의 선교사

1) 동아일보가 서서평의 영전에 바친 사설:
조선민족의 여성을 위하여 생명을 바치다

선교사에게 선교 현지의 문화에 대한 이해와 적응은 필수적이다. 1910년대 식민주의적 선교방식이 지배적이던 상황에서 서서평 선교사의 한국문화에 대한 이해와 적응은 남달랐던 것으로 알려지고 있다. 서서평은 독일계 미국인이지만 다른 미국인보다도 더 고급영어를 구사하였고 한국어를 구사하는 능력이 우수하여 수많은 집회에 강사로 그리고 통역으로 초청받았다.

서서평은 한국을 사랑하고 한국과 결혼(結魂)(영혼의 결합, 정신의 결합)하여 한국으로 시집왔기 때문에 한국인이었다고 한다.[23] 이러한 서서평은 한국윤리를 따르고 한국민족이 일제로부터 해방받기를 염원하고 영어서적들을 한국말로 번역하고 일상 삶에서도 한국말을 철저히 익혀 '지나칠 정도의 한국인'[24]이었다는 것이다.

동아일보는 서서평의 서거 기사를 실은 다음 날짜 신문의 사설을 서서평 선교사 영전에 바쳤다. 제목인즉 '偉大한 人類愛 徐舒平氏 靈前에'라는 글이다.[25] 이 사설에서 동아일보는 "이일학교의 설립자이며 교장인 서서평 양은 25[23]년간을 하로[루]같이 조선의

---

23) 백춘성, 『천국에서 만납시다』, 29.

24) 백춘성, 『천국에서 만납시다』, 32~33.

25) 동아일보 1934년 6월 29일자.

가련한 여성들을 위하야[여] 몸을 받혀[바쳐] 활동하다가 지난 26일 드디어 이 세상을 하직하엿[였]다고 한다." "양은 조선민족과는 아모[무]런 피의 연관이 없는 이국의 여성으로서 …… 조선으로 건너와서 조선여성, 중에서도 특히 과도기 조선의 필연적 산물인 불운의 여성들을 위하여 그 청춘을 받히[바치]고 그 재산을 받히[바치]고 그 열정을 받히[바치]더니 급기야는 그 생명까지를 즐거운 마음으로 받히엿[바치었]다." 이러한 이유로 서서평 선교사의 "이 위대한 인류애야말로 존경을 받어[아]야 하며 칭송을 받어[받아]야 할 것이다." 서서평에게 주어지는 이러한 존경과 칭송은 그녀의 한국문화(한국어 포함)에 대한 이해와 한국인에 대한 사랑 특히 여성에 대한 헌신적 사랑으로부터 나온 것이다.

2) 서서평의 선교정신: 섬김과 사랑

동아일보는 같은 사설에서 다른 선교사들과 확실하게 차별 나는 서서평 선교사의 삶을 칭송하고 있다. 사설은 "특히 이 서서평 양의 사업에 있어서는 다른 보통선교사들과도 달리 보다 더 강한 愛와 보다 더 출중한 희생"이 있었음을 강조하고, "백만장자의 주택에 지지 않을 광대한 집에 편히 앉아서 남녀 하인을 두고 자동차를 몰고 달리는 어떤 선교사들의 귀"에 서서평 선교사의 일생은 어떻게 들렸을까라고 묻는다.

사실 서서평 선교사는 당시 미국의 장로교회 선교사들과는 사뭇 다른 정신을 가지고 선교활동을 하였다. 당시 미국사회의 주류를 이룬 장로교회에서 파송한 선교사들과는 다른 사고방식으로 선교를 수행하였다. 초창기에 한국에서 선교한 미국 선교사들을 연구한

류대영에 의하면 대부분 미국 선교사들은 미국의 중산층 가정 출신으로 미국사회 내의 중산층적 삶을 선교 현지에서도 누리려는 생각을 강하게 가졌던 것으로 나타난다.[26] 그리고 미국의 삶과 문화를 우월한 것으로 여기고 한국 사회에 적극적으로 미국식의 자본주의를 이식하려고 하였다는 것이다. 이렇듯이 미국 중산층의 우월의식을 가진 선교사들과, 독일에서 이민한 미국인으로서 조선의 천대받는 여성들을 위한 삶을 사는 서서평 사이에 갈등과 마찰이 일어나기도 하였다.[27] 여기에는 서로 간에 다른 문화적 배경, 신학적·신앙적 차이, 그리고 특히 서서평의 성격 등이 한몫을 하였다. 이러한 갈등으로 인하여 한국주재 남장로교선교회는 본국에 연락을 취하여 서서평을 소환하도록 한 적이 있었다.

특히 신앙적 차이를 살펴보면, 서서평은 다른 동료 선교사들의 미국 문화적 기독교를 따르지 않고 예수의 가르침을 철저히 따르려는 신앙을 보여 주었다. 예를 들면, 서서평은 가정예배에서 "네 이웃을 네 몸처럼 사랑하라"를 강조한 반면, 다른 선교사들은 고용인들과 예배를 드리면서 "도적질 하지 말라", "상전에게 순종하기를 그리스도께 하듯 하라" 등등 신앙적 자세에 차이가 드러난다는 것이다.[28] 일부 선교사늘은 재산을 지키고 재산을 모으려는 데 집중한 반면, 서서평 선교사는 사랑과 섬김을 실천할 것을 강조한다는 것이다. 서서평 선교사는 예수의 길을 따라 섬김과 희생과 사랑을 보여 주었다. 이는 다른 선교사들의 것들과는 차별 나게 달랐다.

---

26) 류대영, 『초기 미국선교사 연구(1884~1910): 선교사들의 중산층적 성격을 중심으로』, 한국기독교역사연구소, 2001

27) 백춘성, 『천국에서 만납시다』, 158~161.

28) 백춘성, 『천국에서 만납시다』, 159~160.

3) 예수의 길을 간 선교사

서서평에게 복음이란 죄 사함을 받고 육신이 죽은 후에 천국에서 영원히 사는 것이다.[29] 이러한 복음을 전도하기 위하여 간호사로서, 교육가로서, 사회봉사자로서 활동하였다. 원래 간호사 선교사 자격으로 내한하였지만 건강이 좋지 못하여 사직을 하고 명예간호사로서 지내면서 직접적인 전도와 교육과 사회봉사를 하였던 것이다. 이러한 복음 선교의 중심에는 언제나 예수 그리스도와 말씀이 있었다.

서서평 선교사는 '재생(再生)한 예수(耶蘇)'[30]라는 호칭을 갖게 되었다. 예수 그리스도의 삶을 따라 사랑과 희생의 삶을 산 것이다. 1933년 광주 제중병원에 불이 났다. 불이 너무 번져 구출이 어려워 발을 구르고 있을 때 서서평은 목숨을 걸고 뛰어들어가 환자를 구출해 냈다. 주위에서 칭송을 하자 서서평은 "형제를 위해 내 목숨을 버리는 것 외에 더 큰 사랑은 없다는 예수님의 가르침이시기도 하지만 자기로서는 그럴 수밖에 없다."는 것이었다. 전직(1933년에 사직?) 간호사로서 간호사 윤리를 지켜야 하고 예수님의 십자가에 근거를 둔 적십자 박애정신을 따를 수밖에 없다는 것이었다.[31] 서서평은 온통 삶의 근거를 예수님의 가르침에 두고 있었다.

서서평은 교육과 교회봉사와 자선사업을 할 때 "지극히 보잘것 없는 자에게 한 것이 곧 내게 한 것이다."(마태 25:40)라는 말씀을 깨닫고 있었다. 여기에 덧붙여 서서평은 감수성이 예민했던 어린 소녀 시절에 겪었던 가난과 차별의 삶에 대한 과거 기억을 잊을 수

---

29) 백춘성, 『천국에서 만납시다』, 86.
30) 동아일보 1934년 6월 28일자.
31) 백춘성, 『천국에서 만납시다』, 53~54.

가 없었던 것이다. 그리고 청소년 서서평은 독일계 이민자로서 미국에서 겪었던 앵글로 일치주의(Anglo – Conformity)로 인하여 2등 시민의 차별과 억압을 아프게 느꼈을 것이다.[32] 이러한 어리고 젊은 날의 삶의 내력에서 약자를 위한 예수님의 가르침은 서서평의 몸에 체화되었을 것이다.

선교사로서 광주제일교회(당시, 금정교회)에 출석한 서서평은 예수님의 가르침을 따라 부자보다는 가난한 자들에게, 건강한 자들보다는 병자들과 나환자들을 가까이하고, 의복이 남루하거나 냄새가 나는 교인들을 차별 없이 대하였다. 당시의 금정교회 교인들은 서서평에 대하여 '철저한 신앙에다 언행일치를 이루신 분', '예수님의 첫 계명의 실천자', '나는 섬김을 받으러 온 것이 아니라 섬기러 왔다는 예수님의 말씀을 철저히 지키신 분' 등의 호칭을 붙여 주었다.

한일여자신학교 교장을 역임한 강택현은 예수의 길을 따라 산 서서평을 다음과 같이 서술한다. "서서평 여사는 한국의 여성들을 먹이기 위해서 자신은 못 먹었고, 남을 입히기 위해서 자신은 헐벗었고, 한국의 여성들을 돕기 위해서 뽕나무 밭에서 혹은 베틀에서 친히 손발로 노동을 한 선교사였습니다. 그는 자기의 봉급과 소유물뿐만 아니라 그 자신을 가난한 자들에게 주었고 나환자들에게 주었고 한국의 여성들에게 주었습니다. 그가 외로이 침상에서 임종을 맞이할 때는 담요 반 조각을 덮고 있었습니다. 주고 또 주고 모든 것을 주다가 마지막에는 줄 것이 없었습니다. 불쌍한 나환자에게 줄 것이 없어 마지막 남은 담요 한 장을 가위로 반절을 잘라서 그 환자에게 주고 말았기 때문이었습니다. 그의 유산이란 아무것도 없었습니다. 그의 내의까지 빼앗기고 돌아가신 예수 그리스도를 본

---

32) 민경희, 『미국 이민의 역사 이론과 실제: 미국 이민자들의 적응과 동화』, 96~106.

받은 성빈 생활자였습니다."33)

4) 영양실조를 넘어 죽음을 초월한 선교적 영성

선교사 서서평의 선교적 영성은 영양실조로 인한 죽음에서 명확하게 드러난다. 20세기 초 내한한 선교사들은 각종 병으로 고생하였고 가끔 죽기도 하였다. 1920년대의 한국주재 선교사들은 과로와 음식부적응과 여러 병으로 사역을 온전히 할 수가 없는 지경이었다. 2/3 정도의 선교인력만을 가동할 수 있었다는 것이다. 1930년 남장로교선교보고서는 유독 한국에서 활동하는 선교사들이 더 많이 아프고 병이 든다고 기록하였다.34)

서서평 선교사는 복음전도와 구제사업에 헌신하느라고 안식년을 맞아 휴식을 취할 수도 없었다. 대개 선교사들은 7년마다 안식년을 갖게 되는데 서서평은 일을 쉴 수가 없었던 것이다. 1929년에 처음으로 안식년을 보내게 되었다. 서서평은 대한간호협회의 대표로 캐나다에서 열린 국제간호협회 회의 참석차 미국에 들러 어머니의 집을 방문하고, 공부를 좀 더 하고 1930년에 귀국하였다.

이러한 서서평 선교사는 건강이 좋지 못하였다. 이러한 이유로 그동안 활동하던 간호사직을 사직하였다. 그러나 명예간호사직을 보유한 서서평은 교육과 복음전도와 구제사업이 필요한 곳에는 언제나 빠지지 않았다. 때에 따라서는 학생들을 병상으로 불러 강의를 하기도 하였다.35)

---

33) 강택현, "한국 여성 교육의 개척자", 백춘성, 『천국에서 만납시다』, 8.

34) Martha Huntley, *To Start A Work: The Foundation of Protestant Mission in Korea(1884~1919)*, Presbyterian Church of Korea, 1987, 445.

35) 백춘성, 『천국에서 만납시다』, 174~191.

서서평이 오랫동안 앓는 병명이 무엇인지 정확하게 알려지지 않았다. 골수염 혹은 간장염, 아니면 심장병이니 열대성 스프루라느니, 어떤 의사는 아무렇지도 않다느니, 어떤 의사는 엄살이 아니냐 등등. 드디어 1934년 2월 17일 서서평 선교사는 영영 몸져누웠다. 130일간의 투병 끝에 담당의사에게 마지막 말을 남겼다. "호흡만 거두면 시체를 해부하여 연구자료로 삼으십시오." 해부하여 보니 서서평 선교사의 사인이 영양실조로 알려지게 된다. 백춘성은 이러한 사인의 비밀스런 내막을 적고 있는데,[36] 소천 당시 총재산은 지갑 속의 7전과 부엌에 밀가루 2홉뿐이었다는 것, 시장기를 참을 수 없었던 서서평의 이야기 등을 적고 있다.

한국의 가난하고 굶주린 자들을 위하여 영양실조로 죽은 서서평 선교사에 대하여 동아일보는 사설을 통하여 칭송하는데, 이 사설은 다음과 같이 끝맺고 있다. "그보다도 값싼 허영에 떠서 동족의 비참한 생활에는 눈을 감고 오로지 개인 향락주의로 돌진하고 있는 수많은 조선신여성들의 양심에 과연 어떠한 자극을 주고 있을까? 서서평 씨의 일생은 조선의 신여성 다수 앞에 일대거화가 되지 않을 수 없다. 이국의 여성으로서도 이러하거든 조선의 여성으로 그 뒤를 따를 자 그 몇몇이뇨!"

서서평 선교사는 조선의 불우한 여성들과 굶주린 자들을 위하여 청춘과 재산과 열정과 생명을 바쳤다. 그것도 오랜 세월에 걸친 배고픔과 굶주림과 영양실조를 겪으며 선교사로서 과업을 수행하였다. 서서평의 선교적 영성은 예수님의 길을 따라 사회적 약자들을 위하여 생명까지 바치는 것으로 드러났다.

---

36) 백춘성, 『천국에서 만납시다』, 218~219.

4. 한일장신대학교의 선교적 영성에 대한 논의를 위하여

1) 기독교 종합대학교로서 한일장신대학교의 교육목표

한일장신대학교의 설립은 기독교 정신을 토대로 하고 교육목표는 기독교지도자 양성에 있다. 이는 교회발전에 헌신하고 기독교 문화를 창달하고 인류사회 발전에 기여하는 사람을 양성하는 것이다. 이러한 사람은 모름지기 국가와 사회에 봉사하고 세계적 차원에서 모든 인류에게 정의와 평화를 이루고 생명을 살리는 일에 투신할 것이다. 이것은 다른 말로 하면 선교를 한다는 뜻이다. 그러므로 이러한 교육목표는 선교적 목표이며 이는 선교적 영성에 기초할 수밖에 없다.

한일장신대학교의 교육목표, 즉 선교적 목표는 선교적 영성을 지닌 기독교적 인간을 양성하는 것으로 드러난다. 1922년 창학 이래 한일장신대학교는 많은 인물들이 교육에 참여하였고 또한 수많은 인재들을 배출하였다. 이 중에서 누구보다도 특출한 사람 중의 한 사람은 선교사 서서평이다. 우리는 위에서 분석한 바와 같이 한일장신대학교가 추구하는 선교적 영성을 논의하기 위하여 서서평 선교사의 삶과 활동과 업적을 다루었다. 한일장신대학교의 선교적 영성의 뿌리를 놓기 위하여 서서평의 선교학적 업적을 간략하게 언급하면 다음과 같다. 서서평의 선교적 영성을 오늘날의 상황에서 새롭게 해석하고 적용하면 한일장신대학교의 선교적 영성이 될 수 있을 것이다.

2) 선교의 영역 확대

서서평은 이일여자학교의 창설자 곧 한일장신대학교의 창설자로서 가난하고 굶주리고 병들고 힘 약하고 소외받고 차별받는 자들을 위하여 복음을 전파하고 선교하고 교육하고 구제하고 봉사하였다. 의료전문인 간호사 선교사로서 서서평은 오늘날 전문인 선교의 모범을 보여 주고 있다. 전문인 선교사로서 서서평은 교회 울타리를 넘어서서 사회와 소통하고 사회를 개혁하고 구원하려 하였다.

서서평 선교사의 이러한 선교 영역의 확대는 종합대학교인 한일장신대학교의 선교 영역을 확대하게 한다. 서서평은 교회라는 울타리를 넘어 한국 사회 전체를 향하여 전도, 선교, 교육, 구제, 봉사를 실시하였던 것이다. 한일여자신학교는 이미 1982년에 한일신학교로 개명하면서 남녀 신입생을 모집하고 사회복지학과를 신설함으로써 서서평의 선교적 관심을 학문적으로 실현하였다. 이러한 선교적 관심의 총체적 확대는 오늘날 지구화 시장주의 시대에 생명 죽임의 위기 앞에서 생명과 생태 선교를 포함하는 우주적 지평의 선교를 연구하고 실천해야 함을 뜻한다.

3) 예수 중심의 성육신적 선교

서서평 선교사는 '재생한 예수'라는 별명이 붙은 사람으로서 그 삶의 모습이 예수와 같은 것이었다. 당시 한국 사회의 여론을 주도하는 세속적 언론기관인 동아일보는 서서평 선교사의 죽음을 알리고 그 삶을 칭송하는 사설을 마련할 정도였다. 예수 그리스도의 복음이 서서평을 통하여 교회 안에만 존재하는 깃이 아니리 한국 시회 전체에 울려 퍼진 것이었다.

선교 신학적으로 예수는 하나님의 성육신적 선교사였는데, 서서평은 예수의 모범을 따라 산 성육신적 선교사였다. 서서평은 한국사회와 한국문화와 한국인들에게 성육신한 예수님의 모습으로 선교하였던 것이다. 오늘날 한국 교회는 예수의 외피를 둘러쓰고 부피는 커졌지만 그 내용의 진정성이 의심받고 있는 실정이다. 이러한 비판적 상황에서 예수 그리스도에 대한 진정한 순종만이 교회를 교회 되게 할 수 있다. 한일장신대학교 모든 학생들은 물론 선교학 전공자들 역시 예수 그리스도의 성육신 선교와 이를 본받은 서서평의 성육신적 선교를 연구하고 실천해야 할 것이다.

4) 통전적 선교학

서서평 선교사는 간호사로서 의료전문인 선교사였는데, 질병을 치료하고 예방하는 간호 영역을 넘어서 개인적 복음전도와 교육, 구제와 사회봉사, 사회개혁을 강조하는 통전성을 지닌 선교를 추진하였다. 오늘날 양 갈래로 나누어진 복음주의 선교니 에큐메니칼 선교니 하는 것들에 대하여 서서평은 구분하지 않고 예수 그리스도의 복음을 농촌에서나 도시에서나 현장에서 실천한 것이었다. 서서평은 복음과 구원에 대하여 개인적인 접근을 통하여 회심과 교회개척과 성장을 도모하고, 공창제도 등에 대하여 사회개혁적 접근을 시도하였다. 서서평의 이러한 선교적 관심은 병원에서나 학교에서나 사회에서나 일반으로 나타났다. 서서평이 온몸으로 실천한 선교는 오늘날 선교 신학의 차원에서 통전적 선교라고 부를 수 있다.

한일장신대학교가 소속한 대한예수교장로회(통합)는 통전적 신학과 통전적 선교를 강조한다. 한일장신대학교의 선교학 전공은 이미 이러한 통전적 선교학을 강조하고 전략적 실천을 중요시하고 있다.37) 앞으로는 서서평의 통전적 선교를 전문인 선교 차원에서 접근하고 연구하여 한일장신대학교의 모든 학생들(선교학 전공자들 포함)과 그리스도인들에게 적용할 수 있도록 해야 할 것이다. 서서평이 실천한 통전적 선교는 한국에서나 제3세계에서나 전략적으로 대단히 유효한 선교 개념이다.

5) 선교적 영성

한일장신대학교의 선교적 영성을 논의함에 있어서 서서평은 선교적 영성이 어떠해야 함을 깨우치고 있다. 서서평의 '전설적'인 활동에는 영양실조를 겪으며 죽더라도 천국에서 만날 것을 약속하는 영성이 그 바탕에 놓여 있다. 이 영성은 어디서 온 것이고 어떻게 형성된 것일까? 그 내용은 무엇일까? 이것은 오로지 예수 그리스도에 대한 믿음에서 나오고 예수 그리스도를 따르려는 헌신에서 나온다. 이러한 믿음과 헌신은 '청춘과 재산과 열정과 생명을 바쳐서' 식민지 조선에서 사회적 약자 특히 여성을 섬기고 돌보는 데서 돋보였다.

또한 서서평의 선교적 영성은 당시 남장로교 선교사들의 것과는 다른 모습을 지닌다. 그 다름으로 인하여, 동아일보 사설에서 드러나듯이, 서서평은 식민지 조선사회에 큰 영향을 주었다. '보통선교사들'의 행태를 따랐다고 한다면 서서평은 아마도 교회에서는 그저 그 정도로 평가되고38) 사회에서는 누구인지 모를 존재로 남았을

---

37) 임희모, 『동시대 생명선교론』, 한일장신대학교출판부, 2006.

38) 간호사 서서평의 업적이 이일학교를 세우고 부인조력회를 만들고 한국고아 13명을 양육한 것 정도로 언급되고 있다. 참조하라. 김수진, 『호남선교 100년과 그 사역자들』, 도서출판 고

것이다. 예수 그리스도에 대한 진정한 헌신을 통하여 선교관행을 파격적으로 깨뜨림으로써 서서평은 오늘날 한일장신대학교가 찾는 선교적 영성의 뿌리가 되고, 더 나가서 한일장신대학교 선교학이 관심하고 연구하고 논의하는 선교사가 된 것이다.

5. 결론

예수 그리스도에 대한 믿음으로부터 나온 서서평의 영성은 오늘날 절실히 필요하다. 한국 사회뿐만 아니라 타 문화 사회에서도 기독교인으로서 살고 선교하려는 한일장신대학교의 모든 학생들은 서서평의 영성을 체득하고 선교에 임해야 할 것이다.

서서평 선교사는 한국사회에 예수 그리스도의 삶을 드러내는 증언의 삶을 살았다. 한국교회에는 사회봉사적 전문인 선교의 모범을 보여주었다. 한일장신대학교에는 선교적 삶이 어떠해야 함을 가르쳐 주고 있다.

서서평 선교사의 삶을 정리하는 과정에서 떠오르는 것인데, 한일장신대학교에 남겨진 과제가 하나 정도는 있다. 우선 창립자인 서서평 선교사에 대한 일차자료를 모으고 이차자료를 더 수집하여 선교사 서서평에 대한 연구를 심화시켜야 할 것이다. 이러한 연구 심화를 통하여 한일장신대학교는 물론 한국 교회와 한국 사회가 서서평의 삶과 활동을 좀 더 잘 알고 그 영성과 정신을 본받아서 위대한 인류애를 실천적으로 실행(이론적 연구와 사회적 실천, performance)할 수 있을 것이다.

려글방, 1992, 296~303.

【참고문헌】

국립전주박물관. 『옛사진 속의 전북 1894~1945』. 국립전주박물관, 1998.

김수진. 『호남선교 100년과 그 사역자들』. 도서출판 고려글방, 1992.

김수진·한인수. 『한국기독교회사: 호남편』. 범론사, 1980.

백춘성. 『천국에서 만납시다』. 대한간호협회 출판부, 1990(증보판).

'서서평' 관련 기사, (동아일보: 1932년 6월 14일, 1934년 6월 28일, 1934년 7월 1일)

안영로. 『전라도가 고향이지요』. 쿰란출판사, 1998.

'위대한 인류애, 서서평씨 영전에'(동아일보 사설: 1934년 6월 29일)

이순례. 『한일신학대학 70년사』. 전주한일신학대학, 1994.

이정덕. 『전북 생활문화 100년』. 신아출판사, 2001.

임희모. 『동시대 생명선교론』. 한일장신대학교출판부, 2006.

한일장신대학교 요람 2007~2008.

Brown, George Thompson. "Mission to Korea", *Board of World Mission*. Presbyterian Church U.S. 1962.

Clark, Allen D. *Protestant Missionaries in Korea 1893~1983*. The Christian Literature Society of Korea, 1987.

Huntley, Martha, *To Start A Work: The Foundation of Protestant Mission in Korea(1884~1919)*. Presbyterian Church of Korea, 1987.

www.ilr.cornell.edu/trianglefire

광활한 사가소 바다:

탈식민주의적 연구*

조현애

(한일장신대학교, 인문사회과학부)

* 본 연구는 2008년도 한일장신대학교 안식년 연구비 지원을 받아 수행되었음.

I.

  카리브 지역의 도미니카공화국(The Dominican Republic) 출신인
진 리스(Jean Rhys 1894~1979)의 대표적인 작품 『광활한 사가소
바다』[1](*Wide Sargasso Sea* 1966)를 탈식민주의적 관점에서 연구를 하
게 된 이유로는 크게 두 가지를 말할 수 있다. 첫째는 이 작품이
19세기의 영문학 작품 중에서 명작으로 손꼽히는 샬롯 브론테
(Charlotte Brontë 1816~1855)의 걸작인 『제인 에어』를 '되받아 쓰
기' 한 작품이라는 사실이다. 영국인 브론테의 『제인 에어』에 나타
난 크레올[2] 여성에 대한 편견은 카리브 지역 출신 진 리스의 '되받
아 쓰기' 욕구를 불러일으키기에 충분하였으며, 『광활한 사가소 바
다』에 나타난 '백인남성 지배/흑인 혹은 크레올 여성 피지배'의 관

---

1) 사가소 바다(Sargasso sea): 북대서양에 있는 바다로서 타원형을 이루며 비교적 잔잔하다.
   모자반 속에 속하는 해초류가 많이 떠다닌다. 수심이 1,500~7,000m이며, 조류가 약하고 강
   우량이 적으며 증발량이 많고 미풍이 불며, 바닷물이 따뜻하고 염분이 많은 것이 특징이다. 이
   러한 것들이 모두 열 혼합의 부족현상과 복합되어 물고기의 기본먹이가 되는 플랑크톤이 많이
   부족한 황량한 생태계를 이루는 요인이 된다. 버뮤다 제도가 여기에 속하며 1492년에 첫 항
   해로 이곳을 지나간 콜럼버스에 의해 처음으로 언급되었다. 콜럼버스는 해초가 있는 것으로
   보아 육지가 가까이 있을 것으로 생각하고 계속 항해해 나갔으나, 초기의 항해가들 가운데는
   바다에 떠다니는 많은 식물에 묶여 버리게 되지나 않을까 근거 없는 두려움을 가졌던 사람들
   도 많았다(Daum 백과사전 참조).

2) 크레올: (엉어: Creole, 스페인어. Criollo, 프링스어: Créole) 본래 유럽인의 사손으로 식민
   지 지역에서 태어난 백인을 부르는 말이었으나, 오늘날에는 보통 유럽계와 현지인의 혼혈을
   부르는 말로 쓰인다.

계는 탈식민주의적 연구를 하기에 적절한 요인을 제공해 주기 때문이다. 둘째는 『광활한 사가소 바다』에 나타난 '지배/피지배'의 관계가 단순히 일회성의 관계가 아니며 연속성을 띠고 있다는 점이다. 백인지배계층의 일원으로서 안락한 삶을 영유하던 여성 주인공이 '노예제 폐지'라는 역사적 전환점을 맞게 되어 몰락해 버린 후, 지배계층으로서 누려 왔던 권력행사에 대한 응징의 일환으로 흑인들로부터 철저하게 복수를 당하며, 설상가상으로 이미 정체성을 상실한 주인공이 새로 등장한 백인남성 지배자로부터 더욱 철저하게 정복과 착취와 소외를 당하는 과정이 상세하게 묘사되어 있기 때문이다.

본고에서는 탈식민주의 비평에 관한 배경 및 기본 개념을 살펴보고, 『광활한 사가소 바다』를 중심으로 작품 속에 내재되어 있는 정치적, 사회적, 문화적 배경에 있어서 지배와 종속의 연결고리를 살펴보고, 등장인물들, 특히 여성들의 사회적 및 개인적인 구조적 피해에 대한 극복 과정을 탈식민주의적 관점에서 상세히 분석해 보고자 한다.

II.

16세기부터 18세기 말까지 유럽을 휩쓴 "'계몽주의' 정신은 서구 이외의 지역을 주변부로 보고, 가르치고 개발해야 할 지역으로 간주하는 백인남성 중심의 식민적 계몽주의 사상을 확산시켰다. 이에 따라 필연적으로 비중심의 비서구지역에 대한 침략, 정복, 지배, 착취라는 불행한 제국주의적 식민주의의 역사가 시작되었다."(정정호 312). 식민주의자들은 피식민주의자들의 문화를 업신여기며(이석호 1996: 313) 자신들의 문화만을 우월한 문화로 당연시함으로써 식민 지배의 당위성을 주장하였다.

그러나 식민주의자 혹은 제국주의자 중심적 글쓰기에 의해서 '타자화'되어 정당한 평가를 받지 못하였던 피식민지의 정치, 사회, 특히 문화에 대한 평가는 20세기 후반에 와서 전환점을 맞게 되었다. 2차 세계대전 이후 포스트구조주의, 페미니즘 등과 더불어 점차 활기를 띠기 시작한 탈식민주의적 비평 혹은 탈식민주의 문학 이론에 대한 관심은 '서구', '백인', '남성' 위주의 문학비평으로부터 다양한 시점으로의 비평으로 방향을 전환시킴으로써 비평가는 물론이고 독자들의 문학적 지평을 넓혀 주게 되었다. 『오리엔탈리즘』 (*Orientalism* 1978)으로 유명한 에드워드 사이드(Edward Said), '해체론적 탈식민주의'[3] 이론으로 유명한 가야트리 스피박(Gayatri Chakravorty Spivak), '식민주의적 양가성'[4]에 관한 이론으로 잘 알려진 호미바바(Homi K. Bhabha) 등, 수많은 비평가와 문학가들이 피지배인들의 정당한 권리와 그들의 문화에 대한 올바른 평가를 위해, 그리고 그들의 불가피한 환경적 문제점까지도 이슈화하기 위

---

3) 해체론적 탈식민주의: 스피박은 해체론에 대해서 다음과 같이 말하고 있다. "Deconstruction can only speak in the language of the thing it criticizes …… The only things one really deconstructs are things into which one is intimately mired."(Raman Selden, etc. 226) 그녀는 탈식민주의는 식민주의에 반대는 하지만 불가피하게 얽혀 들어가 있는 체제와 결국은 공모를 하게 되고 결국은 정치적 한계에 도달할 수밖에 없다고 주장한다. 이러한 점에서 그녀의 탈식민주의를 해체론적 탈식민주의라고 부른다.

4) 식민주의적 양가성(ambivalence) 이론: 호미 바바는 그의 "Of Mimicry and Man: The Ambivalence of Colonial Discourse"에서 식민지적 종속에 있어서 피식민지인들이 백인의 문화와의 차이를 생산해 내기보다는 '흉내 내기', 즉 모빙하는 데 관심을 가짐으로써 서의 비슷하지만 결코 같지 않은 '잡종성 생산'을 하고 있다고 주장한다(Raman Selden, etc. 228 참조).

하여 연구를 한 결과, 이제는 점차적으로 소수 약자들에게도 관심을 갖게 되었으며, 그들의 문화가 결코 열등한 것이 아니라 단지 다를 뿐이라고 인식하기 시작했다는 점이 참으로 다행한 일이다.

최근 영문학 비평에서 각광받는 한 분야로서의 탈식민주의 비평은 "경제, 문화, 정치 등, 다방면에 걸쳐 다른 민족, 인종, 문화 사이에 (때로는 그 자체 내에서) 형성된 지배와 종속 관계"를 면밀히 분석하여 이를 밝히는 작업을 하고 있는데, 이러한 상황은 "근대 유럽의 식민주의와 제국주의 역사에 그 뿌리를 두고 있으면서 동시에 현재의 신식민주의 체제하에서도 명백히 지속되고"(이경원 63) 있어서 지속적인 관심이 필요한 부분이다.

탈식민주의 비평에 관심을 가지는 국가들은 주로 아프리카나 아시아, 라틴아메리카 등으로 대표되는 제3세계 국가들이다.

> 제3세계라는 형용사는 다음과 같은 특징을 가진 국가에 해당된다.
> (1) 자본주의나 사회주의 국가들의 경제와 비교하여 '저발전' 상태에 있는 경제.
> (2) 근래에 식민지 지배에서 벗어남.
> (3) 비교적 적은 부존자원이나 낮은 농업생산.
> (4) 비교적 낮은 수준의 산업화.
> (5) 동요가 심한 정치적 불안정성.
> (6) 제1세계 및 제2세계의 강대국과의 동맹 거부. (칠더스 421)

따라서 이들 국가들은 유럽제국주의자들에게는 무한한 가능성이 내포된 불모지로 보였기 때문에 더욱더 그들의 모험심을 자극하였던 것이다. 유럽의 제국주의자들은 그들의 기독교, 교육제도, 의료시설, 법, 정치체제 등으로 식민지배를 강화해 나갔다. 그들은 자신들이 경제적, 사회적, 문화적 착취를 했다는 것을 인정하지 않고 오히려 약소국에 발달한 문명을 전달했다는 자부심을 가지고 있었다. 그들은 자국민들을 식민지에 가서 정착할 수 있도록 특혜를 줌으로써 식민지의 천연자원을 본국으로 수송해 오게 하거나 넓은 토지를 제공하여 농산물을 생산하게 함으로써 이득을 취하기도 하면서 식민지의 자연환경을 파괴하였다.

정치적, 경제적, 종교적, 문화적으로 이미 주도권을 쥐고 있던 백인들의 세력에 속수무책으로 당하고 있던 원주민들은 초기에는 복종할 수밖에 없었기 때문에 노예 혹은 노예와 같은 생활을 할 수밖에 없었지만, 다행스럽게도 극소수의 양심 있는 종교지도자들과 의식 있는 원주민들을 중심으로 한 피지배인들의 반란이 있게 되었고, 드디어 제국주의자들이 식민지를 포기하거나 또 다른 양상의 정치적 지배 형식이 나타나게 되었다. 이러한 상황에서 피해를 입는 계층은 식민지에 정착했던 백인들의 후예들로서 그때까지 누려왔던 혜택을 더 이상 누리지 못할 뿐만 아니라, 오랫동안 쌓여 왔던 분노를 자신들에게 쏟아 내는 원주민들의 폭행을 고스란히 당해야만 했다. 그들은 원주민으로부터는 배척을 당하고 백인의 범주에 들지도 못하는 불안정한 위치에서 방황하게 되어 상당수가 유럽으로의 진출을 시도해 보지만 안정감을 찾지 못하고 불행한 삶을 이어 가는 경우가 많았다.

시간이 흐름에 따라 정체성을 잃은 식민지의 크레올이나 원주민들이 점차 유럽으로 진출을 하게 되었다. 치누아 아체베(Chinua Achebe)가 말했듯이 "소수의 원주민들이 유럽의 교육을 받기 시작하면서 새로운 상황이 서서히 전개되어서 유럽에서 얻은 지적 무기로 자신들의 조국에 있는 유럽의 존재와 위치에 대해 도전을 하기 시작"(아체베 273)한 지식인들에 의해서 식민국가의 열악한 상황은 폭로되기 시작했고, 제국주의의 세력은 점점 그 힘을 잃어 가기 시작한 것이다. 작가들은 어두운 식민지 역사를 배경으로 하는 작품을 생산해 내고, 비평가들은 제국주의 문학 속에 내재되어 있는 오류들을 드러내며, 자신들의 목소리를 높여 가며 '탈식민주의'를 주장하기 시작하였다.

III.

영국의 웨일즈지방 출신 의사인 아버지와 영국계 크레올 어머니에게서 태어났으며 본명이 엘라 윌리엄스(Ella Gwendoline Rees Williams)인 진 리스(Jean Rhys 1894～1979)는 카리브 해 지역에 있는 도미니카 공화국의 윈드워드 군도(Windward Islands) 중 하나인 로소(Roseau)에서 출생하여 16세까지 그곳에서 성장하였다. 따라서 그녀는 카리브 지역의 문화와 그 지역의 생활상에 대해 비교적 자세히 알고 있었으며, 특히 크레올의 삶에 대해서도 남다른 관심을 갖고 있었을 것이라는 것은 짐작하고도 남음이 있다. 16세 이후에 유럽으로 건너가서 런던과 파리 등지에서 이방인으로 살면서 유럽 문화에 적응해 나가려고 노력하였지만, 항상 타인으로서 힘겹게 살아왔던 진 리스는 첫 작품인 『왼쪽 강기슭』(*The Left Bank* 1927)을 시작으로, 유럽에서 오랫동안 외롭고 어렵게 생활하면서 얻은 경험들을 자전적 소설들로 출간하였다. 『사중주』(*Quartet* 1928), 『매캔지 씨를 떠난 후에』(*After Leaving Mr Mackenzie* 1930), 『어둠 속의 항해』(*Voyage in the Dark* 1934), 『한밤이여 안녕』(*Good Morning*

Midnight 1939) 등을 연달아 출간한 후 세인들의 관심으로부터 멀어졌다가, 72세가 되던 1966년에 오랫동안 그녀의 뇌리 속에 남아 있던 한 가지 과제를 해결하게 된 작품을 출간하면서 다시 세상에 등장하게 되었는데, 그 과제라는 것은, 『제인 에어』에 등장하는 '버사'의 억울함을 풀어 주는 것이었고, 그 작품이 『광활한 사가소 바다』인 것이다.

진 리스는 샬롯 브론테의 『제인 에어』(*Jane Eyre* 1847)를 읽은 후, 남자주인공 로체스터(Rochester)의 저택 다락에 감금되어 있던 크레올(Creol) 아내 버사(Bertha)가 미치광이로 묘사되어 있는 것에 대해 유감스럽게 생각하며 『광활한 사가소 바다』를 구상하여 발표하게 되었다고 한다.[5] 그녀는 19세기 카리브 지역의 크레올 상속녀들이 영국의 남성들과 결혼을 한 후에 사회적, 문화적 환경의 차이를 극복하지 못한 결과 버림을 받았을 뿐만 아니라 미치광이로 오인을 받기까지 했다는 것을 익히 알고 있었기 때문이다.[6] 크레올인 진리스 자신도 유럽에 건너가서 이방인으로 살면서 개인적으로 결코 쉽지 않은 삶을 살게 되었기 때문에 그러한 크레올들의 불평등한 사회적 대우를 누구보다도 직접적으로 체험할 수 있었다. 서구 중

---

5) Elizabeth Vreeland, 'Jean Rhys: The Art of Fiction LXIV'(interview with Jean Rhys), *Paris Review*, 76(1979), p.235. When I read *Jane Eyre* as a child, I thought, why should [Charlotte Brontë] think Creole women are lunatics and all that? What a shame to make Rochester's first wife, Bertha, the awful mad woman, and I immediately thought I'd write the story as it might really have been. She seemed such a poor ghost. I thought I'd try to write her a life(Carl Plasa. Edited. *Jean Rhys, Wide Sargasso Se,. A reader's guide to essential criticism*. Palgrave, 2001. p.38. Chapter 2의 서문에서 재인용).

6) 프란츠 파농의 『검은 피부, 하얀 가면』의 2장 '유색인 여성과 백인남성'이라는 부분을 보면, 카리브 지역의 유색인 여성들은 백인남성들이 그들을 사랑하고 있을 때조차도 백인의 시선에 결코 숭배의 대상으로 비치지 않는다는 것을 잘 알면서도 유색인 여성들이 백인남성들과 무척 결혼하고 싶어 한다는 것에(56쪽 참조) 관한 사례들이 많이 기록되어 있다.

심 사회에서 '타자'로 분리되는 제3세계에 속하는 국민, 그것도 크레올 여성들이 당하였던 수모가 명명백백하게 밝혀진다는 것은 그리 쉽지 않았던 일이었지만, 다행스럽게도 『제인 에어』를 읽었던 진 리스에 의해 이러한 사실들이 작품을 통하여 세상에 알려졌듯이, 현대에 와서 점차적으로 이러한 사실들은 밝혀지게 되었다.

사실 샬롯 브론테 역시 당시의 사회적 배경으로 볼 때 많은 논란거리를 제공한 작품을 발표하였던 것이다. 여성이 "자율적이며 독립적인 존재가 아니라 남편과의 관계 속에서 정의되는 '상대적 존재'"(조애리 351)로서만 인식되고 있던 19세기 영국의 백인남성 중심 사회에서, 샬롯 브론테는 당시의 사회 환경에 굴복하지 않고 이를 극복함으로써 자신의 꿈을 성취해 낸 자의식이 강한 제인 에어라는 멋진 여성을 창조해 냄으로써, 남성우위, 남성 위주의 억압적 가부장제사회에 적잖은 충격을 주었다. 그녀는 침착하고 섬세한 문학적 재능으로 전문가들의 높은 평가를 받았으며, 만연되어 있던 가부장제의 모순점과 잘못된 편견 위에 확립된 기존 사회질서에 대해 재고해 볼 필요성을 부각시킴으로써 독자들의 비난도 받고 동시에 인기도 얻는 등, 사회적 관심을 집중시켰다는 점에서 적지 않은 역할을 하였다.

그럼에도 불구하고 많은 제국주의 작가들의 경우와 마찬가지로 그녀도 제국주의국가의 국민이었기 때문에 자신의 조국인 영국이 지배하고 있던 식민지와 식민지의 피지배계층들이 겪고 있던 불공평에 대해서는 무감각 내지는 편견을 가질 수밖에 없었다는 것이 작품을 통하여 분명하게 드러났다. 그녀의 이러한 식민지인에 대한 잘못된 편견에 의해 결국 억울한 희생자 계층이 드러나게 되었고, 이는 또 다른 여성 작가인 진 리스의 명작인 『광활한 사가소 바다』

가 탄생하게 되는 계기를 마련해 주었던 것이다.

『광활한 사가소 바다』의 내용에 중요한 영향을 주었던 노예제 폐지는 자메이카에서 있었던 1830년대의 사건이고, 샬롯 브론테의 『제인 에어』는 1847년에 출간되었으며, 『광활한 사가소 바다』는 1894년에 태어난 진 리스에 의해 1966년에 출간되었다는 사실을 고려해 보면 이 작품을 논하는 데 있어서 역사적 배경을 결코 무시할 수 없음을 알 수 있다. 『제인 에어』는 노예제 폐지라는 역사적 전환점을 가져온 획기적 사건으로 인하여 정체성을 상실한 크레올들이 방황하던 시기에 출간된 작품이었고, 『광활한 사가소 바다』는 그로부터 120여 년이 지난 후에 작가가 비교적 냉정하고 비판적인 시각으로 그 당시의 상황을 재조명하며 '되받아 쓰기'를 한 작품으로서, 정복과 착취의 얽히고설킨 흔적이 여실히 남겨져 있어서 더욱 중요성을 띠고 있다.

서구 백인남성을 중심으로 하는 제국주의자들의 세계정복야욕에 따른 미개척지의 정복과 지배는 일찍부터 시작되었지만 17세기 유럽 해상문명의 발달로 인하여 더욱 활발해졌다. 식민지국가들의 고통과는 전혀 무관하게 제국주의자들의 정치, 경제, 문화적 정복과 착취가 '계몽주의'의 물결을 타고 세속되었다. 길고 긴 세월 동안 서구 백인의 나라가 아닌 많은 약소국가들은 열렬한 기독교 선교사를 전면에 내세운 제국주의자들의 식민지가 되어 자연환경이 파괴되고 정치, 문화, 사회, 경제 전반에 걸쳐서 착취당하며 심지어는 멸종을 당할 위기에까지 봉착하기도 하였다.

아프리카, 아시아, 중남미 지역이 주로 제국주의자들의 침략대상이 되었는데, 그중에서도 특히 중남미 지역의 카리브 지역 국가들은 아름다운 카리브 해를 낀 멋진 해변과 사탕수수를 재배하기에 적당한 따뜻한 날씨 등으로 유럽인들의 관심을 끌게 되었다. 사탕수수 재배 농장에서는 필요한 노동력을 확보하기 위하여 원주민은 물론이고 멀리 아프리카에서까지 노예들을 불러 모아야 했다. 그 결과 흑인노예 매매가 성행하게 되었고 인종차별의 문제가 점차적으로 심각해졌다. 그러나 유럽의 식민지배로부터 벗어나려는 흑인노예들과 이들과 마음을 같이하는 극소수의 종교지도자의 희생적인 해방운동의 덕택으로, 1830년대부터 노예들은 자유를 누리게 되었다.

노예제도 폐지의 여파로 소위 말해 '하얀 검둥이'인 크레올들은 전혀 예상치 못했던 불행한 현실과 대면하게 된다. 그들은 카리브 지역에 와서 정착해서 살며 정부의 도움으로 주로 대농장을 경영하며 원주민들이나 아프리카에서 온 흑인들의 도움을 받아 부(富)를 축적하던 백인의 후예들로서 갑작스러운 현실 앞에서 정체성을 상실하게 되고 새로운 디아스포라(diaspora)로서 유럽과 미국을 떠돌게 된다. 그들은 그동안 자신들이 지배해 왔던 원주민이나 흑인들보다도 못한 대우를 받으면서 그들로부터 '하얀 바퀴벌레'(진 리스 23)[7] 혹은 '백인 검둥이들'(24), '저주받을 하얀 검둥이들'(42)이라고 불리는 등, 조롱과 멸시, 심지어는 공격을 받음과 동시에 유럽에서 온 권력 있는 백인들로부터는 원주민 취급을 당함으로써, 결코 어느 편에도 속할 수 없는 불행한 위치로 전락해 버리게 된 것이다.

진 리스는 이러한 카리브 지역의 자메이카(Jamaica)를 배경으로 백인남성에 의해서, 정복과 지배와 착취의 자기합리화 과정에서,

---

7) Jean Rhys, *Wide Sargasso Sea*, W. W. Norton & Company Ltd., 1966. 본 연구에서는 이 책을 텍스트로 사용할 것이며 이제부터는 쪽수만 기록하겠음.

희생당하고 파멸당한 크레올 여성에 관한 이야기를 긴장감 넘치게 이끌어 간다. 진 리스는 간결하고 세련된 문장을 구사하며 '의식의 흐름'의 기법을 사용하여, 화자를 앙투아네트(Antoinette) - 로체스터 (Rochester) - 앙투아네트 - 로체스터 - 앙투아네트로 번갈아 가며 변화시켜 줌으로써 등장인물들의 사상과 정서를 보다 직접적으로 현실감 넘치게 전달하고 있다.

Ⅳ.

『광활한 사가소 바다』에는 탈식민주의 연구자의 관심을 끌 수 있는 식민지/제국, 흑인/백인 혹은 크레올/본토 백인, 여성/남성, 아프리카계 토속신앙인 오우비어(Obeah)[8]/기독교의 대립관계가 나타나 있다. 제국인 영국의 법과 권력은 식민지인 자메이카에서 그 위력을 발휘한다. 여성이 결혼했을 때 여성 자신이 상속받았던 재산이라 하더라도 남편이 관리하며 사용할 수 있다는 법이 적용됨으로써 식민지의 그레올 여인 앙투아네트는 제국 백인남성인 로체스터의 소유물로 전락하는 불운을 겪게 되고, 반대로 로체스터는 앙투아네트를 아내로 맞아들이는 행위만으로도 본국에서 부끄럽지 않은 생활을 할 수 있을 만한 재산을 축적하게 되는 불평등이 당연한 듯이 시행되고 있다.

『광활한 사가소 바다』의 주인공인 앙투아네트는 노예폐지라는

---

8) Obeah: 중서부아프리카로부터 전해져 내려온 것으로서 카리브 지역에 들어와 살고 있던 흑인들 사이에 행해지던 주술(呪術) 신앙이나 거기에 쓰이는 주물(呪物), 부적 등을 의미한다. Voodoo, Santeria, Rootwork, Hoodoo 등과 흡사한 종교적 의미를 지닌다.

당연한 역사적 사건의 여파로 갑자기 빈민으로 전락해 버린 대농장주인의 딸이다. 『제인 에어』에서 그녀는 짐승처럼 괴성을 지르며, 그것도 불과 몇 번밖에 등장하지 못하면서도 로맨틱한 분위기가 감도는 전원적인 집안에 왠지 모를 공포감을 심어 주던 '버사'라는 로체스터의 감추어진 미치광이 아내로 묘사된다. 그러나 『광활한 사가소 바다』에서는 부유한 농장주와 아름다운 여인 아네트(Annette)의 외동딸로 등장한다. 비록 변화되어 가는 사회 속에서 시련과 아픔을 겪긴 하지만, 아름다운 외모와 남겨진 재산 덕택으로 새로이 카리브 지역에 관심을 가지게 된 백인제국주의자의 관심을 끌 만큼의 품위는 유지할 수 있는 계층에 머물러 있다. 앙투아네트의 원래 집안인 코즈웨이(Cosway) 가문은 몇 대에 걸친 대농장 경영주로서 노예들을 부리던 부자였다. 그녀의 부모가 식민지에서 누렸던 혜택은 분명, 흑인노예들에게는 불가능한 것이었을 것이고, 그들이 즐겼던 행복은 원주민과 흑인들에게 있어서는 뼈아픈 착취당함이었을 것이며, 흑인이나 원주민들은 쉽게 소유할 수 없는 풍요로움이었을 것이다. 이러한 불평등으로부터 누적된 적개심은 노예제폐지 선언과 동시에 주인공 앙투아네트와 그녀의 어머니 아네트에 대한 공격으로 표출된다.

정복하고 지배하던 계층이 몰락한 후에는 피지배계층에 의한 처절한 응징의 과정이 있기 마련이다. 앙투아네트가 철부지 어린아이였던 시절에, 즉 앙투아네트의 집안이 흑인노예들의 노동 덕분으로 풍요로움을 누리고 있을 때, 그녀는 흑인들이 자신의 친구이자 보호자라고 생각했었다. 그러나 노예들이 해방된 후에는 유모였던 크리스토핀(Christophine)과 정원사 고드프리(Godfrey)를 제외한 거의 모든 흑인들이 그들을 외면해 버리고 오히려 기회만 있으면 그녀와 그녀의 어머니를 공격하며 괴롭힘으로써 흑인들이 결코 백인 노예주를 친구로 간주하지 않는다는 것을 보여 준다.

> 나는 [앙투아네트] 결코 낯선 흑인들을 쳐다보지 않았다. 그들은 우리를 증오했다. 그들은 우리를 하얀 바퀴벌레라고 불렀다. 잠자는 개들은 누워 있게 내버려 두자. 어느 날 작은 여자애가 나를 따라오면서 노래하기를 '하얀 바퀴벌레야 멀리 가 버려, 가 버려, 가 버려.' 나는 빨리 걸었지만, 그 애는 더 빨리 걸었다. '하얀 바퀴벌레야 멀리 가 버려, 가 버려. 아무도 너를 좋아하지 않으니까 가 버려.'(23)

앙투아네트의 유모인 크리스토핀의 친구 메일로트(Maillotte)의 딸이자 앙투아네트가 분신처럼 여기며 같이 지내던 흑인 소녀 티아(Tia)조차도 더 이상 쓸모가 없어진 앙투아네트를 속여서 돈을 빼앗기도 하며 앙투아네트가 입었던 의상까지도 훔쳐 달아나고, 자메이카에 살고 있는 사람들을 '진짜 흰둥이, 옛날 흰둥이(하얀 검둥이), 검은 검둥이'(24)로 분류하고, 하얀 검둥이보다는 검은 검둥이가 훨씬 낫다고 하면서 앙투아네트를 마음껏 조롱해도 앙투아네트는 티아와 가까이하고 싶어 한다. 어려서부터 소외감을 경험한 앙투아네트는 혼자 남는 것을 두려워한 나머지 자신을 배신한 친구와 같이 있고 싶어 한다.

앙투아네트와 그녀의 어머니인 아네트가 이렇게 자신들이 지배하던 흑인들로부터 조롱을 당하면서도 자신들의 슬픈 처지를 스스로 해결할 수 없는 이유는 그들이 노예의 도움 없이 스스로 생산해 본 경험이 없는 무능한 지배계층의 여인들이었기 때문이다. 흑인/크레올의 관계에 있어서 흑인의 생산능력은 노동력이고 크레올의 생산능력은 상속받은 토지와 집들뿐인데 그들은 그 재산을 관리할

능력이 없었던 것이다. 그들은 자신들이 소유한 땅에서 정부가 허락해 준 노예들을 소유하며 그 노예들이 일을 하여 생산해 낸 농산품들로 부를 축적하고 상류사회의 문화를 즐기는 일에만 몰두해 왔기 때문에 이러한 상황을 극복해 낼 수가 없었던 것이다.

절망에 빠진 아네트에게는 메이슨(Mr. Maison)이라는 백인남성 지배자가, 앙투아네트에게도 역시 백인남성 지배자인 로체스터가 그녀들의 무능함을 대신하는 역할을 할 구원자로 나서게 된다. 노예제도가 폐지된 자메이카의 질서를 유지한다는 명목으로 새로운 법조문과 치안판사, 벌금제도, 감옥, 쇠사슬에 묶여 있는 갱, 사람의 발을 으깨 버리기 위한 밟는 기계 등을 도입해 온, 좀 더 교묘해진 정부인 영연방국가가 세워져서 식민지를 더욱더 철저하게 지배해 버렸듯이(39), 아네트와 앙투아네트를 어려워진 형편에서 구해 낸 메이슨과 로체스터는 처음에는 그녀들의 아름다운 모습에 반하여 사랑스러운 마음을 가지고 대하지만 결국은 그녀들을 더욱더 철저하게 지배하고 정복하여 파멸로 몰아가는 역할을 한다.

아네트는 아들과 딸을 위하여 그들에게 새로운 가정을 꾸며 줄 결심을 하고 재혼을 함으로써 메이슨이라는 친절한 영국신사를 남편으로 맞이한다. 붕괴되었던 지배/피지배의 관계가 다시 새로운 형태로 복원이 된 것이다. 그녀는 가난했을 때는 조롱의 대상이었지만, 부자인 지금은 다르다고 말하며 "위험하고 잔인할 수 있는"(33) 흑인들을 두려워하며 그들이 자유를 찾은 후 억눌려 왔던 과거에 대한 보복 심리로 인하여 자신들에게 복수할까 봐 그동안 살아왔던 쿨리브리(Coulibri)를 떠나서 다른 곳으로 가자고 메이슨에게 부탁을 한다. 메이슨은 자신의 정복자로서의 능력을 과신한 나머지 "흑인들은 너무 게을러서 위험하지 않다"(32)고 주장하며,

아네트의 우려를 지나친 것으로 생각하고 아네트의 간절한 요구를 묵살하고 쿨리브리에 계속 거주하기를 원한다.

아네트의 우려대로 흑인들이 그들의 집에 불을 지르고, 그 결과 아네트의 병약한 외아들인 피에르(Pierre)가 죽게 되는 참혹함을 겪게 되자, 아네트와 메이슨의 관계는 메이슨의 적극적인 노력에도 불구하고 점점 악화된다. 급기야는 메이슨이 아네트의 신경질적인 저항을 감당하지 못하고 예전보다 더 열악한 환경 속에 아네트를 방치함으로써 그녀를 흑인들의 성적 노리개가 되게 하고 원인도 모른 채 죽게 한다.

앙투아네트 역시 어머니인 아네트와 흡사한 과정을 겪는다. 영국 본토 백인인 로체스터는 앙투아네트의 양아버지였던 메이슨의 아들(Richard Mason) 친구로서, 결혼 후 아내들의 재산을 소유할 수 있게 되는 영국법에 따라 당연히 앙투아네트가 상속받은 재산을 소유하게 될 것을 알고 그녀와 결혼한다. 로체스터는 본토 백인이 아닌 크레올 여성과 결혼한 것에 대하여 열등감은 있지만, 앙투아네트가 가진 "삼만 파운드가 아무런 의심이나 조건 없이 자신에게 지불"(70)됨으로써 자신을 아버지와 형으로부터 체면유지를 시켜줄 것으로 믿고 안정감을 찾으며, 게다가 앙투아네트가 아름답기 때문에 천만다행으로 생각한다. 그러나 곧이어 코즈웨이의 사생아이며 앙투아네트의 이복형제라고 자칭하는 대니얼 코즈웨이(Daniel Cosway)의 500파운드를 얻기 위한 악의 섞인 투서와 협박 때문에 앙투아네트에 대한 감정은 의심과 증오로 변하게 된다. 아네트가 흑인노예들로부터 괴롭힘을 당하며 백인 남편에게 버림받았던 것처럼, 앙투아네트 역시 어릴 시절에는 흑인으로부터 공격당하고, 결혼한 후에는 이복형제라는 대니얼 코즈웨이의 모함으로 모든 것을 잃게 된다.

로체스터는 아내를 위로하기 위하여 애쓴 영국의 신사 메이슨과는 달리 앙투아네트를 '버사'라는 이름으로 바꾸어 부르며 증오심을 표출한다. 앙투아네트는 정체성을 부정당하는 그러한 행위를 거부하지만 로체스터는 의도적으로 그녀를 괴롭힌다. "시원하고 안락한 장소"(76)라고 느꼈던 그랑부아(Granbois)의 자연환경에도 싫증을 느끼고 앙투아네트에 대한 증오심도 깊어지자 로체스터는 영국으로 떠나게 되고 "지리 교과서에 장밋빛 핑크색으로 칠해진"(111) 영국이라는 나라를 동경하던 앙투아네트도 그와 동행하지만 『제인 에어』에서의 버사처럼 미치광이 취급을 당하며 구석진 방에 갇히는 신세가 되어 버린다.

탈식민주의적 관점에서 간과할 수 없는 부분은 흑인에 관한 편견이다. 『광활한 사가소 바다』에 등장하는 흑인들은 대부분 "우울한 지역에 사는 우울한 인간들"(68), "위험하며, 잔인하고"(33), "간교하고, 심술궂으며, 악의가 있는"(65) 사람들로서, 주로 '하인, 요리사, 운전사 등'으로서 일을 하며 백인지배자들에게 순종하지만 항상 배반할 준비가 되어 있는 사람들로 묘사된다. 『광활한 사가소 바다』에 나타난 흑인들도 로체스터에 의해서 "야생적일 뿐만 아니라 위협적인"(69) 지역에 사는 믿을 수 없는 이상한 존재들로 묘사되고 있다.

그러나 앙투아네트의 흑인 유모였던 크리스토핀은 기존의 흑인 이미지와는 다르게 묘사된다. 그녀는 오우비어의 종교적 능력과 냉정한 판단력을 가진 인물로서 사람의 내면을 꿰뚫어 보며 미래를 예측하고 필요할 때 당당하게 원하는 말을 다 하는 여성이다. 앙투아네트와 로체스터와의 결혼생활이 너무나 빨리 난관에 봉착하게 되자 앙투아네트는 크리스토핀을 찾아와서 남편의 사랑을 되찾게 하는 주술을 해 달라고 조른다. 흑인들의 토속종교인 '오우비어'의 능력을 가진 크리스토핀은 기탄없이 자신의 생각을 구체적으로 말해 준다. 처음부터 로체스터의 의도를 짐작하고 있었던 크리스토핀은 앙투아네트가 자신을 구할 수 있는 방법은 그에게서 돈을 조금씩 받아내어서 그를 떠나 다른 곳에서 사는 것이라고 충고하며, 크리스토핀은 앙투아네트에게 "악마처럼 영악하고 하나님보다도 영악한"(117) 영국인으로부터 멀리 떠날 것을 권한다. 매순간 습관처럼 하나님을 찾으며 "창조주 하나님의 권능과 지혜를 믿는다"(127)고 큰소리치는 로체스터이지만 앙투아네트에게서 빼앗은 재산 삼만 파운드를 결코 돌려주지 않을 것이라는 것을 잘 알고 있는 크리스토핀은 앙투아네트가 자신의 말을 듣지 않자 로체스터와 직접 담판을 벌인다. 만일 로체스터가 앙투아네트를 버리면 흑인들이 아네트에게 했던 것처럼 앙투아네트도 산산조각을 낼 것이라고 말하자, 로체스터는 그녀를 위하여 모든 것을 할 수 있다고 대답한다 (158). 그러나 앙투아네트의 재산을 조금도 다시 찾을 수 없다는 것을 확인하고 로체스터에게 "당신은 사탄처럼 사악하다"(161)라고 대항한다. 크리스토핀은 식민지 출신 흑인으로서 유일하게 백인남성 지배자에게 당당하게 대항하는 인물로 그려진다.

탈식민주의적 비평이 관심을 가지는 부분 중의 하나는 기독교/토속신앙의 관계이다. 기독교와 토속신앙의 대비는 작품의 여러 부분에서 나타나는데, 크리스토핀과 로체스터의 대화에서도 그들의 특징을 엿볼 수 있다. 앙투아네트를 진심으로 사랑하는 흑인 크리스토핀이 앙투아네트의 장래가 염려되어 그녀의 재산을 조금이라도 찾아주기 위하여 로체스터를 설득하러 왔을 때 '사랑'을 강조하는 기독교인 로체스터는 크리스토핀의 요구를 묵살하며 내쫓으며 "경고하겠는데, 이러다가는 경찰이 오게 될 거야."(159~160)라고 협박한다. 그러나 크리스토핀은 "여기는 경찰도, 수갑도, 발을 짓이기는 기계도, 어두운 감옥도 없습니다. 이곳은 자유의 나라이고 나는 자유를 누릴 수 있습니다."(160)라고 응수함으로써 토속신앙을 가진 피지배인들 사이에서는 경찰이 필요하지 않을 만큼 서로가 사랑하며 모든 질서가 자연스럽게 잘 지켜지고 있었다는 것을 보여 준다.

오우비어 신앙인 크리스토핀은 앙투아네트가 찾아갔을 때 그녀의 사랑을 되찾아 주기 위하여 종교적 능력을 사용하지만 로체스터는 앙투아네트의 재산을 차지하기 위하여 자신을 합리화시키는 데 열중한다. 그가 앙투아네트를 정신병자로 내몰고 모든 것을 다 소유한 후 영국으로 돌아가겠다고 아버지에게 "편지를 쓰는 동안 밖에서 닭이 지속적으로 울어댄다."(162~163). 닭의 울음소리가 귀에 거슬린 그가 그 원인을 묻자, 뱁티스트(Baptiste)라는 이름을 가진 하인은 "날씨가 변하는 것 때문에 우는 것"(163)이라고 대답한다. 로체스터가 앙투아네트를 영원히 책임지겠다고 크리스토핀에게 대답을 하였지만 약속과는 다른 계획을 진행시키고 있을 때 들리는 닭의 울음소리는 마치 예수님을 배반하며 거짓말을 했던 베드로를 깨우치게 한 닭의 울음소리처럼 들린다. 그러나 다른 점은 베드로는 닭의 울음소리를 듣고 회개를 하고 예수님을 위하여 힘써 전도하는 삶을 살았지만, 로체스터는 닭의 울음소리에도 아랑곳하지 않고 오히려 자신의 계획을 실천에 옮겨 앙투아네트를 정신병자로 만들어 간다는 사실이다.

쿨리브리의 집이 흑인들의 공격을 당하고 있을 때, 너무 당황한

메이슨이 "하나님, 저희를 보호하여 주시옵소서!"(42)라고 기도를 하자 그 순간 기적처럼 흑인들이 조용히 겁에 질린 얼굴로 뒤로 물러나기 시작한다. 메이슨은 자신의 기도를 하나님이 들어주셨다고 생각하지만 사실은 "앵무새를 죽이거나 앵무새가 죽는 것을 보기만 해도 대단히 불행하다는" 흑인들의 믿음 때문이었다. 그들은 기독교의 신을 두려워한 것이 아니었던 것이다.

서구 제국주의국가가 식민지에 그 세력을 확장할 때 빠지지 않고 세우는 것은 열성 있는 기독교 선교사나 수녀들을 위한 교회나 수녀원이다. 그들은 기독교교육을 통하여 식민지인들에게 순종과 용서를 가르치며, 가난한 것이 결코 부끄러운 일이 아니므로 가난한 자를 욕하지 말고 사랑하라고 가르치며, 오직 천국만을 소망하며 살도록 가르친다. 기독교를 받아들이게 된 흑인들은 때로는 본토 유럽에 가서 지속적인 교육을 받은 후, '선한 청지기'가 되어 백인들의 세력 확장에 직·간접적인 도움을 주게 된다. 특히 지적인 기독교인들을 중심으로 하는 교세확장은 토속종교의 쇠퇴를 가져올 수밖에 없다.

앙투아네트가 쿨리브리의 화재 후에 수녀원에서 생활할 때 받았던 기독교교육의 내용은 참으로 바람직한 교육이었다. 수녀원 원장은 "여러분이 불운하고 불행한 사람들을 욕하고 상처 입히는 것은 그리스도를 욕하는 것이며, 그분은 결코 용서하시지 않을 것입니다. 그들은 주님의 선택을 받은 사람들이기 때문입니다."(54)라고 극히 일상적이고 형식적인 말투로 설명을 한다. 앙투아네트는 "피난처이며 햇빛과 사망의 장소"(56)이자 "행복을 잊어버리게 된"(56) 장소에서 천국과 지옥에 대해서 배우면서 죽음 후에 맛보게 될 모든 "희열을 기다릴 수가 없어서 죽게 해 달라고 오랫동안 기도"(57)하기도 하다가 이내 그것이 죄라고 생각이 되어 회개기도를 하기도 한다. 기독교를 상징하는 수녀원은 앙투아네트에게는 기독교 신앙을 배우기도 한 장소임과 동시에 수녀들의 판에 박힌 가식적인 생활을 보게 된 장소이기도 하고, 로체스터와의 결혼이야기가 시작된 곳이기도 하고, 로체스터와의 불행한 결혼생활에 대한 꿈을 꾸기도 한 장소이다.

그와 반대로 토속신앙인 오우비어는 앙투아네트에게는 어머니처럼 포근함을 느끼게 해 주는 크리스토핀과 연관된 신앙으로서, 장래를 예측하고, 상처를 치유해 주고 위로해 주며, 불의와 과감하게 맞서서 싸워 주는 고마운 존재로 묘사되고 있지만 백인남성 지배세력과 연결될 때는 패배하고 짓밟힌다.

V.

인류의 역사를 살펴보면 권력과 부귀영화(富貴榮華)는 한곳에 머무르지 않고 구름처럼 떠다니는 것을 알 수 있다. 그것을 바라보며 그것을 갈망하는 자가 그것을 움켜쥐었다 하더라도 그 권력과 부귀영화는 그 손에 영원히 머무르지 않고 또다시 빠져나가는 것을 보게 된다.

『광활한 사가소 바다』에 나타난 식민주의가 휩쓴 상흔은 이러한 역사적 흐름을 다시 한 번 되새겨 보게 한다. 식민주의자들의 세계로 향한 제국주의적인 야심의 결과가 새로운 식민지 개척으로 이어지고, 새로운 식민지 개척은 많은 노예계층을 필요로 하게 되며,

종국에는 그 노예들의 인권문제가 대두되어 크고 작은 전쟁을 유발하게 되고, 드디어 그들이 해방되고, 그들을 지배하던 지배계층은 패배의 쓴잔을 마실 뿐만 아니라 오히려 증오의 대상이 되어 정체성을 상실하게 되는 과정이 상세하게 묘사되어 있다.

지배와 피지배의 관계 속에서 여성과 어린아이는 거의 대부분 피해자이거나 약자이다. 위의 작품에서도 원치 않는 공격을 받고 치유되지 않는 상처를 받게 되는 대상은 여성과 어린아이이다. 아네트, 앙투아네트, 피에르가 그들인데, 이들 중 너무 어리고 병약하여 자신을 수습할 수 없어 사망하게 된 피에르를 제외하고 나머지 두 명의 여성이 자신의 상처를 치유하기 위하여 처방하는 방법은 각기 다름을 알 수 있다.

아네트의 경우, 그녀는 부유한 대농장주의 후처로서 남편의 극진한 보살핌 속에서 살다가 그 남편이 사망하고 노예제도가 폐지되자 노예들도 그녀를 떠나 버린 후 아무것도 할 수 없는 상태로 방치된다. 그녀가 유일하게 자신과 두 아이를 위하여 할 수 있었던 것은 영국인 신사인 메이슨과 재혼하여 가정을 지키는 일이었다. 그러나 화재사건 후 자신이 지켜야 할 두 아이 중 하나인 피에르가 죽자 이성을 잃고 방황하기 시작하여 거의 신경증적인 반응을 보인다. 자신을 보호해 줄 수 있는 메이슨이 포기해 버리자 그녀는 더 이상 자신을 방어하지 못하고 딸인 앙투아네트까지도 거부하며 흑인 감호자와 일꾼들의 성적 노리개가 되어 한없이 추락한 상태로 살다가 언제 어떻게 사망하였는지도 모르게 사망하는 것으로 묘사된다. 그녀가 자신을 방어하기 위하여 취한 방식은 극히 소극적이고 비현실적이어서 자신은 물론, 아들과 딸, 심지어는 자신을 돕기 위하여 나타난 메이슨에게까지도 아무런 도움을 받지 못하는 삶을 유지하는 것을 알 수 있다.

아네트의 딸이며 『광활한 사가소 바다』의 주인공으로서 작가인 진 리스의 '되받아 쓰기' 충동을 불러일으켰던 앙투아네트는 무조건 흑인으로부터 피해서 달아나고 싶어 했던 어머니 아네트보다는 좀 더 적극적인 자세로 자신의 피해를 극복하려고 노력한다. 그녀는 어린 시절, 친구이던 흑인 소녀 티아가 비록 자신의 돈을 빼앗고 옷도 빼앗고, 자신을 조롱하기도 하지만, 집이 불에 타서 피신할 때도 티아의 얼굴을 보자마자 그 애와 친해지고 싶은 나머지 그 애에게 달려가다가 그 애가 던진 돌덩이에 맞아 피를 흘리고 오랫동안 정신을 잃고 쓰러지게 된다. 또한 자신의 보호자가 되기 위하여 노력하는 새아버지 메이슨과 가깝게 지내려고 노력하기도 하며, 수녀원에서 지낼 때도 새로운 환경에 익숙해지려고 노력한다.

로체스터와의 결혼생활에 이상기류현상이 생기자 앙투아네트는 그 이유를 알고 싶어서 노력하지만 로체스터가 자세한 원인에 대한 설명을 하지 않자 그녀는 토속종교인 '오우비어'의 무녀이자 자신의 흑인 유모인 크리스토핀을 찾아가서 남편의 사랑을 되찾게 하는 주술을 해 달라고 조른다. 온갖 방법을 동원해도 자신의 정체성 회복을 하지 못하게 되자 조국을 등지고 영국으로 떠나는 방법을 선택한다. 그러나 낯선 환경과 로체스터의 냉대 속에서 그녀는 자신을 철저하게 방어하지 못하고 가해자에게 복수하며 자신도 포기하게 된다.

광활한 사가소 바다가 물이 따뜻하며 물의 흐름이 느리고 해조류가 떠다니며 바람이 잘 불지 않아서 모든 것을 다 받아들일 것 같은 참으로 매력적인 장소이지만 그곳을 지나가던 배들을 위험에 빠뜨리게 하였던 장소이듯이, 『광활한 사가소 바다』는 흑인, 혼혈인, 크레올, 백인 등 모든 사람들이 다 모여서 조용하고 평화롭게 어우러지며 살 수 있을 것 같은데도 불구하고 지배/피지배 계층의 악순환의 고리가 해결되지 못하여 결국은 비극적인 종말을 맞게 되는 작품으로서, 현대 영문학에서 각광을 받고 있는, 탈식민주의적 연구에 있어서 중요한 역할을 한 명작이라고 할 수 있다.

【참고문헌】

이경원 옮김. 『탈식민주의! 저항에서 유희로』. 한길사, 2001. (*Postcolonial Theory: Contexts, Practices, Politics*. Bart Moore – Gilbert. Verso, London, 1997).

이석호 역. 프란츠 파농 지음. 『검은 피부, 하얀 가면』. 고양시: 도서출판 인간사랑, 1998.

이석호 역. 『포스트 콜로니얼 문학이론』. 서울: 민음사, 1996. (*The Empire Writes Back*, Bill Ashcroft, Gareth Griffiths, Helen Tiffin. Loutledge, 1989.)

정정호. 『현대영미비평론』. 서울: 신아사, 2000.

조애리. 『영미문학의 길잡이 '브론테 자매'』. 서울: (주)창작과 비평사, 2001.

조현애 · 박종기 · 채은하 공저. 『세상에 조연은 없다』. 파주시: 한국학술정보(주), 2008.

황종연 옮김. 조셉 칠더즈 · 게리 헨치 엮음. 『현대 문학 · 문화 비평 용어사전』. 문학동네, 1999. (Childers, Joseph · Hentzi, Gary Ed. *The Columbia Dictionary of Modern Literary & Cultural Criticism*. New York: Columbia Univ. Press, 1995.)

Achebe, Chinua. "Colonialist Criticism", Dennis Walder. Ed. *Literature in the Modern World*. Oxford Univ. Press, 1990.

Brontë, Charlotte. *Jane Eyre*. London: Penguin Books Ltd, 1996.

Forsdick, Charles & Murphy, David Ed. *Francophone Postcolonial Studies*. London: Arnold, a Member of the Hodder Headline Group, 2003.

Loomba, Ania. *Colonialism/Postcolonialism*. Oxon: Routledge, 2005.

Moglen, Helene, "The End of *Jane Eyre* and the Creation of a Feminist Myth", Bloom, Harold. Ed. *Modern Critical Interpretations*, Vol.3. New York: Chelsea House Publishers, 1987.

Plasa, Carl. Ed. *Jean Rhys: Wide Sargasso Sea*. New York: Palgrave

Macmillan, 2001.

Quadagno, Jill. *The Color of Welfare: How Racism Undermined the War on Poverty.* Oxford: Oxford University Press, 1994.

Rhys, Jean. *Wide Sargasso Sea.* Annotated with a Critical Introduction by Yoon, Junggil, 서울: 한신문화사, 1997.

Rhys, Jean. *Wide Sargasso Sea.* W. W. Norton & Company Ltd., 1966 (Text).

Said, Edward. *Culture and Imperialism.* New York: Vintage Books − Random House, 1993.

Said, Edward. *Orientalism.* Penguin Books, 1978.

Selden, Raman · Widdowson, Peter · Brooker, Peter. *A Reader's Guide to Contemporary Literary Theory* 4th Ed. London: Prentice Hall, 1997.

Young, Robert J. C. *Postcolonialism.* Oxford: Blackwell, 2001.

이용도 목사의 종교적 영성

차옥숭

(전 한일장신대학교 교수, 종교학)

Ⅰ. 들어가는 말

이용도 목사의 일기와 서간집을 보면서 솔직히 나는 내가 어떻게 이용도 목사의 영성을 논할 수 있을까 하는 생각에 한숨부터 나왔다. 그렇게 생명을 다 바쳐 기도하고 치열한 삶을 살았던 이용도 목사를, 기도도 부족하고 그러한 삶에 가까이 가 보지 못한 내가 무미건조한, 더욱이 짧은 지식으로 조명을 할 수 있을까 하는 두려움이 앞섰다. 이러한 심정을 아는 목사님께 말씀드렸더니 대뜸 "계시받고 쓰세요."라고 하셨다. 여름 동안 내내 이 자료 저 자료 뒤적이면서 씨름해 봤지만, 계시도 없고 그렇다고 포기할 수도 없어서, 부끄러움을 무릅쓰고 이 글을 쓰게 됨을 먼저 밝힌다. 이용도 목사의 신비적 영성을 밝히기 위해서 먼저 영성과 신비주의에 대해서 몇 가지 언급하고자 한다.

21세기를 맞이해서 생명에 대한 관심이 고조되면서 자연과 인간, 인간과 인간의 관계를 숙고하게 되었다. 그러면서 인간의 내면적인 삶과 영혼에 대한 성찰을 통해 영성에 대한 자각이 새로운 관심으로 대두되고 있다.

인간은 감성적이고 이성적이고 영성적인 존재라고 말한다. 감성을 넘어서는 것이 이성이고 이성을 넘어서는 것이 영성이다. 이성은 판단하고 구별하는 것이고 영성은 포용하고 하나가 되는 것이다. 즉 영성은 인간의 여러 가지 분열적이고 대립적인 이분법적인 사고를 초월하려는 보다 큰 의식, 우주적 의식에 도달하려는 것이다. 모든 종교는 인간이 감성과 이성을 초월하는 어떤 깊은 영적 능력을 갖고 있고, 그 영적 능력을 통해서 보다 초월적인 실재와 교감할 수 있다는 믿음을 전제로 한다. 영성은 유한한 존재로서의 인간이 무한한 실재를 갈망하고 가까이 나가려고 하는, 더 나아가 하나가 되고자 하는 종교적 욕구이다. 또한 이러한 궁극적 실재를 통해서 인간의 유한성을 극복하고 좁은 자아, 세속적 자아의 한계를 탈피해서 우주적인 삶, 자유로운 삶을 경험하고자 하는 종교적 열망이다. 신비주의는 이러한 무한한 실재에 나아가고자 할 뿐만 아니라, 무한한 실재와 하나가 될 수 있다고 확신한다. 그리고 그러한 경험을 한 신비가들은 궁극적 실재에게 나아갈 수 있는 길, 그 실재와 합일할 수 있는 방법을 제시한다. 신비주의는 어떤 의미에서는 순수하고 극단적이며 가장 완벽한 영성의 추구라고 말할 수 있다.[1]

이용도 목사를 신비주의자로 분류하는 것에 대해서 이용도 목사를 사랑하는 분들도 부정적인 반응을 나타내는 것을 보았다. 위 글에서 살펴보았듯이 신비주의는 그렇게 부정적인 개념이 아니다. 신비주의에 대한 고전적인 개념을 좀 더 살펴보자.

중세철학자 토마스 아퀴나스(Thomas Aquinas)는 신비주의를 "체험을 통해서 하나님을 알게 됨"이라고 표현하고, 잉어(W. R. Inge)는 19세기 말 기독교 신비주의에 대한 연구에서 신비주의는 "사상과 감정을 통해서 영원한 것이 존재한다는 사실을 깨달으려는 시

---

[1] 길희성, 「신비주의와 영성」, 2001년 4월 8일, 새길교회 일요강좌 강의내용 중.

도"라고 규정한다.[2] 루퍼스 존스(Rufus Jones)는 "하느님과의 관계에 대한 직접적인 인식, 신적 존재에 대한 직접적이고 친밀한 인식을 강조하는 종교 유형으로서, 가장 세밀하고 살아 있는 종교"라고 말한다.[3] 그 밖에 이블린 언더힐(Evelyn Underhill)은 신비주의는 단순히 감각적이거나 지적인 영역들을 넘어서서, 정신이나 감각의 중재 없이 직접적으로 궁극적 실재를 알아야 한다는 인격적 열정을 가지고 실재와 진리를 탐구하는 것이라고 말한다. 그녀에 의하면 신비주의란 이성과 감각이 증명할 수 없는 것을 알 수 있는 앎의 방식이다. 그것은 이성의 대상이 될 수 없다. 왜냐하면 그것은 이성, 즉 의식의 본질이거나 원천이기 때문이다.[4] 대부분의 신비주의는 궁극적인 실재와 하나 되는 체험을 강조한다.

신비주의는 합일의 내용에 의해 크게 두 가지 유형으로 나눌 수 있다. 첫 번째 유형은 유일신을 믿는 유대교, 그리스도교, 이슬람교 전통에서 찾을 수 있다. 여기에서는 신과 인간을 동일시하지 않는다. 다만 창조주와 피조물로서, 신과 인간이 사랑 안에서 합일할 수 있다고 믿는다. 두 번째 유형은 일원론적(一元論的, monistic) 신비주의이다. 동양종교 전통들이 이 유형에 속한다. 대표적인 것이 힌두교의 Upanıshad 철학의 일원론적 실새관에서 보여 주는 범아일여(梵我一如)사상이다. 궁극적인 실재인 Brahman과 진정한 자아인 Atman은 둘이 아닌 하나이다. 따라서 본질적으로 궁극적인

---

2) W. R. Inge, Christian Mysticism, 7th ed.(London: Methuen & Co., 1933), p.5. in: Robert S. Ellwood, Jr., Mysticism and Religion(Prentice-Hall, Inc., Englewood Cliffs, New Jersey 07632, 1980), 13.

3) Rufus Jones, Studies in Mystical Religion(London: Macmillian & Co., 1909), p.xv. in: Ellwood, 14.

4) Robert S. Ellwood, Jr., Mysticism and Religion(Prentice-Hall, Inc., Englewood Cliffs, New Jersey 07632, 1980), 14.

실재와 내가 하나라는 것을 깨닫고 분별지로부터 벗어나 합일을 추구하는 것이다.

영성을 지닌 인간은 궁극적 실재에게 나아가는 과정 속에서 비일상적인 신비경험을 하게 된다. 이러한 경험은 때로 눈을 멀게 하는 빛의 체험이기도 하고 또는 그 어떤 빛보다도 더 심오한 것으로서 무한한 어둠의 체험이기도 하다. 그리고 체험은 때로는 형언할 수 없이 침착하게 일어나기도 하고, 때로는 심오한 리듬이 있는 것처럼 표현하기 어려운 황홀경의 파동과 같이 다가오기도 한다. 때로 경험은 자아를 망각하는 경향이 있으나, 이러한 망각은 모든 것이 사랑 안에서 하나 됨에 대한 자각일 수 있다. 여기에서 Ellwood는 이러한 신비체험은 소수의 능력을 부여받은 영적인 사람들에게만 한정된 이색적인 체험이 아니며, 일반인들에게도 일어날 수 있는 보편적인 것이며 일상적인 삶 속에서 일어날 수 있는 삶의 일부분이라고 말하고 있다.[5]

그렇지 않은 경우도 있지만, 일반적으로 신비체험을 말할 때 종교적 정황이라는 맥락에서의 체험을 말한다. 체험을 종교적으로 해석함으로써, 신비주의자는 체험에 대해 사회 전통 속에서의 궁극적인 의미와 정당성을 부여한다. 이러한 의미 부여를 통해 체험은 더욱 풍부해지고 다소 덜 개인적인 체험으로 만들어진다.[6] 또한 신비경험들을 대할 때에는 체험자가 처해 있는 다양한 상황들을 고려해야 한다. 체험자가 어느 종교 전통과 문화에 몸담고 있는가에 따라서, 체험에 대한 해석의 틀과 상징적인 언어들이 달라진다. 신비체험을 전달하는 개념들과 상징들은 사회로부터 나온다. 신비주의

---

5) 앞글, 2.
6) 앞글, 34.

를 향한 주위 사회의 태도에 따라 신비주의는 강화될 수도 있고, 그렇지 않을 수도 있다.[7]

신비주의는 어떤 의미에서는 경험의 카테고리가 아닌 해석의 카테고리이다. 이론적 설명을 통하여 신비체험자는 체험을 완성하고 나누어 가진다. 체험이 언어로 표현될 때 그 체험은 효과적으로 인지된다. 이때의 언어는 필연적으로 상징적인 언어이다. 언어로 표현된 부분은 신비체험의 일부분이 된다. 상징들은 여러 의미들을 산출하고 포함시키려고 노력한다.[8]

이제 이용도 목사의 삶의 다양한 정황들을 살펴보고 그의 종교적 영성을 살펴보고자 한다.

Ⅱ. 이용도 목사의 삶의 정황들

가난한 집안의 아들로 태어난 이용도 목사는 어려서부터 병약했다. 대주가(大酒家)인 아버지와 독실한 기독교신자였던 어머니 사이에서 자란 이용도 목사는 어머니의 영향을 많이 받고 자랐다. 어머니의 눈물 기도를 보고 듣고 자란 이용도 목사는 벌써 13세의 어린 나이에 예배당의 종각에 올라가서 여러 시간 혹은 밤새도록 기도하는 소년이었다.[9]

어머니가 병중에 낳은 누이동생 순례는 젖을 한 방울도 먹지 못

---

7) 앞글, 40∼41.

8) 앞글, 86.

9) 변종호 편저, 『이용도목사 전집 제2권』, 19.

하게 되었다. 이에 이 젖 못 먹는 어린 누이를 위해 이용도 목사는 이 집 저 집으로 젖을 얻어 먹이러 다녔다. 어린 누이가 울 때 이용도 목사는 함께 울고 누이가 배고플 때 함께 굶었다.

중풍에 걸리신 백부님이 어느 날은 밤중에 갑자기 진유(眞油)를 사오라고 했다. 이때에 캄캄한 한밤중에 혼자 길을 가노라니, 키가 구척이나 되는 마귀가 나타나 길을 가로막아 섰다. 이용도 목사는 놀라지 않고 마음을 침착히 한 후 찬송가를 큰 소리로 불렀더니, 하늘에서 천사의 날개가 내려와 그 마귀를 밀어내고 보호하여 주어서, 그 길을 무사히 가서 목적한 바를 이루었다. 그의 일생에 여러 번 환상(幻像)을 본 일이 있는데, 이것은 그가 세상에서 환상을 본 처음 경험이다.[10]

중학교 시절은 굶주림에 시달리면서 학비를 벌기 위해 막노동도 하고, 학교 부설 직조장(織組場)에서 일을 해야만 했다. 그 기간에 1919년부터 독립운동에 연루되어 4차례 체포되고 투옥되어 3년여의 감옥생활을 했다. 이러한 이유로 4년이면 마치는 중학생활에 9년이 걸리었고 결국 정식 졸업장도 받지 못했다. 중학교 교장의 추천으로 협성신학교에 입학한 이용도 목사는 유년 지도 사업에 관심을 갖고, 시, 노래, 연극에 몰두한다. 뜻이 맞는 이호빈, 이환신을 만나 자취를 하였다. 이용도 목사는 1925년 2학년 둘째 학기 말 겨울에 폐병 3기로, 공부를 그만두고 쉬라는 의사의 명령을 받는다. 그 당시 폐병 3기는 사형선고나 다름이 없었다.[11] 이때가 이용도 목사의 삶의 전환점이라고 생각한다. 젊은 나이에 죽음을 눈앞에 두고 그동안 살아왔던 지난날을 돌이켜 보면서 감회가 깊었을 것

---

10) 앞글, 20.
11) 앞글, 25~28.

이다.

피터스 목사는 이용도 목사를 회상하면서 그때의 상황을 다음과
같이 기록하고 있다. "죽음이 그를 엄습하고 있었다. 의사는 용도
에게 오래 살지 못할 것이라는 사형선고를 내렸다. 사실 본인도 자
신의 야위고 창백한 얼굴 그리고 바르르 떠는 몸집을 볼 때면 임박
해 오는 죽음을 실감하곤 했다. 용도는 어느 날 기가 꺾인 채로 상
념에 사로잡혀 학교에서 집으로 왔다. 제대로 살아 보기도 전에 그
는 곧 죽게 되어 있었다. 그것은 마치 아침에 잘 자랐다가 저녁에
베임을 당하는 풀 한 포기와도 같았다…… 그가 명상하면서 누워
있을 때, 그의 눈에는 소년시절에 만났던 대구의 한 여인에 대한
기억이 스쳐 갔다. 그 여인은 장촌에 있는 자기 집 맞은편 집에 살
고 있었다. 그녀는 영매무당이었는데, 시무언이 30세 이전에 바로
죽을 것이라고 예언을 했던 것이다. 그녀는, '그러나 용도가 30세
를 넘기거든 나에게 알려 달라.'고 덧붙였다. '30세를 넘기면 그는
비상한 일을 하게 될 것이다.'고 그 여인은 예언하였다."[12] 이용도
목사는 그 여인의 말대로 죽을지도 모른다는 생각을 했을 것이다.

이용도 목사는 이환신과 함께 휴양차 환신의 고향 강동에 내려
와 새로운 경험을 하게 된다. 그곳 교회에서 부흥회를 인도해 달라
는 부탁을 받는다. 그는 부흥회를 인도해 본 적이 없었지만, 강권
에 어쩔 수 없이 허락을 하고 기도에 매달린다. 대동강 상류 얼음
위에 나가서 밤이 깊도록 기도하고, 그 이튿날도 새벽부터 나가 열
심히 기도하고, 집회가 시작할 저녁에 돌아왔다. 첫날 환신이 설교
하고 이용도 목사가 사회를 맡았는데 기도하고 찬송을 부르다가

---

12) 빅토 웰링턴 피터스, 「시무언(是無言), 한국 기독교 신비주의자」, 역 박종수, in: 『이용도목
　　사의 영성과 예수운동』, 27.

이용도 목사는 울기 시작했다. 그것을 본 회중이 따라 울고 예배당 안이 통곡의 마당으로 변했다. 다음 날 설교를 맡은 이용도 목사는 기도로 밤을 밝히고 새벽에 강단에 나섰다. 설교를 해도 기도를 해도 눈물과 감동과 감격이었다. 여기에서 이용도 목사는 자기 자신을 잊어버리고, 외치다 죽으면 죽으리라는 열정으로 한 주일을 보내고, 부근 다른 교회로 옮겨 부흥회를 열었다. 죽음의 공포도 사라지고 원기도 얻었다.[13] 이때의 경험이 이용도 목사의 삶을 뒤바꾸어 놓는다. 그의 모든 삶을 온전히 하나님께 맡기고 살게 된 것이다. 그동안 나라 잃은 서러움, 극심한 가난의 문제 등을 구조적으로 개혁해 보려고 몸부림쳐 보았으나 아무런 변화는 없고 몸은 병들어 죽음을 눈앞에 두고 있던 그가 강동에서 가졌던 체험은 지금까지 살아왔던 삶을 전혀 새로운 삶의 양태로 전환시켰던 것이다. "내가 죽는대야 낙심할 것은 없나이다. 다만 주를 믿으니 내 몸은 죽으나 사나 주는 나의 구주이시매 주여 이제나 저제나 한 번은 죽어 썩을 몸이오니 성하건 병들건 주께 이 몸을 바치오리다."[14]

이때부터 이용도 목사는 더욱 간절히 기도에 매달리게 된다. 기회만 있으면 산으로, 교회로, 어느 곳에서든지 엎드려 기도하는 사람이 되었다. 그는 기도를 통해서 용기도 얻고 위로도 얻었다. 기도를 통해 마음이 정화가 되고, 감사하는 마음으로 생활할 수 있음을 밝히고 있다.

기도가 없을 때 나의 영이 마르는 때입니다. 가뭄이 오래면 논과 밭 그 바닥은 갈라지고 터지는 것처럼 기도의 가뭄이 오랠수록 나의 마음 밭은 풀삭풀삭 먼지가 날 뿐 아니라 갈라지고 터지어 나의 영은 아픔을 느끼고

---

13) 앞글, 28~29.
14) 변종호 편저, 『李龍道牧師의 일기』, 新生館, 1966, 27.

있습니다. 왜 그런고 하니 기도로만 나의 영은 윤택하여지고 은혜의 비에
젖게 되는 까닭입니다. 기도가 없을 때 나의 영은 괴로운 때입니다. 기도
는 나의 기쁨이요 나의 의미요 나의 생명이요 나의 일이외다. 기도가 없어
나의 기쁨도 없고 나의 존재도 의미도 없고 나의 생명도 없고 나의 일도
없습니다. 기도는 곧 나의 생명이요 나의 운동이올시다. 기도보다 더 큰
일이 없는 것 같습니다. 그러나 나는 종종 기도를 못 할 때가 있습니다.[15]

은혜의 생활은 곧 기도의 생활에서부터 시작됩니다. 기도가 없을 때 신앙
도 없는 것이고 신앙이 없을 때 은혜도 깨닫지 못하는 것입니다.

그리고 이용도 목사는 자신의 교만한 마음을 꺾어 버리고 어린
아이의 마음을 주시라고 기도한다. 겸손한 마음으로 하나님의 말씀
을 입으로만 떠들지 않고 몸으로 실천하게 해 달라고 기도한다. 그
리고 철저하게 예수의 발자취를 따라가게 해 달라고 기도한다.

"苦는 나의 先生, 貧은 나의 愛妻, 卑는 나의 宮殿, 자연은 나의
애인의 집"으로 하고 거기에서 주님과 더불어 살겠다고 고백하는
이용도 목사는 하느님께 자신을 미친 듯이 부르짖는 [광야의 소리]
곧 [회개의 소리]가 되게 하시고, 새 술에 취한 듯이 덤비는 사랑의
사도가 되게 해 달라고 기도한다.[16]

이용도 목사는 민족 고난의 역사와 자신이 처한 가난과 고난의
인생을 예수의 삶과 십자가의 고난으로 연결시켜, 가는 곳마다 눈
물로 기도하고 설교한다. 이러한 그의 눈물 어린 설교와 기도는 사
람들을 감동과 통곡의 분위기로 몰아갔다. 이용도 목사는 1929년
한 해에만 20여 개의 교회에서 부흥회를 한다. 이용도 목사의 명성
은 널리 퍼졌다. 원산을 비롯하여 30년 벽두에는 인천에 있는 덕적

---

15) 서간집, 94~95.
16) 일기, 81~82.

도에서 부흥회를 갖고, 2월 말에서 3월 초순까지 평양에서 부흥회를 갖는다. 가는 곳마다 사람들이 성황을 이루었다. 그의 부흥회에 사람들이 모여든 이유를 민경배 교수는 다음과 같이 말하고 있다. "그의 부흥 운동에 그만한 군중이 모이고 그의 설교나 기도에 그만큼 끌렸다고 하는 것은, 그에게 어떤 뚜렷한 시대적 메시지가 있었다는 증거였다. 고난을 남달리 주제로 하였다는 것은 그 시대가 일제치하의 가혹한 현실적 곤고에 몸부림치던 형극의 때였으니만큼, 통절한 아픔의 위로라는 시대적 호소가 그의 눈물 어린 절규 속에 메아리쳤기 때문이다."[17]

1931년은 이용도 목사의 인기는 절정을 이루었고 가는 곳마다 사람들이 모여들었다. 때로는 목이 터지지 않아 눈물로 설교를 하고 통변을 세워 설교를 하면서 전국 방방 곳곳을 돌아다닌다. 이때의 그는 본인의 의도와는 관계없이 하느님에게 이끌리어 다닌 것 같다.

그러나 이때 이용도 목사는 건강 또한 좋지 않았던 것 같다. 그해 4월 그의 편지글에 "나의 병세를 집안이 안다면 염려 위에 염려를 더하여 모든 소망이 다 끊어지는 동시에 생목숨들이 끊어질까 하는 두려움도 없지 않습니다. 나는 지금이라도 전도를 하지 않으면─집에 와 있으면─앓습니다. 내 몸을 내가 건사할 수 없습니다. 나의 몸에는 피가 극도로 말라서 극도의 빈혈증인데 의사들은 보는 이마다 놀라는 형편입니다. 그렇게 피가 없고 어떻게 사느냐고. 그러나 이 목사가 사는 것은 순전히 하나님의 은혜라고 합니다."[18]라고 적고 있다. 그러나 이용도 목사는 삶과 죽음을 철저하

---

17) 민경배, "李龍道 神學이 聖靈運動에 미친 影響", in: 『이용도와 한국 교회의 개혁운동』, 336.

게 하나님께 맡기고 목숨이 붙어 있는 동안 하나님을 위해 살고자 했다. "우리가 죽고 사는 것은 하나님이 주관하시는 일이야. 내가 오늘 사는 것은 하나님이 허락하셨기 때문이야. 그래서 나는 오늘을 완전히 하나님을 위해서만 쓰고 싶네. 주님께서 내일도 날 쓸 수 있다면, 내 생명을 연장해 주실 것으로 믿네. 내가 모임에 가면 나는 이렇게 기도를 하지. '주님, 내가 이 모임이 끝나기 전에 죽는다면, 나의 마지막 힘과 생각을 당신께 바치게 하소서.'"[19] 이렇게 철저하게 순종하는 삶을 살았던 이용도 목사는 내면뿐만 아니라 모습도 예전과 달라졌다. 이호빈 목사는 "말 잘하던 달변가인 군은 무언의 침묵자로 변했고 애교 만만한 사교적 활동가인 군은 눈물 많은 기도자로 변하였고 맵시에 샛치꾼이던 군은 검박한 푸색이꾼으로 변하였음을 분명히 알 수 있었다."[20]고 말한다. 그리고 그는 '죽어야 산다'는 동서양 모든 종교들이 공유하고 있는 진리, 즉 '死卽生'의 진리를 가슴으로 받아들인다.

> 형제여 죽으소서. 죽어야 되리이다. 모든 의식도 버리고 교만도 버리고 수단도 방법도 버리소서. 그리고 예수의 피로 다시 살으소서. [죽었다가 다시 삶] 소생! 이는 예수의 주장이었다. [사람이 거듭나지 않으면……] 하고 말씀하셨습니다. 오 형제여 나는 죽기를 오래 바랐으나 아직 죽지 못하였나이다. 나는 아직도 세상 편에 살아 있나이다. 내가 미쳐야겠고 내가 죽어야겠나이다. 주만이 나의 힘이요, 위로요, 소망이요, 수단이요, 방법이요, 생명이외다. 죽으라면 죽고 살라면 살고! 아 이리되기를 원하나이다. 주를 모르고 사는 것보다 주를 알고 죽기를 원하나이다. 주는 곧 길이요 진리요 생명이올시다. 이것을 모르고 삶은 저주요, 이를 알고 죽음은 곧 영생이외다.[21]

---

18) 서간집, 49~50.

19) 피터스, 101.

20) 전집4, 77.

우리는 이제 [엘리 엘리 라마 사박다니]를 비장하게 부르짖고 십자가상의 벌거벗은 몸으로 최후를 마치신 그 예수를 따라갈 뿐이외다. 하여간 우리의 피 한 방울이 떨어지는 그날이라야 우리의 일은 다 이루는 날이니 오늘 와도 좋고 내일 와도 좋을 것이외다. 사업성취에 있지 않고 다른 사람을 인도함에 있지 않고 모임에도 있지 않고 설교에도 있지 않고 ── 나 자신이 죽는 날에 우리의 완성은 있사외다.

죽음! 이것만이 나의 수단이요 방법이요 원리라고 할까 그리하여 날마다 죽음을 무릅쓰고 그냥 무식스럽게 돌진하려는 것뿐이다. 어느 날이던가 나의 빛 없는 죽음! 그것이 나의 완성일 것이다.[22]

이렇게 이용도 목사는 삶 속에서 철저히 죽어 죽음을 넘어서 살기를 원했던 것 같다. 자신의 생명, 몸, 생각을 모두 버리고 하나님께로 솟아오르고 싶어 했던 것 같다.

그러나 그해 9월에 아현 성결 교회에서 집회 도중 축출당하여 부득이 집회가 중단되는 사건이 벌어진다. "금요일 밤 설교를 택한 후 숙소에 돌아오자 전도사의 축출선언에 접하게 되었던 것입니다. 그래서 그 밤 11시 좀 지나 숙소에서 쫓겨 나와 산에 가서 종야(終夜)하고 아침에 돌아갔습니다. 입을 수 없는 광영임에 무척 감사하였습니다. 우리의 일은 말에 있지 않고 사업에 있지 않고 참으로 영에 움직이어지는 신비에 있음을 더욱 깨닫게 됩니다."[23] 한밤중에 그 교회 전도사에게 축출을 당하고, 책보 끼고 무악산 허리를 타고 송림으로 들어가, 은근한 주의 품이 더욱 그리웠다고 고백하는 이용도 목사는 밤새워 하나님께 기도한다.[24] 그 무렵 황해노회

---

21) 서간집, 32~33.
22) 전집4, 139.
23) 서간집, 66.
24) 앞글, 72.

에서 이용도 목사를 황해노회 지경 안에서는 청하지 않기로 결의를 한다. 이유는 "1. 이용도는 재령교회를 훼방한다. 2. 여신도들과 서신거래를 자주 한다. 3. 불을 끄고 기도한다. 4. 교역자를 공격한다. 5. 『성서조선』이라는 잡지를 선전한다. 그러니 그는 무교회주의자요 교회를 혼란케 하는 자이니 황해노회 지경 안에는 청하지 말자"는 것이다.[25] 이것에 대한 이용도 목사의 생각은 김린서에게 보내는 편지글 속에 상세히 나타난다.

金麟瑞 氏에게

10월 중 황해노회의 나에 대한 처분설은 일변 놀랍고 일변 우습고 또 감사한 일이외다. 나의 무교회주의설에 있어 나는 변호하고 싶지 않습니다. 변명할 여지조차 없지요 교회 안에 있는 자는 벌써 무교회주의자는 아닐 줄 압니다. 나는 내 교파의 상부에서 파송하는 대로 순종하기로 하고 또 지금도 그대로 하는 사람입니다.

1. [재령교회(載零敎會)의 불영접을 훼방한다.]는 것이 흠을 잡으려는 편에 말거리가 된 듯도 합니다. 나는 그 교회를 훼방하는 데 본의가 있지 않고 오늘날 온 세상의 교회가 외형으로만 사람을 보는 것과 형식에는 능하되 의와 인에는 먼 것을 경계하여 거지[乞人]라도 주님과 같이 아회라노 선시사같이 내접할 검비에 들어가서 진실로 의와 인에 움직이어 실기를 바라서 한 예를 드는 데 불과한 것이었습니다.

2. 사리원 자매(沙里院姉妹)들의 무고 평양집회와 서신 왕복에 관하여는 잘 알 수 없고.

3. 소등 기도! 이는 큰 문제될 것 없지요. 무교회주의자는 소등기도 하나요? 대개 강설을 마치고 은혜에 대하여 간절성이 없는 자는 다 가게 되고 특별히 열의 있는 이가 남아 있어 각개가 기도할 때에 흔히 그러하였던

25) 전집 제2권, 101~102.

것인데 그것은 기도 자리에 남아 있는 자 중에는 체면상 돌아갈 수 없어서 앉아서 시간이나 채우려고 하는 자가 있었는바 그들은 그냥 꼿꼿이 앉아서 남의 기도하는 모양만 보고 또는 이야기하고 기도하는 태도에 대하여 비평거리를 찾고 있는 것이 있었음에 그들을 위하여 차라리 그 눈에 아무것도 볼 수 없어지면 혹 눈을 감고 기도를 하게 될까 하는 바람에서 그러하였고 또는 연약한 자들은 옆에서 사람이 보고 이야기하는데 끌려서 용감스럽게 기도하지 못하는 것 같은 때가 많이 있었음에 저희에게 도움이 되기 위하여 그리하였고 또 나는 나의 경험상 어두운 가운데 나가서 늘 기도하는데 그 어떠한 기괴한 공포와 싸우다가 이를 이기는 성령의 힘을 얻는 경험 또는 눈감고 기도하는 데서 더욱 주님을 일심으로 바라볼 수 있는 것. 나는 눈을 감고 기도합니다. 대개 일반이 그렇습니다. 소등은 눈뜨고 겉으로만 도는 자로 하여금 눈감고 암실에 들어가게 하는 일이었던 것입니다. 그러나 이 모든 이론도 지금에 와서 이유를 말하라니까 이런 듯하다는 것이지 그때는 그저 즉각적 어떤 움직임에 따라서 그리했던 것밖에 아무것도 없으며 무슨 계획적 나의 방법은 아니었습니다. 그래서 이것이 나에게 있어서는 조금도 문제가 아니 됩니다. 그러나 소등 기도한다고 해서 무교회주의라고 하는 그 미련함에는 일소와 일루(一淚)가 없지 못합니다.

4. [교직공격?]이라! 아 나는 개인적으로는 겸비하여 저희에게 배울 바를 찾고 그들의 수고를 존경합니다. 그러나 주의 외편에 있어서는 진리의 칼로 심판치 아니치 못할 것이니 이는 나의 일이 아니요 주님의 일임으로써 이외다. 죄와 회개라는 말까지도 싫어하는 현대이니 책망을 달게 받을 줄 아는 겸비가 어디 있으리요! 오 교만한 시대여!

5. [성서조선지]. 글세 그것을 선전이라 할까? 그들이야 흠잡으려니까 그러겠지 그것이 어떻게 되어 내 손에 들어온 것이기에! 나는 그것에 절대가치를 인정하여 선전한 것이 아니라. [좋은 것을 취하고 나쁜 것을 버리라]는 부탁과 함께 2~3 청년에게 보여 주었던 것입니다. 그것도 몰상식하여 또는 편협하여 어떤 새것이 올 때 그냥 무턱 유혹을 받을 그런 자에게가 아니요 소화기가 웬만한 자로 인정한 자에게이었으며 조선 복음 운동에 있어서 한 새로운 역할을 하고 있는 그것을 참고해 보라고 한 것이었고 또 김경하 목사는 이해성이 있을 줄 알고 그에게 한 권 주었습니다.

인형! 나는 별것 다 봅니다. 무교회지도 보고 순복음지도 보고 장로회지도 보고 감리회지도 보고 사회주의지도 보고 별것 다 봅니다. 그러나 나는 그것 본다고 그 주의자는 아니올시다. 나는 어떤 때 형제에게는 불경 좀 보기를 권하고 또 어떤 교역자에게는 사회주의지 좀 보기를 권하기도 합니다. 아마 그런 때 황해노회원 중 어떤 분이 있었던들 나를 불교신자로 사회주의자로 인정치 아니치 못했겠지요. 인형! 나는 이 말도 인형에게 이미 말했고 앞으로는 일절 입을 열지 않겠습니다. 세상인군이오나 나에게 무슨 상관이 있으리요. 다만 아버지께서 나를 사랑하시는 것과 내가 그의 뜻대로 순종하는 것을 나타내어 족하다고 하신 예수의 말씀을 이제 다시 기억하고 그리되기를 바랄 뿐이올시다. 나는 누구누구 해야 세상사람에게서는 그의 전체를 부인할 것도 찾지 못하는 자이기 원합니다. 위사의 일을 주님께 의탁한 나는 무엇에나 다 접근합니다. 나를 기를 수 있어 취하고 나를 기를 수 없어 나는 버립니다. 나는 창기에게서도 배움이 있는 자요, 난봉에게서나 아이에게서나 무식한 자에게서나 불교인에게서나 무교회주의자에게서나 누구에게서든지 다 배울 바를 찾는 자이외다. 왜 그런고 하니 나는 어떤 때 저희의 어떤 점보다 못한 것을 내 속에서 발견하게 될 때 나는 겸손히 저희에게서 이를 배우지 아니치 못합니다. 나는 남을 가르칠 자가 아니오 배울 자이니 일생 학생 심을 가지고 배워 마땅한 자입니다. [善惡이 開悟師]라! 모든 것이 다 나의 스승이 되어 있습니다. 나는 말하지 않고 즉 이론하지 않고 그냥 살렵니다. 말할 자가 아니고 사는 자가 되어 최대의 축복을 느낄 따름입니다. 진리는 말할 바 아니요 살바 장소임을 나는 압니다. 종교는 설교에 있지 않고 삶에 있지 않습니까? 인형! 우리는 삶에 거합니다. 설교문서 다 좋지만 그 뒤에 우리의 삶이 없으면 이는 무익한 것이 될 것이외다. 우리 삶에서 이 모든 것이 나오게 합니다.[26]

그러나 이러한 상황에도 이용도 목사는 부르는 곳이 있으면 달려가 설교를 했고, 이곳저곳, 멀고 가까운 곳에서 모여드는 사람들을 보면서 위로를 얻었던 것 같다.

이미 안주 방면에서 도보로 오신 분이 20여 명인데 어제 밤에 또 근 20

---

26) 서간집, 78~81.

여 명이 밤을 새 왔구려. 밤새도록 걸어서 오늘 아침에 또 지팡이를 짚고 왔구려. 난리 난 세상같이 거리에 사람들의 눈이 둥그레졌습니다. 벌써 40여 명이 모였으니 본 교인보다 다수가 될 듯 내게는 큰 걱정이외다. 그러나 염려 있소! 내가 맡은 사람이요? 주가 맡은 사람이지! 오! 주여 저들을 공수로 돌려보내지 마시옵소서. 이곳 집회는 어찌될는지! 성의가 있겠지. 이런 변은 처음 봅니다. 안주 교회가 통틀어 온 모양이니 아마 목사님들이 좀 얼떨떨할 듯하외다. 북진 교회에서도 어쩐 영문인지 몰라 놀라고 있는 모양이외다. 천국에는 원근도 없고 주야도 없는 것이외다. 아! 말세의 인간들이여! 깰지어다. 주가 가까웠나니. 나의 가는 곳마다 나를 위하여 간절한 기도를 올려 주시오. 우리 동신 형제들은 뒤에서 기도로 나는 앞에서 전위대로 싸워 볼 일이외다. 머리에 돌 배기기까지 — 싸움은 크게 벌어졌소이다.[27]

강행군을 하던 이용도 목사는 어떤 때는 목소리가 나오지 않아 집회를 땀과 눈물로만 설교를 할 때도 있고, 너무 힘이 들어 이 무거운 짐을 거두어 주시라고 하나님께 매달리기도 한다. 그러나 철저하게 하나님께 온전히 맡기는 삶을 살았다.

목소리는 조금도 안 나올 모양인데 각처에서 모여온 군중들은 어찌하노. 심히 민망 오 주여 옳소이다. 나의 음성을 아주 잠그시고 당신이 직접 역사할 때로소이다…… 나는 말로 할 수 없어 눈물은 오늘의 나의 설교로라.[28]

나의 영의 힘이 어찌 이리도 약하여졌나이까. 힘들어서 할 수 없나이다. 주여 나로 하여금 당신의 일을 하게 하려거든 힘을 주시고 외칠 말을 주시옵소서. 송화, 신천 자연 부근의 교회에서 많이 모여온 중, 靈武 한 분이 멀리 一千六百里를 따라왔나이다. 오 주여 저희들을 나에게 맡기지 마옵시고 주의 권능으로 붙잡아 주옵소서.[29]

“저녁 집회는 8시경에 그리스도의 사랑의 운동, 기도의 운동, 피의 호소를

27) 앞글, 74.

28) 일기, 145～146.

29) 앞글, 171.

말하였다. 후에 기도할 자를 찾으니 十名內外. 마치고 숙소에 오니 우편 가슴이 걸리고 호흡곤란. 오 주여 가슴이 아픔. 이것이 복음 전하는 자로 서 받을 바 상급이었나이까. 주여 이 아픔까지라도 주께서 주신 것이라면 감사로 받겠나이다. 나의 심장이 터지는 지경에 이른다 할지라도 주여 나 로 하여금 이 복음을 전하게 하시겠나이까 뜻대로 하시옵소서. 오 주여 나 를 약하게 하시든지 강하게 하시든지 아버지를 영광스럽게 할 수 있도록 만 하시옵소서. 아버지시여 나를 받아 주시옵소서.30)

1931년 12월 평양의 명촌교회와 산정현교회 집회를 마지막으로 32년에는 정월 초하룻날부터 전국 곳곳에 무려 23곳에서 집회를 한다. 건강이 좋지 않아 추운 겨울인데도 땀을 흘리며 열변을 토하 고, 여름에도 사람들이 많이 모여들면 예배당도 아니고 마당에서 하루에 10여 시간씩 땀에 젖어 열변을 토하는 이용도 목사의 설교 에 사람들은 감격한다.

그러나 10월 17일 평양노회에서 이용도 목사 금족령이 내려진다. 이용도 목사는 "하여간 버림을 받아 서러울 것도 없고 영접을 받아 기뻐할 것도 없을 일이니 다만 오나가나 聖意에만 살아 족할 것"31)이라고 생각한다. 그리고 계속해서 안주로, 평양으로, 해주로, 하나님의 말씀을 증거하기 위해 동분서주했다.

"안주 와서 운산북진 집회를 마치고 평양으로 들려서 해주에 와 서 집회를 인도하는 중입니다. 북진서, 숙천서, 안주서 그 외 여러 곳에서 많은 사람들이 모여왔습니다. 7, 8백 리 먼 곳에서 학생들 과 부인들이 발이 부어 터져 피를 흘리면서 주야 불고하고 기어드 는 정지를 보면 목석같은 마음에도 눈물이 고입니다."32)

---

30) 앞글, 190.
31) 전집 제2권, 125.
32) 서간집, 171.

황해노회와 평양노회의 조치는 이용도 목사 자신이나 그를 따르던 사람들에게 그리 큰 영향을 주지는 못했던 것 같다. 조치와는 관계없이 집회마다 사람들은 모여들었고, 이용도 목사 또한 오히려 핍박을 받고 멸시를 받아도 저희들을 관용(寬容)하며 마음의 평화를 잃지 않는다면, 이는 바로 하나님이 같이하시는 증거라고 생각했다.[33] 그러나 32년 10월 말에 있었던 소위 入流사건은 이용도 목사로부터 가까운 사람들마저도 멀어져 가게 했다. 이용도 목사는 평양에 자신이 추천했던 사람이 입류사건과 관련이 되어 문제가 생기면서, 평양교계의 몇몇 사람들이 이용도 목사가 소개했으니 그 사람의 잘못과 그 사람을 소개한 것에 대한 유감을 표시하고 그와 인연을 끊는다고 대외적으로 성명을 하라는 것에 대해서 거절을 하면서 사건에 휩싸여 지탄을 받게 된다.[34] 이때의 이용도 목사의 뜻은 분명하다. 金麟瑞에게 보낸 편지글에 그의 뜻이 잘 밝혀져 있다. 인간을 판단하고 책벌하는 것은 하나님의 일이며 이용도 목사 자신은 누가 악접신하였다고 혹은 자신과 생각이 다르다고 책벌하고 쫓아낼 권리가 없음을 밝히고 있다. 자신은 김성실파도 린서파도 태용파도 남주파도 준명파도 아니고 그들의 뜻을 찬동해서도 아니고, 단지 그들이 축출과 멸시를 당하니 그들을 향한 간절한 마음이 일어남을 밝히고, 혹 후일에 불행히 악접신했다고 축출을 당하거나 악명을 쓰고 피할 곳이 없거든 자신에게 오면 그때는 같이 욕을 먹겠노라고 밝히고 있다.[35]

피터스 목사는, 수년 동안 거의 매일 죽음을 경험했던 이용도 목

---

33) 앞글, 124.
34) 전집 제2권, 158.
35) 서간집, 177~178.

사는 다른 신비주의자와 마찬가지로 영혼의 내적인 빛을 충실히 따라갔을 뿐, 이런 비판에 흔들리지 않았다고 말하고 있다.[36]

이용도 목사는 "사방에서 핍박과 멸시가 조수같이 밀려 들어와 나는 거리를 걸을 용기조차 잃을 때가 있구려. 마음이 민망한 때도 있고! 그래도 주님 도우심으로 이겨 나갑니다."라고 그때의 심정을 토로한다.[37] 그리고 이용도 목사는 한국 교회의 현실을 한탄한다.

1932년 말부터 엎드려 "오 아버지여 영광을 받으시옵소서. 나를 버리사 죽일 자와 같이 끌려감을 두어두시고 내가 버림을 당하고 죽음을 당하여 아버지께 영광이 되겠었옵거든 뜻대로 하시옵소서."[38]라고 기도만 드리던 이용도 목사는 33년 1월 말 평양에 도착하여 신양리교회에서 3일, 회중교회에서 10일 동안 집회를 인도하였다. 다음에는 안주교회에서 3일간의 집회 그리고 이 세상에서의 마지막 집회인 해주집회(음력 1월 28일에서 2월 4일)를 갖는다. 이때의 이용도 목사의 삶은 본인의 의지와는 관계없이 온전히 하나님께 맡기고 사는 삶이었다. 기도하다가 하나님의 인도하심에 따라 집회를 인도하였다. 건강 또한 쇠약해질 대로 쇠약해져 있었다. 그래도 하나님의 명령이면 가서 땀과 눈물과 기침으로 설교가 중단되기도 하면서, 있는 힘을 다해 설교를 하였다. 마지막 집회인 해주집회에서는 모르는 청년들에게 행패를 당하기도 한다. 이용도 목사는 중부연회에서 휴직처분을 받는다. 이용도 목사는 병석에 누워 "주님이 나를 고요히 두고 쉬라 하심이니, 감사와 침묵으로 지낼 따름"이라고 말하면서 기도와 침묵 속에서 마지막 시간을 보낸다.

---

36) 앞글, 84.
37) 앞글, 180.
38) 앞글, 185.

"뜰안 한 모퉁이에 말없이 피었다가, 또한 그곳에서 고요히 지는 작은 장미꽃과 같이, 나도 고요히 그를 사랑하고 말없이 그를 위해 죽고 싶어라. 예수를 유일 최애의 애인으로 삼고, 언제든지 그만을 사랑하다가 그를 위해 이 生命을 바치고 싶어요."[39]라고 노래하던 그는 그렇게 갔다. 평소에 "내가 만일 주께 은총을 입었사옵거든 내 생명이 다할 때에 발가벗은 몸으로 地下에 돌아가게 하시고 나의 소유라고는 생전에 다 주를 위하여 無가 되게 하여 주시기 바라옵나이다. 주께서 나를 위하여 無가 되어졌사오니 나는 주를 위하여 無가 됨은 마땅한 일이니이다."[40]라고 기도하던 이용도 목사는 그가 갖고 있던 모든 것을 피와 땀과 눈물로 다 쏟아내고 빈 마음으로 無가 되어, 33세의 나이에 몇몇 사람들이 지켜보는 가운데, 그가 그리던 님의 품으로 온전히 하나가 되어 갔다.

Ⅲ. 이용도 목사의 영성

1. 사랑의 영성

하나님의 신비 안에 있던 이용도 목사는 상처받은 영혼의 탄식과 기쁨의 소리에 열려 있었다. 이호빈 목사는, 이용도 목사가 만주땅 간도에 갔을 때 기차를 타고 가면서, 차창 밖으로 보이는, 중국인 대지주가 사는 큰 집 마당가에 농노 일을 하면서 사는 우리

---

39) 일기, 192.
40) 앞글, 82~83.

동포들의 오두막집을 보고서 가슴이 미어지듯 견딜 수가 없어서 기차 안에서 큰 소리로 내내 울면서 와서 동행했던 자신이 민망했음을 회고하고 있다.[41] 상처받은 영혼의 탄식 소리를 들을 줄 아는 이용도 목사는 그래서 항상 설교를 하다가도, 기도를 하다가도, 찬송을 하다가도 눈물을 흘렸다. "내가 먹을 때 먹는 나를 기뻐하여 감사하지 않고 먹지 못하는 친구들과 슬퍼하여 우는 자가 되게 하옵소서."[42] 하고 기도하는 이용도 목사의 집에는 식객이 끊이지를 않았다. 그의 집에서 식객으로 있던 이호운은 그때를 다음과 같이 회상한다.

나에게는 큰 걱정이 하나 있었으니 그것은 보내 주겠다는 곳에서 학비가 올 수 없게 됨이었다. 그렇다고 목사님의 댁에서는 하루도 더 있을 형편이 못 됨으로 나는 걱정 아니치 못하였다. 이때에도 목사님은 벌써 눈치를 다 짐작하시고서 [내 호운이한테 청이 하나 있어. 다른 데 갈 생각 말고 나와 같이 있어야 돼] 하시는 것이었다. 나는 안 그러려고 하면서도 미안한 빛을 보였던 모양이다. 이때에도 목사님은 [호운이 조금도 미안해하지 말아요. 이 집이나 이 밥은 내 것이 아니어요. 이 집에는 주인도 없고 손님도 없으니 염려 말고 주인 노릇이나 잘 하라구] 하시는 것이었다. 나는 너무도 황공(惶恐)하고 감사하였…… 내게 조금이라도 어려움이 있는 눈치를 보시며 무엇이든지 당장 주시기에 급급하시었다. 부인께 말씀드리기가 바빠서 손수 궤짝을 들추고 가방을 털어 가며 내의, 양말, 수건 같은 것을 있는 대로 털어 주시는 것이었다…… 그러기 때문에 아무가 오든지 다 내 식구로 대하고 누구든지 이 집에 들어오는 이에게는 이 집 식구의 자격과 권리를 주는 것이다.[43]

이처럼 다른 사람의 사정을 미리 헤아려 줄 줄 아는 이용도 목

---

41) 『예수』, 1985년 겨울 속간 3호, 29~30.
42) 서간집, 146.
43) 전집4, 86~88.

사는 사람을 진정으로 사랑할 줄 아는 사람이었다. 그는 하나님은 사랑이시기 때문에, 우리는 사랑함으로써 비로소 하나님을 알 수 있으며, 사랑하지 않는 자는 하나님을 알 수 없다고 말한다. 또한 사랑 없는 신앙의 허위성과 생명 없음을 지적한다.[44] 이용도 목사는 눈에 보이는 형제를 사랑하지 않는 자가 보이지 않는 하나님을 사랑할 수 없다고 단호하게 말한다.[45]

피터스 목사는 증언한다.

> 그는 이전에 가졌던 가장 행복했던 경험에 대해서 이야기하기 시작했다. 예전의 어느 날 그는 거지에게 먹을 것을 주었다. 그것은 마치 하늘의 성찬을 나누는 것과 같았다. 거지들이 가끔 문전으로 와서 찬밥 한 덩어리를 받아 가곤 했다. 그러나 그의 양심이 여전히 그를 괴롭혔다. 그는 주님께서 자신을 쳐다보시며 문밖에 서서 이렇게 말씀하시는 것 같았다. "네가 내 목소리를 듣고 문을 연다면, 내가 네게로 와서 너와 내가 같이 식사를 할 것이다."그때 그는 쌀 한 줌을 주면서 주님을 문밖으로 내보냈다. 시무언은 아내에게 이제 다음 거지가 찾아오면 안으로 맞아들여 정성껏 대접하여 천사를 대접하는 것처럼 하자고 말했다. 어느 날 식사가 조그만 상에 차려진 순간 시무언은 한 거지가 살며시 떠밀려 문 안으로 들어오는 것을 느꼈다. 달려 나가 그를 안으로 데려왔다. 그 거지는 어리둥절하여 무슨 말을 해야 할지 몰랐다. 그러나 거지는 곧 안심하고 미안해하면서 안으로 들어왔다. 시무언은 그 거지 앞에 자신의 밥그릇과 젓가락을 내놓았다. 그 사람은 어쩔 줄 몰랐다. 보통 10집을 방문하면 한 집 정도가 거지에게 적선하였기 때문이다. 시무언은 이전에 느껴보지 못한 환희를 그때 느꼈다고 말했다.[46]

이용도 목사는 사랑은 조건 없는 사랑이 진정한 사랑이라고 말

---

44) 앞글, 143.
45) 일기, 11.
46) 피터스, 58.

한다. 사랑을 행하면서 사랑을 하고 있다는 의식의 찌꺼기가 남아 있는 것은 진정한 사랑이 아님을 가르쳐 준다. 또한 성령을 받으면, 즉 사랑이신 하나님을 내 안에 모시게 되면, 자연스럽게 하늘의 사랑을 행할 수 있다고 말한다.

> 내가 지금 예수를 사랑하는 것은 어떤 조건이 있어서가 아닙니다. 말하자면 폐병을 고쳐 주었기 때문에 예수를 사랑함도 아니오 모든 슬픈 문제를 해결하여 주었기 때문에 예수를 사랑함도 아니요 또한 나를 천당에 보내 주시겠는 고로 예수를 사랑함도 아니라 아무 조건도 없이 그저 예수를 사랑하지 않고는 살 수가 없어 예수를 사랑하는 것입니다…… 예수께서 일찍 가르치시기를 [너희들이 나의 동생 중에 지극히 작은 자에게 행하는 것은 곧 나에게 행함이니라]고 하셨습니다. 예수를 사랑하려면 형제를 사랑하고 그들을 섬길 것입니다. 형제를 사랑치 않고는 견딜 수 없는 사랑의 열정으로 형제를 사랑하라. 내가 남을 사랑한다는 의식(意識)조차 없이 사랑하라. 내가 선을 행한다 의를 행한다 하는 계획조차 없이 사랑하라. 오른손이 하는 것을 왼손이 모르게 사랑하라. 이런 형제의 사랑이야말로 참봉사(奉仕) 하늘의 사랑일지니 우리는 성령을 받아서 이 하늘의 사랑을 실행하여야겠습니다. 성령은 곧 그리스도의 신(神)이요 그리스도의 신은 곧 사랑의 신이올시다. 그러면 성령은 진리의 신이신 동시에 또한 사랑의 신이시므로 사람이 성령을 받으면 천적애를 능히 행할 수 있는 것입니다.[47)]

조건 없는 사랑 때문이었을까? 어린 거지 아이 억성이에 대한 이용도 목사의 연민과 사랑 이야기는 아무리 보아도 가슴 뭉클한 감동을 준다.

> 예배당은 너무 추워서 말을 하기가 힘들다. 意氣 저상하여 설교도 힘이 없다. 돌아오는 길에 조그만 거지 아이. 뚜껑 없는 주전자를 손에 들고 눈물을 흘리며 울고 있었다. 손과 발은 홍도같이 빨갛게 얼었다. 바람은 눈

---

47) 서간집. 167~168.

위에 칼같이 사나운데, 저런, 인간 죽지 않고 살아 있는 것이 신기하였다. 하나님의 保佑之澤이었는가. 아 죄악의 세상이라. 자기만 살려고 눈에 불이 난 인간들 어찌 이 가련한 乞兒를 본 척이나 하고 지나가랴. 마음에 민망함을 이기지 못하여 여관으로 대리고 와서 두루마기를 벗어 둘러 주고 아랫목으로 인도하여 이불로 둘러 줄 때 나의 마음 너무 민망하여 슬픔을 이길 길이 없었다. 오 주여 이 아이를 긍휼히 여겨 주시옵소서. 너 조반 먹었니? 못 얻어먹었시오. 때는 열한 시 반이다. 뜻뜻이 먹어도 떨리어 견딜 수 없는데 아, 어이 생명이 살아남았노? 엊저녁은 어디서 잤니? 家街에서 잤어요 그래 무엇을 덮고 잤니? 아무것도 안 덮고 잤어요. 어제 저녁같이 추운 밤에 아무것도 덮지 않고 밖에서 잤다. 밤에 물그릇이 땡땡 언 어제 저녁에 아, 나는 너무도 호강스러웠다. 北風寒雪 추운 밤에 거리에서 울며 떨고 있는 아이를 생각지 않고 나만 혼자 이불을 두 개씩, 포대기 깔고 편안히 자고 있었구나. 오 나에게 禍가 있으리로다. 너 혼자 잤니? 네. 아 혼자서 어떻게 밤을 샜노. 엊저녁에 밥은 얻어먹었니? 네. 무슨 밥? 찬밥이오. 그래 찬밥을 주드냐? 네. 아이의 눈에는 원망과 고독이 아직도 끊이지 않았다. 나의 눈에도 참회의 눈물이 그칠 줄을 모르노라. 몇 살이냐 여덟 살이에요. 아버지도 어머니도 없니? 어머니는 아버지와 쌈하고 양잿물 먹고 죽고 아버지는 미쳐서 달아났어요. 아, 죄악이 관영하여 父母는 자살 발광하고 자식은 乞兒를 만들었구나. 아 부모의 죄도 엄동설한에 거리에서 기한에 우는 乞兒. 네게는 죄가 없다. 네게 무슨 죄가 있으리. 눈물이 앞을 가리워 日記를 쓸 수 없어 수건을 눈에 대고 그냥 한참 울었다. 내가 너를 어떻게 도와주랴. 오 하나님이시여 어떻게 하시려나이까? 이 가련한 乞兒를. 네 이름이 무어냐? 億成이에요. 성은 崔가요. 오 崔億成이로구나 그전에 너의 집은 어디 있었니? 중무요 여기서 몇 리나 되니? 二十里 옳지 永同서 二十里라. 나는 여기에 손님으로 왔단다. 서울서. 너 예배당 아니? 알아요 예수 믿는 사람 너의 동리에 있니? 많아요 여기도 예수 믿는 사람 많아요 오 그래. 예수 믿는 사람은 도처에 많거니와 너를 긍휼히 여길 신자는 없었구나 예수 믿는 것이 무엇인지는 알지 못하고 다만 自己의 욕심만 위하여 믿는 체하는 現代 교인아. 너에게 禍가 있을진저. 여관 主人이 문을 연다. 이는 주인집 아이가 나의 乞兒 데리고 들어옴을 보고 들어가서 告하였기 때문이었다. 떡국 한 그릇 시켜 오라고 하고 나는 조금 未安을 느꼈다. 이는 乞兒로 인하여 여관 명예와 이불을 더럽히는 줄로 主人이 생각한 줄을 내가 짐작한 까닭이다. 그러기에 나는 나의 두루마기로 그 아이의 몸을 싸고 그 위에 포대기로 덮었던 것이다. 아 이 세상이 악하여 利만 탐하고 名만 구하였으니 어찌 義를 알며 愛를 感할손가. 오 惡한 世代야 너희는 어서 속히 義와 愛를 求할지어다. 언제부터 얻어먹었니? 재작년부터요. 아 여섯 살부터 얻어먹었구나. 아버지하고 둘이 얻어먹다가 작년에 아버지는 미쳐서 내빼고 나 혼자 얻어먹어요. 嗚呼! 惡한 世代여 너희는 마땅히 회개할지어다 너희의 末路도 이같이 되리니. 여관에 부탁하여 물을 끓여다가 乞兒의 얼굴과 手足을 씻기고 얼어터진 발가락을 헝겊으로 처맨 것을 끄르고 씻고 빅쓰를 발러 줄새 나의 憐恤이 극하여 눈물이 쏟아졌다. 울면서 씻어 주고 싸맨 후 나의 內衣와 저고리 입었든 것을 입혀 주고 양말을 신기고 버선을 덧신겨 줄 새, 아, 이는 乞兒가 아니요 我子요 愛兒인 感이 興起하였도다. 그러나 저에게 맞는 것으로 입혀 주지 못하고 나의 입었던 헌것, 큰 것을 억지로 입히매 主님을 이리도 소홀히 대접한다는 感이 끓어올라 적이 민망하다. 주인마누라 들여다보더니 버선이 어찌 큰지 長靴 신은 것 같구나 하고 웃고 가는지라. 저녁밥을 같이 먹고 밤에 같이 자다. 의복을 새로 만들어 달라고 전도사에게 부탁했더니 아직 안 가져왔구나. 나의 옆에서 자는 더벅머리를 보니 이는 꼭 羊과 같았다. 이는 나의 羊이었던가? 아, 귀엽고 可愛로운 어린 羊아 기한에 울며 거리에서 방황하던 孤羊을 찾았노라. 오 주여 나는 목자 노릇 하기 어렵사옵니다. 내가 이 어린것을 어이하오리까 주여 나를 도우사 이 어린것을 도울 수 있게 하옵소서. 저의 얼굴이 미소가 나타나고 그의 입은 平和스러운 말을 하는 것을 볼 때 나의 마음은 기쁨이 가득하였도다. 저의 울음은 나의 울음이었고 저의 웃음은 나의 웃음이었다. 오 네가 울어 내가 울었고 네가 웃어 내가 웃었으니 이 어인 인연인고. 이것이 과연 목자와 양의 인연이었는가? 夕拜에 최석주형이 선한 목자에 대한 설교가 있었다. 요새 나의 심령은 어찌하여 설교와 기도의 힘을 잃었는가? 너무 추워서 그럼인가. 오 주여 나는 이렇게 약한 人生이로소이다. 조금 추워도 견딜 수 없고 조금만 더워도 견딜 수 없나이다. 과연 주님은 위대하셨나이다. 그 기한을 어찌 참으셨나이까. 나는 과연 주의 뒤를 따라가기 부족한 자식이로소이다. 오 주여 저를 긍휼히 여겨주소서.[48]

---

48) 일기, 118~121.

이불 속에서 잠이 깨어나 孤羊은 내 곁에서 바스락거리며 노랜지 혼자 짓거리고 있다. 귀여운 생각이 나서 돌아본즉 머리만 내놓고 장난하는지라 밤에 춥지 않니? 아니요. 등에서 막 땀이 흐르는데요. 오 그럼 덥게 잘 잤구나. 나는 돌아누워 다시 잠이 들락말락하는데 孤羊은 일어나서 부스럭부스럭 이불을 개고 포대기를 개어서는 발치에다 갖다 놓는다 오 착하고 진실한 羊아 하고 속으로 중얼댔다. 조반 때라. 마주 앉아 조반을 먹고 아침 예배에 참렬하여 그리스도의 긍휼과 겸비를 배우자고 설교한 후 돌아온즉 孤羊은 혼자 웅크리고 포대기 밑에서 자는지라. 오 귀여운 羊아 주문했든 옷을 가져왔다. 양말과 조끼까지. 그 값은 우리 교인들이 내도록 허락하여 달라고 전도사가 간청함으로 快히 허락하고 감사하다. 조끼는 재봉소 주인이 동정하여 주었다 云云. 저희들도 주의 긍휼과 자비를 배웠음을 감사하였다. 입히니 새사람이 되었구나. 億成아 너 오늘은 밥 얻어다가 나를 먹여라. 나를 쳐다보고 빙긋. 밥 얻어 와요. 그래야 둘이 먹지. 얻어 오겠니? 네. 얻어 와요 하고 웃는다 나는 저를 보고 빙그레 웃으면 저는 나를 보고 빙그레 웃는다. 아 여기가 참 좋은 세상이로구나. 우동을 점심으로 가져왔길래 서로 한 그릇씩 가지고 먹는대 孤羊 어쩐 일인지 나에게 자기의 것을 덜어 주는지라 왜 그러니? 이상하여 물었으나 지는 말없이 빙그레 웃으면서 우동을 자꾸만 덜어놓는다. 아스라고 말리어서 저를 먹게 하다. 아 이는 저가 나를 공경하는 표였다. 이는 저가 나를 크게 대접하는 것이었도다. 오 그 귀여운 마음 그대로 자라갈지어다.[49]

거지 아이를 씻기고 상처를 매만져 주고 먹여서 재워 놓고도 가슴이 아파서 우는 이용도 목사의 사랑의 영성을 무슨 말로 표현할 수 있을까? 그의 사랑 이야기는 너무 많지만, 그중에 그의 사랑이 가장 잘 드러나는 것은 산정현 집회에서 일어난 일이라고 생각한다.

작년 겨울 산정현 집회 때에 회당에서 밤을 새워 기도할 때, 내 맥박은 끝이게 되었습니다. 나는 내 숨이 곧 끊어질 것으로 알게 되었습니다. 그런데 이때에 안수기도를 원하는 이가 한 분 왔습니다. 나는 숨도 쉴 수

---

49) 앞글, 122.

없고 말도 할 수 없으니 기도를 드리지 못하고 그 머리 위에 손만 얹고 있었습니다. 이때에 내 심중에 일어나는 감격은 컸습니다. 내 숨이 끊어지려는 순간에 남을 축복할 수 있다는 것이 너무 감격했습니다. 내가 숨이 지더라도 그 부인은 축복을 받을지니 나는 죽어도 내 대신 주님께서 그를 축복하실 것이 믿어지기 때문이었습니다. 나의 기도는 축복의 기도가 아니라 "나는 남을 도울 힘이 없사오니 주 친히 축복하옵소서." 하는 것뿐이었습니다. 그런데 얼마 후에 힘이 나고 말문이 터져서 둘이 다 충분히 감격할 수 있는 기도를 드리게 되었습니다.[50]

숨이 넘어가는 순간 다른 사람을 위해 축복 기도를 할 수 있었던 이용도 목사. "예수를 사랑함으로 하나님을 사랑하게 되고 또 사람을 사랑하게"[51] 되었다고 고백하는 이용도 목사의 산정현 집회에서 보여 준 사랑은 예수의 사랑의 신비 속에 하나가 되어 보여 준 사랑의 표현이었다.

여기에서 한 가지 주목하고 싶은 것은 이용도 목사가 생각하는 분배 문제에 관한 것이다. 이용도 목사는 균등한 분배의 이상(理想)은 많이 거둔 자도 남은 것이 없고, 적게 거둔 자도 부족함이 없게 되는 데에 있다고 보았다. 그리고 그것은 절대 사랑 속에서 가능하다고 보았다.[52] 하나님은 사랑이시다. 사랑 안에서 모든 사람은 평등하고 균등하다. 출애굽기에 이스라엘 민족이 광야에서 만나를 많이 거둔 사람도 남는 것이 없고 적게 거둔 자도 부족한 것이 없었다는 것은, 인간이 많고 적음을 나누는 것이지, 하나님 안에서는, 하나님의 사랑 안에서는 균등한 분배가 있다고 본 것 같다.

이용도 목사의 사랑의 영성은 자연을 포함한다. 이용도 목사는

---

50) 전집 제8권, 216.
51) 서간집, 48.
52) 일기, 68.

아무에게도 사랑을 받지 못하고 소외되어 고독해 보이는 까마귀에게 연민의 정을 느끼기도 하고, 인간이 하나님과의 관계를 회복하면 모든 분별지로부터 벗어나 만물과도 화합하고 서로 두려움 없이 사랑할 수 있다고 보았다.

2. 모성적 영성

> 어머님
> 이름 중에 제일은 어머님
> 마음 중에 제일은 어머니의 맘
> 눈 중에 제일은 어머니의 눈
> 나의 오늘이 있음은 오로지 나의 어머니의 기도와 念德에 因함이다.[53]

이용도 목사는 어머니의 아들이었다. 어머니의 기도 속에서 자란 이용도 목사는 섬세하고 부드럽고 다른 사람의 아픔을 감싸 안을 줄 아는 모성적 영성을 가지고 있었다. 그가 가지고 있는 하나님의 모습은 어려서 그를 포근하게 감싸 주고 안아 주고 업어 주던 어머니의 모습과 일치되고 있다. 다음에 소개하는, 이용도 목사가 사람들을 대하는 모습은 어머니 같은 모습이다. 피 묻은 발을 닦아 주고, 상처에 약을 발라 주고, 눈물 흘리는 이용도 목사의 모습에서 모성적 영성을 발견할 수 있다.

> 우리는 어느덧 해주거리에 들어섰다. 그리고 또 해주 예배당에까지 이르렀다. 1932년 10월 23일 새벽 6시 40분 사리원을 떠난 지 12시간 만에 170리의 밤길을 걸어서…… 해주거리에 들어서면서부터 혹은 눈물을 흘

---

53) 앞글, 109.

리고 혹은 훌쩍훌쩍 코를 들이마시던 우리는 해주교회 마당에 들어서자 감격의 큰 울음을 터뜨리고야 말았다. 이때에 나타나는 정답고 낯익은 얼굴 그는 우리의 목사님이었다. 우리 12인은 목사님을 둘러싸고 울고 목사님은 우리를 둘러보시며 눈물을 흘리신다. 반가움은 목사님이나 우리나 같았겠으나 목사님은 우리의 고생을 생각하여 우시고 우리는 목사님의 기상이 너무도 상하였음에 울었던 것이다. 목사님이 방으로 안내를 하신다. 따라 들어간 우리는 모조리 구석구석에 쓰러졌다. 올 때에는 몰랐는데 와서 쓰러져서 보니 각 사람의 발은 모두가 피투성이다. 목사님이 얼른 나가시더니 맨소래담 네 개를 사 가지고 오신다. 우리의 상하고 험하고 냄새나는 발을 목사님이 손수 종이로 깨끗이 씻어 주시고 또 약을 정성의 묵도와 함께 발라 주신다. 이때에 일행 12명은 목 놓아 통곡하였다. 우리가 울 때 목사님이 우리를 위해서 간절히 기도를 올리신다. 우리들은 울음 속에서 그 기도에 화하여 엎드려졌다. 기도를 마치고 일어나시더니 목사님께서 우리를 향하여 책망하신다. [글쎄 무얼 하려고 삼백 리 길을 걸어 다니며 야단들이오, 숙천도 평양도 하나님은 다 계시는데 말이요.]54)

이용도 목사는 선(善)은 여성적이요 악(惡)은 남성적이라고 보았다. 선(善)은 약하되 강하고, 악(惡)은 강하되 약하며, 선은 지고서 이기고 악은 이기고서 지는 것이라고 보았다.55)

유한 물이 강한 돌을 굴려 간다. 유한 골짜기 물이 단단한 굳은 반석을 쪼개고 깨쳐 모래를 만든다. 강한 것(石)의 힘보다 유한 것(水)의 소화가 실로 묘하도다. 유는 우주의 본성이었나니 유가 강을 주관하였나니라. 우주 만유의 본성은 小요 弱이요 柔이었나이다.56)

이용도 목사는 여성성인 유약함이 강함을 이긴다고 보고 있다. 또한 우주의 본성인 유가 강함을 주관한다고 보고 있다. 이 대목은

---

54) 전집 제2권, 150.
55) 서간집, 142.
56) 일기, 68.

도덕경의 上善若水를 생각하게 한다. 노자는 최고의 선덕은 물과 같은 것이어서 물은 만물을 이롭게 하고, 다투지 않고, 남이 싫어하는 가장 낮은 곳에 처한다고 보았다.[57] 이용도 목사 또한 마음은 늘 겸비하여 낮은 데 처해 있어야 되고, 비천은 늘 그가 처하여 있을 궁전이 된다고 말한다.

이렇게 이용도 목사의 삶은 포용적이고, 여성적이며, 그의 내면은 부드럽고, 섬세하고, 생명력이 있었으며, 우위(優位)보다는 무위(無位)에, 높아짐보다는 낮아짐에, 외향적인 것보다는 내면적인 일에 언제나 치중하였다. 남성적이기보다는 여성적인, 양의 세계이기보다는 음의 세계에 처해 있었다. 부와 쾌락과 높아짐을 말하지 않고, 오히려 가난과 고난과 낮아짐의 道를 가르쳤다.[58]

IV. 끝내는 말

"이름 없이 지구의 一角을 밟고 가 샤론의 들꽃같이 나는 줄, 지는 줄 세상이 다 모르되 다만 하늘만이 빈들에 속삭이는 저의 소리에 귀를 기울이시고 소문 없이 퍼지는 그 향기에 하늘이 웃음 웃고, 자취 없이 눈 감을 때, 적막한 밤 적은 별의 무리들이 조상을 해. 이것이 값없는 野花의 無上의 영광이다. 평생소원이었던 것이구려. 아 그러나 저를 낸 조물주는 여기에 加工을 하여 옮겨 놓으

---

57) 장기근·이석호 역, 『노자 장자』, 삼성출판사 1994, 49. 上善若水, 水善利萬物而不爭, 處衆人之所惡, 故幾於道.
58) 이세형, "시무언 이용도 목사의 예수론", in: 『이용도목사의 영성과 예수운동』, 성서연구사, 1998, 185.

니 아 요란한 대로(路)변 가시밭에 한 송이 백합화가 되었구려. 고요히 이름 없이 지나갈 고독한 野花. 이제는 소문 놓고 노방에 찢길 이름 좋은 그러나 역시 고독한 白合花로구나."[59]

일제하의 가난과 질고 속에서 몸부림치던 힘없는 민중들의 상처받은 영혼의 탄식 소리를 들을 줄 알던 사람, 그들의 아픔에 통곡할 줄 알던 사람, 민족의 고난과 예수의 고난을 눈물의 설교를 통해 뭇 영혼들을 생명수로 촉촉이 적셔 주던 사람, 배가 고프면 물로 배를 채우고 웃으면서 가야금을 뜯을 줄 알던 사람, 무언, 겸비, 기도, 순종을 좌우명으로 삼고 살던 사람, 날마다 죽음을 무릅쓰고 그냥 무식하게 돌진하던 사람, 쫓기고 버림받은 사람을 조건 없이 끌어안는 넓은 가슴을 가진 사람. 오직 예수를 그리워하고 예수만을 가슴에 품고 살았던 사람. 주변 사람들에게 무교회 서적도, 사회주의 서적도, 불경 서적도 읽기를 권했던 한없이 열린 영성을 갖고 있던 사람.

변선환 교수는 이용도 목사에게서는 썬다싱처럼 신비체험을 자랑하는 宗敎的 英雄主義 같은 것을 찾아볼 수 없다고 본다. 그는 끝없는 謙卑의 사랑, 祈禱와 敬虔 그대로였던 사람, 예루살렘을 보며 우셨던 예수처럼 머리 둘 곳 없는 가난한 삶 속에서 겨레와 함께 울며 아파하였던 사람이라고 보았다.[60]

이용도 목사는 어린애, 걸인, 賤女, 곤충, 금수, 초목 모두로부터 배우는 겸비한 학생을 자처했다. 그리고 하루를 천년같이 천년을 하루같이 살고자 했다.

이용도 목사는 삶 속에서 철저히 죽어, 죽음을 넘어서 살기를 원

---

59) 일기, 224.

60) 변선환, "李龍道와 마이스터 에크하르트", in: 『이용도와 한국 교회의 개혁운동』, 226.

했던 것 같다. 자신의 생명, 몸, 생각을 모두 버리고 하나님께 솟아 오르고 싶어 했던 것 같다. 그래서 우주와 하나가 되는 삶, 하나님과 하나가 되어 영원한 생명을 얻고자 했다. 그는 또한 하나님 앞에서 깨어지고 깨어져 無가 되고 空이 되고자 했다. 이용도 목사는 자신을 온전히 비워 영원히 넘쳐흐르는 생명의 물결 위에 자신을 실으려고 했다.

"우리의 소유란 전부 부인할 것입니다. 외적 소유나 심적 소유나! 그리고 아주 공허하여 무가 될 것이었습니다. 나의 이상 나의 주의 나의 계획 다 집어치우고, 오 주여 나는 無요 空이로소이다. 나의 위에 성령이 움직이어 주의 이상을 세우고 주의 계획을 세우시옵소서. 그리고 주께서 움직이옵소서 그리하면 나는 주에게 딸려 움직일 것이로소이다."[61] "나는 나의 일에 아무 계획도 없습니다. 그냥 생명강수 넘쳐흐르는 대로 떠나려 갈 모양! 그러다가 어디 걸리면 머무르고 또 쓸려 가면 가다가 깨어지면 깨어지고!"

나는 서두에서도 밝혔지만, 이 글을 쓰는 동안 불안했다. 내가 이용도 목사에게 너무 매료되고 있다고 느꼈기 때문이다. 학문연구란 객관성을 빼고서는 생각할 수 없는 것인데, 매료된다는 것은 그 자체가 이미 객관성에 대한 위협이기 때문이다. 그러나 한편으로 스스로를 위로하였다. 주관과 절대 무관한 객관이 어디 있으며, 삶에 닿아 있지 않은 어디 참객관이 있겠는가. 특히나 신비주의자를 다루면서 말이다.

나는 한 가지 과제를 남겨 두고 글을 맺으려고 한다. 그것은 이용도 목사의 신비주의에 대한 세간의 비평과 관련된 문제이다. 이용도 목사는 목사가 된 이후에 개인의 위로와 구원에만 관심을 가

---

61) 서간집, 104.

졌을 뿐이라는 지적이 그것이다. 그리고 본래 신비주의란 몰역사적이라는 것이다. 시작과 끝을 초월한 실재와 하나 되는 것이니, 그 차원에 시작과 과정과 끝이 있는 이른바 역사가 들어설 자리는 없다는 것이다.

그러나 이용도 목사의 글을 살피면서, 나는 그가 당시 제국주의의 폐해와 엄혹한 식민지 현실을 날카롭게 인지하고 있었다고 생각한다. 물론 이용도 목사가 역사적 혹은 사회구조적 변혁의 대열에 서지는 않았다. 그러나 여기에서 지적하고 싶은 것은 이론적으로는 인간의 실존적 차원과 역사적 차원을 균형 있게 종합할 수 있겠지만, 실천이라는 차원에서는 구체적인 시간과 장소에 놓인 한 사람이 양자를 다 충족시키기는 불가능하다고 본다. 그러기에는 그의 활동 기간과 삶이 너무 짧았다. 단지 문제는 역사적 차원의 활동에 몰입한 사람이 실존적 차원에 자기를 열어 놓느냐 그렇지 않느냐, 거꾸로 실존적 차원의 활동에 자기를 내던진 사람이 역사적 차원을 인정하느냐 하지 않느냐 하는 것이다. 나는 이용도 목사가 다른 한 차원에 대해 열려 있었다고 본다. 이 점은 그러나 상당한 연구를 거친 뒤에야 내릴 수 있는 판단일 것이다. "신비주의는 몰역사적이다."라는 도식 역시 좀 더 꼼꼼히 살펴보아야 할 것이다. 물론 Ellwood의 지적처럼 혁명주의적 유형의 극단적 운동들에 결부될 때를 제외하고 신비주의는 사회적 변화에 대해서 생산적인 기능을 하지 못한다. 그러나 때로는 신비체험이, 시에나의 캐더린이나 간디처럼, 성숙된 인격체들을 동력화하여 사회와 역사의 변화를 이끌 수 있다고 생각한다.

한국 교회에서 이용도 목사에 대한 연구가 계속되기를 희망한다.

바울 신학의 핵심주제와 연구동향

차정식

(한일장신대학교, 신약학)

Ⅰ. 바울 연구의 전반적 지형

바울에게는 '그리스도교 제2의 창시자'라는 명예로운 호칭과 함께 예수 정신의 왜곡과 변질을 통해 이후로 전개된 서구문화 2,000년의 유산에 가장 큰 해악을 끼친 장본인이라는 극과 극의 평가가 여전히 남아 있다. 물론 그는 현대적 개념의 신학자라기보다 열정적인 그리스도교 복음의 전파자였고 교회 개척자였다. 나아가 교회 안팎의 다채로운 관심사를 아우르며 그 핵심 문제를 파악하여 다각도로 조정하고 타개해 나갔던 전천후 행정가이기도 했다. 뿐만 아니라, 이를 위해 그는 수많은 사람들과 동역하며 그들을 국제적인 관계망을 형성하여 적재적소에 그들을 활용하는 기민한 조직가의 면모도 갖추고 있었다.[1] 그의 인물됨이 풍기는 역동적 매력은 상당 부분, 그가 예수를 직접 대면해 보지 못했음에도 불구하고, 부활한 주로서 그를 만난 엑스터시의 체험과 그로 비롯된 극적인 회심의 전복적 측면에 기인한다. 나아가 바울이 자신의 선교 경험과 그 와중에 파생된 신학적, 목회적, 문화적, 정치적 문제 등과 관

---

1) 이와 관련하여 바울의 생애와 사상에 대한 개관을 위해 Hans Dieter Betz, "Paul", *ABD* vol.5, 186~201; Günther Bornkamm, *Paul*, tr. by D. M. G. Stalker(New York et al: Harper & Row, 1969), John Ziesler, *Pauline Christianity*(Oxford/New York: Oxford University Press, 1990); Jürgen Becker, *Paul: Apostle to the Gentiles*, tr. by O. C. Dean(Louisville, Kentucky: Westminster/John Knox Press, 1993) 참조.

련하여 그것을 면밀하게 성찰하고 분석하며 서신의 형식을 통해 자신의 해법을 제시하는 등 그 누구보다 지적인 소양을 갖추었다는 점도 그를 초기 교회의 다른 지도자들과 구별해 주는 특징이라 할 수 있다. 그만큼 바울이라는 인물은 사후 2,000년 가까운 세월이 흘렀는데도 여전한 왕성한 탐구의 대상으로 현전한다.

오늘날 바울 연구는 다양한 방향에서 다양한 주제와 맞물려 다양한 방법으로 진행되고 있다. 먼저 그의 생애사와 관련하여 그의 선교 활동의 단계별 정황과 연계시켜 정확한 연보를 재구성하려는 작업이 제출되었으며,[2] 그의 정서적인 토로와 고백을 중심으로 그의 인간됨과 내면풍경을 심리학적 관점에서 분석한 연구가 나오기도 하였다.[3] 그런가 하면 바울 신학의 배경과 관련해서는 유대교와 헬레니즘이라는 양대 축에서 다각도로 그의 사상적 인자를 소급하여 그 내력과 연원을 추적하고 있으며, 이에 따라 그의 활동을 특징짓는 종교사회적 모델 역시 미완의 연구 과제로 남아 있다. 다른 한편으로 그의 신학에 핵심적 요인으로 작용한 '그리스도 체험'이란 견지에서 역사적 예수와의 연속성/비연속성 문제도 지속적인 관심을 끌어 왔다. 그러나 바울 신학의 가장 뜨거운 감자는 역시 그의 율법 이해와 맞물린 유대교와의 상관관계, 그 연장선상에서 논란의 중심에 우뚝 선 '이신칭의'의 재해석 문제이다. 아울러, 반유대주의 내지 반셈족주의 문제와 연동되어 신학적 반성을 추동한 이스라엘의 종말론적 구원문제도 바울 신학의 창발성이란 견지에

---

2) 바울의 생애와 활동, 서신 작성의 연보를 재구성한 대표적인 저작으로 J. Knox, *Chapters in a Life of Paul*(Macon, GA: Mercer University Press, 2000); Gerd Lüdemann, *Paul, Apostle to the Gentiles: Studies in Chronology*, tr. by F. S. Jones(Philadelphia: Fortress Press, 1984) 참조.

3) Gerd Theissen, *Psychological Aspects of Pauline Theology*(Philadelphia: Fortress Press, 1987) 참조.

서 여전히 조명을 받아 온 주요 주제에 속한다.

이른바 '사회학적 접근 방법'을 추구하는 학자들에게 포착된 바울 연구의 핵심은 그가 개척하고 구성한 교회공동체의 내부 구조와 정체성, 그리고 그것의 작동 원리 등이 그레코-로마의 당대적 사회 문화 환경에 비추어 어떤 접점을 보여 주는지에 초점이 모아졌다. 이는 동시에 그리스도 역사에서 최초의 도시 중심형 공동체의 탄생과 그 선교 및 목회 전략적 특징을 주로 사회학적 관점에서 해석하는 경향을 보여 주었다.[4] 근래 들어서는 바울의 신학에 내재된 정치적 지향성을 로마시대의 거대정치권력과의 긴장관계하에서 재해석하려는 시도도 엿보인다. 이 글에서는 위와 같은 바울 신학의 주요 연구 주제들을 그간 제출된 연구 성과를 중심으로 둘러보면서 그 기본 동향을 짚어 보고자 한다. 나아가 향후 바울 신학의 연구 진로와 관련하여 참조할 만한 미래 전망의 이정표를 개괄적으로나마 그려 보는 것이 이 글의 또 다른 목적이다.

Ⅱ. 바울 신학의 일차 자료

바울 신학의 연구에 사용되는 주요 자료로 무엇보다 그가 남긴 친필서신들을 꼽을 수 있다. 이 서신들은 물론 바울이 개척한 개별 교회와의 관계에서 작성된 문서들이지만, 그 특수한 정황을 반추하며 바울 나름대로 분석하는 가운데 그는 곳곳에 적잖은 신학의 씨

---

4) 이 방면의 대표적인 저작으로 Wayne A. Meeks, *The First Urban Christians: The Social World of the Apostle Paul*(New Haven and London: Yale University Press, 1983) 참조.

알들을 뿌려 놓았다. 대체로 산발적으로 뿌려진 그 씨앗들은 바울의 독창적 사유가 드러난 대목도 적지 않지만, 동시에 상당 부분 초기 교회의 공통된 신앙고백과 예전적 문구들이 반영된 측면이 짙다. 그 서신들이 초점을 맞춘 특정 교회의 특별한 상황이라서 일관되고 체계적인 신학의 논리와 조직적인 변증의 언어가 결여되어 있음에도 불구하고, 바울은 가령 로마서와 같이 자신의 사고과정에서 개진된 기존의 신학적 사유를 비교적 조리 있게 재구성하여 보여 주기도 하였다. 혹자는 바울이 쓴 편지 몇 개를 가지고 무슨 신학을 할 수 있느냐고 회의적인 반응을 보이는 게 사실이지만, 그의 서신들은 그리스도교의 생성기에 가장 먼저 그 교의적 체계와 신학의 밑그림을 그려 준 자료로 주목할 만하다.[5]

그러나 성서비평학의 도래와 함께 바울의 서신들은 역사적 진정성이란 견지에서 분할되는 국면을 보여 준다. 이른바 바울이 살아 생전 직접 쓴 친필서신들과 그의 사후 그의 신학적 유산을 계승한 제자들이나 그의 교회에 속한 익명의 필자가 그의 이름을 가탁하여 썼으리라 여겨지는 편지들이 그 대체적 분할의 범주이다. 전자의 범주 규정에 학자들 가운데 일부 차이는 있지만 대체로 데살로니가전서, 갈라디아서, 빌립보서, 빌레몬서, 고린도전후서, 로마서 등이 꼽히고 '제2바울서신' 또는 '후기 바울서신' 등으로 명명되는 후자의 범주에는 데살로니가후서, 에베소서, 골로새서, 디모데전후서, 디도서 등이 분류된다.[6] 이러한 분류에는 서신들의 문학적 스

---

5) 바울 연구의 일차 자료와 대표적인 이차 연구 자료는 다음의 책에 꽤 풍성하게 편집되어 있다. Wayne A. Meeks, *The Writings of St. Paul*(New York/London: W. W. Norton & Company, 1972) 참조.

6) 그러나 일부 비평적 학자는 골로새서를 바울의 친필서신으로 분류하기도 한다. 예컨대, Werner Georg Kümmel, *Introduction to the New Testament*, tr. by A. J. Mattill(Nashville: Abingdon Press, 1966) 참조.

타일과 구조, 나아가 신학적 특징이 바울 신학의 본류와 그 표현법에 얼마나 잇닿아 있는지 혹은 얼마나 이질적인지 하는 판단 기준이 작용하고 있다. 아울러, 이러한 서신들에 남겨진 바울 신학의 입자들이 바울에 의한 신학일 뿐 아니라, 바울을 위한, 그리고 바울에 관한 신학이라는 의혹이 이러한 자료비평적 결론을 이끌어 낸 것으로 판단된다. 그러나 이러한 분류에도 부인하기 어려운 점은, 전자의 서신들과 후자의 서신들이 전혀 상관없이 상이한 신학을 추구했다기보다 전 단계의 신학적 내용들을 새롭게 재구성하거나 추가 보완하여 시대에 따라 발전, 변용해 나갔다는 사실이다.

바울의 서신들이 바울에 대한 일차자료라면 그것보다 비록 한 세대 이상 뒤에 생산되었지만 사도행전에 기록된 바울 관련 자료들이 바울 연구의 참고자료로 사용될 수 있다. 혹자는 이 자료를 '고대소설'(romance)의 형식으로 치부하여 역사적 진정성을 부인하기도 하고, 일각에서는 액면 그대로 역사적 사실성을 굳게 믿는 편이지만, 자료비평적 관점에서 바울의 서신들에 우선권을 부여하고 그것에 근거하여 보조 자료의 차원에서 사용해 오고 있다.[7] 그 밖에 외경행전 가운데 목회서신의 우파적 전승의 대척점에서 바울 신학의 좌파직 전승을 반영하는 것으로 보이는 '바울과 테클라행전'이 있고, 바울의 율법 이해와 관련하여 당시 유대인들의 율법 이해를 담고 있는 유대교 자료들도 긴요하게 사용된다. 초기 랍비 문헌 가운데 바울을 폄하하는 내용을 담고 있는 일부 자료들도 비록 후대의 것이긴 하지만 바울 신학의 외부적 반응이라는 점에서

---

7) 사도행전과 바울 서신 및 바울 신학의 상호 연관성에 대해서는 다음의 두 논문을 참조할 것: Philipp Vielhauer, "On the 'Paulinism' of Acts"(33‧50); John Knox, "Acts and the Pauline Letter Corpus"(279~287) in Leander E. Keck and J. Louis Martyn ed. *Studies in Luke‑Acts*(Philadelphia: Fortress Press, 1980).

주목을 요한다. 그런가 하면 신약성서 내에서 유대인 그리스도교도의 신학사상을 반영하는 것으로 여겨지는 산상수훈과 야고보서 등이 바울 신학의 비판적 목소리를 대변하는 자료로 비교 연구되고 있으며, 이러한 계통에서 극렬한 반바울주의 사상을 드러내는 후대의 문헌 '클레멘트위경'(the Pseudo - Clementines)도 놓쳐 버리기 쉬운 중요한 자료이다. 연구의 폭을 좀 더 넓게 확대해 보자면, 바울 신학은 종교문화사란 견지에서 그레코 - 로마의 사상사 내지 종교문화사란 견지에서 비교 연구의 대상이 되곤 하는데, 이를 위해서는 이 당시 나온 엄청난 규모의 희랍어, 라틴어 고전이 종종 연구 자료로 활용된다.[8] 특히 바울과 시대를 공유하는 스토아 철학자(Seneca, Cicero 등), 바울의 신학 및 인간학 용어에 영향을 끼친 플라톤 철학 계통의 저술들 및 그들의 또 다른 사상적 자손인 영지주의자 문헌이 참고자료로 인용되기도 한다.

Ⅲ. 바울 신학의 연구 방법

바울 신학의 연구 방법은 바울 서신에 대한 연구 방법과 동궤를 이룬다. 먼저 가장 고전적인 역사비평의 제반 방법들이 복음서와는 다른 각도에서 이 서신의 연구에 적용되어 왔다. 바울이 물려받은 예수전승이나 초기 그리스도교 예전 문구와 신조들, 일부 이방 문헌들이 서신의 어느 곳에서 어떤 의도로 어떻게 인용되고 있으며

---

8) 이러한 관점에서 바울을 읽어 낸 저작으로 Abraham J. Malherbe, *Paul and the Popular Philosophers*(Minneapolis: Fortress Press, 1989); 윤철원, 『신약성서의 그레꼬 로마적 읽기』(서울: 한들출판사, 2000) 참조.

재맥락화되고 있는지 하는 점은 자료비평의 관점에서 연구된다. 그런가 하면 서신 내의 다양한 양식소들(찬미구, 신조, 기도, 훈계, 지혜어록 등)이 어떻게 사용되고 있는지는 넓은 의미의 양식비평 내지 장르비평의 과제로 다루어지고 있으며, 일부 서신에서 논쟁의 대상이 되는 서신의 분할설 및 편집설과 관련해서는 서신의 원형을 재구성하기 위한 편집비평의 방법이 적용된다.9)

한편 바울 서신의 기본 양식이 '서신'이라는 점에 비추어 고대 서신의 제반 형식과 구조에 비추어 이를 연구하려는 서간학(epistolography)의 방법이 또 다른 갈래의 연구 경향을 이루고 있다.10) 한동안 논란의 쟁점이 된 '서간'(epistle)과 '편지'(letter)의 구별과 그것을 바울 서신에 대입하여 그 문학적 양식의 정체를 가리려는 시도는 이제 빛이 바랬지만,11) 고대의 서신들에 나타나는 제반 형식 및 구조, 통상적인 표현법 등에 대한 이해는 바울 서신의 구조적 특성을 이해하는 데 여전히 요긴한 수단이 되고 있다. 이는 고대 서신들과의 단순 비교를 통해 그 유사점을 추출하려는 데 그치지 않고, 바울 서신의 독특한 면모를 당대 서간학적 맥락에서 자리매김하는 측면에서도 유의미한 연구법이라 할 만하다. 실제로 플라톤이나 세네카, 키케로 등이 남긴 철학담론의 표현 양식으로서의 그들 서신과 일상의 신변잡기와 사무적인 내용을 담은 대중적 일반 서신에 비추어 바울의 서신들이 그 형식과 내용, 문학적 구조에서 어떻게 차별화되는지 살펴보는 작업은 오늘날 '서신'과 다른 그의 서신을

---

9) 바울 서신의 분할설은 빌립보서, 고린도전서, 고린도후서, 로마서 등에 걸쳐 제기되었는데, 이 가운데 고린도후서의 경우가 가장 성공적인 지지를 받아 왔다.

10) 이 방면의 대표적인 연구저서로 Stanley K. Stowers, *Letter Writing in Greco-Roman Antiquity*(Philadelphia: The Westminster Press, 1986) 참조.

11) 이런 계통의 연구를 대표한 고전으로 Adolf Deissmann, *Light from the Ancient East* (Eugene, OR: Wipf & Stock Publishers, 2004) 참조.

당대적 맥락에 비추어 이해하기 위해서 필수적이다.

이러한 서간학적 연구 방법은 바울의 문장 구성 및 표현 기법의 수사학적 측면을 간과할 수 없다. 그리하여 동원되는 수사비평의 방법은 바울 서신 전반의 구조와 그 세부적인 디테일의 정황을 이해하기 위해 매우 요긴한 연구법으로 상용되고 있다. 베쯔(H. D. Betz)가 선보인 대로, 아리스토텔레스가 개척하고 퀸틸리안, 키케로 등이 정립한 로마의 수사학적 방법이 바울 서신의 전반적 구조를 이해하는 주요한 분석과 해석의 틀로 활용되어 일정한 성과를 거둔 것이 그 대표적인 사례이다.[12] 뿐만 아니라, 문답식 대화법 (diatribe)이나 모호함의 수사(rhetoric of ambiguity), 풍자와 해학, 아이러니 등의 기법 등이 바울 서신에서 어떻게 활용되고 있으며, 그 수사학적 정황은 무엇인지를 탐구하는 것도 여전히 지속되는 이 방법의 한 갈래이다. 그런가 하면 현대 문학비평의 한 계통으로 영미문학에서 계발된 제반 수사학 이론이 바울 서신의 현대적 조명을 위해서 적용되는 사례도 볼 수 있다.

한편 바울 서신에 내장된 신학의 사상적 특징을 규명하기 위해서 종교사비평 방법 내지 비교종교학의 방법이 종종 사용되기도 한다. 그것은 바울의 신학사상이 보여 주는 여러 가지 개념상의 특징이나 어휘 선택에서 그레코-로마의 제반 종교와 철학 사상의 흔적이 탐지된다는 전제와 연계되어 있다. 그리하여 이 방법에 따르면 소크라테스나 플라톤과 바울이 만나고, 플루타르크나 세네카 등이 바울과 대화할 수 있으며, 특히 그의 세례신학이나 성만찬 신학은 당시 지중해 연안에 풍미한 비의종교(Mystery religions)와의

---

12) H. D. Betz, *Galatians*(Philadelphia: Fortress Press, 1979); [idem] *2 Corinthians 8 and 9*(Philadelphia: Fortress Press, 1985) 참조.

상관관계하에 그 유사점과 차이점을 비교 분석할 만하다는 것이다.[13] 바울이 희랍어로 서신을 작성했고 희랍어로 된 구약성서를 인용, 참조했다는 점에서 유대교 중에서도 요세푸스, 필론 등으로 대표되는 헬라주의적 유대교가 바울의 사상을 이해하는 대표적인 비교 대상으로 종종 거론된다. 물론 전통적인 유대교의 출처인 팔레스타인 유대교, 바리새파 유대교의 후신인 랍비 유대교 문헌 역시 바울의 신학사상을 유대교적 반경 내에서 조명하기 위해 비교적 자주 언급되는 참조대상이다.

바울 선교와 신학의 대사회적 성격을 연구하는 방법으로 일부 학자들이 줄기차게 차용하는 방법은 넓은 의미의 사회학적 또는 사회사적 방법이다. 이는 믹스 등이 사용하여 상당히 성공한 바울 선교의 도시적 배경과 바울공동체의 사회적 에토스 연구에서 빛을 발한 바 있다.[14] 타이센은 사회계층론과 음식의 사회사라는 견지에서 고린도교회의 제반 갈등과 분규를 분석한 바 있으며,[15] 샘플리는 로마시대의 자발적 결사체인 '소시에타스' 관행과 법제에 비추어 바울의 '코이노니아' 사상을 명쾌하게 해석한 바 있다.[16] 홀름버그 같은 학자는 막스 베버의 카리스마 이론을 동원하여 권력과 권위에 대한 바울의 이해와 그가 성초한 교회 내부의 규율, 통치질서의 구조 등을 해석하였고,[17] 국내의 서중석은 주로 현대의 지

---

13) 종교사학파로 대변되는 일군의 학자들은 이런 방면으로 탐구해 들어갔다. H. A. A. Kennedy, *St. Paul and the Mystery - Religions*(Whitefish, MT: Kessinger Publishers, LLC, 2007) 참조.

14) Wayne A. Meeks, 앞의 책(1972) 참조.

15) Gerd Theissen, *The Social Setting of Pauline Christianity*, ed. & tr. by John H. Schütz(Philadelphia: Fortress Press, 1982).

16) J. Paul Sampley, *Pauline Partnership in Christ: Christian Community and Commitment in Light of Roman Law*(Philadelphia: Fortress Press, 1980) 참조.

17) Bengt Holmberg, *Paul and Power: The Structure of Authority in the Primitive*

식사회학과 갈등이론을 빌려 바울 선교와 그 사상적 특질을 연구하기도 하였다.[18] 이러한 방법은 사회학의 범주를 넘어 정치학이나 문화인류학으로까지 범위를 넓혀 사회과학의 제반 방법을 바울 연구에 동원하는 데 자신감을 주었다. 특히, 바울의 선교가 로마 제국주의의 환경 가운데 진행된 점에 착안하여 그의 정치신학 연구에 오늘날 첨단의 정치권력 이론 및 헤게모니 이론 등이 적용되기도 하며, 제3세계 식민주의 이론 역시 동원되고 있다.[19] 문화인류학적 관점에서 가장 많은 연구 대상이 된 것은 이른바 '명예 – 수치'의 고대적 가치 규범에 착안하여 바울의 자기변증과 모금 캠페인,[20] 그 밖에 여러 도덕 윤리적 훈계 등을 당대적 맥락에서 자리매김하고자 하는 시도였다.

마지막으로, 바울 신학이 체계적인 이론신학이 아니라 로마서와 같이 비교적 체계적인 문서로 조직된 곳에서조차 선교 현장과의 부대낌 속에 실천신학적 속성을 띤다는 점에 착안하여, 그것을 변용과 발전이란 관점에서 해석하고자 하는 시도가 제출되기도 하였다.[21] 진화론적 관점 또는 발전론적 통찰이라 할 만한 이러한 연구방법은 데살로니가전서에서 로마서에 이르기까지, 또 로마서에서 후기바울서신에 이르기까지 바울의 특정 신학사상이 어떤 궤적을

Church as Reflected in the Pauling Epistles(Philadelphia: Fortress Press, 1980) 참조.

18) 서중석, 『바울 서신 해석』(서울: 대한기독교서회, 1998) 참조.

19) 이러한 계통의 연구 저작으로 Elizabeth A. Castelli, Immitating Paul: A Discourse of Power(Louisville: Westminster John Knox Press, 1991); 김덕기, 『바울의 문화신학과 정치윤리』(대전: 이화, 2007) 참조.

20) 모금 캠페인과 관련해서는 왕인성, "바울의 헌금 사역에 대한 사회 – 문화적 접근 — 바울, 예루살렘교회, 바울서신 수신자들과의 관계성을 중심으로", 『신약논단』14/4(2007), 1085~1119 참조.

21) 이러한 경향을 대변하는 연구 저작으로 다음을 참조할 것: Eung Chun Park, Either Jew or Gentile: Paul's Unfolding Theology of Inclusivity(Louisvill/London: Westminster/John Knox Press, 2003); 차정식, 『바울 신학 탐구』(서울: 대한기독교서회, 2006).

밟아 가면서 어떤 발전적 추이를 보여 주었는지, 또 그것이 어떻게 그의 사고과정을 반영하는지에 초점을 맞추고 있다. 이는 바울 신학의 상황적 특수성을 고려하면서 동시에 특정한 이론적 틀에 기계적으로 때려 맞추기보다 그의 사역을 둘러싼 고유한 상황의 복잡성과 다층성에 착안한 방법이다. 그리하여 그의 신학사상이 고여 있는 웅덩이가 아니라 그의 경험이 축적되고 그의 선교 상황이 새로운 지평으로 확산, 심화해 나감에 따라 그의 신학적 사고과정도 이에 맞물려 발전적으로 전개되어 갔으리라는 것이다.

Ⅳ. 바울 신학의 배경

바울에게 육신의 부모가 있었듯이, 그의 신학이 아무리 성령의 영감에 의한 결과였다고 하더라도 역사의 지평에서 사상의 물길을 대 준 배경이 없을 수 없다. 그는 무엇보다 구약성서와 유대교의 신학 전통에 충실하게 하나님을 유일신으로 믿고 고백했다. 바울에게 그 하나님은 경건한 유대교도의 신앙과 다를 바 없이 만유의 창조주이면서 동시에 구원자였고, 역사를 여러 '세대'(aeons) 나누어 이해함으로써 종말론적 역사관을 공유했다. 또한 유대교 신앙의 연장선상에서 그는 이 세상을 하나님의 선한 창조의 결과로 수긍하였을 뿐 아니라 인간의 죄악과 구원받아야 할 타락상을 공감했다. 마찬가지로 하나님이 그 구원을 위하여 이스라엘이라는 특정한 백성을 선택하여 언약을 맺은 사실과 토라가 그 사실을 보증하는 언약의 증표임을 바울은 인정했다. 뿐 아니라 그는 율법의 구절들을 신령한 말씀으로 권위 있게 다루면서 유대교의 성서해석 방식에 따라 알레고리와 페샤림 등의 경우에서 보듯 연쇄적 인용과 상호 조응적 해석기법을 사용하였다. 이는 그가 바리새인으로서 유대교의 특정 종파에 속한 기간 동안 수련받은 것들이 부분적으로 나타난 결과였을 것이다. 비록 그가 과거의 바리새적 유산을 '배설물'처럼 여겼노라고 고백하고 있지만, 그것이 배설물이 되기까지 바울의 신학적 지성을 북돋아 준 긴 소화의 과정까지 무시할 수 없을 터이다.[22] 그의 유대교적 유산은 다분히 팔레스타인에 기반을 둔 전통적인 내용들이었지만, 그의 알레고리 성서해석 등은 헬레니즘의 채널을 통해 유대교를 해석한 필론 등의 경우와 유사하다.

다른 한편으로 바울의 신학에 끼친 헬레니즘의 영향은 광범위하고 심층적이다. 그는 유대교의 헬레니즘적 해석을 대표하는 칠십인역 구약성서(LXX)에 의지함으로써 유대교 사상이 헬레니즘적 태반에서 번역된 형태의 영향을 받았으며, 그 역시 희랍어로 서신을 씀으로써 이런 추세를 드러내 보였다. 그가 다소(Tarsus) 출신이라는 사실과 그의 서신들에 반영된 시대적 환경에 대한 인식은 그가 헬레니즘 문화에 폭넓은 식견이 있었음을 방증한다. 세부적으로 예시하자면, 그가 인용한 이방 시인 메난더(Menander)의 잠언적 시구(고전 15:33)나 '속사람'(*ho eso anthropos*)의 개념, 그리고 보이는 것은 잠깐이지만 보이지 않는 것은 영원하다는 플라톤 사상의 신념 등은 그러한 소통적 접점의 예로 거론될 만하다. 그런가 하면 유대교에는 거의 나오지 않는 '양심'(*synedesis*), '자족'(*autarkeia*) 등의 개념

---

22) 이와 같이 유대교와의 상관관계에서 서구적으로 문명화된 바울의 신학을 새롭게 조명한 연구로 Krister Stendahl, *Paul among Jews and Gentiles*(Philadelphia: Fortress, 1976); W. D. Davies, *Paul and Rabbinic Judaism: Some Rabbic Elements in Pauline Theology*(Lafayette, LA: Sigler Pr., 1980) 참조.

은 다분히 스토아 사상의 영향하에 수용된 것들로 파악된다.

이러한 지식인들의 고급 철학과 별도로 바울 신학은 당시 항간에 풍미한 대중종교로서 '밀의종교'(Mystery religions)와 비교할 때 그 뚜렷한 상이점에도 불구하고 공통된 특색이 발견된다. 바울 자신이 이러한 종교들에서 숭배받는 신들과 주들을 의식하고 있었고(고전 8:5f), 더러 주도권 다툼으로 갈등을 빚기도 하였다. 종교사학파 학자들에 의해 주도된 이 비교 분석은 대체로 바울의 세례신학과 성만찬 의식에 집중하여 이루어졌다. 그리스도와 함께 죽었다 다시 일어나는 세례신학의 패턴이 저러한 종교에서 신앙한 죽음과 재생의 제의 신학적 패턴과 유사한 구조를 드러낸다는 것이고, 피와 살을 상징적 매개로 한 성만찬 의식이 예의 비의종교들이 실행한 입사제의의 구조와 유사하다는 것이다. 그러나 이러한 유사점은 이방종교들보다 유대교적 맥락에서 더 잘 이해된다는 주장과 그리스도교 제의의 독특성과 차별성, 나아가 우선성을 주장하는 반론에 부대끼고 있다.

부분적으로 유대교에 연원을 둔 영지주의는 하나님과 자아, 세상에 대한 독특한 관점으로 신령한 지식(*gnosis*)을 추구하였다. 바울 신학과 영지주의의 상관관계에 대한 논의는 대체로 그의 영(*pneuma*), 혼(*psychē*), 육(*sarx*)의 삼분법적 인간 이해, 물리적 세계와 육체적 인간형으로부터의 탈출을 갈망하는 신학적 지향점에 초점이 맞추어진다. 세상의 창조주를 열등한 신으로 폄하하거나 그것과 무관한 온전한 신의 존재를 상정하여 그 신과의 영적인 합일을 추구하는 방식, 타락한 인간들의 파편 이전 단계에 존재한 온전한 원형적 인간을 모델로 삼아 남녀의 차이를 넘어서는 합일의 경지에 대한 경사 등은 영지주의 가르침의 요체들로 바울의 신학사상과 비교하여 그 영향관계가 논증되기도 한다. 그중에서도 순수한 영의 주인공이 신령한 지식을 제공하여 육체라는 감옥에 갇힌 인간의 본성을 깨우쳐 주고 죽음을 넘어 하늘의 영원한 본향으로 인도하여 준다는 영지주의의 '구속자 신화'(redeemer myth)가 바울 서신의 일부 내용(빌 2:6-11; 골 1:15-20)에 깔려 있다는 주장이 제기되었다. 나아가 바울을 대적한 고린도교회의 일부 교인들이 이러한 사상으로 무장하고 있었지만, 바울은 창조주와 구속자를 아버지와 아들의 관계로 승인함으로써 그것을 거부한 점이 거론되기도 한다. 그러나 이러한 유형론적 유사점에도 불구하고 이러한 영지주의 신화들은 바울의 생존 당시보다 적어도 2세기 이후의 시점에 만연한 것으로 그것을 바울 신학의 영향 요소로 언급하는 것 자체에 문제가 있다고 평가된다.

바울 신학의 배경을 말할 때 등한히 하기 쉬운 것은 그가 초기 교회들(예루살렘교회, 안디옥교회 등)로부터 받은 영향들이다. 그가 비록 자신의 메시지가 인간의 영향과 무관하고 신적인 계시를 통해 받은 것이라는 점을 강조하지만, 그 변론의 이면에 잠재된 실상을 무시해서는 안 된다. 그는 바리새인에서 이방인의 사도로 소명을 받은 뒤 예루살렘을 방문하여 베드로와 야고보 등과 만나 14일간 교제하면서(갈 1:11f) 예수와 예루살렘교회의 케리그마에 관하여 적잖이 들었을 것이다. 무엇보다 그는 주의 만찬이 초기 교회 전통에 의지하고 있음을 인정한다(고전 11:23-26). 그 밖에도 그는 예수의 죽음과 매장, 부활과 나타남에 관한 전통을 초기 기독교 전통의 일부로 인용하고 있으며(고전 15:3ff), 곳곳에 이러한 교회사적 영향의 흔적을 보여 주고 있다. 그가 역사적 예수 전승에 대하여 침묵하고 있다고 하지만 그는 그런 예수에 전혀 무관심하거나 무지하지 않았다. 그는 예수가 유대적 율법에 따라 여자에게서 태어난 유대인이라는 사실을 알았으며(갈 3:16, 4:4), 그가 다윗의 계보를 따라 태어난 것과 그의 사역이 본질적으로 이스라엘을 향한 것임을 인지하고 있었다(롬 1:3, 15:8). 뿐만 아니라 그는 예수의 계명과 교훈의 일부를 숙지하여 그의 서신에 인용하고 있는데, 이 역시 초기 기독교의 유산으로 보인다.

Ⅴ. 율법과 이신칭의 문제

바울 연구에서 가장 왕성한 조명을 받은 주제는 단연 바울의 율법 이해와 이와 연계된 이신칭의 문제의 실상이었다. 이는 특히 개신교의 정체성에 신학적인 핵자를 제공하였다는 점에서 루터 이후로 비상한 관심의 대상이 되었고, 특히 '새로운 관점'(New Perspective)이 제기되면서 활발한 토론의 대상으로 부각되었다. 국내에서도 최근의 동향을 살펴보면 바울 연구에서 이 분야가 차지하는 비중이 단연 으뜸이었던 걸로 나타난다. 루터의 종교개혁에서 '오직 믿음'이 선언적 차원에서 오로지 강조된 나머지 그 이후로 오랫동안 '율법의 행위'가 구체적으로 무엇을 말하는지, 그것이 누구에 의해 주창된 교설인지, 믿음으로 의롭게 된다는 것이 무엇을 말하는지 충분히 탐구되지 않았다. 더구나 루터의 관점에서는 이분법적 대립 관계로 설정된 믿음과 율법의 행위가 그리스도교와 유대교의 정체성을 구별하는 기준으로 인식되었고, 그것은 곧바로 오직 믿음과 오직 은혜를 내세운 루터의 종교 개혁적 이념과 가톨릭의 이행득의적 관행의 대립으로 전이되었다. 선행을 통해 공적을 쌓아 의롭게 되려는 가톨릭적 관행이 바울의 당대 환경에서 유대교의 신학적 특징과 상통한다는 선입견이 이때부터 굳어지기 시작한 것이다.

그러나 1980년대부터 이른바 '새로운 관점'을 대표한 레이제넨과 샌더스 등의 기여로 그리스도교가 믿음으로써 의롭게 되는 반면 유대교가 율법의 행위로 구원을 얻는다는 루터식의 이해에 근본적인 오류가 있음이 밝혀졌다.[23] 특히, 샌더스에 의하면 당시 팔레스타인 유대교도 율법의 실천을 통해 구원받는다고 보지 않고 하나님의 전적인 은혜와 언약적 선택에 의해 구원을 받는다고 믿었다는 것이다. 이는 이스라엘 백성이 언약백성으로 들어가는(getting in) 데 하나님의 은혜가 절대적인 기준이 되었으며, 다만 율법은 그 언약백성의 신분을 유지하는(staying in) 장치였다는 주장으로 요약된다. 이러한 관점에서 갈라디아 논쟁에서 불거진 이 문제의 본질은 그리스도교와 유대교의 논쟁이라기보다 이방인 그리스도교를 대표하는 바울과 일부 유대인 그리스도교 그룹의 갈등으로 해석된다. 샌더스가 바울의 율법 이해가 비조직적이었으며 그 이유를 그의 그리스도론을 중심으로 한 '중추적 확신'에서 찾은 반면, 레이제넨은 바울이 율법에 대하여 일관성을 결여한 모순투성이로 치부하면서 그것이 그의 특수한 선교적 상황에서 비롯되었다고 주장하였다.[24] 이러한 해석상의 논점은 바울이 율법(*nomos*)이라는 개념을 매우 다양한 맥락에서 다채롭게 변용하여 사용하고 있는 데 연유

---

23) Heikki Räisänen, *Paul and the Law*(Philadelphia: Fortress Press, 1986); E. P. Sanders, *Paul and Palestinian Judaism: A Comparison of Patterns of Religion* (Minneapolis: Fortress Press, 1977); James D. G. Dunn ed. *Paul and the Mosaic Law*(Grand Rapids, MI: Wm. B. Eerdmans Publishing Co., 2001) 참조.

24) 샌더스와 레이제넨의 율법 이해에서 드러나는 유사점과 차이점과 관련해서는 서중석, "바울의 율법관 연구 동향", 앞의 책(1998), 77~104 참조.

하는 측면이 강하다. 그리하여 일부 학자는 로마서의 경우에 근거하여 바울의 율법 개념을 '수사학적 연금술'의 관점에서 여타의 다른 신학적 개념과 마찬가지로 그의 선교적, 목회적 상황에 따라 그 개념을 변용하여 사용하고 있는 것으로 파악한다.[25)

한편, 그의 '율법의 행위' 개념이 무엇을 지칭하는지에 대해서도 많은 바울 연구자들이 관심을 기울여 왔다. 그 결과는 그것이 전통적인 해석과 달리 율법의 준수를 의미하지 않는다면 무엇을 가리키는 것인지에 대하여 여전히 분분한 해석으로 나타난다. 혹자는 그것을 율법의 내용 중 제의법을 제외한 도덕법을 지칭하는 것으로 보고, 다른 이는 율법 조항 중에서 당시 유대인들의 종교적·민족적 정체성을 경계지표로 중시된 할례법, 안식일, 음식 규례 등과 같은 특정한 부분을 강조한 것으로 해석하기도 한다. 그런가 하면 이 문구의 문법적 재해석을 통해 율법의 부정적 기능을 강조하여 나쁜 의미에서 '율법이 하는 짓'으로 그 의미를 파악하기도 한다. 한편, 이러한 새로운 주장과 해석들의 허방을 찌르며, 전통적 해석의 미덕을 살려 예수께서도 비판한 대로 율법의 형식주의적 면모와 그 신봉자들의 종교적 위선을 비판하는 개념으로 보는 관점도 무시할 수 없다. 이와 더불어, 갈라디아교회에서 그 율법의 행위를 강조한 외부 세력들이 팔레스타인 유대교의 일부 종파인지, 디아스포라 유대교의 일부 그룹인지, 아니면 '새로운 관점'의 신봉자들이 주장하듯, 예루살렘교회에 배경을 둔 유대인 그리스도교도 그룹인지도, 비록 맨 나중의 새 관점이 득세하고 있지만, 여전히 미완의 논쟁거리로 살아남아 있다.

---

25) '수사학적 연금술'은 나의 용어이다. 이러한 견지에서 바울의 율법 이해를 추적한 논문으로 차정식, "토라에서 그리스도의 법으로 — 바울의 율법 이해", 앞의 책(2006), 194～223 참조.

바울의 구원론적 핵심 개념이 하나님과의 화해, 대속 등 여러 방면으로 퍼져 있지만, 가장 중요한 것으로 이신칭의, 즉 믿음으로 의롭게 여김을 받는다는 믿음을 꼽는 데 이견이 없다. 아울러, 그 믿음을 통한 구원이 예수 그리스도에 대한 신학적 이해, 즉 그리스도론의 맥락과 불가분리적 관계에 있음도 분명한 사실이다. 물론 이러한 사상이 갈라디아서와 로마서 등 일부 바울 서신에 한정하여 집중적으로 나타난다는 점에서 이에 대한 과장된 관심과 과도한 편향이 경계 대상이 되지만, 이 신학적 교설이 바울의 이방인 교회에 대한 정체성 확립에 중추적 역할을 한 점은 부인하기 어렵다. 이 교설과 관련해서는, 믿음으로 얻게 되는 그 '의'의 본질이 종말론적인 개념인지, 사법적 혹은 정치적인 개념인지, 윤리적인 개념인지 등에 따라 다양한 논의의 가지를 치고 있다. 나아가 그 믿음이란 어휘와 접속된 예수의 관련 문구(*pistis Iesou*)에서 그 관계를 여격으로 푸느냐, 속격으로 푸느냐에 따라서 첨예한 논쟁이 발생한다. 여격으로 풀 경우, 이 문구는 전통적인 해석대로 예수 그리스도가 신앙고백의 대상이 되어 그를 믿음으로써 의롭게 된다는 의미가 된다. 반면, 속격으로 풀면 '예수의 신실함' 또는 '예수의 믿음'이 의롭게 되는 전제조건으로 작용하여, 아버지 하나님을 향한 아들 예수의 신앙적 모범을 본받음으로써 그 순종의 행위에 동참하는 이들이 의롭게 된다는 또 다른 구원론적 규범이 산출된다. 예수의 공로에 의한 타율적 구원의 원리를 자동화된 기계장치처럼 주술적으로 활용하면서 신자의 윤리가 퇴색되고 제자도의 훈련이 소홀히 여겨지는 현재의 기독교 현실에서 특히 후자의 관점이 그 시대적 요청하에 관심을 끌고 있는 추세이다.[26]

---

26) Richard B. Hay, *The Faith of Jesus Christ: The Narrative Substructure of Galatians*

Ⅵ. 이스라엘의 현재와 종말론적 미래

샌더스 등의 학자들에 의해 부상된 '새 관점'은 이스라엘의 신학적 위상과 의의에 대한 해석에도 영향을 미쳤다. 유대교 – 그리스도교의 기존 대립 구도에서 유대교는 신생 종교인 그리스도교의 탄생을 불가피하게 만든 필요악, 그게 너무 심하다면 부정적 배경으로 인식되는 경향이 강했다. 그것은 유대인들이 하나님의 아들인 예수를 무고하게 십자가에 달려 죽게 한 장본인이라는 반셈족주의의 동기가 작용한 인식이었다. 그러한 반셈족주의 내지 반유대주의의 뿌리는 초대교회를 거쳐 이미 신약성서 내부에까지 스며들어 있었던바, 그 하나의 빌미를 바울 서신이 제공한 것으로 여겨졌었다. 특히, 데살로니가에서 바울이 겪은 억하심정을 토로하며 "유대인은 주 예수와 선지자들을 죽이고 우리를 쫓아내고 하나님을 기쁘시게 하지 아니하고 모든 사람에게 대적이 되어 우리가 이방인에게 말하여 구원받게 함을 그들이 금하여 자기 죄를 항상 채우매 노하심이 끝까지 그들에게 임하였느니라"(살전 2:15 – 16)고 단언한 것이 이러한 빈유대주의적인 관점에 근거 자료로 거론되곤 하였다. 실제로 사도행전에 보여 준 바울의 선교 활동에서도 그를 끊임없이 괴롭힌 자들은 주로 유대인집단으로 묘사되어 나온다.

그러나 이러한 관점은 사실을 과장하거나 왜곡한 결과라는 새로운 관점이 제시되었다.[27] 데살로니가전서의 상기 본문은 모든 유대인들을 싸잡아 정죄하는 구절이 아니라 특정 유대인들을 바울의

3:1 – 4:11(Grand Rapids, MI: Wm. B. Eerdmans Publishing Co., 2001) 참조.

27) 차정식, "동족의 빛과 그림자 ― 바울과 이스라엘의 경우", 앞의 책(2006), 223~253 참조.

선교활동에서 겪은 고난이란 특수한 정황에 빗대어 그렇게 부정적으로 조명한 것에 불과하다. 바울은 나아가 갈라디아서에서 율법의 행위에 대립되는 이신칭의의 교설을 강조하면서도 정작 '하나님의 이스라엘'을 향하여 평강과 긍휼을 기원한 바 있다(갈 6:16). 이 독특한 개념이 혈통상의 이스라엘인 유대인들을 가리키는 것인지, 그리스도를 통하여 새 언약에 동참하여 하나님의 백성 된 이방인 신자까지 포함한 신학적 개념인지 논란의 여지는 있지만, 일단 이스라엘의 긍정성이 돋보인다고 하겠다. 한편 그의 선교 전략을 진술하는 대목에서 그는 이방인의 사도로 자처했음에도 불구하고 유대교의 율법에서 자유로운 입장이었지만 율법 아래 있는 그 유대인들을 얻기 위해 율법 아래 있는 자같이 되었다(고전 9:20)고 고백할 정도로 그는 동족 유대인과 회당 유대교 공동체를 출발점으로 자신의 사역에 닻을 내린 사도였다.

그러나 바울의 지속적인 고뇌는 하나님의 선택을 받고 먼저 부름을 받은 선민 이스라엘이 그리스도의 복음에 귀의하기는커녕 그 적대자로 행세하는 데 있었다. 바울에게 그것은 분명 신학적인 당혹감의 요인이었을 텐데, 그것이 그로 하여금 동족을 향한 애증의 빛과 그림자로 몰아갔으리라 여겨진다. 이와 관련하여 바울의 신학적 통찰이 가장 왕성하게 투사된 대목이 로마서 9~11장으로, 바울 신학 연구에서 이 부분은 근래 가장 많은 조명을 받은 주제 가운데 하나이다.[28] 바울은 여기에서 유대인과 옛 언약, 유대교와 율법의 긍정적인 측면과 이 전통의 우선적 특권을 십분 인정하면서

---

28) 이에 대한 대표적인 논문으로 Mary Ann Getty, "Paul and the Salvation of Israel: A Perspective on Romans 9~11", *CBQ* 50(1988), 456~469; Bruce W. Longenecker, "Different Answers to Different Issues: Israel, the Gentiles and Salvation History in Romans 9~11", *JSNT* 36(1989), 95~123 참조.

현재 그들이 패역한 상태에서 그리스도 복음의 적대세력이 되고 있는 현실의 불가피성을 다각도로 변증한다. 그 변증의 일환으로 바울은 먼저 창조주로서 지닌 하나님의 절대 주권과 '남은 자'의 사상으로 자신이 처한 선교 환경으로 유대인들의 곤경을 해석한다. 이에 따라 하나님이 육신의 자녀가 아닌 약속의 자녀로 그의 백성을 삼으시기도 하고 또 하고자 하시는 대로 그의 선민조차 완악하게 만들 수 있었다(롬 9:18). 그 결과가 육신의 이스라엘은 율법의 의를 추구하고 행위에 의존하여 율법에 이르지 못한 데 비해 의를 따르지 않은 이방인들은 오히려 믿음의 의에 의지하여 구원을 받았다는 것이다(롬 9:30 – 31).

그 밖에도 바울은 이방인의 충만이 이스라엘로 하여금 질투하게 함으로써 그것이 분발의 계기가 되어 장차 그들이 온전히 충만한 분량으로 되돌아올 것이라는 믿음을 은근히 피력한다. 나아가 당시 약자였던 유대인 그리스도교도에 비해 자고하기 쉬웠던 다수 이방인 그리스도교도의 우월적 현실과 관련하여 그들이 태생적으로 돌감람나무였음을 내세워 바울은 그들이 참감람나무인 이스라엘의 실패를 반면교사 삼아야 할 것을 강하게 훈계하고 있다(롬 11:13 – 24). 이로써 바울이 겨냥한 깃은 그의 사역 초기와 달리 이스라엘의 급작스런 구원과 유대교의 신속한 그리스도교화가 아니라 같은 뿌리에서 나온 이 두 세력이 당분간 병립적 관계 속에 역사를 만들어 가리라는 다소 여유 있는 전망이 아니었을까 싶다. 결국 바울은 이러한 변증의 말미에 구약성서의 예언구에 의지하여 "모든 이스라엘이 구원을 받으리라"(롬 11:26)는 결론에 다다른다. 이 종말론적 미래의 긍정적 조망은 바울에게 '비밀'(또는 '신비' *mystērion*)이었다. 이렇듯, 바울은 종족적 이스라엘 개념에서 종족을 배제하지 않고 포용하면서 그 혈통적 종족 범주를 넘어서는 신학적 개념으로서 새로운 '이스라엘'의 구원론적 미래를 '하나님의 지혜와 지식의 풍성함' 속에 낙관적으로 전망한 것이다.

그리스도교 역사에서 유대인과 유대교에 대한 과도한 편견과 억압, 그리고 이에 따른 지독한 차별의 역사가 엄연한 마당에 이와 같이 새로운 관점에서 이스라엘과 유대인, 나아가 유대교를 재해석한 공로는 아무리 높이 평가해도 지나치지 않다. 그러나 그러한 반유대주의 및 반셈족주의에 대한 신학적 비판의 부작용은, 그 비판이 당대의 역사를 교정하려다 그것의 세세한 사실을 뒤집는 오류를 범할 수 있는 가능성이다. 실제로 오늘날 성서학 및 신학의 유대인과 유대교 재평가 작업은 보이지 않는 '학문의 정치학'(또는 경제학)이란 메커니즘이 작동하고 있다. 이에 따라 실제로 존재했던 예수와 유대교 세력의 긴장과 갈등, 바울과 유대인들의 치열한 신학적 노선 투쟁이 두루뭉술하게 한통속으로 범벅이 되고 그리스도교의 탄생을 둘러싼 역사적 상황의 필연적 요소들이 희미하게 실종될 우려가 있다는 것이다. 그리하여 일부 학자들이 말하는 바울의 기독교신학과 당시 유대교 신학의 '관용적 다원주의'(tolerant pluralism)도 일리 있지만,[29] 그 관용 바깥의 차이점과 이질성에 대하여 적극 조명함으로써 과거의 오류 교정을 위한 도전적 반작용의 학구적 노력이 부작용이 되는 문제를 경계할 필요가 있다고 본다.

---

29) Robert Jewett, "The Law and the Coexistence of Jews and Gentiles in Romans", *Interpretations* 39(1985), 341~356 참조.

Ⅶ. 십자가 신학과 정치의 관계

새로운 관점이 바울 신학계에 신선한 충격을 주면서 무르익을 무렵, 그것과는 다른 관점에서 그것의 결핍된 부분을 보완하려는 '신선한 관점'(Fresh Perspective)의 바울 신학 연구가 근래 출현하였다. 이러한 흐름은 라이트(N. T. Wright)에 의해 주도되고 있는데,[30] 이 관점은 전통적인 옛 관점에서 중시한 칭의론의 위상을 존중하고 새 관점의 장점을 수렴하면서 그 단점을 보완하려는 시도로 제출된 것이다. 이른바 이 '신선한 관점'에서 새 관점이 바울 복음에 내장된 정치적 성격을 소홀히 여긴 점을 비판한다. 바울 당시에 팍스 로마나(Pax Romana)의 복음이 지중해 연안을 풍미하고 있었으며 황제숭배가 만연한 현실에서 그러한 정치적 환경으로부터 바울의 십자가 복음이 무관할 수 없었다는 것이다. 아울러, 바울의 복음에는 평화, 자유, 하나님의 아들, 구세주, 파루시아 등 일부 핵심 어휘들이나 거기에 담긴 특징적인 신학사상이 로마와의 대립 구도하에 반제국주의적 측면을 은근히 부각시키는 측면이 없지 않다는 점도 대표적인 증거로 거론된다.

흔히, 바울 복음의 정치적 차원이라 하면 로마서 13장에 나오는 그의 입장을 내세우며 위에 있는 권세자들, 즉 국가의 공권력 담당자들을 향한 순종의 도리를 강조하곤 한다. 실제로 정교분리의 이념을 내세웠던 보수적인 교회들은 이 '정치적 정적주의'(political quietism)의 원리를 그 정당화의 논리로 종종 내세우길 좋아했다.[31]

---

30) N. T. Wright, *Paul: In Fresh Perspective*(Philadelphia: Fortress Press, 2006) 참조
31) 가령, 던(Dunn)은 그의 로마서 주석서에서 바울의 이러한 공권력 순응 자세를 억압받아 온 소수민족으로서 유대인의 역사적 경험에 연계된 '정치적 정적주의'(political quietism)로 규

그리하여 교회의 정치 참여를 억압하고, 독재체제의 폭정까지 신학적 인준을 받은 것인 양 엄호하는 불합리한 관행도 생겨났다. 실제로 바울의 복음에는 예수가 핵심 케리그마로 선포한 '하나님 나라'의 메시지를 기피한 흔적이 역력히 보인다. 이에 대한 학계의 주류 해석은 그가 그만큼 채 싹이 자라나지 않은 상태에서 기독교가 세속의 공권력과 불화하여 압살당할 두려움에 정치적 안전과 사회적 정착을 도모하고자 했다는 것이다.

그러나 예의 주장에 대한 반론 차원에서 이른바 '신선한 관점'은 당시 종교와 정치가 불가분리적 관계로 얽혀 있던 역사적 현실을 전제한다. 로마서 13장의 관련 구절도 공권력 담당자들이 '하나님의 사역자'라는 전제하에 그 복종이 정당할 수 있다는 상황론에 따라 그 해석의 맥락이 달라지기도 한다. 그런가 하면 이 구절이 나라에 공세와 관세를 바치는 것을 거부한 과격한 종말주의자들을 특정 타깃으로 겨냥했을 뿐, 정치와 신앙, 국가와 교회의 보편적 관계를 뒷받침하는 원리로 사용될 수 없다는 주장도 나온다. 최근에는 이 구절이 외려 로마의 제국주의적 속성을 우회적으로 폭로하는 바울의 정치적 시위 전략의 일환이라는 파격적 해석이 제출되기도 하였다.[32]

이러한 적극적인 정치적 해석의 관점에서 라이트는 빌립보서 2:6-11의 그리스도 찬송시에서 바울 신학에 내재된 반황제숭배와 반제국주의의 속성을 읽어 낸다. 즉 바울은 로마서의 황제를 구세주

정하였다. James D. G. Dunn, *Romans 9~16*, WBC 38B(Word Books: Dallas, TX, 1988), 759.

32) 예를 들어, 김재성은 최근의 연구에서 이 구절이 바울의 독자들을 보호하기 위한 수사적 표현이며, 외려 이 본문이 "로마제국의 통치 본질이 두려움으로 사람들을 위협하는 공포 정치임을 간접적으로 드러내고 있다."고 결론지었다. 김재성, "바울과 로마제국의 정치학", 『신약논단』13/4(2006 겨울), 947~984 참조.

로 내세우며 그들에 의한 평화와 복음을 선전하던 당시의 정치적 세속을 향해 예수 그리스도만이 참된 구주라는 대안적 복음과 대안적 평화를 전하고자 했다는 것이다. 마찬가지로 그리스도 복음과 구원의 핵심 상징으로 십자가를 바울이 강조한 점으로 미루어 이 십자가에 담긴 반제국적 메시지에 착안하여 그 신학적 의미를 적극적으로 밀어붙이는 학자들도 있다.[33] 주지하듯, 로마제국에서 십자가가 정치범의 처형 틀이었다는 역사적 상식에 비추어 볼 때, 사람들이 수치스럽게 생각하는 그 십자가를 이 세상의 지혜와 권세를 넘어지게 하는 '스캔들'(*skandalon*)로 역설적 의미를 부여한 바울의 의도가 심상치 않다. 이 십자가의 정치적 시위 효과는 그러므로 단순히 십자가에 달려 죽은 예수의 대속적 죽음의 공로에만 국한되기보다 그렇게 예수를 처형한 로마 제국주의 세력의 부정적 스캔들을 까발리는 긍정적 스캔들로까지 해석될 수 있는 것이다.[34]

오늘날의 정치신학적 관점에서 바울의 신학을 이런 맥락에서 재해석하는 것이 충분히 가능하고 또 유용할 수도 있다. 더구나 로마의 식민정책이 황제숭배와 맞물려 광범위하게 유포되던 당대적 현실에서 탈식민주의 정치와 중앙권력의 해체와 지방화라는 관점은 바울의 선교 현장에 연루된 복합적 정치성의 층위를 살필 수 있도록 도와준다. 이러한 관점에서 볼 때 바울의 복음을 정치권력에 감염되지 않은 순결한 초월적 가치 일변도로 자리매김하는 것은 순진하다 못해 그릇된 결론으로 이끌 수 있다.

아울러, 오늘날 미시정치의 관계망이 만인을 향한, 만인에 의한,

---

33) 닐 엘리엇/김재성 옮김, "십자가의 반제국적 메시지", 『신학사상』108(2000, 봄), 120～146 참조.

34) 바울 신학의 해석학적 핵심 주제로 나는 '스칸달론' 개념에 착안하여 이것을 본격적으로 신학화할 목적으로 『신학의 스캔들, 스캔들의 신학』이란 제목의 저서를 집필 중이다.

만인의 정치적 지형을 조성하는 욕망의 시대에 바울의 선교와 목회를 둘러싼 정치적 역학관계를 새롭게 해석하려는 노력도 의혹의 해석학이란 견지에서 요청된다.[35] 예컨대, 그가 함께 교제한 회당 공동체 사람들, 유대인 크리스천들, 바나바 아볼로 등의 동역자, 디모데 디도 실라를 위시한 제자 그룹 등과의 세밀한 정치적 역학관계에 주목할 필요가 있다. 그러나 이와 같이 바울을 둘러싼 정치적 역학관계에 대한 다각적인 탐구를 거친 뒤에도 바울이 지향한 복음의 핵심과 그 목표가 과연 세속의 정치권력을 매개로 한 지상의 정치 체제를 구축하는 것이었는지에 대해서는 의문의 여지가 크다. 그는 여전히 '하늘의 시민권'을 말하고 죽음 너머의 '영적인 몸'이라는 신비한 미래를 강조하기 때문이다.[36] 다만 그 종말론적 구원의 완성이 미완성으로 유예되는 한, 역사의 한가운데서 십자가 복음이 지닌 총체적 전복성에 눈뜰 때 복음의 피상적 탈정치화를 구실로 바울의 선교와 그 신학적 본질을 교회 안으로 축소시키고 연성화하려는 시도를 경계하는 것이 마땅하다.

---

35) 차정식, "바울 선교의 정치/외교적 지형과 역학관계", 2008년 한국신약학회 정기학술발표대회 발표 논문.

36) 최근 나온 김세윤의 저작은 이러한 점에 착안하여 또 다른 '신선한 관점'에서 바울과 누가의 복음이 반제국적 성격을 띠었다는 주장을 반박한다. Seyoon Kim, *Christ and Caesar: The Gospel and the Roman Empire in the Writings of Paul and Luke*(Grand Rapids, MI: Wm. B. Eerdmans, 2008) 참조. 한글 번역은, 김세윤/박문재 옮김, 『그리스도와 가이사 — 바울과 누가의 저작에 나타난 복음과 로마제국』(서울: 두란노키즈, 2009).

Ⅷ. 바울 신학의 향후 전망

바울의 신학이 발전도상에서 부단히 진화하며 사상적으로 변용해 나갔듯이, 그의 신학에 대한 해석과 재구성 역시 발전과 변용의 운명 앞에 자유롭지 못하다. 특히, 이즈음 그의 신학은 오늘날 우리가 살아가는 이 세속사회와 교회의 상황과 긴밀하게 연계되면서 다분히 현실 반영적으로 그 초점을 조율해 나가는 듯하다. 앞서 서술한 대로, 2차 세계대전 이후 반유대주의에 대한 신학계의 반성이 로마서 9~11장 등 관련 구절을 재해석하게 만들고, 자본제적 시장체제가 세계화와 신자유주의의 휘장을 두르고 제3세계 나라들을 재식민화하려는 움직임에 비판적 진단을 가하면서 탈식민주의의 정치신학으로 바울의 신학을 재구성하려는 노력도 이러한 현실 반영적인 추세를 대변해 준다. 나아가 삶의 구석마다 만연한 정치 과잉의 시대에 바울의 복음을 정치적 관점에서 다시 조명하려는 시도가 제출되는 것도 이런 방면으로 개척된 또 다른 사례라 할 수 있다.

그 밖에도 오늘날 서구 사회의 원자화와 가족해체에 대한 위기의식의 연장선상에서 고린도전서 7장의 텍스트가 당시 그레코-로마의 문화담론이나 막스 베버의 사회학 등에 비추어 풍성하게 재해석된다든지,[37] 몸-지체의 교회론이나 카리스마의 균형과 관련하여 새로운 공동체성의 대안으로 각별한 관심을 받는다든지 하는 연구의 흐름 역시 오늘날 우리 사회와 교회가 처한 현실에 긴밀하

---

37) 내가 아는 범위로만 국한해 봐도 90년대 이후 이 부분에 대한 연구로 박사학위논문만 하버드, 예일, 시카고대학교 등에서 세 편이나 생산되었다.

게 잇닿아 있다.[38] 특히, 바울 신학에서 주목할 만한 주제로 간과할 수 없는 것은 그의 모금 캠페인에 대한 신학적 평가이다. 이에 대해서는 이미 여러 권의 연구서와 많은 논문들이 생산되었거니와,[39] 그것이 이신칭의의 교리신학보다도 더 광범위하고 지속적인 바울 사역의 관심 대상으로 나타난다는 역사적 사실과, 오늘날의 분배 정의 문제와 관련하여 중요한 신학적 시사점을 담고 있다는 현실 반영적 성격을 고려할 때, 양극화 사회에서 그 구성원들의 소통과 교회 간 코이노니아란 견지에서 그 실천적 메시지가 앞으로 더욱 강조될 필요가 있다.

향후 바울 신학은 이러한 현재의 추세를 확대, 심화해 나가면서 새로운 변방을 개척해야 할 시점에 와 있다. 그것은 새로운 방법론의 개척과 함께 더욱 세밀한 연구 주제를 발견하여 미시적인 천착으로 나아가면서 그것을 아울러 거시적인 바울 신학의 통찰 안으로 수렴하는 작업이 동시에 필요하다. 방법론과 관련하여 바울 서신과 그 신학은 역사와 문학이란 틀 속에서 다루어지면서 진리의 담론과 선악의 윤리적 지향에 민감하게 반응하였다. 그러나 그의 신학이 지닌 예술적 아름다움의 경지는 거의 도외시되었다. 가령 고린도전서 13장의 아가페 노래가 어떻게 교리신학을 넘어 신학적 미학의 세계로 넘어갈 수 있는지 연구해 볼 만하다는 것이다.

그런가 하면 바울이 각 이방인 교회마다 명령한 '거룩한 입맞춤'의 이면에 숨겨진 내막을 파고들어 그 사회적인 정황을 재구성하거나, '예수의 흔적'(*Stigma Iēsou*)이라고 그가 명명한 문구에서 상

---

38) 유승원, "그레코 - 로마 세계의 몸 메타포와 바울의 교회 공동체 개념", 『신약논단』 7(2000), 149~166 참조.

39) 이 방면의 대표적인 연구 저작으로 Dieter Georgi, *Remebering the Poor: The History of Paul's Collection for Jerusalem*(Nashville: Abingdon Press, 1992).

처와 권위의 신학적 연동관계를 규명한 나의 연구처럼 얼마든지 세밀한 미시적 연구가 가능하리라 본다.[40] 이는 건조하고 도식적인 문학비평의 이론이 이미 전통이 된 역사비평을 거치면서 육체를 얻고, 이를 출발점으로 삼아 신학적 상상력을 개입시켜 바울이라는 역사적 인간과 그의 서신, 나아가 그의 신학의 풍경을 풍요롭게 조망하는 하나의 희망적인 미래를 예견한다. 끝으로 바울의 신학이 그의 생존 당시에 머물지 않고 사후 그의 후계자들에 의해 어떻게 계승, 발전, 변용해 나갔는지 후대의 외경문헌과 고대 교회사 자료를 포함하여 통시적으로 살펴봄으로써, 역사적 바울의 단계를 넘어서 이미 역사화된 바울의 유산을 비평적으로 점검하고 우리 시대에 새롭게 재맥락화한다는 점에서 유의미한 연구 작업이 될 것이다.

---

40) 차정식, "바울과 키스의 사회학", 앞의 책(2006), 332~360; 동저자, "상처와 권위 혹은 예수의 '흔적'", 『예수와 신학적 상상력』(서울: 한국학술정보, 2008), 390~401 참조.

미리암의 삶과 지도력을 회상하다

: 현재와 미래의 징검다리

채은하

(한일장신대학교, 구약학)

Ⅰ. 들어가는 말

성서는 인간 시장의 보고라 할 만큼 고대 이스라엘의 다양한 인물들을 소개해 주고 있다. 하지만 성서는 특히 여성들에게 인색하고 배타적이다. 성서에서 여성들의 등장 횟수가 남성에 비해 상대적으로 적지만, 언급된다 하여도 여성은 거의 남성의 종속물 정도로 평가절하되고 있다. 그러기에 우리는 성서가 근대에 기록된 것이 아니라 수천 년 전, 고대 이스라엘이라는 문화적 배경을 감안하고 읽는다. 이들 가운데 우리의 관심을 끄는 대표적인 여성이 미리암이다. 그는 고대 이스라엘의 초기 역사에서 결코 간과될 수 없는 민족의 영웅이요 지도자였다. 만일 미리암을 제외한다면 초기 이스라엘의 밑그림을 그리기가 쉽지 않다. 그럼에도 성서에는 미리암의 삶이나 업적에 대한 언급이 지극히 적고 그 평가도 때로는 부정적이고 왜곡되어 있다. 과연 성서는 미리암에 대하여 어떻게 소개하고 있는지 그리고 나아가 포로기 이후 주로 제2성전 시대에 나온 유대 전승은 그에 대하여 어떻게 기억하고 평가하고 있는지 궁금하다. 이집트에 살았던 히브리 민족이 하나님의 신앙공동체가 되는데 결정적이었던 출애굽 사건의 지도자들 가운데 한 사람이었던 미리암, 그 후세들이 그를 어떻게 추억하고 있는지 살피는 일은 성서의 인물을 이해하는 데 필요한 작업이다.

이것을 위해 미리암을 언급하는 구약성서 본문과 제2성전 시대
의 유대 문헌인 집회서, 희년서, 필로의 유대 고대사와 요셉푸스의
유대 고대사를 살펴보고자 한다. 이 문헌들이 기록된 소위 신구약
중간시대에는 구약성경의 이야기를 다시 쓰는 유행이 있었다. 이것
은 성경에 기록된 구약의 인물들이 이 시대에 어떻게 이해되고 전
승되고 있는지를 단적으로 보여 주는 증거이다. 이 책들은 성서를
기초로 자신의 목적에 따라 성경의 이야기를 보충하기도 하고 확
대하여 그 시대가 필요로 하는 인물들을 새롭게 부각시키고 있기
때문이다. 이것은 하나님의 말씀은 언제나 해석되고 다시 재해석되
어야 한다는 것을 의미한다.[1] 이런 점에서 구약성경과 제2성전 시
대의 유대 문헌에 나타난 미리암의 발굴은 그에 관한 고대와 후대
의 신학적 징검다리를 놓는 일이다.

II. 구약성경에 나타난 미리암

〈민족의 지도자〉

미리암이 출애굽과 광야 생활의 지도자 삼인방(모세와 아론과 미
리암)으로 등장한 것은 분명하지만 미리암에 관한 기록은 의외로
출애굽기를 제외하면 거의 없다고 해도 과언이 아니다. 더욱이 그

---

1) E. Schuller, "Women of the Exodus in Biblical Retellings of the Second Temple Period", 182.

가 모세와 아론의 누이로 소개한 곳은 민수기 26:59와 역대상 6:3 뿐이다.2) 성경에 등장하는 인물들의 이름은 그 삶의 전체 혹은 일부를 엿보게 하는 단서가 되는데 미리암이라는 이름의 뜻을 찾으면 먼저 쓴맛(bitter)이라는 뜻의 mar과 바다(sea)라는 뜻의 yam이 합쳐서 미리암이 되었다고 추측하고 있다. 즉 미리암은 그 이름처럼 온 백성이 기적적으로 홍해 바다를 건너듯 거칠고 쓴 바다의 인생을 살았을 것이다(출 15:23). 또 다른 기원으로는 이집트어로 사랑스럽다(beloved)는 뜻의 mer로서 정말 많은 사람들이 미리암을 많이 사랑했기3)에 그런 이름을 지니게 되었다고 생각한다. 실제로 그가 악성 피부병으로 진영 밖으로 쫓겨났을 때와 죽음을 맞이하게 되었을 때 슬퍼하고 애통해하는 온 백성들의 모습을 보면 그의 이런 이름이 타당해 보인다.

미리암의 역할은 그가 성경에 등장하는 처음부터 남달랐다. 한 가정의 딸로 태어났지만 형제인 아기 모세의 생명 구출과 궁정 생활로의 인도 등 모세 인생에 절대적인 영향을 끼쳤다. 출애굽기에서 모세가 물에 던져지고 바로의 딸에게 발견되어 그의 양자가 되는 과정까지 막대한 역할을 한 사람의 이름은 밝히지 않고 단지 모세의 누이라고만 말하고 있는데 아마도 그 사람이 미리암이라는 전통은 상당히 설득력이 있어 보인다. 그가 모세와 아론의 누이가 아니라면 여성인 미리암이 그들과 함께 이스라엘의 지도자로서 출애굽과 광야 생활을 이끌기 어려웠을 것이기 때문이다. 출애굽 2:4

---

2) 출애굽기 2장 4절에서 이름은 밝히지 않고 단지 '그 아이의 누이'라고만 기록된 그녀를 지금까지 미리암과 동일시하고 있지만 사실 그 누이가 미리암이라고 직접 언급한 곳은 없다. 그래서 모세와 미리암의 관계는 실제의 형제라기보다 후대의 제사 전승에서 나온 것으로 추측하기도 한다. C. Newsom & S. Ringe, *The Women's Bible Commentary*, 32.

3) E. Frankel, *The Five Books of Miriam: A Woman's Commentary on the Torah*, 112~113.

는 모세의 누이가 그냥 서 있었던 것(amad)이 아니라 '지켜보고 있었다'(yachab의 히트파엘형)고 적고 있는데, 이 표현은 미리암이 확실한 자기 입장을 지니고 행동하고 있음을 뜻한다. 모세의 누이 미리암의 이런 행동은 장차 일어날 이스라엘 구원 사건을 확고하게 기대한 데서 온 것이다.[4] 이런 점에서 미리암은 모세의 생명의 은인이요 모세의 친부모, 나아가 모세와 히브리 민족과의 끈을 놓지 않게 해 준 영리한 누이(출 2:4)요 자신의 생명이 다하기까지 모세의 곁을 떠나지 않고 그와 아론을 지켜 준 어머니라고 할 수 있다. 미리암은 그의 이름처럼 이스라엘 백성의 지도자로서 광야 생활의 온갖 역경과 불편을 겪으면서도 그 자리를 한 번도 벗어나지 않았다.

이런 역할을 한 미리암이지만 성경은 미리암의 결혼 여부나 그의 사적인 생활에 대하여 전혀 알려 주고 있지 않다. 성경의 기록을 보면 그녀는 독신 생활을 했던 것처럼 보인다. 하지만 여성이 독신으로 산다는 것은 구약성경이나 고대 시대에 매우 드문 일이었다. 철저히 가부장적인 고대 이스라엘 문화권에서 결혼하지 않은 여성이란 거의 상상하기 어렵기 때문이다. 이런 이유로 성서의 여성 지도자들은 대부분 거의 누구의 아내(혹은 가까운 남자 친척)로 소개되고 있다.[5] 그런데 유독 미리암만은 누구의 아내로 등장하지 않고 대신 모세와 아론의 누이로 소개되고 있다(출 15:20 – 21; 민 26:59; 출 2:4; 6:20). 이런 점에서 그는 구약성경에서 예외적인 독신 여성이었던 것 같다. 그는 평생 광야에서 모세와 아론의 누이요 이스라엘 백성의 어머니로만 살아야 했기에 자신의 가족을 갖기가

---

4) 김엘리, 김정수, 이영미, "출애굽의 여성들", 113.

5) 랍비돗의 아내 드보라(삿 4:4), 살룸의 아내 훌다(왕하 22:14), 부모가 없었던 에스더는 부모 대신 외삼촌 모르드개의 조카 에스더(스 2:7)로 소개되고 있다.

힘들었을지 모른다. 그렇기에 그는 가데스 사막에서 죽을 때까지 이스라엘 백성과 함께 동고동락했고 그가 죽게 되었을 때 온 백성이 그의 상주가 되어 애통해했을 것이다.

미리암은 모세와 아론보다 먼저 가데스 지역에서 사망한 것으로 기록되어 있다(민 20:1). 이스라엘 백성이 오래 머물렀던 광야의 가데스는 여호와께 예배를 드리는 성소가 있었던 곳이다(신 1:46). 또한 이곳은 가나안을 정탐했던 12명의 대표들이 그 땅에 관하여 보고한 곳이기도 하다(민 13:25–33). 이곳에서 이스라엘 백성은 본격적으로 거친 광야 생활을 불평하기 시작했고 이것으로 인해 그들은 40년 동안 방황하고 거의 모든 백성이 광야에서 죽을 것이라는 이야기를 듣기도 했다(민 14:28–35). 그리고 바로 여기에서 미리암이 죽어 묻혔다고 묘사한 것은 그의 죽음과 함께 민족의 지도자 미리암 시대의 종결도 함께 암시한 것이다.

〈예언자 미리암〉

미리암이 출애굽 사건과 관련하여 가장 잘 알려진 활동은 그가 부른 승리의 노래에 있다. "너희는 여호와를 찬양하라 그는 높고 영화로우심이요 말과 그 탄 자를 바다에 던지셨음이로다"(출 15:21). 출애굽기 15장에 따르면 이스라엘 백성이 홍해를 건너 이집트 군대를 따돌리고 해방을 얻게 되자 이스라엘 여성들은 여호와의 위대한 구원 행위를 찬양하면서 그의 승리를 찬양하고 노래하고 춤을 추었다. 여기에서 이 일을 주도한 사람이 미리암이었다. 구약시대에 여성들은 전쟁에서 승리하고 돌아오는 군인들을 환영하기 위하여 노래하고 춤을 추곤 했다(삿 11:34; 삼상 18:6). 이와 마찬가지로 미리암 역시 홍해를 무사하게 건너게 한 여호와 하나님을 다른 여성들과 함께 온몸으로 힘껏 찬양하고 있다. 전쟁을 승리로 이끈 전투 대장이나 장군들을 칭송하는 다른 노래들과는 달리·미리암의 노래는 모든 백성 앞에서 승리를 이끄신 여호와 하나님만을 찬양하고 있다.6) 이 짧은 노래처럼 출애굽을 이끄신 하나님에 대한 기억과 찬양(신 11:3 – 5; 호 13:4 – 6)은 이스라엘 백성의 여호와 신앙의 결정적 동기가 된다. 그런 만큼 미리암은 이스라엘 백성의 신앙 동기와 고백을 이끈 신앙적 선각자이다. 이 일은 "출애굽이 3천 년 전 애굽에서 단 한 번 일어났던 유일회적 사건이 아니라 억압이 있고 생명을 경시하여 죽이는 모든 곳에서 되풀이되는 투쟁의 현실"7)을 기억하게 하는 사건이라고 평가하기도 한다.

이처럼 미리암이 출애굽 사건을 목격하면서 황홀경에 빠져 손에 소고를 들고 모든 여성들이 춤을 추도록 이끌고 하나님의 기적과 그것을 통한 여호와 신앙을 모든 백성에게 알리는 역할을 하였기에 그를 '예언자'로 기억하게 되었을 것이다(출 15:20). 이것은 출애굽 당시 미리암은 적어도 상당수의 여성들과 함께 출애굽 사건을 체험한 적극적인 동참자요 그들의 지도자였음을 말해 준다(출 1:15 – 22, 2:1 – 10, 3:22, 4:24 – 26, 11:2; 15:20 – 21). 여호와 하나님을 찬양하는 일을 앞장서서 이끄는 미리암, 홍해 사건을 통해 여호와의 승리를 찬양하고 노래하고 춤추는 일, 이 같은 미리암의 행동은 그의 자리가 제의적 위치가 아니었을까 추측하게 한다.8) 물론

---

6) 사사기 11:34에서 입다의 딸이 아버지를 환영하고, 삼상 18:6에서 여인들은 사울과 다윗을 환영하고 있다. 이경숙, 181.
7) 김엘리, 김정수, 이영미, "출애굽의 여성들", 116~117.
8) M. Noth, 『출애굽기』, 146~147

미리암은 전형적인 예언자의 모습인 말로 하는 예언 활동 대신 춤과 노래(15:20)를 이끄는 것으로 등장하고 있다. 이 모습은 사사 시대에 있었던 초기 예언 활동과 일치한다(삼상 10:5). 또한 여성들에게 여선지자라고 부른 경우[9]는 모두 하나님의 특별한 영을 받아 전쟁으로부터 이스라엘을 구출하거나 이스라엘을 바른 길로 이끌었거나 지도력을 발휘했던 민족의 지도자였고 누구보다 앞서갔을 때였다. 그렇다면 미리암에게 붙여진 여선지자라는 칭호는 충분한 조건이 된다. 그리고 미리암에 대한 기억은 그 후 예언 시대를 통해서도 계속되었다. 주전 8세기의 예언자 미가는 미리암을 이렇게 기억하고 있다. "내가 너를 애굽 땅에서 인도해 내어 종노릇하는 집에서 속량하였고 모세와 아론과 미리암을 네 앞에 보냈느니라"(6:4). 주전 8세기 남유다 사회에서 활동했던 예언자 미가는 백성들에게 출애굽 사건을 통해 여호와의 구속을 상기시키면서 고대 이스라엘의 3대 지도자 가운데 미리암을 함께 포함시키고, 그를 향하여 하나님께서 이스라엘 백성을 위해 선택하시고 보낸 사람이라고 말하고 있다. 그는 모세와 아론과 함께 결코 잊을 수 없는 하나님의 종이요 이스라엘 백성의 지도자였던 것이다.

이렇게 미리암은 백성들에게 광야에서 억압적이고 고통스러운 *현재를 극복하고 희망찬 미래로 인도하는 사역*[10]을 묵묵히 수행한 예언자로 살았다. 미리암과 같은 여성 지도자가 없었다면 이스라엘 백성이 어떻게 광야에서 40년이라는 긴 세월을 보내고 가나안에까지 도달할 수 있었겠는가? 그런 의미에서 미리암은 이스라엘 백성에게 주신 하나님의 선물이었다. 그는 이스라엘 백성을 신앙으로

---

9) 드보라(삿 4:4), 훌다(왕하 22:14; 대하 34:22), 이사야 부인(사 8:3), 노아댜(느헤 6:14).
10) I. Nowell, 52.

이끄는 제의 지도자요 고달픈 광야 생활 40년 동안 불평하고 저항하는 이스라엘 백성을 다독이고 함께 이끌었던 여예언자라는 평가는 조금도 과장된 것이 아니다.

〈도전자 미리암〉

한편 민족의 지도자요 예언자로서의 의연한 모습과 전혀 다른 미리암도 엿볼 수 있는데, 이것은 미리암과 아론이 한편이 되어 모세를 도전한 때였다. 그 문제의 출발은 예언자의 권위 문제와 모세의 아내 때문에 일어났다. 사건은 이러했다. 모세의 첫 번째 부인 십보라가 먼저 사망했는지 아니면 다른 이유가 있었는지 모세는 다시 결혼하게 되었다. 그때 모세가 결혼한 아내는 구스 여인이었다. 이것을 본 미리암과 아론은 모세가 왜 그 여성과 결혼했냐는 문제를 제기하였고 또 하나님께서는 모세만이 아니라 저들(미리암과 아론)과도 소통을 하고 하나님의 뜻을 전해 주는데 왜 모세의 권위만 최고로 인정되고 이스라엘 백성의 최고 지도자로 군림하느냐고 따져 물었던 것이다(민 12:1 - 2). 출애굽 15:20에서 미리암이 여예언자로 소개되었듯이 그 역시 하나님으로부터 꿈과 환상을 받아 예언 활동을 했던 것 같다.[11] 그렇기에 미리암과 아론은 스스로 모세와 같은 영적 권위를 갖고 있다고 믿었으나 그들의 지도권이 모세의 것에 미치지 못한 것을 불평했던 것 같다. 이를테면 두 가지 문제들로 인해 미리암과 아론이 한편이 되어 모세와 갈등을 빚

---

11) 꿈과 환상은 하나님의 현현과 의사소통의 한 통로로 자주 사용되어 왔다(창 20:7, 31:10 - 13; 민 12:6; 신 13:1; 왕상 3:5 - 14; 암 7 - 9장; 슥 2 - 6장).

으면서 발생하게 되었다. 세 사람, 미리암과 모세와 아론은 어떤 상황에서도 서로간의 일치단결을 보여 주었던 같은 핏줄의 형제자매들이었고 민족으로는 이스라엘의 초기 창건자들이었다. 그러나 두 문제들 때문에 이들은 서로 의견이 나뉘고 불편한 관계가 되고 말았다. 더욱이 이들 사이에 모세와 미리암과 아론 사이의 주도권 다툼이 벌어졌다는 인상까지 주고 있다.

그러자 하나님은 미리암과 아론에게 화를 내었고, 아론은 제외된 채 미리암은 하나님의 징벌로 일시적이긴 했지만 나병이라는 천형까지 얻게 되었다.[12] 이 사건은 모세의 간절한 중재로 미리암이 치유됨으로써 겨우 사건이 진정될 수 있었다. 미리암의 나병 발생은 신명기에서 상기될 만큼 심각한 것이었다(신 24:8 - 9). 피부병은 부정한 질병이었기에 누구나 진영 밖으로 내쫓기는 규율(레 13:4 - 6)에 따라 미리암은 7일 동안이나 홀로 나가 있어야 했다.

그런데 여기에서 이해하기 어려운 부분이 있다. 즉 모세에게 문제를 제기한 아론도 함께 참여했는데 왜 미리암만 처벌을 받게 되었는지 성경(민 12장)은 우리에게 설명해 주지 않는 점이다. 이에 대하여 다양한 해석들이 있다. 여성 신학적인 관점에서는 미리암이 모세에게 요구한 것을 매우 긍정적으로 평가하고, 이 에피소드를 출애굽의 해방 사건과 결부시키면서 미리암을 가부장적 사회 또는 권위주의에 대항하는 평등, 해방의 인물로 부각시키려고 노력한다.[13] 미리암과 아론이 함께 모세의 지도권을 문제 삼았지만 가부장적 환경에서 여성이었던 미리암은 구조적 희생자가 될 수밖에

---

12) "너는 나병에 대하여 삼가서 레위 사람 제사장들이 너희에게 가르치는 대로 네가 힘써 다 지켜 행하되 너희는 내가 그들에게 명령한 대로 지켜 행하라 너희는 애굽에서 나오는 길에서 네 하나님 여호와께서 미리암에게 행하신 일을 기억할지니라"(신 24:8 - 9).

13) 최후혁. "해방을 노래한 예언자 미리암". 『새롭게 읽는 성서의 여성들』, 67~75.

없었다고 보는 것이다. 이런 설명은 본문이 가부장적 상황에서 기록되었다고 할 때 이해할 만하다. 결과적으로 모세는 이스라엘 백성의 최고 지도자라는 것이 명백해졌다. 미리암과 아론 역시 이스라엘 백성의 지도자이긴 했지만 모세보다 한 단계 낮은 지도자임을 성서는 확실히 전달해 주고 있다.[14] 그렇더라도 징계에 있어서 아론이 제외되거나 유예된 이유는 여전히 수수께끼로 남는데, 아론의 경우 모세의 지도권 저항만이 아니라 금송아지 사건(출 32장)에서 일반 백성 3,000명이 죽게 되었음에도 이 사건의 총책임자인 아론은 아무런 징벌도 받지 않았다. 왜 아론은 계속 책임 추궁이나 사건 문책에서 면죄부를 받고 있는지 궁금하다. 본 글은 미리암에게 집중된 만큼 아론의 징벌 제외는 다른 곳에서 다루어야 하지만 아론 역시 미리암과 같은 일을 도모하고도 아무런 징계도 받지 않고 통과되었다는 문제는 여전히 해결해야 할 문제로 남아 있다.

아론의 징벌 제외에 대하여 한 가지 추측할 수 있는 것은 제사장으로서의 아론 역할과 관계가 있지 않았는가 하는 점이다. 예를 들면 제사장은 제의적으로 정결해야 하는(레 21~22장) 규정이 있듯이 아론은 신체적으로도 흠이 없어야 한다는 것이다. 만일 그가 나병과 같은 질병으로 인해 제의적으로 정결하지 않는다면 그는 제사직을 수행할 수 없을 뿐만 아니라 제사 음식도 먹을 수 없다. 더욱이 미리암과 같은 피부병은 가장 대표적인 부정한 질병이다(레 22:4). 아론과 그의 후손들은 제사장 집안이었기에 아론이 악성 피부병을 앓았다는 것은 상상할 수 없었을지 모른다. 때문에 민수기 저자는 아론은 제외시키고 미리암에게만 피부병의 징벌을 기록하지 않았을까 추측하게 한다.[15] 또한 민수기 12장에서 미리암을 7일

---

14) I. Nowell, 365.

동안 진영 밖으로 축출한 것과 제사장들이 위임식을 위해 7일의 정결 기간을 갖는 것은 대조를 이루고 있다(출 29:35 – 37). 그렇다면 민수기 12장에서 미리암만의 나병 발병은 미리암조차 제사권에서 여성이 배제되는 또 다른 이유[16]라는 설명은 상당히 설득력이 있다.

한편 아론이 나병 발병에서 제외된 점에 대해서 다른 측면을 말하고 싶다. 비록 아론은 이 질병에서 제외되었지만 그 열외가 아론에게는 오히려 더 큰 정신적 고통을 가져왔을지 모른다는 지적이다. 나병 때문에 고통을 겪는 미리암을 직접 지켜보아야 하는 아론, 그의 고통이 미리암의 것보다 결코 작지 않을 것이다. 그리고 무엇보다 아론에게는 다른 형태의 심판이 기다리고 있다. 그것은 아론이 자신의 동생 모세를 통해 '우리의 죄'(민 12:11), 즉 자신과 미리암의 죄를 용서해 달라고 모세의 중재를 간청하고 미리암의 나병 치유를 위해 하나님의 간섭을 애원한 것이다. 이것으로 아론은 극도의 수치심과 함께 정신적 고통과 죄책감에 시달렸음을 짐작할 수 있다.[17] 미리암의 고통은 어쩌면 나병으로 인해 7일간 지속되었다가 치유되었을 때 그의 죄책감은 어느 정도 잊힐 수 있는 것이었다. 하지만 미리암과는 달리 아무런 징벌도 받지 않은 아론의 책임감은 아마 더 큰 상처와 고통으로 평생 오점으로 남았을지 모른다. 또한 지금까지 백성들의 죄를 대신해서 속죄 제사를 드렸던 아론이 이제 동생 모세 앞에서 머리를 숙이고 그의 용서를 구하는 일은 결코 작지 않은 징벌이었을 것이다.[18]

---

15) C. Newsom, 48.

16) 위의 책, 32.

17) W. Plaut, B. Bamberger, & W. Hallo, *The Torah*, 1101~1102.

18) 채은하, "민수기 12장에 나타난 미리암과 아론의 고통", 『성경과 목회』 2(2009), 61~66.

위에서 언급한 것처럼 미리암의 모세 도전과 그에 따른 징벌은 미리암의 삶에서 결코 작은 않은 사건으로 기억되고 있다. 하지만 미리암만이 징계를 받은 것은 적어도 이 문제에 있어서 미리암이 전체 사건에서 책임을 지어야 할 만큼 아론보다 더 주도적인 역할을 한 사람이지 않았을까 추측한다. 왜냐하면 한글 번역에서는 구별되지 않지만 히브리어 본문을 보면 1절은 '바테다베르'란 동사로 시작되는데, 이것은 '딧베르(말하다, 선포하다)'의 삼인칭 여성 단수 형태이다. 일반적인 히브리 문장이라면 1절의 주어가 미리암과 아론(히브리어 본문에 아론보다 미리암의 이름이 먼저 나타나고 있다)이기 때문에 동사는 복수형이어야 하는데 동사(민 12:1)는 여성 단수형으로 되어 있다. 때문에 학자들은 1절에서 미리암이 아론의 이름보다 먼저 언급된 것과 동사가 삼인칭 여성 단수형태를 취했다는 것은 모세에게 도전한 사람은 미리암 혼자였다거나 미리암의 나병 발병이 말해 주듯 미리암이 전체 사건의 책임자였던 것으로 보기도 한다. 그렇다면 출애굽기와 민수기에서 미리암의 공헌과 행적에 대한 언급은 지극히 제한되어 있지만 미리암은 사막에서 이스라엘 백성을 위한 모세 다음으로 중요한 인물로 기억되어야 할 것이다. 그러나 성서 기록과 후대의 전승은 미리암을 그런 인물로 보려는 것 같지 않다.

〈미리암의 죽음〉

미리암은 사막 한가운데 가데스에서 죽어 그곳에 묻혔다(민 20:1). 그는 모세와 아론보다 먼저 죽었다(모세의 죽음, 민 34:1 - 8; 아론의 죽음, 민 20:22 - 29). 이처럼 세 명의 지도자들이 가나안 땅의 진입을 앞두고 모두 차례로 죽었다고 말해 주는 것은 모세와 아론과 못지않게 이스라엘 역사에서 미리암의 존재와 역할이 결코 적지 않음을 단적으로 말해 준다. 구약성경에서 여성의 죽음이 이렇게 분명히 언급된 경우는 흔하지 않다(사라(창 23)를 제외하고는 어느 족장의 부인의 죽음도 알지 못한다). 민수기 20장에 기록된 미리암의 죽음은 마치 자연사처럼 보이는데 그와 함께 또 다른 모세와 아론의 죽음을 말함으로써 사막에서의 세 지도자들의 시대가 종결되었음을 알려 주고 있다. 미리암은 그 광야 시대의 종결을 자신의 죽음으로 처음 알린 사람이 되었다.

이렇게 구약성경은 출애굽 사건과 이스라엘의 광야 생활에서 빼놓을 수 없는 세 인물(모세, 아론, 미리암)을 다루면서도 미리암에 대한 기록은 최소화하고 있다. 미리암의 모세 도전과 나병 발병을 제외하고는 미리암은 거의 슬쩍 지나치는 인물처럼 보인다. 하지만 이스라엘 백성의 최고 지도자로 기억되는 모세를 도전할 정도의 인물은 미리암(과 아론)을 제외하고는 어느 누구도 없다. 많은 백성들이 광야 생활의 어려움 때문에 불평하고 원망은 하였지만 감히 누구도 모세의 지도력이나 권위에 문제를 제기하지 못했다. 하지만 미리암은 필요에 따라 모세에게 따져 물었다. 그에 대한 언급이 너무 적고 간단해서 미리암의 구체적 삶을 그려 볼 수는 없지만 그는 이스라엘의 초대 역사에서 이스라엘 민족의 탁월한 지도자임에 틀림이 없다.

Ⅲ. 구약외경 및 위경에 나타난 미리암에 관한 전승들

미리암에 관한 전승은 여전히 포로 후기 유대 문헌(소위 구약 위경)에도 남아 있다. 필로와 요셉푸스의 저서들과 희년서에 나타난 포로 후기 유대 사회의 미리암 전승을 찾아보기로 한다.

1. 집회서

집회서는 주전 200～180년경 예루살렘에 살던 벤 시라(Ben Sirach)로 알려진 지혜인이 저작한 구약외경[19]이다. 벤 시라는 집회서 44～50장에서 아담의 시대부터 그의 시대, 주전 2세기(대제사장 시몬의 시대)까지 이스라엘의 조상들[20]과 그들의 공로를 상기시키고 있다. 이런 측면에서 그는 모세와 아론을 각각 이스라엘 민족의 최고 지도자로 소개하고 있지만 미리암은 그 목록에서 빠져 있고 언급조차 없다는 것이 참으로 놀랍다. 출애굽이라는 이스라엘의 대역사적 사실을 상기시키는 상황에서 미리암이 배제되었다는 것은 상당히 의도적인 인물 선별이었음을 짐작게 한다. 벤 시라는 이스라엘의 조상 목록에서 몇몇 여성들을 언급하고 있는데, 그것은 전적으로 솔로몬을 타락시킨 여성들(47:19)일 뿐 어떤 긍정적인 여성도 그 목록 속에 포함시키지 않고 있다. 이것은 이스라엘 역사에서 주목

---

19) 개신교는 집회서를 구약외경으로 분류하고 있기에 일반 성도들의 접근이 어렵지만 가톨릭교회는 제2정경으로 인정하는 만큼 강단과 교인들에 의해 읽히고 있다.

20) 에녹, 아브라함, 이삭, 야곱, 모세, 아론, 비느하스, 여호수아, 갈렙, 사사, 나단, 솔로몬 등 족장과 출애굽과 광야 생활의 지도자들과 사사와 역대 왕들을 나열하고 있지만 이 가운데 한 명의 여성도 포함되어 있지 않다.

받아야 할 여성들의 선택은 전적으로 저자(들)에 달렸음을 보여 준다. 적어도 벤 시라의 개인적 여성관 내지는 그 시대의 여성관을 보여 주는 대목이다. 이 책은 이스라엘 역사에서 공헌한 어떤 여성도 기억하고 싶어 하지 않는다.

2. 희년서(Jubilees)[21]

희년서 46~50장은 출애굽기 1~14장의 내용을 다시 쓰고 있다. 희년서가 전하는 미리암의 기록은 구약성경과 약간 차이가 있다. 여기에서 미리암은 모세의 누이라고 분명하게 말하고 있고, 그는 모세를 강으로 떠나보낼 갈대 상자를 만들었던 장본인이고, 그 상자 위를 역청과 나무진으로 덧칠했다고 한다. 그리고 그는 그 갈대 상자를 갈대밭에 7일 동안 놓아두었다고 한다. 그 7일 동안 그는 친어머니로 하여금 밤에 몰래 와서 모세에게 젖을 먹이도록 주선했고 낮에는 미리암이 친히 새를 쫓아 모세를 보호했다고 한다 (47:4). 모세를 나중에 양육했던 바로의 딸 이름이 달무트(Tharmuth) 로 알려졌는데, 미리암이 그녀에게 "그 아이(모세)에게 젖을 주고 돌볼 히브리 여인을 데려올 것"을 제안했고 결국 모세는 미리암 때문에 친어머니의 젖을 먹고 양육되었다고 적고 있다. 희년서는 이렇게 모세의 유아 시절을 더 상세하게 묘사하고 모세를 구출하는 데 미리암의 절대적인 역할을 덧붙이고 있다. 희년서는 미리암의 역할을 주로 모세의 구출과 양육에 초점을 맞추고 있다. 하지만 모

---

21) 주전 2세기 유대인의 작품으로 모세기 시내산에서 받은 게시로 서술되고 있으며 아담의 이야기부터 출애굽 시대까지의 이야기를 적고 있다. J. Charlesworth(ed.), "Jubilees", 35~142, *The Old Testament Pseudepigrapha* Ⅱ.

세의 양육을 떠나 이스라엘 백성의 출애굽 과정과 광야 생활에서 미리암의 존재와 역할은 전혀 언급되어 있지 않다. 이렇듯 희년서 는 미리암의 역할을 가정 내의 범위로 한정하는, 즉 모세를 위한 모세의 누이로서의 자리는 인정하지만 그의 공적인 위치에 대해서 는 관심이 없다.

3. 필로의 고대사(Biblical Antiquities)22)

필로의 기록에 따르면 모세의 출생은 먼저 미리암에게 꿈으로 알려졌다(9:9). 어느 날 미리암은 꿈속에서 그의 부모가 남자 아이 를 낳게 되었지만 그 아이는 물속으로 던져지게 되었다. 하지만 미 리암 덕택으로 물이 마르게 되어 모세는 구출될 수 있었다. 미리암 이 이 꿈을 그의 부모에게 말하지만 그들은 그의 말을 믿지 않았 다. 이런 언급은 미리암과 모세와의 연령 차이가 상당한 것으로 짐 작하게 한다. 왜냐하면 미리암이 꿈을 꾸고 그 꿈 이야기를 부모에 게 전할 수 있는 연령이라면 최소한 10대 이상은 될 것이기 때문 이다. 여기에서 미리암은 예언자처럼 하나님의 영이 그에게 임하고 꿈을 통해 예언을 한다.

필로는 미리암에 대하여 한 번 더 언급하고 있는데 여호수아 5 장 12절을 주석한 것이다. 이 본문은 이스라엘 백성이 가나안 땅의 소산물을 먹은 다음 날 만나가 그쳤다고 말한다. 이 본문을 주석하

---

22) 구약위경으로 분류되는 이 책은 익명의 필로의 저작인데 주후 1세기의 작품으로서 아담부터
    다윗까지의 이스라엘 역사를 다루고 있다. 필로는 성서적 사건과 전설적 이야기를 함께 섞어
    서 기록하고 있다. J. Charlesworth(ed.), "Pseudo - Philo's Biblical Antiquities", 297~
    377, *The Old Testament Pseudepigrapha* Ⅱ.

는 필로는 세 사람(모세, 아론, 미리암) 때문에 하나님께서는 세 가지를 그의 백성에게 선물했다고 한다. 하나는 미리암을 위한 마라의 우물, 다른 하나는 아론을 위한 구름 기둥 그리고 마지막으로 모세를 위한 만나라고 한다. 만나가 중지되었을 때 다른 두 개도 함께 없어졌다고 한다(20:8). 미리암은 물과 연관이 깊다. 백성들이 물이 없다고 불평한다는 기사는 미리암의 죽음 이후 등장한다(20:1 －2). 필로는 미리암의 역할을 모세와 아론의 것과 동등하게 다루고 있음을 알 수 있다. 주후 1세기의 작품인 고대사에서 필로는 출애굽 사건의 주요 인물로서 미리암을 빼놓지 않고 있다. 필로에게 있어서 미리암은 하나님의 영을 받아 모세의 탄생을 예언한 예언자요 모세를 구출한 생명의 은인이요 광야의 물을 공급하는 하나님의 선물로 나타나고 있다. 미리암으로 인해 광야에서 물의 부족이 없었던 만큼 그는 출애굽과 광야 40년 생활의 기적을 창출한 하나님의 사람이었다.

4. 요셉푸스의 유대 고대사(Jewish Antiquities)

주후 1세기의 유대인 요셉푸스는 모두 4권의 책들을 저작했는데 그 가운데『유대 고대사』에서만 미리암을 약간 언급하고 있다. 그는 심지어 출애굽 과정에서조차 미리암의 역할을 모른 척하고 있다. 필로는 미리암이 모세의 출생에 대한 꿈을 꾸었다고 하는 반면 요셉푸스는 모세의 부친 아므람이 모세의 출생을 꿈꾸었다고 전한다. 출애굽 15장에 나타난 승리의 노래에 대하여, 요셉푸스는 그 노래를 만든 사람이 오히려 모세였다고 적고 있다(고대사 II xvi

4). 특이한 것은 구약성경은 미리암의 결혼에 관한 언급을 전혀 찾을 수 없지만 요셉푸스는 미리암은 우르라는 남자와 결혼하였다고 전해 주고 있다(Ant Ⅲ ii 4). 그러나 그는 미리암의 모세 도전이나 나병 발병을 다루고 있지 않다. 반면에 그는 미리암의 죽음과 그 시기와 장례를 자세하게 다루고 있다(Ant Ⅳ iv 6).[23] 미리암은 이집트를 떠난 지 40년이 되는 해에 죽었다고 한다. 이스라엘 백성은 그를 위해 엄청난 비용을 들여 민족의 장례를 치러 주었다고 한다. 그는 신(Sin)이라고 부르는 산에 묻혔고 사람들은 그곳에서 30일 동안이나 통곡했다고 한다. 이 기간은 모세와 아론이 죽었을 때 지냈던 장례 기간과 동일한 시간이었다. 모세는 30일간 미리암의 죽음을 애곡한 시간이 끝났을 때 백성들을 정결하게 했고 어린 암소를 가져와 대제사장이 죽인 그 소의 피를 손가락으로 찍어 하나님의 성막 앞에 7번이나 뿌렸다. 미리암의 죽음을 애곡하는 30일이 지난 후에야 그들은 사막의 행진을 계속하였다고 한다.

이 외에는 미리암의 업적에 관하여 거의 침묵하고 있다. 하지만 그의 죽음과 장례에 대해 묘사한 기록에 따르면 미리암은 모세와 아론과 못지않은 이스라엘의 지도자요 그의 죽음 이후 30일 동안이나 애곡 기간을 가져야 할 만큼 중요한 인물로 이해했음을 알 수 있다.

위에서 보았듯이 제2성전 시대(포로 후기~주후 1세기)에 저작된 유대 문헌에 나타난 미리암의 모습은 구약성경보다 더 소극적이거나 약간의 보충 설명을 덧붙였을 뿐이다. 더욱이 이스라엘 역사의 중요 인물을 다루는 벤 시라의 조상 목록에서 미리암은 아예 빠져 있다(집회서). 주후 1세기의 역사가 요셉푸스의 경우도 마찬가지로

---

23) W. Whiston(Tr.), *The Works of Josephus*, 1987.

미리암은 모세와 아론의 보조자일 뿐 그의 지도력이 제대로 평가되고 있지 않다. 하지만 미리암의 죽음과 장례를 다루는 데 있어서 모세와 아론만큼 상세하고 그의 장례 기간도 30일까지로 정한 것은 이스라엘 역사에 있어서 미리암의 지도력을 무조건 축소하거나 생략하려고만 했던 것은 아닌 것 같다.

여기에서 미리암을 상대적으로 중요하게 다룬 사람은 필로의 경우인데 그는 고대 유대사에서 미리암을 모세의 출생을 꿈꾸는 예언자의 모습으로 그리고 있으며 출애굽 시대의 아론과 모세와 함께 민족의 지도자요 사막에서 유랑하는 백성들을 위한 물과 관련짓고 있다. 이것을 볼 때 포로 후기 소위 신구약중간시대에 이스라엘의 역사가 상기되는 과정에서 미리암과 같은 여성의 역할은— 의도적이든 무의식적이든— 점차 축소되거나 잊히고 있음이 분명하다. 이것은 미리암의 위치와 역할이 각 유대 사회의 여성관에 맞추어 변화되고 있음을 보여 주는 예라고 할 수 있다. 말하자면 출애굽 시대에 지도자의 역할을 감당했던 미리암의 모습은 점차 가부장적 사회가 고착됨에 따라 미리암의 지도자적 위치와 역할과 기능은 퇴색될 수밖에 없지 않았을까 추측된다. 특히 제2성전 시대에는 (대)제사장들의 신정통치 시대(하스모니안 시대 역시)였던 만큼 제의적 상황에서 거의 존재감이 없었던 여성들의 위치는 지도자적인 자리를 차지하기 어려운 인물로 그려질 수밖에 없었을 것이라고 추측된다.[24]

---

24) 제2성전 시대에 나온 유대 문헌으로 여성의 적극적인 활동들을 그린 외경이 있다. 대표적으로 유딧서가 있다. 하지만 유딧의 역할이 국가를 구하는 공로를 세우지만 그녀의 사회적 위치는 과부임에도 불구하고 경건과 지신의 미모를 통해 적장을 죽임으로써 공로를 세울 뿐 그녀의 사회적 위치와 역할은 거의 없다. 그녀가 국가를 구한 후 돌아간 자리 역시 과부의 자리로 돌아가 가정을 지켰다는 것으로 마무리되고 있다.

IV. 나가는 말

출애굽기 15장에 따르면 오경에서 예언자로 소개된 아론(출 7:1)과 아브라함(창 20:7) 외에 아론의 누이인 미리암을 한 명 더 첨가할 수 있을 것이다.[25] 그러나 미리암은 엄격한 의미에서 하나님의 말씀을 대변하고 선포하는 예언자의 기능을 수행한 사람은 아니다. 그러나 그는 이스라엘 민족이 형성된 출애굽 사건의 목격자요 아론과 모세의 형제와 함께 삼두마차로서 가데스에서 죽을 때까지 민족의 지도자로서 살았던 이스라엘 여성이었다(출 6:20, 민 26:59, 대상 5:29). 미리암은 모세의 지휘 아래 홍해를 건넌 온 백성들을 찬양과 춤을 통해 하나로 결집시키는 카리스마적 지도력을 발휘하며[26] 미리암은 홍해와 거친 광야 생활을 이스라엘 백성과 함께 동고동락하면서 현실을 극복하고 미래를 꿈꾸는 희망을 몸소 실천한 정치 – 종교적 지도자의 면모를 충분히 갖추었다. 그는 현재와 미래를 이어 주는 지도자 그러나 자신은 슬그머니 역사의 뒤안길로 숨은, 이런 의미에서 그에게 붙여진 예언자라는 호칭은 마땅하다. 성경과 그에 관한 후대의 유대 전승은 미리암으로 하여금 이스라엘 역사에서 자신의 자리를 확고히 차지하도록 도와주지 못했지만 그가 이스라엘이 하나님의 백성으로 태어나는 데 막대한 공헌자이었음을 충분히 증명해 주고 있다.

---

25) 구약성서에서 여선지자라는 칭호는 미리암(출 15:20), 드보라(삿 4:4), 훌다(왕하 22:14; 대하 34:22), 이사야 부인(사 8:3), 노아댜(느헤 6:14) 등에게 붙여졌다.

26) 구미정. "그 여자의 핑크빛 카리스마: 부활하라, 미리암", 『기독교사상』 2008년 5월호, 90.

【참고문헌】

구미정. "그 여자의 핑크빛 카리스마: 부활하라, 미리암", 『기독교사상』 2008년 5월호. 84~94.

김엘리, 김정수, 이영미. "출애굽의 여성들", 108~117, 『여성/평화』(기독교여성평화연구원 편). 서울: 평화사, 1990.

서명수. "미리암의 저항과 도전", 『신학논단』 29(2001). 79~96.

이경숙. "출애굽의 여성 지도자 미리암", 『기독교사상』 1993년 4월호. 179~186.

채은하. "민수기 12장에 나타난 미리암과 아론의 고통", 『성경과 목회』 2(2009). 61~66.

최후혁. "해방을 노래한 예언자 미리암", 67~75, 『새롭게 읽는 성서의 여성들』(한국여신학자협의회 편). 서울: 한국여신학자협의회, 1994.

A. Brenner. *A Feminist Companion to Exodus to Deuteronomy*. Sheffield: Sheffield Academic Press, 1994.

J. Charlesworth(ed.). "Jubilees", 35~142, *The Old Testament Pseudepigrapha* Ⅱ. New York: Doubleday & Company, 1985.

E. Frankel. *The Five Books of Miriam: A Woman's Commentary on the Torah*. N.Y.: HarperSanFrancisco, 1996.

A. Laffey. *An Introduction to the OT*. Philadelphia: Fortress Press, 1988.

C. Newsom & S. Ringe. *The Women's Bible Commentary*. London: SPCK, 1992.

M. Noth. 『출애굽기』. 천안: 신학연구소, 1981.

Ⅰ. Nowell. *Women in the OT*. Collegevill, Minnesota: The Liturgical Press, 1997.

W. Plaut, B. Bamberger, & W. Hallo. *The Torah*. New York: Union of American Hebrew Congregations, 1981.

E. Schuller. "Women of the Exodus in Biblical Retellings of the Second

Temple Period", 178～194, *Gender and Difference in Ancient Israel*(ed. P. Day). Minneapolis: Fortress Press, 1989.

W. Whiston(Tr.). *The Works of Josephus*. Massachusetts: Hendrickson Publishers, 1987.

Reclaiming Pilgrimage

as a Form of Christian Education

R. Hamm

(Hanil Uni. & Presbyterian Theological Seminary,

Christian Education)

Hanil University, like many other colleges and universities in Korea and around the world, sponsors trips for students to foreign lands, places of cultural, educational, and religious significance. Universities provide such programs because they believe, in part, that travel has the potential to widen the perspectives of their students, challenge cultural assumptions and prejudices, and promote growth in understanding among people of various languages, cultures, and races. These are all positive goals for young adults in the university setting. Since Hanil also sponsors trips for students to the Holy Land, it is important not to overlook the potential for spiritual growth that travel can promote.

Spiritual growth is a rather vague term and can mean anything from meditation and yoga to a 30 day Ignatian retreat. Over the centuries, Christians have developed a variety of specific practices and disciplines to help them grow in the life of faith, including prayer, lectio divina (Holy reading of scripture), contemplation, study, fasting, commitments to social justice, hospitality, and pilgrimage. These practices are a result of Christians' desire to increase their faith, defined here as knowledge of, trust in, and pursuit of God's will in their lives.[1] Thomas Groome further notes that faith includes believing, committing, and acting in ways that are a faithful response to God's call to humanity through Jesus Christ. The spiritual practices (or disciplines as they are sometimes called), help Christians to "live" the faith they have been taught and to which they have committed themselves. Spiritual formation is an essential part of Christian education, though in recent times both the Christian university and the local church have neglected to include the "practices" of the faith mentioned above with the "learning" and more cognitive ("believing") aspects of the faith.

Christian education in the university and in the local church setting has as its goal to increase, widen, mature, and deepen the faith of its students and members. Through worship, Bible study, prayer meetings, the fellowship of the body of Christ, through service and commitments to social justice, using the disciplines of spiritual formation, the church educates, nurtures, and "equips the saints" for the ministry of the Gospel. Christian education has done a good job in educating Christians in the "what" of the faith, but less successful in educating Christians in the "how" of faith. As Craig Dykstra comments: "······it is not only language and acts of interpretation that people require to live meaningfully and with integrity. They also require practices that regulate and shape their lives."[2] Such spiritually formative practices as prayer and meditation,

---

1) Thomas H. Groome, *Sharing Faith: A Comprehensive Approach to Religious Education and Pastoral Ministry: The Way of Shared Praxis*(San Francisco: Harper, 1991), 18 and 30.

2) Craig R. Dykstra, *Growing in the Life of Faith: Education and Christian Practices*

fasting, hospitality, and yes, even pilgrimage, are ways of "practicing Christianity", to borrow the title of Margaret Miles's book.

Since the second century, Christians have sought out people and places of religious, historical, and cultural significance as destinations for pilgrimage. Travel can successfully integrate both pilgrimage and Christian education when its goals and purposes intentionally engage travelers with peoples and cultures that are unfamiliar and differ from one's own. One's ways of thinking, believing, and acting can be challenged and broadened, one's horizons and outlooks expanded; one's perspectives and knowledge increased and changed. As Leonard Biallas remarks;

> "Travel experiences challenge us: they stimulate, broaden, and refresh us, and we are never again quite the same······. There is a paradigm shift, as we leave our certainties at home, and we see, feel, and record everything we thought we knew in a different light."

But beyond simply the educational benefits of travel, I want to suggest that travel by Christians can have spiritually formative benefits if undertaken with that goal in mind. When travel becomes pilgrimage, then travel becomes an act of obedience, a response to God's prior call to follow; it is a drawing nearer to God with the intention of renewing and revitalizing both personal and corporate faith, and for learning new ways of being and acting as God's

(Louisville, KY: Geneva Press, 1999), 27.

faithful in the world. J.K. Davis in his book, *Pilgrimage Yesterday and Today*, describes the motivation for pilgrimage and places its origins in scripture:

> " 'The Way' was, of course a designation applied to Christianity from its earliest days, (e.g. Acts 24:14) and Christ too is so called in the Fourth Gospel (John 14:6)······To be Christian means to be on the way, pressing forward seeking new truths and new life. To be a pilgrim is to have the chance to reorder priorities, rediscover perspectives, and look to the future. It is a venture in faith like that of Abraham who at the command of God left Haran for an unknown destination and with uncertain blessings awaiting him (Gen. 12:1 − 3). To be a pilgrim is to set time apart to renew faith and obedience by recalling how God has revealed himself [sic] to particular men and women in particular places. We open ourselves to the possibility that he [sic] will renew our lives. The bodily movement that a journey requires is an effective symbol of the intention to make a personal approach to God which is at the heart of every spiritual exercise." 3)

Since universities and seminaries are already going to places like the Holy Land and Rome, (2 of the 3 major pilgrimage sites for Christianity) as part of their educational curriculum for students, why not begin labeling such trips not simply "travel seminars" or "immersion experiences", but a form of modern − day pilgrimage that has not only academic benefits but spiritually formative benefits as well. It is my hope that as pilgrimage is discovered as part of the

---

3) J. G. Davies, *Pilgrimage Yesterday and Today: Why? Where? How?* (London: SCM Press, Ltd., 1988), 188∼189.

ancient tradition of the Christian tradition, and practiced as a spiritual discipline, other spiritual disciplines long neglected will also be rediscovered and added to the skills we learn in practicing our faith.

But simply labeling a travel immersion experience as a pilgrimage does not make it so. What happens before, during, and after pilgrimage that can make such an experience spiritually transformative? Let us examine pilgrimage in more detail to know what can happen when we travel with holy intentions. Pilgrimage is both an external, physical journey and an inward spiritual one. Chief among the motivations for undertaking pilgrimage in most times and places was (is) to increase one's knowledge of, commitment to, and obedient response to God's will. "It is a form of retreat from the world of work and domesticity undertaken out of love for God in the hope that the love will be increased."[4] Victor and Edith Turner, in *Image and Pilgrimage in Christian Culture: Anthropological Perspectives*, say:

> Pilgrims to the Holy Land have never gone in expectation of miraculous cures or favors. Rather do they go to make their understanding of Christianity — a faith brought to them from afar — more vivid by immersing themselves in its geographical setting; by restoring their faith's oretic pole, so to speak, in allowing the landscape in which the founder lived to reanimate his message, otherwise received at second or third hand through books, sermons, and so on.[5]

4) Davies, op.cit.,186.

5) Victor Turner and Edith Turner, *Image and Pilgrimage in Christian Culture:*

The Turner's note that this revivification of faith is brought about, in part, by one's immersion in a new geographical and cultural setting. The reanimation of the message results from a first — hand encounter with new sights, insights (ways of seeing), new smells, new sounds, and new thoughts. One learns directly from experience, rather than "second or third hand···" Such is the nature of pilgrimage travel that it has the potential for shaping and reshaping who one is, one's inner dispositions, attitudes, and knowledge, as well as one's outward behavior, commitments, and lifestyle.

The Turners note three steps in pilgrimage: separation (leave — taking), liminality, and aggregation or re — integration, based on Arnold van Gennep's *rites de passage*.[6] The first stage is leaving home and all that is familiar and known. The third stage, re — integration or return home, is an important step towards integrating all one has learned and experienced in their travels, and has its own disconcerting aspects. As Virgil Elizondo reminds us

"Pilgrimage sites are not ends in themselves, but often serve as thresholds [literally "limens"] into new stages of life. One does not go as a pilgrim to stay, but to pass through a privileged experience that will change us in unsuspected and uncontrolled ways so that we return to ordinary life in a completely new way.[7]"

Anthropological Perspectives(New York: Columbia University Press, 1978), 163.

6) Cf. Arnold van Gennep, *The Rites of Passage*, translated by Monika Vizedom and Babrielle Caffee(Chicagoil: University of Chicago Press, 1960).

7) Virgil Elizondo, "*Pilgrimage: An Enduring Ritual of Humannity*", *Concilium* 4(1996): ix.

The second stage is described by Turner as a "betwixt and between all familiar lines of classification……"8) It is both a cognitive and emotional "no man's land", posing problems of discontinuity and dislocation for the pilgrim in terms of identity and foundational frames of reference. Such experiences are not universally pleasant but sometimes include uncomfortable disorientations. Encounters that cause us to question our own perspectives, values, and assumptions can bring on a crisis of faith, can cause us to question the very foundations of what we believe to be true and reshape our world view. "Following Christ entails becoming what we are not", says Suzanne Johnson. "Therefore Christian educators seek to understand what change entails, how it happens, and how the faith community can best sponsor the process."9)

One way the faith community, whether a local church or university, has "sponsored the process" has been its support of the learning and change that can take place during, and as a result of one's participation in pilgrimages and travel – study immersion trips and mission trips by churches to developing countries.

> Educationally, an immersion experience intentionally places persons in new and strange situations where their particular matrix of relationships is radically expanded and re – formed. The result is a shaking of the comfortable patterns formed by the

---

8) Turner and Turner, op.cit., 2.

9) Suzanne Johnson, Christian *Spiritual Formation in the Church and Classroom* (Nashville, TN: Abingdon Press, 1989), 105.

ongoing regularities of life and work. The experience opens up new relationships and ways of seeing and knowing. It raises questions about how we learn as we continue to become re – formed or trans – formed or de – formed.[10]

Such encounters can happen at home amid the everyday patterns of life, but are more likely to occur when we are immersed in foreign landscapes, cultures, and languages. As Margaret Miles believes, "In the practice of pilgrimage, dehabituation is a means to the end of an intensified and renewed religious experience. Removing the context and habits of daily living results in the revivification of experience: altered physical conditions produce an altered – a more alert and sensitive – consciousness."[11]

Biallas reminds us that when we travel as pilgrims, such travel

···exercises our imagination, whets our appetite for under–standing other people and cultures, and fires our desire for intimacy with the sacred··· In the self – transformation of the pilgrimage, travels experiences and spiritual growth converge.[12]

It is at this critical convergence of travel and spiritual growth that the potential for transformative learning can occur. Transformative

---

10) William B. Kennedy, "Liberating Pedagogies in the Globalization of Theological Education", in *The Globalization of Theological Education*, Alice Evans, Evans, R; and David A. Roozen(Maryknoll: Orbis Books, 1993), 279.

11) Margaret R. Miles, *Practicing Christianity: Critical Perspectives for an Embodied Spirituality*(New York: Crossroads, 1988), 51.

12) Biallas, op.cit., xi.(note: Biallas defines self – transformation as "more than self fulfillment – where we achieve the goals we set for ourselves – because it entails openness to a power greater than our selves.").

educators James Loder, William Kennedy, Thomas Groome, and Jack Mezirow contend that new learnings occur at those critical junctures between the known and the unknown. Optimal possibilities for learning and transformation arise when one is confronted with new, different, unfamiliar, or even conflicting perspectives and worldviews strongly held by others.

> Our meaning schemes may be transformed through reflection upon anomalies······Perspective transformation occurs in response to an externally imposed disorienting dilemma − a divorce, death of a loved one, change in job status, retirement, or other. The disorienting dilemma may be evoked by an eye − opening discussion, book, poem, or painting or by one's efforts to understand a different culture that challenges one's presuppositions. Anomalies and dilemmas of which old ways of knowing cannot make sense become catalysts or "trigger events" that precipitate critical reflection and transformations.[13]

Mezirow begins his theory of transformative learning with a "disorienting dilemma", which requires critical reflection on others' or one's own assumptions, "beliefs, interpretations, values, feelings, and ways of thinking."[14]

James Loder labels the first step in the process of transformation as conflict, "an apparent rupture in the knowing context. Conflict initiates the knowing response, and the more one cares about the

---

13) Jack Mezirow, *Fostering Critical Reflection in Adulthood: A Guide to Transformative and Emancipatory Learning*(San Francisco: Jossey − Bass, 1990), 13~14.

14) Jack Mezirow and Associates, *Learning as Transformation: Critical Perspectives on a Theory in Progress*(San Francisco: Jossey − Bass, 2000), 22.

conflict the more powerful will be the knowing event."[15)]
Educationally for Mezirow and Loder, change comes when something
breaks the pattern of living or the ordinary sequence of daily events.
It is this process of learning that travel seminars and pilgrimage
help to initiate, sustain and support. Part of the educative value and
transformative power of travel is the broader vision gained through
encounters with other peoples and cultures as well as a critique of a
participant's own culture, perspectives and knowledge. Such travel
can help correct what Mary Boys calls the myopic vision and
truncated epistemology of an enlightenment society that has "tended
to confuse technological advance with progress, information with
knowledge, reason with wisdom, credentials with education, and
teaching with technique."[16)] The immersion − pilgrimage experience
can dilate our sense of the world and provide an experiential context
for participatory learning to take place.

Learning is so much more than simply cognition and involves the
whole person in learning. Thomas Groome's term "conation" best
illustrates what I mean by this type of learning:

> Conation is a more comprehensive term than cognition and more
> adequately names the learning outcome intended by Christian
> Religious Education···Conation is realized when the whole ontic
> being of agent − subject − in − relationship is actively engaged to

15) James Loder, *The Transforming Moment*(Colorado Springs, CO: Helmers and
Howard Publishers, 1989), 37.
16) Mary C. Boys, *Educating in Faith: Maps and Visions*(Kansas City: Sheed and
Ward, 1989), 154.

consciously know, desire, and do what is most harmonizing and life-giving (i.e. true) for all. And conation reflects and arises from our whole way of 'being' as agent-subjects-in-relationship -from our sensations, actions, cognitions, affections, choices, decisions-it is both consequence and source of who we are and what we do in time and place.[17]

Such knowledge as gained from travel and pilgrimage is not only cognitive but also affective, through our feelings and emotions as well as from books. We learn from feeling as well as thinking; by doing as well as reflecting on our actions. Maria Harris speaks of cognitive knowing as needing completion; that the scientific, rational, discursive way of knowing so prevalent in classroom and church is one way of knowing, but not the only way:

For the subject matter of education is, as is the subject matter of theology, knowledge profoundly entered, knowledge in which one dwells. Guilt, forgiveness, death, reconciliation, resurrection, love, and faith are not primarily concepts. They are primarily human realities, best understood in immediacy and involvement.[18]

Universities are already sponsoring travel for their students to foreign lands as a way of enhancing and enriching their education. Churches are already sponsoring members for mission abroad as service to God and promotion of the Gospel. Often such travel is

---

17) Groome, Op. Cit., 9 & 30.
18) Maria Harris, "Completion and Faith Development" in *Faith Development and Fowler*, eds. Craig Dykstra an Sharon Parks(Birmingham: Religious Education Press, 1986), 118.

seen as benefiting one's own education or the needs of the less fortunate, and there is nothing wrong with those outcomes. But given the potential for spiritual transformation that can occur through travel, we can add to the benefits of travel the added dimension of growth in the life of faith. How can this be done?

One can begin with the preparation stage for travel, before one ever leaves home. Here participants study, learn, and discover something about the history, culture, and peoples that they will be visiting. But beyond that, they come together as a community of the faithful in prayer and worship in support of each other. They prepare their trip by fully recognizing that God is already at work among the people and places they will be visiting, and part of their spiritual task is to look for God in the people and places that they will be visiting. As Christians we affirm that God has created all persons in God's image, and called them good. Part of our growing in the faith is to see how God is working in the lives of people worlds away from where we live and work. Many participants in such travel return home changed by what they have experienced abroad, and this change is due in part to the work of God's Holy Spirit in the hearts and minds of travel participants. One begins pilgrimage with the intention of meeting and experiencing God in a deeper, more intimate way.

During travel, end − of − day debriefing sessions and personal journal writing can help pilgrims/travelers reflect on their experiences and note where they sensed the presence of God. Of course, visiting sites like the Holy Land, Greece and Turkey where key events took place in Christian history can be very dramatic and moving by themselves. John Chrysostum (347 − 420) says: "Only seeing those places where they [Jesus, the disciples, Paul] sat or where they were imprisoned, mere lifeless spots, we often transport our minds thither, and imagine their virtues, and are excited by it, and become more zealous."[19]

But there are many holy places, places where God has been and is still active and working through the lives of simple people. Knowing the history of a country, and the sites where dramatic religious and historical events have taken place, and visiting those sites can aid the pilgrim in experiencing the power and presence of God's world − encompassing providence. Worshipping with native peoples in their own language and style can again affirm for the pilgrim the presence of God in that place, and the diversity and wonder of God's amazing grace. As the hymn reminds us: "In Christ there is no east or west, in Him no north or south; But one great fellowship of love, throughout the whole wide earth." The recognition of our faith in different guises and languages, rituals and formats of worship, can once again affirm for us the richness of God's creation and affirm with Jacob, that "Surely the Lord is in this place, and I did not know it."

Finally, upon return home we can continue to meet with those we

---

19) John Chrysostum, *Homiliae in Epistolam ad Philemonem* in Davies, *Pilgrimage*, Op. Cit., 201.

have journeyed with to receive from and share with them new insights and learnings and growth in the faith we have received from God's continual working in our lives. Also maintaining contact with those we have met abroad insures that their needs and issues remain an important part of our thoughts and prayers. Remembering that the pilgrimage of faith is both an interior and exterior journey, we continue to grow in the life of faith through the disciplines of the Spirit used by the Church for centuries. Egeria, that famous 4th – century pilgrim never doubted the true purpose of her travels: "her central purpose [as pilgrim] was to vivify and confirm her faith in the truths of Scripture······."[20)]

Intentionally traveling as pilgrims can enhance our growth in the life of faith. Like Peter's experience with Cornelius in Joppa,[21)] we learn in a new way how God nurtures and ministers to us through the hospitality of the stranger. Such experiences can, in turn, increase our knowledge of, devotion to, and lived response in faith to the God who calls us to the journey.

---

20) George E. Gingras, *Egeria: Diary of a Pilgrimage*(New York: Newman Press, 1970), 18.
21) Confer Acts 10:1ff.

The Role of Religion in Social Change:

A Social Ethical Approach

Kim, Hyung – Kon

(Hanil Uni. & Presbyterian Theological Seminary, Christian Ethics)

I. Introduction

We live now in an era of astonishing social change at the dawn of the 21st century. The past 20th century was a dreadful one which, as a Polish sociologist Sztompka notes, experienced two world wars, tyrannies and dictatorships of all brands from fascism to communism, ecological destruction and depletion of resources, and the ever present possibilities of nuclear annihilation and global environmental catastrophe.[1] Since the past century the leitmotif of human development has moved away from the concept of optimistic progress close to the perfection of utopia towards the concept of pessimistic crisis. This is because modernity contained immanent "dangers" as well as "promises" in itself.[2] Under this chronic crisis — economic, political, social, cultural, or ecological — we human beings live helplessly in the interdependent world during the postmodern or global age. This situation of social change compels us

---

1) Piotr Sztompka, *The Sociology of Social Change*(Oxford, UK and Cambridge, USA: Blackwell, 1993), 33.

2) Jeffrey C. Alexander, "Durkheim's Problem and Differentiation Theory Today", in *Social Change and Modernity*, ed. Hans Haferkampf and Neil J. Smelser(Los Angeles: University of California Press, 1992), 179.

to search for a breakthrough which religion might offer us.

Religion plays an important role in society, whether it is a positive or not. Whereas Emile Durkheim emphasizes that religion has the function of integrating society into one single community,[3] Max Weber maintains that religion, especially salvation religion, has the function of transforming society.[4] In addition, most scholars argue that religion has the social function of providing a meaningful set of ultimate values on which the morality of a society can be based. Though not totally discrete categories, as Robert J. Schreiter suggests in relation to the concept of popular religion, we can present three such distinctive conceptions of the major role of religion in society as institutional organization, social formation, and intellectual achievement.[5] In this respect, since religion is "one of the most powerful, deeply felt, and influential forces in human society", as Meredith B. McGuire says, we can define the relationship between religion and society as follows: "Religion is a significant aspect of social life, and the social dimension is an important part of religion."[6]

However, we cannot so easily simplify the role of religion in society. We cannot even so much as approach the definition of

---

3) Emile Durkheim, *The Elementary Forms of the Religious Life*, trans. Joseph Ward Swain(New York: Free Press, 1965), 13.

4) Max Weber, *The Sociology of Religion*,. trans. Ephraim Fischoff(London: Methuen & Co. Ltd., 1966), 207~211; idem, *The Religion of China*(New York: The Free Press, 1964), 240.

5) Robert Schreiter, *Constructing Local Theologies*(Maryknoll: Orbis Books, 1985), 125.

6) Meredith B. McGuire, *Religion: The Social Context*(Belmont: Wadworth Publishing Company, 1981), 1.

religion. This is because the function of religion can be recognized through the definitions of religion. Thus, according to Weber, we cannot define "religion" at the start of a study, but can attempt to define it at the conclusion.[7] In fact, religion has much to do with the various types of social behaviors. So the definition as well as the function of religion is not so simple as to be given easily. On the other hand, two major types of definitions — the substantive and functional definitions — are used in general by sociologists of religion. In this respect, the topic of this paper has more to do with the functional aspect of religion than with the substantial aspect.

What is the relationship between religion and social change? To put it in other words, how can religion help or prohibit social change? These are our main questions in this paper. In carrying out my study, major issues in the analysis of religion and social change will be my first focus. In this section I shall discuss not only the major issues in the analysis of religion and social change, but also the tradition of sociological thinking about change. In the following sections, the analysis of social change using Weber's comparative historical sociology, religion and 'ideology and utopia,' and modernization/globalization as a reaction will be described. Finally, as a conclusion I shall suggest my opinion about these themes.

---

7) Weber, *The Sociology of Religion*, 1.

II. Major Issues in the Analysis of Religion and Social Change

Among the major issues in the analysis of religion and social change, we can raise first the question of the definitions of religion. This is because different definitions of religion result in different interpretations of social change.

There are two major ways of defining religion: the substantive and functional definitions[8] — according to Towler, the nominal and real definitions.[9] While substantive definitions are appropriate for more specific and empirical studies of religion in stable societies, they have difficulty accounting for religious, cultural, and social change. Thus functional definitions are more suitable for an inclusive study of religion in societies that have many problems with issues of social change and cross – cultural, transhistorical applicability.[10] In this context, the central element in recent sociology of religion marks a shift away from the idea that the function of religion is to solve 'ultimate problems,' towards the idea that religion is an integral component in the cognitive apparatus which a culture provides for making sense of the whole of a people's experience. This is why the whole idea of a 'general order of existence' in Geertz's

---

8) McGuire, 4ff.

9) Robert Towler, *Homo Religiosus*(London: Constable, 1974), 15ff.

10) McGuire, 5~8.

language[11] is that of a world – view (Weltanschauung) which gives a coherent account of all experience.[12] In this sense, as stated above, the topic in this paper has more to do with the functional aspect of religion than with the substantive aspect. Thus our concern can extend to ideologies, ethos, value systems, world views, and so on.

Second, the concept of social change needs to be discussed. "Social change is", as John J. Macionis puts it in a remark cited by Sztompka, "the transformation in the organization of society and in patterns of thought and behavior over time."[13] Thus social change is conceived as "the change occurring within, or embracing the social system", more precisely, as "the difference between various states of the same system succeeding each other in time."[14] This definition shows that the modern study of social change not only has inherited the classic organic metaphor as the classic approach to social change – 'social statics'/'social dynamics' for Auguste Comte and 'structures'/'functions' for Herbert Spencer – but also has related the distinctions via such theories as system theory, functional theory, or structural – functionalism. Thus, as Martin Albrow notes, the terms 'system' and 'structure' have been the "Trojan horses of social sciences."[15] Like this, the concept of social change involves such

11) Clifford Geertz, "Religion as a Cultural System", in *Anthropological Approaches to the Study of Religion*, ed. Michael Banton(London: Tavistock Publications, 1966), 4.
12) Towler, 18.
13) Sztompka, 6.
14) Ibid., 4.
15) Martin Albrow, *The Global Age*(Stanford: Stanford University Press, 1996), 24.

ideas as 'difference,' 'at different temporal moments,' and 'between states of the same system,' with emphasis on structural change in relationships, organization and links among societal components.[16] This is why emphasizing structural change leads to changes of, rather than merely changes in, society.

However, the structural change alone does not suffice for the concept of current social change. Thus this problem leads us to the third issue: the idea of a 'social process.' The idea of a 'social process' describing the sequence of interrelated changes should be considered for any change, whether movement, or transformation, or evolution. Therefore, the dynamic social field model made its appearance as an alternative to the organic — systemic models of society as well as the dichotomy of social statics and social dynamics. According to Sztompka, this dynamic field model lays emphasis both on the pervasive dynamic qualities of social reality which carry a 'processual image' and on the avoidance of treating society as an object which carries a 'field image.'[17] In short, this dynamic field model conceptualizes social change and process as truly continuous and never discrete, fragmented or broken.

Fourth, in relation to social process, the processual nature of society — the bond of the present with the past — needs to be taken into consideration: traditum, tradition, and traditionalism. Traditum, as a comprehensive sense of the tradition, means that the totality of

---

16) Sztompka, 3~4.
17) Ibid., 9.

objects and ideas which derive from the past but are actually to be found in the present, that is, the dead heritage. Tradition, as specially qualified fragments of the traditum, means that the collections of objects and ideas which are endowed by people with special meaning alive at the present because of their origins in the past. Thus, although tradition changes, it still exists nonetheless. Traditionalism is apt to arise in the periods of stagnation, decline or crisis, whereas anti－traditionalism in the periods of dynamic, expansive and successful social development. Here we should pursue the most reasonable posture towards tradition. It is the 'tradition of critical traditionalism' which can avoid both the fallacy of blind traditionalism, and the opposite fallacy of dogmatic anti－traditionalis m.[18] The discussion of tradition including traditum and traditionalism will be useful for our analysis of social change.

Finally, the factor of 'time' should be considered for our discussion of social change. Social life is lived 'at,' 'over,' and 'in' time. As time is closely related to social change, it appears in the definition of social change stated above. In the process of social change, time operates not only as a universal context of social life like space, but also as a core, constitutive factor. When related to social changes, according to Sztompka, time may appear in two guises: 'quantitative time,' as an external framework, related to 'events in time' and 'qualitative time,'as an internal property, related to 'time in events.' Between these the latter is what we

---

18) Ibid., 61～68.

mean by the term 'social time.'[19] In relation to our topic, the time factor has a significance in that there are important historical differences between early traditional societies and modern industrial society with respect to the function of social time. In modern society time became the central regulator, co – ordinator of human activities.

III. Analysis of Social Change:
the Role of Ideas and Religion in Social Life

We can find that Weber's comparative historical sociology is very useful for our analysis of social change. In relation to social change, historical sociology takes the opposition of continuity and change as its core problem. This means, particularly for Weber, that he focuses on concrete historical transitions, that is, the most momentous developments, such as the disenchantment of the modern world and the creation of the iron cage of capitalism, by the inductive and comparative study of selected historical cases.

In Weber's social thought an underlying unity revolves around a central question about the relation between culture and social life. His central concern is how culture translates into social reality. In other words, social change can be "conceptualized as taking place

---

19) Ibid., 43～45.

within and emanating from the realm of culture."[20] There can be no social change, for Weber, without cultural change. Thus, culture is his substantial, central concern, and, in this sense, his sociology is the sociology of culture.

Weber defines culture as "the endowment of a finite segment of the meaningless infinity of events in the world with meaning and significance from the standpoint of human beings."[21] Like this, the concept of culture for him is so broad that it can include all ideas, beliefs or world – views which embrace all values and thus can affect social life. His understanding of culture is therefore a system of meaning, values, and norms; moreover, the interplay between culture and social life constitutes a theory of social change which may provide an overall framework for this area. Therefore, for him, 'science of culture' means 'science of reality.' Social reality and the social life of human beings become transformed through culture. In relation to his account of the cultural significance of the distinctiveness of modern Western culture, Weber is particularly preoccupied with the role of ideas in social life. This is because, for him, the realm of culture is thought of as consisting of ideas. In addition, he thinks that the realm of ideas (beliefs or world – views) has an influence on the conduct of human beings independently of other social forces.

In relation to the question of the analysis of social change, that is,

---

20) Ralph Schroeder, *Max Weber and the Sociology of Culture*(London, Newbury Park, New Delhi: SAGE Publications, 1992), 3.

21) Max Weber, *Gesammelte Aufsätze zur Wissenschaftslehre*, 5th edn(Tübingen: J. C. B. Mohr, 1982), 180; Schroeder, 6.

of the relationship between culture and social life, there are three aspects of the way in which ideas or beliefs play an important role in social life.[22] The first is the way in which cultural change takes place over the course of time, that is, the dynamic of charisma and routinization. The pattern of charisma and routinization recurred through history shows the very struggle between themselves. For Weber the concept of charisma, which is employed for 'extraordinary powers,'[23] is used essentially to explain the origin of new systems of ideas. For him this concept has much to do with the way in which these new belief – systems can have a potentially novel, revolutionary impact on social life, and then with the way in which they can be a dynamic cultural force. In addition, he also recognizes that this revolutionary impact with a dynamic force is destined to diminish with time. This process has a typical pattern in which formerly powerful belief – systems become well – established among a group of followers and become integrated within everyday life, that is, the routinization of charisma.[24] Therefore, this routinization takes place in two ways: through the systematization of a belief – system by the leading religious or intellectual stratum, and through the accommodation of this belief – system to the interests of various strata of believers. Weber explains these two ways of the routinization of Judaism: one is a transfer of the charismatic authority from the early

---

22) Schroeder, 9~11, 17~28.

23) Weber, *The Sociology of Religion*, 2.

24) Max Weber, *Economy and Society: An Outline of Interpretive Sociology*(Berke ley/Los Angeles/London: University of California Press, 1978), 1121~1123.

prophets to a stratum of priests, or the creation of a legalistic form of religiosity by a stratum of rabbinical scholars in late Judaism, and the other is the accommodation of the belief − system to the interests of lower − ranking strata.[25] In this process, the struggle between charisma and routinization illustrates the flux between the initially revolutionizing impact of beliefs and their eventual accommodation to everyday life. In Judaism and Protestantism, the notion of a transcendent and all − powerful deity imposed unyielding demands of a "meaningful totality"on believers in an imperfect world, transforming their inner lives and requiring an active reshaping of the world. In Confucianism, however, this struggle was absent since no transcendent ideal was established. This is because charisma was embodied in the routine way of life of the literati. In this respect, Confucianism shows that if charisma is attached to a certain way of life, rather than to a transcendent ideal, then religion has no choice but to play the role of reinforcing traditionalism. Likewise, the Hindu conception of the sacred imposed an absolute order and a routine way of life without producing a tension with the social world. Similarly, in Islam a consolidation of priestly power took place, as did the accommodation of the religious doctrine (e.g., doctrine of predestination) to the predispositions of the warriors and the masses.[26] In sum, by these two concepts of charisma and routinization or rationalization Weber accounts for 'the creation of

---

25) Schroeder, 18.

26) Weber, *Economy and Society*, 574∼575; Schroeder, 52∼70.

new ideas' and 'their inevitable systematization and accommodation.' These are decisive core concepts in our study of religion and social change.

The second aspect of the way in which ideas or beliefs play an important role in social life is the notion of the differentiation between the spheres of life. Weber distinguishes between several spheres of social life — the political, economic, religious and intellectual spheres. Among these the religious and intellectual spheres are the predominant sites of cultural change. In relation to social change, this aspect has an important meaning in that the degree of the differentiation between the spheres of life decides the degree of development of beliefs and modes of conduct, and the degree of social change in consequence. Thus an increasing differentiation or the lack of differentiation promotes or prevents social change. In particular, reinforcement and conflict between the different spheres of life represent an increasing differentiation and closely follow the stages of magic, religion and science.[27] Weber's studies focus especially on the close links between the religious sphere and the economic and political spheres. A good example at the stage of religion is shown in Judaism and even more in Protestantism: a gradual emergence of the religious sphere as an independent force in social life. On the contrary, the lack of differentiation played a major part in the traditionalism of Confucianism. Likewise, in Hinduism the emergence of rationalism

---

27) Schroeder, 23~25.

was prevented by the lack of differentiation between the religious and economic spheres of life, in the caste system and the world − rejecting ethic of its leading stratum as a 'vessel', rather than a 'tool'of the transcendent deity.[28] In Islam, in contrast to other religions, however, the spheres of religion and politics are interconnected. Thus the Islamic world − view displays a political orientation, which decisively shaped the nature of Islamic religiosity as a whole: the Islamic ethic and the relation between Islam and the state.

The third aspect of the way in which ideas or beliefs play an important role in social life is the 'inner logic of world − views.' This presupposes that there can be shifts in the meaning of a world − view or belief − system through a tension between world − views and the way in which reality infringes on the meaning. This tension will determine the direction in which a world − view develops. As Schroeder says, since "the meaning of a world − view can, for Weber, constitute the most important aspect of how beliefs translate into social life, the reconstruction of this inner logic must be an essential element of his conception of cultural change."[29] Thus the inner logic of world − views is an important aspect of cultural change. An example of this inner logic of world − views can be found in the Occidental monotheistic world − view, which could only find its consistent conclusion in the Protestant God of predestination

---

28) Ibid., 64.

29) Ibid., 26.

as a logical development when it failed in reality to achieve a coherence with the early Judaic prophetic proclamation of a transcendent God. In this respect, Protestantism, in Weber's view, represents the "tremendous distance" or the "greatest tension" between God and the world, on which the emergence of Western rationalism is based.[30] On the contrary, Confucianism represents the opposite extreme because it produced no such tension on account of its world accommodating ability, and this harmony became the basis for the Confucian ideal of adjustment to the world, to its orders and conventions.[31] Likewise, Hinduism also could not produce such tension since its version of the transcendent was not only consistent with the existing worldly order, but also sanctioned its immutability.[32] In sum, by the inner logic of world — views we can account for the changes that world — views undergo in a systematic manner.

From the discussion of three important elements of Weber's conception of cultural change, we came to know the autonomous role of ideas in social life. The issue of how the meaning of world — views translates into social reality can be understood. Therefore, we can conclude that religion, as a source of ideas or belief — systems, brings about or blocks a cultural change which leads to social change in consequence.

---

30) Weber, *The Sociology of Religion*, 144; idem, *The Protestant Ethic and the Spirit of Capitalism*, trans. Talcott Parsons(London: Routledge, 1992), 26~27.

31) Max Weber, *The Religion of China*, trans. and ed. Hans H. Gerth(New York: The Free Press Paperback, 1968), 152.

32) Weber, *The Sociology of Religion*, 268~270.

For Weber, the world − view of a religion is the most important factor by means of which culture shapes social life. However, as stated already, his approach contains a developmental framework by means of which the role of belief − systems can be distinguished in the three stages: magic, religion, and science. Religion, in his view, is characterized by an increasingly irrational aim and increasingly rational means to salvation insofar as it is completely 'other − worldly' and non − instrumental. On the contrary, magic has a rational aim towards their practical or this − worldly orientation, such as happiness and security, but in reality it is pursued by irrational means. Yet the 'irrationality' of magic is ineffective because it is based on a false belief. Hence, "the dominance of magic ⋯⋯ is one of the most serious obstructions to the rationalization of economic life"; thus, magic remains an "enchanted garden."[33]

This distinction between magic and religion on the basis of rationality and irrationality provides one of the main pillars on which his analysis of culture and cultural change rests. However, religion has also intrinsic magic in itself. Magic and its characteristic features and consequences can still be found throughout the reign of the world − religions. In this case, for Weber, magic typically represents a more routinized 'popular culture.' Nevertheless, world − religions have three features which set themselves apart from magic: the existence of prophecy, a rational metaphysic and religious ethic, and

33) Max Weber, *General Economic History*(New York: Greenberg, 1927), 361; Schroeder, 42.

a body of lay believers.[34]

As stated already, Chinese religion effectively hinders social change. Likewise, in Indian religion (Hinduism and also Jainism and Buddhism), ideas were a necessary (though not sufficient) factor in preventing social change. In Islam, particularly, the political realm was the major obstacle to social change. Thus, as Schroeder notes, a particular 'mentality' in Chinese religion and the 'spirit' of the caste system in Indian religion were the main religious obstacles to social change; the 'state' in Islam was the major obstacle to social change; however, the 'ethic' in the case of Protestantism is responsible for transforming social life.[35]

In sum, religion becomes on occasion an obstacle to social change, but it sometimes promotes social change. In relation to social change, therefore, we can see that Weber's comparative historical approach to ideas or world – views in world – religions takes the opposition of continuity and change as its core problem. This fact leads us, though Weber avoided the term 'ideology', to the theories of ideology and utopia.

---

34) Schroeder, 39.
35) Ibid., 68.

Ⅳ. Religion and 'Ideology and Utopia'

The topics of ideology and utopia are, in a sense, subdivisions of the category of ideas or belief — systems that we have discussed so far. Paul Ricoeur, like Karl Mannheim,[36] attempts to discuss the topics — ideology as a topic for sociology or political science, and utopia for history or literature — within a conceptual framework in his book Lectures on Ideology and Utopia. As the editor George H. Taylor notes, Ricoeur debates ideology and utopia not as phenomena but as concepts.[37] Starting at a surface level and moving to progressively deeper levels, Ricoeur attempts to dig into the more fundamental meanings correlating between ideology and praxis and then between ideology and utopia by his method of "genetic phenomenology."[38] Here his presupposition is that there is a positive as well as negative side to both ideology and utopia as a cultural imagination or a social imagination which is constitutive of social reality.

In order to grasp the concepts and the functions of ideology and utopia, we may also examine them correlatively. According to Ricoeur, the concept of ideology as an integration is a presupposition

---

36) Karl Mannheim, *Ideology and Utopia: An Introduction to the Sociology of Knowledge*(New York: Harcourt, Brace, and World, 1936).

37) Paul Ricoeur, *Lectures on Ideology and Utopia*, ed. G. H. Taylor(New York: Columbia University Press, 1986), xi.

38) Ibid., 311.

of the two other concepts of ideology, but the former actually functions ideologically by means of these two other factors.[39] In addition, we need to think about the relation between ideology/utopia and religion. Therefore, I shall discuss them in the following sequence: the correlation between ideology and utopia (distortion vs. fancy, madness, escape — the unrealizable; legitimation vs. challenge to authority; integration vs. exploration of the possible) and ideology/utopia and religion.

In relation to our topic, religion and social change, we cannot but think about the relation between ideology/utopia and religion. As stated already, the dialectics of imagination itself can work in the social realm between ideology and utopia. Thus imagination itself can have a constitutive role in helping us rethinking the nature of our social life such as religion. Thus utopia also introduces imaginative variations on religion. Utopia is a way in which we radically rethink what religion is.

As Ricoeur notes, imagination works in two different ways: a preserving or conservative function and a shattering or disruptive function.[40] The former has much to do with ideology and the latter with utopia. Therefore, in each of its three roles, ideology has a function of preservation or conservation of an order or an identity, whereas utopia works as a productive critique or breakthrough.

Therefore, we may also place religion in a dialectical position

---

39) Ibid., 265.
40) Ibid., 265.

between ideology and utopia. At that moment, religion may act not only as an ideology but also as a utopia.[41] Religion functions as an ideology when it justifies the existing system of power. This is because, as Geertz notes, ideology is finally always about power because the function of ideology is to make an autonomous politics possible by providing the authoritative concepts.[42] On the contrary, religion also functions as a utopia to the extent that it is a motivation nourishing the critique. Although ideology has emigrated from the religious sphere to the marketplace and to science and technology as the modern ideologies, religion still has an ideological role. According to Saint – Simon and Fourier, who represent the two poles of the socialist utopia, utopia has two sides, rational and emotional, which lie in the inner dialectic between themselves. Saint – Simon is the radically rationalist, whereas Fourier is a romanticist. But both of them emphasize the passion, emotion and enthusiasm for utopia. So religion which lost passion and enthusiasm, for them, should be superseded by others. In their views, Christianity became a cult, a form of organized worship, and a dogmatic system; thus religion would be on the side of idleness and laziness. The clergy also would be merely functionaries of the system as propagandists of the truth.[43] Here the deinstitutionalization of the main human relationships is finally the kernel of all utopias. Therefore, Fourier also

41) Ibid., 231.

42) Clifford Geertz, *The Interpretation of Culture*(New York: Basic Books, 1973), 218.

43) Ricoeur, 295.

considers institutional religion to be fundamentally traumatizing.[44]

Today, we can find the same phenomenon in religion: between the charismatic and/or authoritarian preacher or imam or guru, and the operational leaders and followers, especially in relation to fundamentalism.[45] In this sense, we should not forget that religion is posited in a dialectical position between ideology and utopia.

V. Modernization /
Globalization and Fundamentalism as a Reaction

Now we live in the age of global changes, that is, in the globalized interdependent world. During past decades, the path of development related the experience of triumphant modernity has led us to the immense, unprecedented growth and the ever-tighter interdependence and integration of the global economy. In addition, societies become interdependent in all aspects of their lives—the political, the cultural, and the environmental—and the scope of these interdependencies are truly global. Therefore, like the immediacy with which financial markets across the world react to events in separate countries, "whatever happens anywhere has global determinants

---

44) Ibid., 306.

45) Martin E. Marty and R. Scott Appleby, eds., *Accounting for Fundamentalisms: The Dynamic Character of Movements*(Chicago: University of Chicago Press, 1994), 6.

and global repercussions."[46] Thus, as Roland Robertson notes, it seems that "[g]lobality centered on the perceived facticity of a single world is a virtually unavoidable problem of contemporary life", and that eventually "globalization is the set of processes that yields a single world."[47] Incidentally, these trends produce new global problems, which are so transnational that no nation－state can solve them alone. In short, as Edward Tiryakian has said, we live in the 'global crisis as an interregnum of modernity.'[48]

The ambivalent experience and consequences of modernity, positive and negative, give rise to various theoretical visions concerning the future of human society. The first vision is an alternative one rooted in nostalgia for the suddenly rediscovered bright aspects of traditional society emphasizing the rebuilding of human communities or primary group. The second vision is post－modernity or post－civilization with the aim towards some new type of society to emerge out of the ashes of modernity. The third vision is the theory of 'high' or 'late' modernity proposed by Anthony Giddens, as an interim theory.[49] We can say that these are the tries posited within the modernity paradigm. Tiryakian's emphasis on the dialectics of

---

46) Sztompka, 88.

47) Roland Robertson, "Globality, Global Culture, and Images of World Order" In *Social Change and Modernity*, ed. Hans Haferkampf and Neil J. Smelser(Los Angeles: University of California Press, 1992), 396, 409.

48) Edward A. Tiryakian, "The Global Crisis as an Interregnum of Modernity", in *The Global Crisis*, ed. Edward A. Tiryakian(Leiden: E. J. Brill, 1984), 123～130.

49) Anthony Giddens, *The Consequences of Modernity*(Cambridge: Polity Press, 1990).

modernity — reenchantment and dedifferentiation as a necessary complement of disenchantment and differentiation — or the consideration of counterprocesses or counterbalances of modernity is a good example of this.[50]

Robertson presents an hypothetical theory of the images of the global world.[51] He distinguishes four images of world order. First, "Global Gemeinschaft 1" conceives of the world as a mosaic of closed, bounded communities with some leading communities at the top. This image is a kind of negative reaction to globalization, and may result in the ideology of anti — globalism. Second, "Global Gemeinschaft 2" maintains that only in terms of a fully globewide community per se can there be global order and stresses humankind as the pivotal ingredient of the world — as — a — whole. Third, "Global Gesellschaft 1" sees the global circumstance as a series of open societies (a mosaic of sovereign nation — states), with considerable sociocultural exchange among them. Finally, "Global Gesellschaft 2" claims the unification of nation — states under some form of world government, either within a supranational polity or as a close — knit federation. For him global culture refers to culture that has a close bearing on the phenomenon of globality as a "dangerous" phenomenon of world — historical significance.[52] In this

---

50) Edward A. Tiryakian, "Dialectics of Modernity: Reenchantment and Dedifferentiation as Counterprocesses", in *Social Change and Modernity*, ed. H. Haferkamp and Neil J. Smelser(Los Angeles: University of California Press, 1992), 83~92.

51) Robertson, 404~409.

52) Ibid., 409.

situation, we can see that the second type (Global Gemeinschaft 2) is the most desirable one. This is because the type advocates the emergence of a fully global community with full globe – wide consensus on values and ideas. In particular, this type is more of a prescriptive rather than descriptive vision.

However, globalists such as Albrow argue for a radical shift. For him the reason globalization ushers in a new age signifies the disruption of all those conditions which made axial ideas central. Globalization emphasizes the material finitude of the globe and its resources and at the same time multiplies social relationships. It replaces universal ideas with a material globality. In short, the global shift is the arrival of a new configuration of both human activities and conditions of existence. Globalist movements operate through symbolic acts of protest, networking rather than creating authority structures, demonstrating the political dimension of everyday life. They derive their strength from the freely given commitment and surplus energy of ordinary people worldwide. This is because globality restores the boundlessness of culture and promotes the endless renewability and diversification of cultural expression rather than homogenization or hybridization.[53] In order to escape modernity's inherent tendency to assimilate the present to the past, and to make each one of us into the agents of its everlasting renewal, he uses the concept of configuration instead of system or structure. Albrow has the position that we cannot draw the stream

---

53) Albrow, 106, 144.

of Global Age, but can lead the stream towards a desirable direction with configuration. Thus he emphasizes that we should hold ourselves in readiness to receive the Global Age. In this sense, his argument is very prescriptive rather than descriptive. We can agree with Albrow in that globalism should be prescriptive able to lead our future. In a sense, he unceasingly argues that we should prepare for 'new wineskins' for new wine — new global age.

Fundamentalism can be defined as "a tendency, a habit of mind, found within religious communities and paradigmatically embodied in certain representative individuals and movements."[54] In a situation of crisis, fundamentalism appears as a strategy, or set of strategies, by which beleaguered believers attempt to preserve their distinctive identity as people or group. By selecting elements of tradition and modernity, fundamentalists seek to remake the world in the service of a dual commitment to the unfolding eschatological drama and to self — preservation. They set and maintain boundaries between their ingroup and outgroup, or between insides and outsides, to identify their enemies, to seek converters, and to create and sustain an array of institutions in pursuits of a comprehensive reconstruction of society.[55]

However, fundamentalism is relative according to the interaction between the social world and fundamentalism itself. This is why beliefs and practices rightly called 'fundamentalism' in the United

---

54) Marty and Appleby, 1.
55) Ibid., 2.

States are more properly called 'innovation' in Latin America. Thus, Protestant activists in the United States, Protestant innovators in Latin America, Catholic traditionalists in Italy, and various kind of agents even in other religions are the cases that frame our questions.

Fundamentalism is, in short, a reaction to secular modernity, though it is not necessarily reactionary. In order to defend tradition, fundamentalists must constantly reinterpret it or select from among its diverse teachings and behavioral norms the appropriate prescription for the particular needs of the moment. The problem, in this process, is that fundamentalists are likely to degrade their belief — systems into an ideology.

VI. Conclusion

In relation to our study of religion and social change, Weber's methodology of comparative historical sociology is more adequate than that of the evolutionists or developmentalists. This is because the historical schemes of evolutionism or developmentalism are not derived from history, nor rooted in history, but are rather imposed upon history. In other words, we think Weber's concrete, authentic historical work is more adequate than the philosophical, a priori developmental schemes of developmentalism. In addition, Weber's framework is more comprehensive than Sztompka's in that it includes Sztompka's special emphasis on the role of human actors in history. Hence we think that Weber's comparative historical perspective is the model most adequate to the task of understanding religion and social change.

With the routinization of modern culture, as Weber has prophesied, there has been an increasing adjustment to material interests and to the demands of a mundane, everyday life. Thus the lives of human beings have come to be dominated now by their material needs. Today, Weber's future has become our reality. We as human beings have come to live in an iron cage of mechanized petrification at the end of the tremendous development. Moreover, ideologies have become distortive not only because their integrative function has been frozen, but because schematization and rationalization prevail today (Ricoeur). Thus, we would have precisely a nonideological and nonutopian society — a dead society. If so, we live in the time of a "matter − of − factness" (Mannheim). Now, it is indeed high time that we needed "entirely new prophets", who have charismatic leadership with ideas against the demands of a routine, everyday social life. But only religion can produce these "entirely new prophets." This is because only faith has much to do with the authentic power enabling us to change society. Among religions, Christianity in particular is entrusted with this extremely important mission.

However, religion can be either a help or an obstacle to social change. If so, is Christianity in Korea now a help or an obstacle?

This is one of our most serious questions. The simplest problem is that most of churches in Korea have no concern for society. To make matters worse, Christians are imprisoned in church. Moreover, each Christian is confined to him/herself within a religious egotism. Thus most Christians have degraded Christianity to an ideology. Here we can remember a phrase in the Lord's Sermon on the Mount: "But strive first for the kingdom of God and his righteousness" (Matt. 6: 33a, NRSV). Our God gives us an authentic utopia—the kingdom of God and his righteousness—not as the completely unrealizable (fancy, madness, escape), but as a challenge to secular authority or an exploration of the possible. Therefore, we pray everyday in action—doing theology and ethic: "Thy kingdom come. Thy will be done on earth, as it is in heaven."

【BIBLIOGRAPHY】

Albrow, Martin. *The Global Age*. Stanford: Stanford University Press, 1996.

Alexander, Jeffrey C. "Durkheim's Problem and Differentiation Theory Today" In *Social Change and Modernity,* ed., Hans Haferkampf and Neil J. Smelser, 179～204. Los Angeles: University of California Press, 1992.

Durkheim, Emile. *The Elementary Forms of the Religious Life*. Translated by Joseph Ward Swain, New York: Free Press, 1965.

Eisenstadt, S. N. "A Reappraisal of Theories of Social Change and Modernization" In *Social Change and Modernity,* ed., Hans Haferkampf and Neil J. Smelser, 412～429. Los Angeles: University of California Press, 1992.

Geertz, Clifford. *The Interpretation of Culture*. New York: Basic Books, 1973.

————. "Religion as a Cultural System" In *Anthropological Approaches to the Study of Religion,* ed., Michael Banton, 1～46. London: Tavistock Publications, 1996.

Giddens, Anthony. *The Consequences of Modernity*. Cambridge: Polity Press, 1990.

Mannheim, Karl. *Ideology and Utopia: An Introduction to the Sociology of Knowledge*. New York: Harcourt, Brace, and World, 1936.

Marty, Martin E. and R. Scott Appleby, eds., *Accounting for Fundamentalisms: The Dynamic Character of Movements*. Chicago: University of Chicago Press, 1994.

McGuire, Meredith B. *Religion: The Social Context*. Belmont: Wadworth Publishing Company, 1981.

Ricoeur, Paul. *Lectures on Ideology and Utopia.* Edited by G. H. Taylor. New York: Columbia University Press, 1986.

Robertson, Roland. "Globality, Global Culture, and Images of World Order" In *Social Change and Modernity,* ed., Hans Haferkampf and Neil J. Smelser. 395 ~ 411. Los Angeles: University of California Press, 1992.

Schreiter, Robert J. *Constructing Local Theologies.* Maryknoll: Orbis Books, 1985.

Schroeder, Ralph. *Max Weber and the Sociology of Culture.* London, Newbury Park, New Delhi: SAGE Publications, 1992.

Sztompka, Piotr. *The Sociology of Social Change.* Oxford, UK and Cambridge, USA: Blackwell, 1993.

Tiryakian, Edward A. "Dialectics of Modernity: Reenchantment and Dedifferentiation as Counterprocesses" In *Social Change and Modernity,* ed., Hans Haferkampf and Neil J. Smelser. 78 ~ 93. Los Angeles: University of California Press, 1992.

_____. *The Global Crisis.* Leiden: E. J. Brill, 1984.

Touraine, Alain. "Two Interpretations of Contemporary Social Change" In *Social Change and Modernity,* ed., Hans Haferkampf and Neil J. Smelser. 55 ~ 77. Los Angeles: University of California Press, 1992.

Towler, Robert. *Homo Religiosus.* London: Constable, 1974.

Weber, Max. *General Economic History.* New York: Greenberg, 1927.

_____.*The Religion of China.* Translated and edited by Hans H. Gerth, New York: The Free Press Paperback, 1968.

_____. *The Sociology of Religion.* Translated by Ephraim Fischoff. London: Methuen & Co. Ltd., 1966.

_____. *Economy and Society: An Outline of Interpretive Sociology.* Berkeley/Los Angeles/London: University of California Press, 1978.

_____. *Gesammelte Aufsätze zur Wissenschaftslehre,* 5th edn. Tübingen: J. C. B. Mohr, 1982.

_____. *The Protestant Ethic and the Spirit of Capitalism.* Translated by Talcott Parsons, London: Routledge, 1992.

지은이

김충렬
김태훈
김형곤
박종기
배경식
유태주
이남섭
이종록
이현웅
임희모
조현애
차옥숭
차정식
채은하
R. Hamm

본향을 떠나 약속의 땅으로

초판인쇄 | 2009년 12월 21일
초판발행 | 2009년 12월 21일

지은이 | 한일장신대학교 정년퇴임기념논문집 발간위원회
펴낸이 | 채종준
펴낸곳 | 한국학술정보㈜
주 소 | 경기도 파주시 교하읍 문발리 파주출판문화정보산업단지 513-5
전 화 | 031) 908-3181(대표)
팩 스 | 031) 908-3189
홈페이지 | http://www.kstudy.com
E-mail | 출판사업부 publish@kstudy.com
등 록 | 제일산-115호(2000. 6. 19)

ISBN   978-89-268-0660-9 93230 (Paper Book)
        978-89-268-0661-6 98230 (e-Book)